Pierre Daco

PSYCHOLOGIE für jedermann

Pierre Daco

PSYCHOLOGIE für jedermann

mvg

Die Deutsche Bibliothek – CIP-Einheitsaufnahme

Daco Pierre:
Psychologie für jedermann / Pierre Daco. [Aus dem Franz. übers. von Richard Squire]. – 6. Aufl. – Landsberg am Lech : mvg-verl., 1998
(mvg-Paperbacks ; 466)
Einheitssacht.: Les prodigieuses victoires de la psychologie moderne ‹dt.›
ISBN 3-478-08466-0
NE: GT

Das Papier dieses Taschenbuchs wird möglichst umweltschonend hergestellt und enthält keine optischen Aufheller

Die französische Originalausgabe erschien unter dem Titel „Les prodigieuses victoires de la psychologie moderne" bei Marabout S. A., Verviers (Belgien). Aus dem Französischen übersetzt von Richard Squire.

6. Auflage 1998
Titel der im AT-Verlag erschienenen deutschen Originalausgabe: „Psychologie für jedermann"

Veröffentlicht 1993 mit freundlicher Genehmigung des AT-Verlages, Aarau/Schweiz, in der Taschenbuchreihe des mvg-verlags im verlag moderne industrie AG, Landsberg am Lech

Umschlaggestaltung: Vierthaler & Braun, München
Druck- und Bindearbeiten: Presse-Druck Augsburg
Printed in Germany 080466/8981002
ISBN 3-478-08466-0

Inhaltsverzeichnis

Vorwort

Wo es ein Sein gibt,
muss es auch ein Erkennen geben.
(Novalis)

Ich freue mich ganz besonders über diese deutsche Ausgabe, wurde sie doch seit längerer Zeit von vielen Deutschsprachigen immer wieder gewünscht.

Noch nie war es so notwendig wie heute, jedem die Psychologie zu erklären. Noch nie hat sich der Mensch so sehr, wenn auch über die schlimmsten Irrwege, gesucht. Die Welt ist voller Aggressivität, Minderwertigkeits- und Schuldgefühle. Die Lebensfreude scheint wie ausgestorben. Gross ist heute das Unbehagen, sich selbst so zu sehen, wie man ist, und so entwickeln sich Verhaltensweisen, durch die man dieser Selbstangst zu entfliehen sucht. Noch nie wurde innerliche Freiheit so klein geschrieben; die gegenseitige Gleichgültigkeit unter den einzelnen ist grösser denn je.

Unzählige Menschen fügen sich ihr unermessliches Leid, das durch tiefe Sehnsucht, Hass und Verachtung ihrer selbst und ihrer Mitmenschen verstärkt wird, selbst zu. Dies führt unweigerlich zur völligen Vereinsamung. Denn jeder glaubt, allein mit seinen Problemen und Leiden dazustehen. Man muss nur zuhören: «Das geschieht nur mir!», «Nur ich fühle mich so minderwertig, während alle anderen doch so selbstsicher sind» oder: «Nie würde ich es irgend jemandem sagen!». Während Millionen und Abermillionen anderer dieselben «entsetzlichen», «schandhaften» Gedanken oder Verhaltensweisen haben.

Die Psychologie kann und muss zerstörte Beziehungen, zunächst zum Selbst, dann zu den anderen, neu anknüpfen. Wenn sie richtig verstanden wird, kann sie das Ende dieser innerlichen Vereinsamung bedeuten.

Somit ist die Psychologie ein Humanismus. Psychotherapie und Psychoanalyse ermöglichen es dem Menschen, sein echtes Wesen und die verlorene Begeisterung wiederzuentdecken, um zu einer neuen Ethik zu gelangen, in welcher die üblichen Kriterien einer echt menschlichen, individuellen Moral weichen.

Heute ist erwiesen, dass das Kind die Gesamtheit des zukünftigen Erwachsenen enthält. Wenn aber neurotische Erzieher oder Gesellschaften ins Spiel kommen, so wird die Seele dieses Kindes in den Schatten verdrängt und unter einer künstlichen Gestalt, die seinem Wesen keineswegs entspricht, vergraben. Mit sechs Jahren ist oft schon alles vorbei! Der Reichtum ist zerstört, die Freude weicht dem Trübsinn. Doch die in den menschlichen Tiefen versteckte Seele wartet, ein ganzes Leben lang. Der Schein-Erwachsene lebt dann von Verhaltensweisen, die es ihm ermöglichen, sich den Umständen des Lebens notgedrungen anzupassen, er weicht immer mehr von der ursprünglichen Route ab und verirrt sich manchmal endgültig.

Dieses Buch wendet sich an alle, die in ihrem Wesen leiden, die versuchen, zu verstehen, sich zu erkennen, zu sich selbst und den anderen zu finden.

Viele Leute rennen dem Glück hinterher, während ihnen das Glück nachläuft! Wie sollen sie das aber wissen, wenn ihre «innere Wahrnehmung» gestört, deformiert oder gar tot ist?

Möge dieses Buch nun der Freund vieler Deutschsprachiger werden, wie es bereits der Freund zahlloser Leser französischer und anderer Sprachen in aller Welt ist.

Pierre Daco

Einleitung

Das Kind strebt danach,
ein Mann zu werden,
aber nur wenige Männer
haben den gleichen Eifer.

Was ist ein Psychologe?

Er ist ein Gehirn und ein Herz. Er urteilt nie. Er stellt fest, liebt und versteht.

Er sieht nicht die Handlung selbst, es sei denn, um sie zu korrigieren, vielmehr sucht er die tieferen Absichten. Wird die Absicht korrigiert, so bessert sich auch die Handlung.

Als Grammatik dienen ihm seine menschlichen, psychologischen und physiologischen Kenntnisse, die unermesslich breit sein müssen. Er stützt sich darauf, revidiert sie aber laufend, denn die menschliche Psyche lässt sich nicht klassifizieren.

Er vergisst nie, dass jeder Mensch leidet. Und der Mensch versucht dieses Leiden zu lindern, und zwar mit allen ihm zur Verfügung stehenden Mitteln. Die meisten der sogenannten «bösen» Handlungen sind nichts anderes als diese Suche.

Der Psychologe ist religiös, das heisst, er versucht sich mit seiner gesamten Umgebung immer enger verbunden zu fühlen. Er weiss, dass viele Menschen Angst haben und vor allem Sicherheit suchen. Diese muss ihnen die Familie und die Gesellschaft geben. Wenn nicht, dann steigt die Angst. Aufgabe des Psychologen ist es, ihnen eine neue Sicherheit zu geben und daran zu arbeiten, dass sie jeder in sich selbst findet.

Er bewegt sich auf dem ausgesprochen labilen Treibsand der gesamten Menschheit. Mit einem immer gleichen Auge betrachtet er alle menschlichen Handlungen. Nichts überrascht ihn, nichts widerstrebt ihm, denn er sucht die Gründe, er versteht, ohne jemals zu urteilen.

Hunderte von Jugendlichen, Müttern, Vätern und Eheleuten kommen zu ihm, manchmal mit gemischten oder entgegengesetzten Gefühlen, oft auch mit ihren Konflikten.

Der Psychologe stellt das Gleichgewicht wieder her und gibt jedem die Ausgeglichenheit und die Einsicht, die er braucht.

Bei einem Dummen sucht er zuerst, ob diese Dummheit Tatsache oder nur unterentwickelte Fähigkeit ist. Ist sie Tatsache, so verhindert er, dass sie zur Bosheit wird.

Er spricht mit jedem dessen eigene Sprache und vergisst nie die furchtbare Kraft der Worte.

Er hört Geheimnisse und Beichten, die sonst niemand, ausser vielleicht dem Priester jemals hört. Die ganze «menschliche Materie» wird vor ihm ausgeschüttet. Es ist ihm eine Ehre, aber niemals Grund zur Eitelkeit.

All dies hat mit Sentimentalität nichts zu tun, sondern stellt das Wesen der Aufgabe dar.

I. Womit befasst sich der Psychologe?

In den vielen Jahren meiner Tätigkeit im schönen Beruf des Psychologen konnte ich feststellen, wie sehr der Begriff «Psychologie» von Fragezeichen und Geheimnissen umgeben ist. Wie oft habe ich gehört: «Aber was ist eigentlich Psychologie? Womit befasst sie sich? Was heilt sie? ...». Viele sind der Auffassung, der Psychologe sei ein «Herr», der einen bestimmten Test durchführt, oder eine Art Gewissenslehrer. Es sei denn, er gelte als eine Art Zauberer ...

Viele Leute kennen die Mittel und den Zweck der Psychologie. Zahllos sind jedoch die, die sie nicht kennen. Man kommt sowohl wegen Schüchternheit als auch wegen einer Neurose zu mir. Mütter erzählen mir, dass «ihr Kind sich wirklich viel zu viel für seinen Körper interessiert ... so jung, furchtbar!» und sind erschrocken, weil sie das Problem nicht kennen. Es gibt auch aufgebrachte Jünglinge, die abends um 11 Uhr an meiner Tür läuten, oft in Begleitung eines zornigen Vaters. Es gibt aber auch andere Leute, die schlicht und einfach etwas lernen wollen, während andere wissen möchten, was sie sind, was sie sein können und was in ihnen schlummert ... Und sogenannte «Depressionen», Nervenzusammenbrüche, Magengeschwüre, Sexual- und Eheprobleme, äusserst wichtige Erziehungsprobleme, bei denen man oft feststellen muss, dass viele Erwachsene von ihrem Kind erwarten, was sie nicht einmal von sich selbst erwarten könnten ... Ich habe grossartige Eltern kennengelernt, die die Wahrheit suchten, aber auch verantwortungslose, ebenso wie grossartige und verantwortungslose Jugendliche. Ich habe gesehen, dass alles eine Ursache hat und dass jeder leidet.

Bildet all dies einen Bestandteil meines Berufes? Ja, ganz bestimmt. Es ist ein Beruf mit streng wissenschaftlicher Grundlage und doch vor allem von menschlicher Natur.

Alles Menschliche gehört in das Tätigkeitsgebiet der Psychologie, ob dieses Menschliche normal oder abnormal ist.

Aber eben: Weil die Psychologie in der breiten Öffentlichkeit zu langsam bekannt wurde, getrauen sich viele Leute nicht, oder sie zögern oft jahrelang, bis sie dann zu mir kommen, kurz vor dem Zusammenbruch, gar dem Selbstmord. Ich habe viele Vorträge gehalten, Hunderte und Aberhunderte von Briefen erhalten und immer wieder festgestellt, dass dieses Gebiet des menschlichen Wissens auf grosses Interesse stösst. Man glaubt, sich immer helfen zu können, und das kann man eben nicht. Warum? Weil man sich immer mit eigenen Augen sieht, mit der meist verfälschten eigenen Optik.

Als Jacqueline D. in meine Praxis kam, stand ihre Ehe kurz vor dem Scheitern, und zwar hatte dieser Zustand schon drei Jahre gedauert. Nach bloss drei Wochen einfacher psychologischer Gespräche begann dieses Ehepaar ein neues Leben, weil Jacqueline die tieferen Zusammenhänge des menschlichen Wesens verstanden hatte.

Und da war noch Jean, ein junger Mann, den seine Sexualprobleme der Neurose immer näher brachten. Nach drei Monaten hatte er eine völlig andere Optik gewonnen. Nach eigenen Angaben hatte er den richtigen Weg wieder gefunden und ein ganz neues Leben angefangen.

Und Paul R. hatte schwere Herzbeschwerden, ohne zu wissen, dass wohl sein Herz krank war, aber noch viel mehr seine ganze Persönlichkeit gestört war. Er wusste nicht, dass seine Herzkrankheit durch emotionelle, aber unbewusste Störungen verursacht wurde, die wiederum eine Folge seiner eigenen Verdrängungen waren.

Yvette hatte nacheinander Nesselfieber, Zwangsvorstellungen, Ekzeme, Dickdarmentzündung und dann wieder Zwangsvorstellungen. Auch sie wusste nicht, dass ihre Persönlichkeit gestört war und durch die berühmte psychosomatische Medizin behandelt werden sollte.

Ich könnte noch viele Beispiele von Leuten erwähnen, deren Leben auf völlig falschen inneren Kenntnissen aufgebaut war. Ziel meines Buches ist es also, zu zeigen, was die Psychologie ist. Es enthält zahlreiche Tatsachen über den Menschen, und ich glaube, dass jeder Leser darin auch seine eigenen Probleme, Ängste und Zweifel finden wird. Selbstverständlich gibt es Millionen von verschiedenen Problemen, doch haben sie alle den gemeinsamen Nenner des menschlichen Leidens. Die Menschen sind in ihrem Innersten alle gleich. Das tiefe Unbewusste eines Papuanegers ist fast identisch mit dem eines Europäers. Ist diese Feststellung in unserer Zeit des menschlichen Separatismus nicht etwas Beruhigendes?

Dieses Buch möge eine Grammatik, ein Brevier, ein Leitfaden sein. Die Psychologie ist die Schule der Weisheit und des Gleichgewichts, und ich möchte ihr durch dieses Werk dazu verhelfen, für alle ein mehr oder weniger bekanntes Gebiet zu werden, statt ein vager Begriff zu bleiben.

Sollten Sie, lieber Leser, über dieses Buch hinaus noch mehr lernen wollen und sich an den Psychologen wenden, dann tun sie das wenigstens mit Sachkenntnis.

Definition der Psychologie

Genau genommen stammt das Wort Psychologie aus dem Griechischen: Psyche = Seele und Logos = Kunde.

Sie wäre also ganz allgemein die Geistes- oder Seelenkunde. Doch ist diese Definition ungenau, denn die Begriffe «Geist» und «Seele» haben zu viele verschiedene Bedeutungen, und in diesem streng genommenen Sinn wäre die Wissenschaft des Geistes die Metaphysik. Ich möchte daher folgende Definition vorschlagen: Die Psychologie ist das Studium der geistigen Phänomene, gleich welcher Art. Sie prüft bewusste und unbewusste Tatsachen. Janet, dieses Genie der französischen Psychologie, sagt: «Die Psychologie berührt wirklich alles. Sie ist universell, überall gibt es psychologische Tatsachen.»

Die Psychologie

- beobachtet jede innere und äussere Verhaltensweise des Menschen,
- sucht die inneren und äusseren Gründe dieser Verhaltensweise.

Bei einem Schüchternen wird sie zum Beispiel

- sein äusseres Benehmen beobachten (Stimme, Bewegungen, Gangart, Lachen usw.),
- die äusseren Gründe der Schüchternheit suchen (Familie, Erziehung, Religion, besondere Umstände),
- die inneren, bewussten oder unbewussten Gründe suchen (Mündigkeit, Erblichkeit, Anpassungsschwierigkeiten, Veranlagung, Emotionen, Komplexe),
- zur Heilung eine der psychotherapeutischen Techniken anwenden.

Die Psychologie ist also die Wissenschaft – und die Kunst – des menschlichen Verhaltens in seinen Millionen von möglichen Äusserungen, ob diese normal oder abnormal seien.

Sie ist daher von den anderen menschlichen Wissenschaften völlig untrennbar, denn jede Wissenschaft befasst sich letzten Endes mit dem Menschen.

Wo liegt der Unterschied zwischen Psychologie und Psychiatrie?

Man glaubt oft, der Psychiater sei lediglich ein Arzt für geistige Krankheiten. Doch umfasst die Psychologie *alle* geistigen Formen, ob gesund oder ungesund. Darf man daraus schliessen, die Psychiatrie komme erst von einem gewissen Grad der geistigen Erkrankung an zur Anwendung? Auch nicht, denn sobald eine Fehlanpassung besteht, ist auch eine geistige «Erkrankung» vorhanden. Diese Erkrankung kann fünf Minuten oder zwanzig Jahre dauern. Eine leichte Verdauungsstörung oder Krebs ist eine physische Erkrankung. Ein schüchterner Mensch ist «psychologisch krank». Ein Irrer ist es aber auch. Es besteht also schon eine Frage des «Grades» in der Krankheit, doch kann man nie eine genaue Grenze festlegen. Die Psychologie als Gesamtwissenschaft umfasst die Psychiatrie. Ich möchte nochmals betonen, dass die Psychologie sich sowohl mit dem völlig ausgeglichenen wie auch mit dem aus dem Gleichgewicht geratenen Menschen befasst, und wenn das Wort «Psychiater» immer noch einen herabsetzenden Beiklang hat, so ist dies bloss auf die Unterentwicklung des Volksmundes zurückzuführen.

Viele Amerikaner konsultieren ihren Psychiater regelmässig, obwohl sie ausgeglichen sind. Dort hat aber dieses Wort den zu Unrecht geringschätzigen Sinn verloren.

Warum ist Psychologie Mode?

Alles hängt von allem ab, alles hängt zusammen, nichts ist getrennt.
Wenn sich die Leute ändern könnten, wäre alles anders. G. Gurdjieff

Warum interessiert die Psychologie so viele Leute? Die Antwort ist einfach: Die immense Entwicklung der Psychologie entspricht einem immensen Bedürfnis.

In unserer heutigen haltlosen Welt gilt es, eine stabile Grundlage des Wiederaufbaus zu finden. Die Situation ist verheerend: Krankheiten sind zum eigentlichen Modus vivendi geworden, wie Erschöpfung, Depressionen, Minderwertigkeitsgefühle, Unruhe, Aggressivität, Bissigkeit, Feindseligkeit, Angst, das Ringen um die Überlegenheit um jeden Preis... Viele wesentliche Begriffe sind verfälscht: Sexualität, Erziehung, Sozialklima, menschliche Werte, Religionen...

Man stellt mit Bedauern fest, dass viele Leute nichts sind im Vergleich zu dem, was sie sein könnten. Menschliche Kontakte werden abgebrochen, die Menge ersetzt das bewusste Individuum. Die Selbstbeherrschung verschwindet, während Ruhe und Ausgeglichenheit zu Raritäten werden. Eine überlegene Leistung, die eigentlich normal sein sollte, wird als ausserordentlich bewertet. Mehr und mehr Menschen sind mit sich selbst nicht zufrieden, ohne zu wissen, dass gerade dies der Anfang aller Grösse ist, vorausgesetzt, dass man sich von dieser Unzufriedenheit befreien kann.

Nichts ohne Gleichgewicht!

Es gibt nur eine Lösung: eine stabile Ausgangslage zu finden. Die einzige, die es gibt: das physische und geistige Gleichgewicht, ohne das nichts zu erreichen und keine Selbstverwirklichung möglich ist.

Das Gleichgewicht ist das Werkzeug der menschlichen Vervollkommnung. Jedes Ungleichgewicht schneidet den Menschen von seinem physiologischen und psychologischen Ganzen ab, trennt ihn also auch von seiner Menschlichkeit. Jede Krankheit, sei sie physiologisch oder psychologisch, beraubt den Menschen seiner Möglichkeiten.

Ein einfaches Beispiel: Hat ein Mann rasend Zahnschmerzen, wird er davon in seinem ganzen Wesen erfasst. Sein Geist konzentriert sich darauf, und ausser diesen Schmerzen gibt es für ihn nichts mehr. Dieser Mann identifiziert sich mit diesen Schmerzen, die ihn von sich selbst trennen sowie von seiner möglichen

Arbeit, von seinen Gedanken ... Der klare Verstand ist gelähmt. Die meisten psychologischen Krankheiten sind mit diesen Zahnschmerzen vergleichbar. Man handelt nicht mehr nach seinem Verstand, sondern nach seiner Krankheit. So ergeht es den Schüchternen, Aggressiven, Ängstlichen und allen, die fixe Ideen, Komplexe usw. haben.

Unsere schöne Zeit ...

Heute leiden viele Menschen unter Anpassungsschwierigkeiten. Daraus entstehen Widersprüche, die automatisch zu Spannungen führen. Und Spannungen haben immer die Angst zur Folge. Eine der häufigsten Spannungen ist die des Menschen, der nicht wählen kann zwischen dem, was er ist, und dem, was er zu sein glaubt. Er schwankt zwischen seinen tiefen Tendenzen und seinem äusseren Benehmen. In neunzig Prozent der Fälle stellt der Psychologe fest, dass der Kranke Anpassungsschwierigkeiten hat, wobei es nicht um Anpassung an die Arbeit oder an die heutige Zeit geht, sondern um Anpassung an sich selbst, infolge der zahlreichen inneren Konflikte, die in ihm toben.

Unsere Zeit ist eine Zeit der Verdrängung.

Jede Verdrängung ist ein starker Krankheitsfaktor, sowohl physiologisch als auch psychologisch. Immer häufiger werden wir dazu erzogen, unsere Instinkte als verwerflich zu betrachten, besonders im sexuellen Bereich. Wir dürfen aber nicht vergessen, dass diese Instinkte trotzdem weiter bestehen und uns weiter beeinflussen, ob wir sie verdrängen oder nicht.

Werden die Instinkte klar erkannt und auf *gesunde* Art und Weise akzeptiert oder abgelehnt, so ist nichts zu befürchten. Leider passiert oft das Gegenteil mit allen erdenklichen Folgen. Viele wollen «erfolgreich» sein. Aber wo erfolgreich? Das wissen sie nicht. Sie wissen nur, dass sie ganz «oben» sein wollen. Aber warum? Und wo? Das wissen sie auch nicht. Sie wollen vor allem überlegen sein. Warum? Weil sie sich unterlegen fühlen. Wahrscheinlich war das Minderwertigkeitsgefühl noch nie so entwickelt wie heute.

Das bewusst denkende Individuum verschwindet. Der moderne Mensch handelt nicht mehr nach seinem Verstand oder seinen bewussten Gedanken, sondern nach seiner krankhaften Emotivität. Die dabei angewandten Mittel sind oft unerhört grob. Dabei muss man nur bestimmte Werbeslogans oder Zeitungen betrachten, gewisse Radiosendungen hören. Man muss nur an die Vielzahl der angebotenen Illustrierten denken, die jedes bewusste Lesen verunmöglichen. Zu bemerken ist natürlich, dass all diese Angriffe emotioneller Art und meistens unbewusst sind. Wahrhaftig erschreckend ... Manipulation ist an der Tagesordnung, und die «Manipulierer» kennen die Macht der emotionellen Mittel nur zu gut.

Wir werden sehen, dass das menschliche «Bewusste» im Leben verhältnismässig wenig Platz einnimmt. Vergleicht man das Bewusste mit einem See, so ist das Unbewusste so gross wie ein Ozean. Wir werden auch sehen, dass viele Krankheiten gerade von Konflikten zwischen der bewussten und der unbewussten Schicht herrühren. Eine der grossen Aufgaben der Psychologie besteht darin, dem Menschen beim Wiederfinden seines Unbewussten behilflich zu sein, damit er die Harmonie zwischen seinem Unbewussten und dem täglichen Bewussten wieder herstellen kann. In diesem Sinne sind die Primitiven im Urwald wesentlich vollkommener als die meisten Zivilisierten.

Es gilt das Gleichgewicht wieder herzustellen, um die Wahrheit und das Glück zu finden. Die Psychologie ist eine Schule der Befreiung und des klaren Verstandes. Sie stellt schlecht verstandene Instinkte in ein neues Licht, ändert schlechte Erziehungen und falsch aufgefasste Religionen. Sie ist eine Schule der Gelassenheit und Selbstbeherrschung, aber auch der Ausgeglichenheit.

Der blockierte Mensch

Stellen wir uns einen Menschen vor, der noch nie von der Existenz der Radiowellen gehört hat und von Radiosendern und -empfängern nichts weiss. Eines Tages bekommt er ein Gerät geschenkt mit dem Hinweis: «Wenn Sie diesen Knopf drehen, hören Sie Musik.» Er macht es, hört Musik und staunt. Er hat keine Ahnung, wie und wo diese Musik entsteht. Nehmen wir an, es bleibt sein ganzes Leben bei diesem Zustand. Ein Leben lang hört er die gleiche Art Musik, die gleichen Stimmen, die gleichen Worte, wirkt auf ihn das gleiche Sozialklima. Und ein Leben lang weiss er nichts von zahllosen anderen Sendern mit anderen Stimmen und anderer Musik. Eines Tages kommt ein Techniker zu ihm. Ganz stolz führt der Mann sein Gerät vor. Der Techniker stellt fest, dass der Empfänger ständig auf den Landessender abgestimmt ist. Er stellt aber auch fest, dass darin ein Kondensator vorhanden ist, den er sofort löst. Plötzlich ertönen hundert Sprachen, hundert Melodien. Auf einmal hört man die ganze Welt. Der Mann kommt nicht mehr aus dem Staunen heraus und merkt zu seinem Bedauern, dass er nur die Illusion hatte, in der Musik der ganzen Welt zu leben, während er nur einen winzig kleinen Teil davon kannte.

Millionen von Menschen sind mit diesem Mann vergleichbar. Ein Leben lang sind sie blockiert, bleiben sie auf einigen Ideen, gelernten Gedanken und standardisierten Reflexen festgefahren, wovon sie keinen Anfang und kein Ende kennen. *Sie kennen nicht einmal ihre eigenen Möglichkeiten.* Trotzdem glauben sie zu leben, aber in Wirklichkeit drehen sie sich wie Fische im Aquarium, bis eines Tages ein Techniker . . .

Ein bewusst denkender und gebender Mensch

zu sein ist die mögliche Vollkommenheit jedes menschlichen Lebens. Aber die perfekte Selbstverwirklichung stellt perfekte physiologische und psychologische Anforderungen. Man muss ein vollkommener Mensch sein, der nicht zwischen zahllosen Ängsten und Komplexen geteilt ist. Viele Menschen spüren, dass ihnen etwas fehlt, um sich selbst zu sein, und die meisten psychologischen Krankheiten sind die Folgen der schlecht geführten Suche nach diesem Etwas.

Ein bewusster Mensch zu sein erfordert die Harmonie des ganzen menschlichen Wesens. Harmonie heisst Zusammenhang, und Zusammenhang erfordert Gleichgewicht. Jede Krankheit verunmöglicht das Bewusstsein. Weil sie den Menschen teilt und seine Harmonie verhindert. Ohne Zusammenhang gibt es keine echte, das heisst den innersten Tendenzen entsprechende Handlung. Der Mensch spürt den Gegensatz zwischen dem, was er tut, und dem, was er ist; und er leidet darunter.

Ohne Harmonie gibt es weder Liebe noch Freundschaft. Lieben heisst geben, aber geben heisst wiederum, dass man etwas besitzt, und etwas besitzen heisst, dass man psychologisch stark ist. Ohne Gleichgewicht kann niemand wirklich stark sein. Sonst entsteht Pseudo-Liebe, als häufige Folge falsch verstandener Erziehung.

Die enorme Bedeutung der Erziehung

Im Laufe dieses Werkes werden wir die äusserst wichtige Rolle der Erziehung kennenlernen, der gar ein ganzes Kapitel gewidmet wird. Vergessen wir nicht, dass die erste Erziehung ein «Dressieren» ist, das darin besteht, dem Kind bestimmte Reflexe aufzuzwingen. Viele dieser Reflexe schlagen Wurzeln, ob sie nun gut oder schlecht sind. Die nachstehende Zeichnung stelle die «Waage» der Familienkonstellation dar.

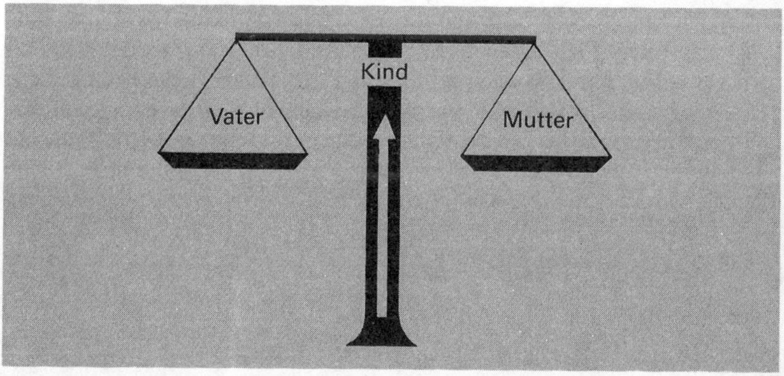

Man sieht sofort, dass es für eine vollkommene Erziehung auch drei vollkommene Elemente braucht. Dies ist natürlich utopisch, denn auch wenn die Eltern «vollkommen» wären, müsste ihre Erziehung zudem vollständig dem innersten Temperament des Kindes entsprechen, was ebenso utopisch ist. Die Erziehung ist also immer eine Kompromisslösung. Niemand ist ein geborener Erzieher. Dies verstehen immer mehr Eltern, die wieder in die Schule der Psychologie gehen. Erziehen heisst nicht nur Kenntnisse, sondern in erster Linie einen Geisteszustand vermitteln. Es ist klar, dass jede geistige Missbildung auch auf das Kind übertragen wird.

Hat der Erzieher ein «Prisma», das seine eigene Optik deformiert, wird in den meisten Fällen diese Optik auch auf seine Nachkommen übertragen:

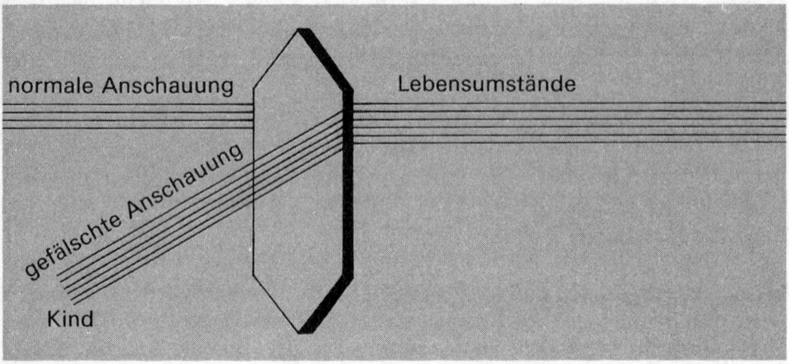

Eine vollkommene Erziehung sollte also auf dem Gleichgewicht und der Ausgeglichenheit der Erzieher aufgebaut sein. Die meisten psychologischen Krankheiten des Erwachsenen haben ihre Wurzeln im Familienkreis[1]. Die Erziehung ist Sache der Liebe, aber wir wissen, dass es ohne Harmonie und Gleichgewicht keine echte Liebe geben kann. Sonst basiert die Liebe auf der jeweiligen Erregbarkeit oder Impulsivität. Hat ein Elternteil psychologische Schwierigkeiten (Depressionen, Ängste, Schwächen usw.), wird er automatisch versuchen, seine eigenen Probleme zu lösen, um die Sicherheit zu erlangen. An wen wird er sich wohl wenden? An sein Kind, an das er sich anklammert, weil es seine Sicherheit darstellt und seine Schwäche ausgleicht. In diesem sehr häufigen Fall glauben die Eltern zu geben, während sie nur nehmen. Sie glauben auch, die Optik des Kindes zu erweitern, während sie sie nur einengen.

Man muss zuerst seinen eigenen, klaren Verstand und sein eigenes Gleichgewicht wiederfinden. Für sich und für die Erziehung. Vergessen wir nie, dass die Erziehung eine endlose Kette der Überlieferung ist, wobei jedes Kettenglied so wenig unvollkommen wie möglich sein muss.

[1] Man darf natürlich nicht verallgemeinern. Selbstverständlich hat man manchmal mit Kindern zu tun, die aus irgendwelchen Gründen verdorben sind. Der Erzieher sieht sich dann mit oft unüberwindlichen Problemen konfrontiert. Ich werde im Laufe dieses Werkes darauf zurückkommen.

II. Müdigkeit und Depression

Müdigkeit ist ein Warnsignal, vor dem der menschliche Motor bis zum Stillstand zu bremsen hat. Die Ruhe und der Schlaf sind natürliche Bedürfnisse, die immer spürbarer werden, wenn die Tätigkeit aufrechterhalten wird. Der Schlaf ist eine Erholungszeit, in der die Gehirnzellen ihre giftigen Abfälle eliminieren, die sich im Laufe der Tätigkeit angehäuft haben. Demzufolge führt ein Schlafmanko zu einer echten Vergiftung. Die Gehirnzellen erschöpfen ihre Reserven, und die giftigen Abfälle werden nicht eliminiert. Während des Schlafes hingegen werden die energiespendenden Reserven erneuert.

Die Müdigkeit ist also ein natürlicher Vorgang, der es dem Menschen ermöglicht, sich auf den Schlaf vorzubereiten, um somit die Vergiftung seiner Gehirnzellen zu verhindern.

Nach dem Schlafen muss sich der Mensch absolut «fit» fühlen, wie ein Motor nach einer gründlichen Reinigung. Seine Gehirnzellen müssen ihre Vitalität wiedererlangt haben. Jeder Mensch sollte beim Aufstehen frisch und munter sein und den neuen Tag singend und jubelnd beginnen.

Unsere Welt zeigt aber ein anderes Bild. Die Müdigkeit ist eine der grossen Schwächen unserer Zeit. Kaum hat der Tag angefangen, schleppen die meisten Leute schon eine latente Müdigkeit mit sich. Was hört man überall? «Schon am Morgen fühle ich mich müde und gereizt...» oder: «Am Morgen bin ich so schlecht gelaunt, dass ich wegen einer Kleinigkeit streiten könnte; ich muss mich zusammennehmen, bis sich die Lage gegen elf Uhr wieder normalisiert...» usw.

Diese Art von Müdigkeit ist natürlich nicht normal. Trotzdem kennt sie eine seuchenartige Verbreitung. Diese Müdigkeit ist zum Modus vivendi geworden und lässt sich durch keine auch noch so lange Ruhe eliminieren.

Es dürfte bekannt sein, dass das heutige hektische Leben den natürlichen Rhythmus des Menschen oft verunmöglicht. Aber es gibt Schlimmeres: Die Müdigkeit wurde «moralisiert» und fast zur gewollten und verächtlichen Schwäche gemacht. Diese wenig glorreiche Seite unserer Zeit zeigt die Tabelle (s. Seite 24).

Was zeigt diese Tabelle? Dass ein Mensch verachtet werden kann, weil er müde ist, aber auch bewundert und belohnt..., weil er erschöpft ist! Unsinn? Schauen wir uns das genauer an.

Die verachtete Müdigkeit

Unser modernes Klima wird gekennzeichnet durch Überaktivität, Wettbewerbsgeist, Aggressivität und überspannten Willen. Wie oft hört man Sprüche

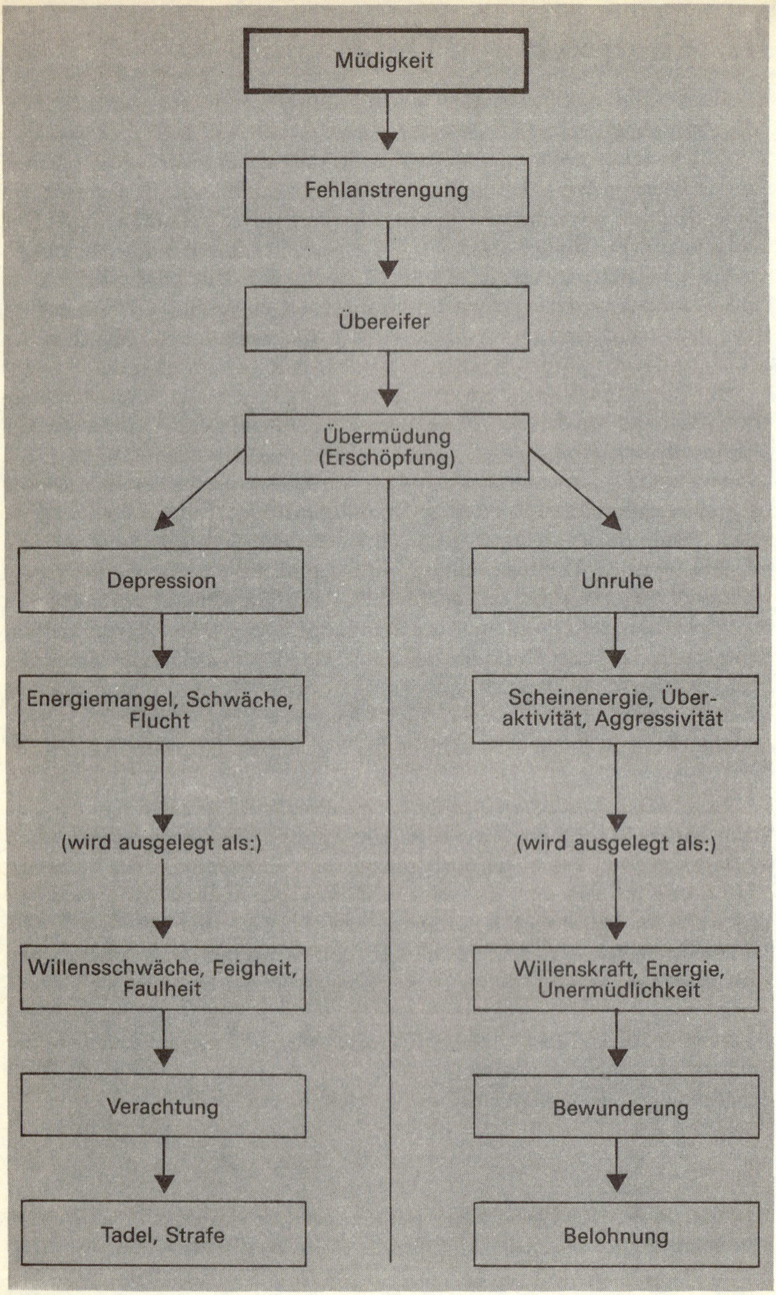
Müdigkeit
Fehlanstrengung
Übereifer
Übermüdung (Erschöpfung)
Depression
Unruhe
Energiemangel, Schwäche, Flucht
Scheinenergie, Überaktivität, Aggressivität
(wird ausgelegt als:)
(wird ausgelegt als:)
Willensschwäche, Feigheit, Faulheit
Willenskraft, Energie, Unermüdlichkeit
Verachtung
Bewunderung
Tadel, Strafe
Belohnung

wie: «Der geht mir doch auf die Nerven mit seiner Ruhe!» Oder: «Der nimmt sich immer Zeit, der hat doch keine Nerven!» Hier noch einige dieser «Weisheitssprüche», die so viel schaden können:

- Du musst deine Müdigkeit überwinden, heute hat man keine Zeit, müde zu sein!
- Müde? Bist du denn ein Mann oder nicht? Na, also!
- Müde? Nimm dich zusammen!
- Ich kenne keine Müdigkeit (was soviel heisst wie: Ich habe auch kein Verständnis für müde Leute, ich verachte sie, die sollen sich zusammennehmen)!
- Du bist deprimiert? Einbildung! usw., usw.

Wie reagiert der müde Mensch auf diese Lawinen von Unsinn?

Er fürchtet sich vor der Verachtung, er schämt sich, nimmt sich zusammen und geht weiter. Er sucht alle erdenklichen Aufputschmittel, um diese Müdigkeit zu «überwinden». Er strengt sich immer mehr an, und da er müde ist, fällt ihm die Anstrengung natürlich noch schwerer, als ob er alle seine Muskeln anspannen müsste, um bloss eine Türe zu öffnen ... Bis diese hartnäckige, eigensinnige Beharrlichkeit zur Supermüdigkeit und zur Erschöpfung führt.

Sehen wir uns anhand der nebenstehenden Tabelle den normalen Zustand des Menschen nochmals an. Handelt es sich um einen Dauerzustand?

Nein, denn er schwankt zwischen zwei Polen. Wie eine ruhige Welle schwingt der Zustand zwischen Plus und Minus, zwischen Positiv und Negativ, zwischen Hoch und Tief. Die normale Tätigkeit sieht folgendermassen aus:

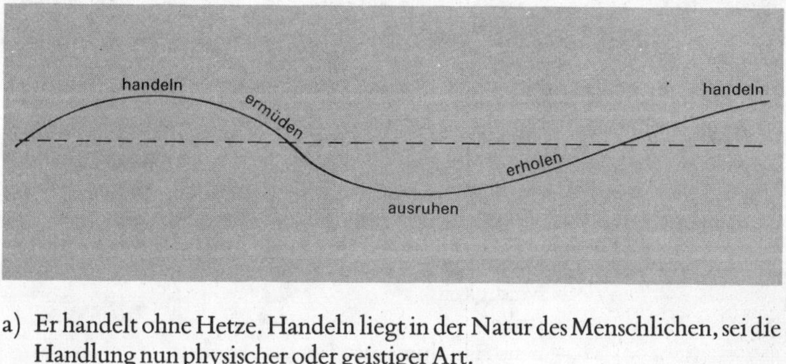

a) Er handelt ohne Hetze. Handeln liegt in der Natur des Menschlichen, sei die Handlung nun physischer oder geistiger Art.
b) Die Handlung führt zum Empfinden der natürlichen Müdigkeit, die angenehm sein muss.
c) Die Handlung verlangsamt sich, bis sie stillsteht. Der Mensch ruht in totaler Entspannung aus.
d) Er erholt sich und handelt von neuem.

Der normale Mensch muss also abwechselnd von der Handlung zur Ruhe und von der Ruhe zur Handlung übergehen und jeweils das Warnsignal der Müdigkeit respektieren.

Nun zurück zum Müdigkeitsverächter:

a) Er handelt schlecht, weil er müde ist.
b) Er erreicht die grosse Müdigkeit.
c) Er lehnt diese ab und handelt weiter.
d) Er erreicht die sehr grosse Müdigkeit.
e) Er lehnt diese auch ab und kommt zur Erschöpfung.

Die direkten Folgen der Erschöpfung

Die Erschöpfung hat zwei Reaktionen zur Folge:

a) die Depression,
b) die Unruhe.

Es gibt keine Depression ohne Unruhe und keine Unruhe ohne Depression.

Dies kennzeichnet den Erschöpften, der ständig zwischen diesen beiden Polen schwankt. Die ruhige Welle der natürlichen Unstabilität wird zur Sturzwelle. Der erschöpfte Mensch wird zur Karikatur des normal müden Menschen.

a) Das Tief wird noch tiefer und heisst Depression.
b) Das übertriebene Hoch wird zur Unruhe.

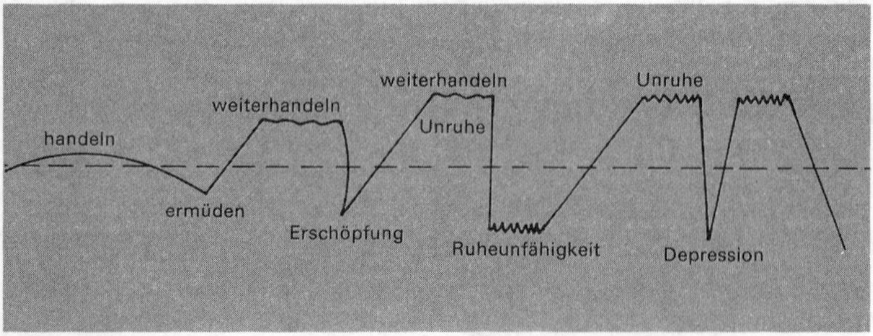

Und die Norm: – Handlung
– Müdigkeit
– Ruhe
– neue Handlung

wird zu: – Unruhe
– Erschöpfung
– Unfähigkeit zur Ruhe
– neue Unruhe, Depression usw.

Dieser Teufelskreis wiederholt sich ohne Ende, denn die Erschöpfung ist wie Gift, sie betäubt (Depression) und reizt (Unruhe) zugleich.

Wo der Erschöpfte Verachtung erntet

In der Depression wird die Aktivität stark reduziert. Der Deprimierte verlangsamt seine Bewegungen, um mit den vitalen Kräften sparsam umzugehen. Er beklagt sich über Müdigkeit und Schlaflosigkeit. Oft nimmt er ab, während die Verdauungsfunktionen gestört sind. Weitere mögliche Folgen sind: Zittern, Beeinträchtigung des Sehvermögens, Herzbeschwerden usw. Die Depression bringt automatisch Handlungsschwierigkeiten mit sich, denn der Deprimierte wird handlungsunfähig. Die Energie reicht nicht mehr aus, um normale Arbeiten leicht zu verrichten. Verständlich, dass der Deprimierte vor Situationen zurückschreckt, die ein Handeln erfordern, welches ihm sein Nervensystem nicht erlaubt. Letzten Endes eine rein physische Angelegenheit.

Wie wird nun die Gesellschaft dieses Zurückschrecken auslegen? Sie wird behaupten, der Deprimierte sei zu wenig energisch. Das ist einleuchtend, aber hier wird oft ein sehr schwerer Fehler begangen: Man glaubt, der Mensch sei Herr über seine Energie, die er nach Belieben produzieren kann. Infolge dieser irrigen Ansicht sagt man dem Deprimierten, er habe zu wenig Energie, weil er willensschwach sei. Oder noch schlimmer: Er wird für diese Willensschwäche verantwortlich gemacht. Dabei ist der normale Wille Sache der Gesundheit und Ausgeglichenheit.

Bevor man einen starken Willen hat, bedarf es der körperlichen und geistigen Gesundheit, die den Willen automatisch gibt, denn der Wille ist nichts anderes als Freiheit. Wille heisst, dass man etwas frei, unbeschwert und von sich aus tut. Daraus kann man schliessen: Sobald eine Handlung das Einschalten des Willens erfordert, ist das ein Zeichen, dass man keinen echten Willen hat. Sobald wir mit einem Problem kämpfen müssen, werden wir vom Problem geschlagen. Der echte, gesunde Wille ist ebenso unsichtbar wie die Eleganz. Wollen heisst, ohne Anstrengung aus den Energiereserven schöpfen.

Der Begriff des Verdienstes verfälscht oft das Problem. Wer Schwierigkeiten überwindet, macht sich verdient. Doch sollte man besser sagen: Wer gesund und ausgeglichen ist, handelt besser; dies vermindert die Anstrengung, und die dabei eingesparte Energie kann für andere Aufgaben verwendet werden. Ich werde darauf zurückkommen.

Die Anstrengungen des Deprimierten

Jeder Schwächezustand verhindert die richtige Handlung. Jede Anstrengung, die bei einem normalen Menschen fast unnötig wäre, wird für den Deprimierten schrecklich. Dabei muss man bedenken, dass der Deprimierte ständig grosse Anstrengungen unternimmt, um seine Schwäche zu überwinden, denn er leidet und fürchtet sich vor der Verachtung. Und doch heisst es, er lehne die Anstrengung ab!

Mit einem Wort, er gilt schlicht und einfach als feig, willensschwach und arbeitsscheu. Unverstanden, verachtet, wünscht der Deprimierte, dass seine ganze Umgebung ebenfalls in der Depression untergeht, damit sie selbst erfahren kann, dass sein Nichthandeln, sein Zögern und Zurückschrecken ihm von seinem Zustand aufgezwängt werden.

Dies aber ist viel zu einfach, um allgemein akzeptiert zu werden, und bald folgen die Konsequenzen der Verachtung: Vorwürfe, Strafen...

Der Deprimierte sieht sich dann von Menschen umgeben, die ihn verurteilen, wahrscheinlich in der Annahme, dass er seine Erschöpfung selbst gewollt habe.

Erschöpfung und Depression

«Sie sind am Rande der Depression...» Das haben Millionen von Menschen schon gehört, und der Arzt verschreibt meistens die ganze Reihe der Beruhigungs-, Aufputsch- und Stärkungsmittel, rät zu Ruhe, Unterhaltung und Reisen, wenn nötig zum Umgebungswechsel oder zur psychologischen Behandlung usw.

Die Magenbeschwerden werden genau so wie die Reflexe unter die Lupe genommen. Der Arzt sucht nach Spuren von zu hohem Blutdruck oder Zukkerkrankheit, von einem nervösen Leiden oder Arterienverkalkung.

Was heisst eigentlich Depression?

«Depression» heisst ursprünglich «Druckverlust». Die Depression ist also eine Verminderung der Nervenkraft oder der psychologischen Spannung. Es handelt sich um einen sehr allgemeinen Begriff, um eine generelle Bezeichnung für eine ganze Reihe verschiedener Zustände, die wiederum diverse Namen tragen: Asthenie, Neurasthenie (Nervenschwäche), Psychasthenie, Besessenheit, Schizophrenie usw., also vom Harmlosen bis zum Schlimmsten. Wir werden auf diese Zustände zurückkommen.

Die Erscheinungsformen der Depression sind sehr zahlreich. Sie kann rein physischer Art sein und von psychologischen Formen begleitet werden.

Die Wechseljahre führen manchmal zur Depression. Doch nicht in jedem Fall, denn die Veranlagung spielt immer eine grosse Rolle. Die Veranlagung kann organischer oder psychologischer Natur sein. In diesem Falle wirken die Wechseljahre bloss als «Schalter». Sie lösen eine Situation aus, die schon lange latent vorhanden war.

Die Depression kann auch psychologisch bedingt sein wie auch religiöser Natur. Sie kann als Folge von Sorgen, Zweifeln, Ängsten usw. eintreten.

Den Deprimierten erkennt man leicht an seinem Verhalten. Er scheint matt und träge. Seine motorischen Reaktionen sind auf das Minimum reduziert. Er ist bewegungskarg, und die geringste Handlung macht ihn müde. Oft tritt Schlaflosigkeit ein, und die Gewichtsabnahme macht sich mehr oder weniger bemerkbar. Weitere mögliche Folgen sind: Zittern, Kopfschmerzen, zu niedriger Blutdruck, unbeschreibliche Lustlosigkeit, Müdigkeitswahn, Konzentrationsunfähigkeit, Unschlüssigkeit, unbegründete Traurigkeit, übertriebene Bedenken, Nackenschmerzen, Sehstörungen und meistens:

a) Abulie (Willensschwäche)
b) Melancholie (Schwermut)
c) Angst, wahnsinnig zu werden.

Die Abulie

Der Schweizer Schriftsteller Amiel sagte: «Lieben, träumen, fühlen, lernen, verstehen, alles kann ich, solange man von mir kein Wollen erwartet.»

Für den Deprimierten stellt das «Wollen» wahrscheinlich die grösste Schwierigkeit dar. Diese Unzulänglichkeit jedoch macht sich vor allem im Übergang vom Gedanken zur Handlung bemerkbar. Der Deprimierte wünscht etwas zu tun, und sein Wunsch ist oft sehr stark. Dessen Verwirklichung aber bleibt aus.

Das «Wollen» lässt sich nicht auslösen, und die Trägheit gewinnt. Dann kommt ein anderer Wunsch und noch einer... «Dieses mache ich später, jenes mache ich morgen...» Weder später noch morgen tritt der Wille in Aktion, um die Idee zu verwirklichen. Der Wille zersplittert sich in viele Teile, wobei jeder Teil zur Verwirklichung nicht ausreicht.

Manchmal ist die Abulie nicht sehr ausgeprägt, und die Handlung kommt durch den Willen doch zustande. Sie ist aber langsam und mit grossen Anstrengungen verbunden. Zudem fehlt ihr die Grösse, weil die notwendige Beharrlichkeit ausbleibt. Der leicht Willensschwache wird durch eine ganze Reihe kleiner, zusammenhangloser Handlungen gekennzeichnet, weil ihm für eine dauernde Handlung die Konzentration fehlt. In den schlimmsten Fällen werden die einfachsten Taten unmöglich. Jede Tätigkeit verschwindet, und diese Menschen sagen oft:

– «Jede Kleinigkeit verlangt von mir riesige Anstrengungen, obwohl ich mich zusammennehmen möchte. Ich schäme mich vor meinem Mann, der doch Verständnis hat. Ich kann es einfach nicht. Ein Geschirrtuch in die Hand nehmen? Schon das geht über meine Kräfte. Kochen sollte ich auch. Aber auch das kann ich nicht. Hunderte von kleinen Gedanken beschäftigen mich, ohne dass ich sie in Zusammenhang bringen kann. Ich lasse alles gehen, und mir ist todlangweilig...»

– «Ich bin immer unschlüssig, ich brauche eine Stunde, um einen Bleistift zu kaufen. Ich bin stets im Zweifel und weiss, dass ich keinen Grund habe, aber ich kann unmöglich anders vorgehen. Nach einer gewissen Zeit bin ich mir selber böse und fange an zu zittern. Dann lasse ich alles fallen und ergreife unter irgendeinem Vorwand die Flucht, damit ich nicht irgend jemanden ohrfeigen oder beleidigen muss...»

– «Zehnmal sehe ich nach, ob ich den Gashahn zugedreht habe, bevor ich ins Bett gehe. Dann stehe ich auf, um nochmals nachzusehen. Ich gehe wieder ins Bett und weiss, dass der Hahn zugedreht ist. Dann aber muss ich wieder aufstehen... Erschöpfend!».

Alle diese Fälle sind im Bereich der «normalen» Depression, sozusagen. In noch schlimmeren Fällen hört die Tätigkeit vollkommen auf. Der Deprimierte hütet das Bett mit einer ganzen Reihe psychologischer Gefühle, unter denen er oft furchtbar leiden muss. Warum?

Weil in der Depression alle Phänomene vom Kranken bewusst wahrgenommen werden.

In seiner Unfähigkeit, zu wollen, sieht sich der Deprimierte seiner Umgebung gegenübergestellt, die ihn versteht – oder nicht versteht. Letztere Möglichkeit ist selbstverständlich die häufigere, und der Kranke gilt bald als arbeitsscheuer, willensschwacher Mensch. Dabei ist das nicht die Ursache, sondern die Folge seiner Krankheit!

Wie wird die Abulie behandelt?

Die Abulie ist bloss ein Symptom der Depression und nicht die Depression selbst. Wenn letztere verschwindet, hört die Abulie ebenfalls auf. Eines dürfen wir jedoch nicht vergessen: Es gibt keine Faulenzer, nur Kranke. Die menschliche Funktion heisst Handeln und Wollen. Die Muskeln steuern die Handlung, und das Nervensystem löst den Willen automatisch aus. Vorausgesetzt natürlich, dass beides in Ordnung ist.

Ist ein Mensch (ob Kind oder Erwachsener) «arbeitsscheu», so muss sofort nach der Ursache gesucht werden. Die Faulheit ist ein Symptom entweder einer physischen oder nervösen Insuffizienz oder eines psychologischen Leidens, das die verschiedensten Ursachen haben kann.

Den Willen und die Handlungsfähigkeit wieder herzustellen heisst, ein neues Gleichgewicht geben. Das werden wir im Kapitel «Behandlung der Depression» noch sehen.

Die Melancholie

Die Melancholie oder Schwermut ist eine dauernde, tiefe und anscheinend unbegründete Traurigkeit. Der Pessimismus ist vollständig und erstreckt sich auf alles.

Wie sieht der Schwermütige aus? Alle seine Bewegungen verraten seinen Überdruss, seine Stirn ist gerunzelt, seine Stimme oft unhörbar. Der französische Spitalpsychiater J. Sutter gab diese ausgezeichnete Beschreibung:

«Die Rede stimmt mit dem Äusseren überein; alles ist Kummer, negative Ereignisse werden übertrieben und deren Folgen in das ungünstigste Licht gestellt. Selbst positive Tatsachen machen ihn traurig, und seine krankhafte Phantasie gibt ihnen eine katastrophale Bedeutung. Sein Pessimismus erstreckt sich auf alles, mit den unmöglichsten Aspekten.»

Die Lebensunlust ist die erste Reaktion des Kranken, dem alles, auch das eigene Leiden, gleichgültig wird. Jeder Morgen ist der Anfang eines neuen Leidens, und nichts bleibt ausser dieser Gleichgültigkeit.

Psychologische Phänomene kommen bald hinzu. Da ihm alles gleichgültig ist, macht sich der melancholisch Kranke Vorwürfe. Zum Beispiel sagt eine Mutter: «Ich kann meine Kinder nicht mehr lieben, und vor einem Jahr habe ich sie noch vergöttert. Meine Gleichgültigkeit hat von mir Besitz ergriffen. Ich möchte wenigstens darunter leiden können und traurig sein, aber nicht einmal das kann ich.»

Der melancholisch Kranke kommt sich oft unwürdig vor. Schuldgefühle, Selbstvorwürfe quälen ihn ständig. Er bezichtigt sich schlimmster Untaten, und seine geistige Tätigkeit konzentriert sich auf diese Gedanken, bis er die totale Immobilität erreicht oder sich nicht mehr ernähren will. Organische Störungen wie Appetitlosigkeit, abnormale, starke Verstopfung, Kreislaufstörungen treten ein. In gewissen Fällen muss der Kranke künstlich ernährt werden. Da er von Gewissensbissen überwältigt ist, versucht er sich zu bestrafen, wobei dies bis zum Selbstmord führen kann.

Eine weitere, sehr eigenartige Form der Melancholie kann bei jungen Mädchen beobachtet werden. Es ist dies:

Die Anorexia nervosa

Anorexia heisst Appetitlosigkeit. Manche Mädchen im Alter zwischen fünfzehn und zwanzig Jahren (also kurz nach der Pubertät) halten sich bewusst beim Essen zurück, ohne triftige Gründe zu haben. Die Appetitlosigkeit ist im Willen stark verankert. Sie nehmen eine Überdosis an Abführmitteln zu sich oder erbrechen heimlich. Nach und nach tritt Unterernährung und Abmagerung ein. Das kann in gewissen Fällen zum Tode führen (der anscheinend von der Kranken gewünscht wurde). Diese Krankheit scheint tatsächlich mit einer affektiven Reaktion zusammenzuhängen; sie wird manchmal auch bei Säuglingen (zum Beispiel beim Entwöhnen) beobachtet. Sie kann auch bei bestimmten verheirateten Frauen nach einem Ehekrach auftreten. Die Frau flüchtet in die Krankheit oder rächt sich damit, lehnt jede Nahrung ab oder erbricht. Bei manchen vier- bis fünfjährigen Kindern tritt sie nach der Geburt eines kleinen

Bruders oder einer kleinen Schwester auf. Die Krankheit verrät die Angst, frustriert zu werden. Das Kind löst die Krankheit aus, um weiterhin die Aufmerksamkeit der Eltern auf sich zu ziehen.

Und bei den Mädchen? In vielen Fällen wird die Pubertät von einem gewaltigen Schamgefühl begleitet, während sich religiöse oder sexuelle Gewissensbisse einstellen. Die Suche nach einer Selbstbestrafung in Form einer körperlichen Züchtigung ist die Folge.

Die Pubertät kann aber auch eine Art Schalter sein, der bereits latent vorhandene Situationen auslöst (ähnlich wie die bereits besprochenen Wechseljahre). Manchmal kann es sich auch um eine Art Erpressung handeln, um die Liebe der Eltern zu behalten. Das wäre reiner Infantilismus, es sei denn, die Appetitlosigkeit sei bloss eine Rache gegen die Eltern.

Zusätzlich zu einer strengen medizinischen Untersuchung muss in erster Linie der Familienkreis gründlich geprüft werden. Tragödien werden oft entdeckt. In solchen Fällen ist eine Isolierung und psychologische Behandlung sofort einzuleiten.

Die Melancholie verlangsamt also die physisch-geistige Tätigkeit und führt zur völligen Untätigkeit. Der Kranke ist entkräftet, sein Blick unsicher, seine Verzweiflung gross. Die totale Ablehnung jeder Ernährung oder gar der Selbstmord kann folgen. Die Melancholie habe ich als ein Symptom der Depression durch Erschöpfung dargestellt. Es gibt allerdings noch zahlreiche weitere Möglichkeiten, wobei die Ursachen im neurovegetativen System oder in den Drüsen liegen können. Die eigentliche Ursache ist also rein physischer Natur, und die geistigen Auswirkungen treten erst später auf. Wenn die Melancholie eine Folge der Depression ist, muss die Depression selbst behandelt werden.

Die Angst, verrückt zu werden

Diese ist bei den Deprimierten oft anzutreffen und kann zur Besessenheit führen, einer Besessenheit, die wie ein stechender, unaufhörlicher Schmerz wirkt. Das blosse Aussprechen von Wörtern wie «verrückt», «Wahnsinn», «Irrenhaus» ist für solche Leute anstrengend. Die Deprimierten lesen keinen Artikel über Geisteskrankheiten, sehen sich auch keinen entsprechenden Film an.

Bekanntlich hat der Deprimierte das Gefühl, einen leeren Kopf zu haben; er kann unmöglich seine Gedanken beherrschen, die oft verschwommen sind. Kein Wunder, dass er von seiner Gehirnmüdigkeit besessen ist und glaubt, diese Müdigkeit führe ihn zum Wahnsinn.

Was sagen viele Deprimierte?

«Dieses Loch im Kopf, vor allem am Morgen, mit den verschwindenden Gedanken ... Ich werde verrückt!»

«Meine Müdigkeit, diese Kälte meines Gehirns, meine Kopfschmerzen beschäftigen mich unsagbar. Wie soll ich bei dieser stetigen Angst noch den Verstand behalten?»

«Gegen meine Depression hat mir der Arzt eine psychiatrische Behandlung angeraten. Ein Beweis dafür, dass ich halb verrückt bin...»

Vor allem müssen wir bedenken, dass diese Befürchtungen nie einer möglichen Realität entsprechen. Bei den Deprimierten ist die Angst, verrückt zu werden, völlig unbegründet. Vergessen dürfen wir aber nicht, dass bei ihnen jedes Wort aufgefangen und dann aufgebauscht wird. Sie nehmen jede Anregung an, vorausgesetzt, dass sie unheilvoll ist! Sagen Sie einem Deprimierten, dass er wahnsinnig wird: Er wird es Ihnen sofort glauben. Sagen Sie ihm hingegen, dass er nicht die geringste Chance hat, verrückt zu werden: Das kauft er Ihnen nicht ab. Dabei wird er von seinen übertriebenen Befürchtungen bezüglich seiner Gesundheit «unterstützt» (diesen Zustand nennt man Hypochondrie). Die ständige Beschäftigung mit seinen organischen Funktionen, Ideen und Gedanken führt den Deprimierten in Gram und Niedergeschlagenheit. In seiner Erschöpfung beobachtet er sich selbst ständig, und der geringste Fehler wird negativ bewertet. Warum? Weil die spontane Reaktion fehlt. Dadurch hat der krankhafte Gedanke keinen Feind, nur einen allmächtigen Freund: die Depression selbst. Die krankhafte Idee gedeiht von selbst wie eine Distel in einem Treibhaus. Sie entwickelt sich wie ein geistiger Tumor, wie ein Krankheitserreger sich in einem wehrlosen Organismus vermehrt.

Aber was beschäftigt vor allem den Deprimierten? Es sind die Empfindungen, die Migränen, sein Gedächtnisschwund, seine «Leere», seine Konzentrationsunfähigkeit, die Unmöglichkeit, eine begonnene Handlung zum Abschluss zu bringen, seine Wahnvorstellungen. Kein Wunder, wenn er glaubt, plötzlich wahnsinnig zu werden. Aber betonen wir es noch einmal: Trotz dieser Gewissheit führt die Depression nie zum befürchteten Wahnsinn.

Die Ursachen der Depression

Depression ist also ein ganz allgemeiner Begriff. Die zahlreichen depressiven Zustände haben zwar gemeinsame Symptome, doch bleibt jeder Fall ein Sonderfall, der mit der grössten Genauigkeit untersucht werden muss. Wenn die Nervenkraft nachlässt, kann das viele verschiedene Ursachen haben, aber eine der wichtigsten bleibt die nervöse und geistige Erschöpfung. Will man die Ursache der Depression ausfindig machen, so muss man nach der Ursache dieser Erschöpfung suchen. Wo liegen also die Ursachen der Erschöpfung? Natürlich in Handlungen, die zur Erschöpfung führen, und man muss sich fragen, welche Handlungen dies tun und warum. Man denkt dabei natürlich sofort an die Überanstrengung, an den überforderten Menschen.

Was ist Überanstrengung?

Ich denke dabei zum Beispiel an einen Studenten. Morgens um zwei Uhr im blauen Dunst zahlloser Zigaretten und mit einer Tasse starkem Kaffee in Griffnähe, paukt und büffelt er auf die bevorstehende Prüfung. Dies schon seit einem Monat. Kommt es bei diesem erschöpften Studenten automatisch zur Depression? Warum bei diesem und bei einem anderen nicht? Nehmen wir an, dass diese Prüfungsvorbereitung von anderen Gefühlen begleitet wird und dass die Schlussprüfung für diesen Studenten eine letzte Rettung darstellt. Er arbeitet mit der Angst, dass er scheitern könnte, er hat vielleicht Angst vor seinem Vater oder Angst, seine ganze Karriere zu versäumen, Angst vor der Verachtung usw. Er wird klar, dass die Überanstrengung des Studiums von emotionellen Faktoren begleitet wird, die die Erschöpfung noch verstärken. Deshalb ist das Überanstrengungsrisiko nicht bei jedem gleich.

Sobald mehr Energie ausgegeben wird, als Reserven vorhanden sind, tritt die Überanstrengung ein. Wird ein Organ, wie zum Beispiel das Gehirn, überfordert, so lässt seine Leistungskraft nach. Genau so wie bei einem Auto. Wer sich überanstrengt, vergeudet ein Kapital. Das Müdigkeitsempfinden ist das wertvollste Warnsignal, aber wer dieses missachtet, riskiert die Erschöpfung. Natürlich kann man sich noch erholen, aber man ist trotzdem erschöpft. Wird dieser Zustand verlängert oder sehr häufig wiederholt, so führt dies direkt zur Depression, und man ist überfordert, sobald die grossen, natürlichen Erholungsfaktoren (Essen, Schlafen) nicht mehr genügen. Die Überanstrengung hängt also von den verfügbaren Kräften ab, denn sie ist gleichbedeutend mit einer Art geistigen Ausgabenüberschusses.

Vergessen wir nicht, dass die Müdigkeit ein Warnsignal vor der Vergiftung der Nervenzellen ist. Die Überanstrengung ist also präventiver Art. Jeder Mensch muss seine eigene Leistungsfähigkeit kennen, und ich weiss aus Erfahrung, dass dies äusserst schwierig ist.

Man darf sich auch nicht vorstellen, dass die Depression immer gleich nach der erschöpfenden Handlung eintritt. Das ist sogar selten der Fall. Jeder Arzt oder Psychologe stellt oft fest, dass die Depression mit grossem Abstand einer ganzen Reihe überfordernder Handlungen folgt, die sich sogar auf mehrere Jahre erstrecken können.

Ein häufiger Fall direkter Erschöpfung

X., der als mustergültiger Angestellter gilt, wird plötzlich zum Bürochef ernannt. Da er in seiner neuen Funktion beachtet werden möchte, arbeitet X. monatelang mit einem Rieseneifer. Er leistet Überstunden bis spät in die Nacht und missachtet das Warnsignal der Müdigkeit ständig. Nach ein paar Monaten zeigt er alle Symptome der Überanstrengung, er fällt zusammen, und man schliesst auf «Nervenzusammenbruch». Geistige Überforderung? Natürlich... Aber an seiner früheren Stelle hatte er doch genau so viel gearbeitet! Warum also plötzlich...?

Zuerst muss man bedenken, dass die frühere Funktion des X. aus einer ganzen Reihe Gewohnheiten bestand, und obwohl die Arbeit sehr intensiv war, waren die Anpassungsanforderungen selten. X. arbeitete wie eine Art Automat, der sich nie neuen Situationen anpassen musste, und jede geistige Müdigkeit blieb ihm erspart.

Hingegen muss sich X. an seiner neuen Stelle ständig neuen Verantwortungen anpassen, was von ihm eine Riesensumme an geistiger Arbeit verlangt. Die Folgen: Erschöpfung und Depression. Ist damit alles gesagt? Nein, bei weitem nicht.

X. wuchs in einer wohlhabenden Familie auf und wurde von seinen Eltern, die ihn «vergötterten», immer beschützt und verwöhnt. Alles taten, dachten und entschieden sie an seiner Stelle, bis X. zum willensschwachen Menschen wurde, mit den verschiedensten psychologischen Komplexen (auf die ich später noch zurückkommen werde).

Die Stelle als Bürochef wird ihm angeboten. Er nimmt sie an, und die Überanstrengung beginnt. Doch bevor er überhaupt angefangen hatte, war X., ohne es zu wissen, bereits der Angst, dem Zweifel, dem Scheitern geweiht. Geistige Überanstrengung natürlich, aber auch und vor allem emotionelle Überanstrengung. Jede mit einer Verantwortung verbundene Handlung war durch seine psychologischen Komplexe erschwert, welche eine sofortige Anpassung verunmöglichten. Die für einen normalen Menschen leichte Aufgabe löste bei X. Zweifel, Angst und sogar Schlaflosigkeit aus, lange nachdem sie bereits erledigt war, und zur gleichen Zeit kamen weitere verantwortungsvolle Aufgaben, die wiederum eine psychologische Erschöpfung brachten, usw.

Man kann nicht einmal sagen, X. habe sich überarbeitet. Die neue Stelle war bloss eine Art «Schalter». Infolge seiner tiefen Komplexe wurden Handlungen, die für einen anderen Menschen alltäglich gewesen wären, zu unüberwindbaren Schwierigkeiten. Diese Depression ist erziehungspsychologischer Art.

Ein anderer Fall

Der junge Arzt Y. hat nach sechs Monaten einen Nervenzusammenbruch. Die Diagnose lautet: Überforderung durch das Studium und die medizinische Arbeit. Ja, ja, natürlich... Aber wenn wir wissen, dass Y. bei jedem Rezept von einer ganzen Reihe Zweifel und Ängste befallen wurde, verstehen wir die Situation schon etwas besser. Wenn wir ferner wissen, dass Y., nachdem er ein etwas schwieriges Rezept geschrieben hatte, stundenlang seine Bücher konsultierte und zitternd auf das Ergebnis wartete und sich das Schlimmste vorstellte, so wird alles klar.

Was ist die Ursache der Depression? Die Arbeit? Das Studium? Auch nicht. Die Rezepte? Auch nicht. Die Angst und die Unsicherheit? Ja, teilweise. Denn man müsste das Warum seiner Angst kennen. Man sollte wissen, warum die Handlung des Rezeptschreibens Y. so lange beschäftigt.

Es würde hier zu weit führen, den Fall von Y. ausführlich zu analysieren. Wir sehen aber, dass jede Depression auf Herz und Nieren, das heisst in allen ihren Aspekten geprüft werden muss. Die Ursachen liegen oft weit zurück, aber es gilt sie zu finden.

Die physische Überanstrengung ist fast nie die einzige Ursache, sondern vielmehr die geistige Überforderung, wie zum Beispiel beim Studenten. Wir werden auch sehen, wie gefährlich eine zu lange andauernde Konzentration sein kann und wie notwendig eine Abwechslung ist. Ich möchte damit keinen «Rat» geben, sondern nur ein natürliches Anliegen des Gehirns zeigen.

Viel gefährlicher sind die emotionelle Überanstrengung, die fixen Ideen, die Zwangsvorstellungen. Oft wird gesagt: «Vergessen Sie doch die Traurigkeit, die Schwermut. Kämpfen Sie gegen Niedergeschlagenheit und Mattigkeit.» Ich finde das sehr nett, aber all diese Erscheinungen sind bereits Symptome einer Insuffizienz, und niemand wird zum Vergnügen trübsinnig.

Man muss also zuerst die Quelle dieses Trübsinns ausfindig machen, und dies ist gerade Aufgabe der Psychologie. Es muss aber getan werden, denn die krankhaften Gedanken werden selbst zu Ursachen, die immer stärker werden und den Menschen zur nervösen Erschöpfung führen, sie werden zu fixen Ideen, die die ganze Energie steuern.

Die Handlungen, die zur Erschöpfung führen

Die menschlichen Verhaltensweisen lassen sich kaum «katalogisieren». Doch eines ist sicher: Jede menschliche Anstrengung geschieht mit dem Zweck der Anpassung an eine bestimmte Situation, gleich welcher Art. Ob diese Situation das blosse Öffnen einer Türe oder die Heirat ist! Es besteht also eine bestimmte Hierarchie der Anpassungsschwierigkeiten und daher auch in der ausgegebenen Energiemenge.

Der Mensch empfindet die Handlungen, die zur Erschöpfung führen, nicht mehr. Viele bleiben unbewusst (siehe auch das Kapitel «Psychoanalyse»). Ob bewusst oder unbewusst, verrichten sie immer ihre Zerstörungsarbeit.

Meines Erachtens ist der Familienkreis eine der häufigsten Erschöpfungs- und Depressionsquellen, wobei diese Zustände oft mit Verzögerung erscheinen. Es geht hier um das äusserst schwerwiegende Problem der Erziehung. Gewisse Jugendliche tragen eine unerhört hohe Anzahl versäumter innerer Anpassungen in sich und jede Fehlanpassung ist emotionell geladen. Dazu kommt, dass das Familienleben ein ständiger Prozess gegenseitiger Anpassung ist. Verschiedene Charaktere stehen sich gegenüber und erfordern eine flexible, verständnisvolle Anpassungsfähigkeit. Zusammenstösse sind unvermeidlich. Werden sie gleich «erledigt», so ist alles in Ordnung. Diese «Entladung» ist notwendig, ob in Form einer gegenseitigen Aussprache oder eines Zorns. Oft bleibt aber die Entladung aus. Wie zum Beispiel bei Kindern gegenüber ihren Eltern. Kein Zorn, keine Vorwürfe, weil es das Moralgesetz verbietet. Das Kind brütet über seinen Gedanken. Emotionen kommen, und dieser Zustand wirkt erschöpfend. Dieser Zustand kann sich durch viele Jahre hindurch wiederholen.

Ich habe auch festgestellt, dass eine falsch verstandene Religion ebenfalls zu einer Erschöpfungs- und Depressionsgrundlage werden kann. Alles hängt vom Erzieher und der Veranlagung des Kindes ab. Viele Jugendliche haben religiöse Ängste.

Oft mischen sich falsche Vorstellungen eines grausamen, rächenden und erbarmungslosen Gottes in die getrübte Sexualität der Jugendlichen, und wenn die jugendliche Onanie verheerende Folgen haben kann, so nur wegen der sie begleitenden Emotionen und Gewissensbisse, die von einer falsch verstandenen und zu einem unbarmherzigen Moralgesetz herabgewürdigten Erziehung herrühren.

Die körperliche Pubertät

Janet schrieb: «Bei vielen Patienten machen sich die ersten Zeichen im Alter von zwölf bis vierzehn Jahren bemerkbar, das heisst zur Zeit der Pubertät, welche die Widerstandskraft erheblich geschwächt hat. Gerade zur gleichen Zeit werden die Kinder auf die Erstkommunion vorbereitet. Da werden Gebete unaufhörlich wiederholt, da beginnen der Perfektionswahn, die Angst vor der Hölle und bei den Frühentwickelten die verbotenen Ideen. Solche Störungen können sich auf ewig einstellen.»

Jede wesentliche Anpassung kann zum Erschöpfungszustand führen, wie auch jede alltägliche Handlung. Frau X. hat jedes Mal eine «Depressionskrise», wenn sie von einer Reise heimkehrt. Die Vorbereitung einer kleinen Reise dauert zwei Wochen, verbunden mit Angst, Zweifel usw. und mit der Unmöglichkeit, einen Koffer zu packen, ohne ihn sofort wieder aufzumachen, «weil man doch immer etwas vergisst». Während der Reise wird Frau X. ängstlich. Sie befürchtet, weit von zu Hause krank zu werden, sie hat Angst, ihr Geld zu verlieren oder stellt sich vor, dass sich ein Unfall ereignet, dass ihr Haus niederbrennt… Sie sagte zu mir: «Während der Eisenbahnreise warte ich immer auf eine Katastrophe. Das Pfeifen der Lokomotive lässt mich kreidebleich werden, und ich kann nicht umhin, meinen Nachbarn zu fragen, wie schnell wir fahren.» Stundenlang muss sie rechnen, zögern, brüten… Während sie immer erschöpfter wird.

Dann kommt Frau X. total erschöpft nach Hause. Die Abulie, die Melancholie und das ewige Nachdenken über die eigenen Unzulänglichkeiten beginnen.

Die einfachste Reise ist schon eine Überforderung, weil Frau X. nicht in der Lage ist, sich den zahlreichen Umständen dieser Reise anzupassen. Die Psychologie muss in diesem Fall die Ursachen dieser Insuffizienz suchen.

Der Fall der Jacqueline D.

Jacqueline ist ein reizendes Mädchen im Alter von dreiundzwanzig Jahren. Sie leidet von Kindheit auf an einer besonders ausgeprägten Rückgratverkrümmung und zeigt alle Symptome der nervösen Depression. Beim Anblick irgendeiner Person, die eine Autorität darstellt (Priester, Polizist oder gar Beamter hinter einem Schalter), fängt sie an zu zittern und möchte die Flucht ergreifen. Sie schaut einem nie in die Augen und gilt als Heuchlerin. Sie ist stets aggressiv, hat aber eine unheimliche Allgemeinbildung, worauf sie sehr stolz ist. Der Grund ist einfach.

– Aber Fräulein, Sie wissen ja unwahrscheinlich viel. Wieso eigentlich?
– (aggressiv) ... Raten Sie mal!
– Ich weiss schon.
– So?
– Was Sie Gebrechen nennen, hat Ihnen schon von Kindheit an einen furchtbaren Minderwertigkeitskomplex gegeben, nicht wahr?
– Ja natürlich! Und weiter?
– Ich glaube, ich muss nochmals mein Abitur machen ...
– Nein, so habe ich das nicht gemeint. Bitte! Aber ich habe so viel gelitten in meinem Leben ...
– Natürlich, wir waren doch beim Minderwertigkeitskomplex.
– Jawohl.
– Sie haben sehr unter Ihren Minderwertigkeits- und Frustrierungsgefühlen gelitten, Sie hatten Angst, von allen abgelehnt zu werden. Sie lehnten sich gegen Ihr Schicksal auf, und dies Tag und Nacht ...
– Jawohl, und das manchmal mit Selbstmordgedanken.
– Aber dieser Minderwertigkeitskomplex machte Sie unsicher. Sie fühlten sich furchtbar einsam und wollten diese Sicherheit um jeden Preis wiederfinden. Aber wo? Bei Ihren Eltern?
– Oh, nein! Im Grunde genommen hassten sie mich. Als ich zehn Jahre alt war, hörte ich meine Eltern streiten. Mein Vater sagte von mir «deine Tochter ...». Ich kam mir vor wie ein Gegenstand, dessen Besitzer gesucht wird. Dann hörte ich meine Mutter: «Ich schäme mich, mit ihr auszugehen und das Mitleid der Leute zu sehen. Wenn sie wenigstens ein Genie wäre, das wäre wenigstens eine Kompensation!»
– Und dann hat alles angefangen.
– Genau!
– Dann haben Sie sich zusammengenommen. Sie haben Ihren Eltern nichts

von alledem erzählt und haben angefangen, ganz allein und verbissen zu studieren, mit dem Ziel, ein ungeheures Wissen zu erlangen.
Ihre einzige Möglichkeit, überlegen zu sein, lag im Wissen. Und noch etwas: Da Sie körperlich nicht stark waren, wollten Sie sich durch Ihre Erschöpfung an Ihren Eltern rächen. Stimmt's?

– Ja, wenn Sie so sagen ... Ich hatte tatsächlich diesen Gedanken, wies ihn aber von mir ab. Innerlich sagte ich: «Wenn ich sterbe, sind sie daran schuld!» Es ist also noch komplizierter, als ich dachte.
– Nein, Jacqueline, Sie werden sehen.
– Danke.
– So, gehen wir bis runter in den Keller. Kommen Sie mit?
– (lächelnd). Und wie gespannt.
– Sie haben sich also dahinter geklemmt, morgens, abends und immer verstohlen. Jede neue Kenntnis war Ihre Überlegenheit. Sie fühlten sich immer besser in der Lage, irgend jemanden mit Ihren Fragen «reinzulegen» und lächerlich zu machen. Das war Ihre Geheimwaffe.
– Ja, aber nach zwei Jahren war ich total erschöpft.
– Sie haben lange gebraucht! Also haben Sie die Müdigkeit aus zwei Gründen immer wieder «zurückgestellt»:
  1. Sie wollten um jeden Preis überlegen sein.
  2. Sie wollten unbewusst an Erschöpfung sterben, um Ihre Eltern zu strafen.
  Oder?
– Stimmt. Sagen Sie mal, ist Ihr Beruf immer so kompliziert?
– Manchmal noch viel komplizierter, Jacqueline! Sie lernten also immer mehr, wurden immer erschöpfter, und alles geschah, ohne dass jemand etwas davon erfuhr. Dann liessen Sie Ihre Kenntnisse los auf Ihre Mitmenschen. Wahrscheinlich haben Sie sogar Ihre Lehrer überfragt und immer den ersten Preis gemacht ...
– Ausser im Turnen ...
– Das wird aber auch kommen. Und Ihre Lehrer, Ihre Freundinnen, Ihre Eltern, alle haben Sie bewundert, und plötzlich hat niemand mehr von Ihrem Gebrechen gesprochen.
– Nein, niemand mehr!
– Ich nehme aber an, dass Sie gar nichts sagten. Sie taten, als wäre dies das Natürlichste der Welt. Denn das war der Preis Ihrer Überlegenheit.
– Ja, das habe ich sogar sehr lange gemacht.
– Und niemand hat Sie darauf angesprochen? Ist es denn niemandem als ... abnormal aufgefallen?
– Nein, meine Eltern waren viel zu stolz, um mich aufzuhalten! Denken Sie doch, ich war eine Enzyklopädie, der Stolz meiner Eltern und der Schule!
– Schlimm!
– Und wie!

– Und mitten in dieser Erschöpfung kam dann die Pubertät.
– Genau. Und Freundinnen klärten mich auf.
– Worüber haben sie Sie aufgeklärt?
– Über alles doch!
– Und dann?
– Dann hat vieles angefangen. Für mich begann eine neue Zeit. Während meiner ganzen Kindheit war ich von allen Leuten abgelehnt worden. Ich war ja halb bucklig, hatte oft wahnsinnige, innere Konflikte. Ich wurde dann unheimlich wissend, blieb aber immer noch bucklig! Und jetzt war ich ein Mädchen, das sich für die Burschen interessierte! Auch sie haben mich abgelehnt, ausser zwei oder drei, die mich in Schutz nahmen, und diesen Schutz empfand ich als Beleidigung. Ich war ihnen gegenüber sehr unfreundlich, weil sie nie ...
– Weil sie nie an Ihre Rolle als Frau dachten. Und zudem haben Sie wahrscheinlich versucht, sie mit Ihren Kenntnissen einzuschüchtern.
– Ich wollte ihre männliche Überlegenheit brechen.
– Das hat sicher nicht lange gedauert.
– Nein: Sie haben mich verlassen, und ich war wieder allein.
– Wann haben Sie angefangen zu onanieren?
– (Jacqueline wird feuerrot. Ihr Gesicht verzerrt sich. Sie will aufstehen. Doch ihr «Intellektualismus» befiehlt ihr, das Sexualproblem kaltblütig zu betrachten. Sie setzt sich wieder.) ... So mit fünfzehn.
– Gewissensbisse?
– Nicht gleich. Eher Hass. Es war für mich eine Rache, da ich noch müder wurde. Ich besuchte eine katholische Schule. Eines Tages sprach ein fremder Pfarrer in seiner Predigt vom Fleisch. Ich war ja fünfzehn, wissen Sie ... Ich höre ihn heute noch. Es tönte alles so unbarmherzig, und nie wagte ich zu gestehen, was ich machte. Meine Beichten wurden zu Lügen ...
– Ihr Beichtvater hätte doch Verständnis gehabt, Jacqueline!
– Ja, sicher, aber ich war erst fünfzehn, und nach jeder Beichte hatte ich das furchtbare Gefühl, dass mich alles vernichten würde. Ich hatte bei jedem Schritt Angst, vom Schlag getroffen zu werden. Ich glaubte, innerlich zu verfaulen, und war überzeugt, übel zu riechen. Ich parfümierte mich übermässig. Beim Anblick eines Priesters fing ich an zu zittern. Ich bildete mir ein, die schlimmsten Krankheiten zu haben, und konsultierte stundenlang jedes medizinische Werk. Auf der Strasse war ich überzeugt, dass mir die Polizisten mit dem Blick folgten! Und das fünf Jahre lang, fünf lange Jahre lang! Alles musste ich allein erleiden, und meine Eltern wussten und ahnten nichts. Mir wurde oft schwindlig, und ich hatte manchmal Gedächtnisschwund. Nie hätte ich es gewagt, irgend jemandem etwas zu erzählen. Ausser heute. Es ist viel weniger schwierig, als ich dachte. Nach diesen fünf Jahren habe ich einen Jugendfreund wiedergetroffen, der das Land seiner-

zeit verlassen hatte. Er war so nett, so natürlich... Ich habe ihm von allem nichts erzählt, nur von meiner Depression. Er hat mich auf nette Art gezwungen, Sie zu besuchen. Und hier bin ich, erschöpft, aber ein bisschen erleichtert, weil ich Ihnen alles gesagt habe. Ich habe das Gefühl, dass Sie mich nicht verurteilen.

Heute ist Jacqueline glücklich verheiratet. Ein Märchen? Bestimmt nicht. Eine alltägliche Geschichte! An ihrer Heilung waren drei Wissenschaften beteiligt:

Erstens die Medizin, die den allgemeinen Nervenzustand Jacquelines wieder in Ordnung brachte. Gleichzeitig wurden ihre Komplexe durch eine tiefenpsychologische Behandlung wie faule Zähne herausgezogen. Es galt, zehn Jahre voller Angstgefühle, Verdrängungen und Hass zu eliminieren. Es galt, eine falsch verstandene Sexualität wiederherzustellen, die Entspannung zu lernen. Schliesslich gelang es einem Arzt, die Rückgratverkrümmung zu heilen. Und das Mädchen arbeitete begeistert mit.

Erschöpfung und Unruhe

Wie bereits erwähnt, führt die Erschöpfung:

a) zur Depression,
b) zur Unruhe.

In der Unruhe machen sich zwei wichtige Symptome bemerkbar:

a) Die Reaktionen sind ungeordnet und übertrieben.
b) Der Unruhige scheint seinen Impulsen ausgeliefert zu sein, ohne die für eine richtige Anpassung notwendige Bremse zu haben.

Sein Benehmen besteht aus einer Reihe plötzlicher Entladungen, die er nicht steuern kann. Die Selbstbeherrschung verschwindet wie auch die Harmonie des Verhaltens. Die Bewegungen sind zu schnell und unkontrolliert, der unruhige Mensch redet überstürzt. Nervenzucken tritt auf, wie Verkrampfungen usw. Alles hängt natürlich vom Grad der inneren Unruhe ab. Leider werden diese unruhigen Reaktionen sehr häufig mit einem Energieüberfluss verwechselt, während es sich genau um das Gegenteil handelt.

Achtung! Oft glaubt man, die Selbstbeherrschung bestehe darin, dass man sich zusammennimmt, was absolut falsch ist. Erfordert die Selbstbeherrschung eine Anstrengung, so bedeutet dies, dass sie gar nicht vorhanden ist, denn die Selbstbeherrschung verschwindet, sobald die Anstrengung kommt. Sie muss von einer harmonievollen Energie herrühren.

In diesem Sinn ist sie wie der Wille: Wer glaubt, seinen Willen oder seine Selbstbeherrschung abwenden zu müssen, der hat eben beides nicht. Sonst müsste er sich gar nicht anstrengen!

Ohne auf neurologische Einzelheiten einzugehen, ist es notwendig, den sehr wichtigen Mechanismus unseres Nervensystems zu kennen. Wir werden sehen, dass dieser Mechanismus Aufschluss über wichtige Belange des Gleichgewichts, der Gesundheit, des alltäglichen Lebens und der Erziehung gibt. Es wird oft angenommen, dass bei einem bestimmten Gedanken das ganze Gehirn arbeite. Man glaubt, sein ganzes Gehirn anzustrengen, weil man sich auf ein Problem konzentriert. Das stimmt aber nicht.

Bei der Konzentration arbeitet nur ein kleiner Teil unseres Gehirns, während alle anderen Teile blockiert sind und schlafen. Wir alle kennen das Beispiel des Menschen, der sich auf eine Lektüre oder auf ein Studium konzentriert und nichts anderes hört oder sieht. Für ihn existiert kein Radio, kein Gespräch mehr. Wir kennen auch den sogenannten «zerstreuten Professor», der nicht einmal merkt, dass er beinahe überfahren wird. Ein weiteres Stadium ist die sogenannte fixe Idee. Warum beachtet der Mensch nichts ausser seiner fixen Idee?

Ein wunderbarer Mechanismus

Sobald das Nervensystem eine «Meldung» empfängt, löst es automatisch zwei grosse Reaktionen aus:

a) Diese Meldung wird direkt den Nervenzentren zugeführt, die sie betrifft. Dieses Phänomen, Dynamogenie genannt (von dynamis = Kraft, und genan = gebären), erlaubt die Erregung der betroffenen Nervenzentren. Die Erregung gibt wiederum die notwendige Kraft frei.

b) Gleichzeitig sperrt das Nervensystem die von der momentanen Handlung nicht betroffenen Nervenzentren und verhindert damit alle Verhaltensweisen, die mit dieser Handlung nichts zu tun haben. Dieses Phänomen, Hemmung genannt, kommt einem Schlaf gleich, und die an der Handlung nicht interessierten Gehirnteile schlafen, wie nachstehende Zeichnung zeigt:

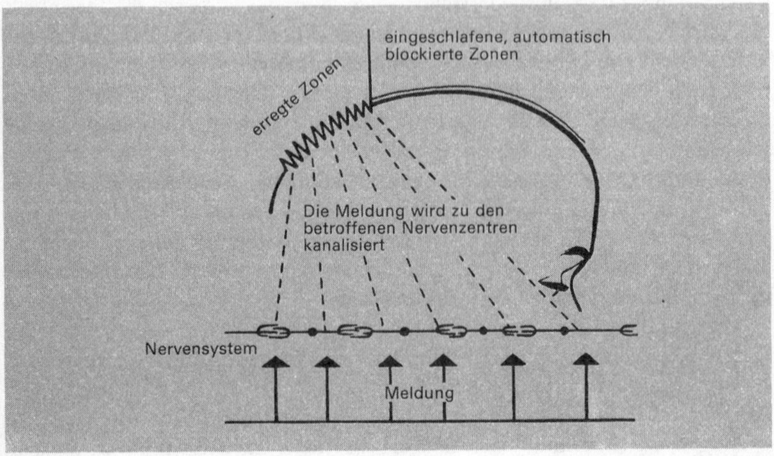

Beispiel: Nehmen wir an, wir nehmen an einer Sitzung teil.

a) Der Redner ist für uns ein Punkt, der visuelle und auditive Meldungen aussendet.
b) Das Nervensystem führt diese Meldungen zu den betroffenen Nervenzentren.
c) Diese Nervenzentren werden dadurch erregt, wobei die Erregung die Form elektrischer Impulse annimmt. Der Mensch «passt auf» oder konzentriert sich.
d) Gleichzeitig schlafen alle Gehirnteile, die an den Meldungen nicht interessiert sind, das heisst, die restliche Gehirnrinde hört auf zu arbeiten, wird gehemmt.

Merken wir uns folgende Regel: Die Erregung gewisser Nervenzentren wird automatisch von der Hemmung der anderen begleitet. Je kleiner die Erregungszone, desto grösser der gehemmte Teil. Die folgenden Skizzen zeigen die Zustände maximaler Klarheit beziehungsweise minimaler Hemmung.

Die Träumerei

Bei der Träumerei konzentriert sich das Gehirn auf ein bestimmtes Thema.

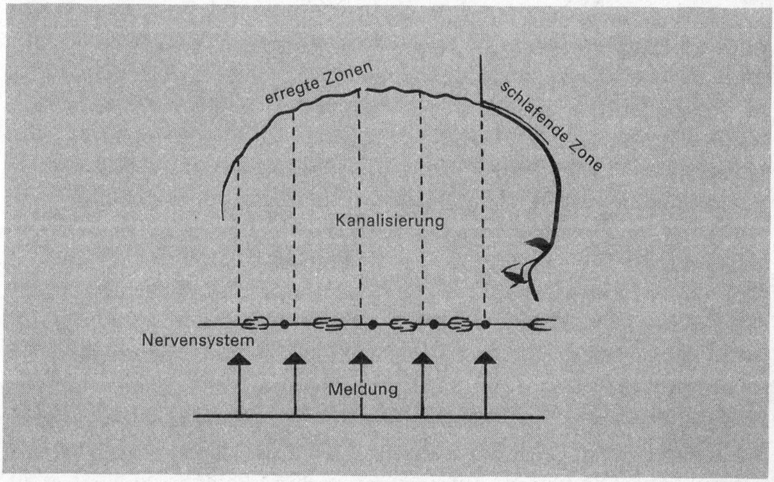

Der Mensch folgt den Empfindungen in seinem Gehirn wie ein Zuschauer, während seine Aufmerksamkeit auf keinen bestimmten Punkt gelenkt wird. Die «Meldungen» sind sehr zahlreich. Das Gehirn ist «offen» und in einem Zustand höchster Empfänglichkeit, also minimaler Hemmung. Schwache Menschen suchen oft Zuflucht in der Träumerei, während das Meditieren, das Nachdenken eine überlegene Form der Träumerei darstellen.

Meditieren und Nachdenken

Oft wird Meditieren mit Konzentrieren verwechselt. Dabei besteht echtes Meditieren nicht darin, dass man sich anstrengt, an etwas Bestimmtes zu denken. Im Gegenteil, man lässt das Gehirn um ein allgemeines Thema «schwimmen». Der Mensch befindet sich in einem passiven Zustand, und sein Gehirn empfängt am meisten Empfindungen. Es ist dies also keine «Tiefenträumerei», bei der die Gedanken leicht aufeinander folgen, weil eben das Gehirn «schwimmt» und die Anzahl arbeitender Nervenzentren sehr hoch ist. Das Gehirn ist in einem Zustand allgemeiner Offenheit für alle Empfindungen. Die Klarheit und die Empfänglichkeit sind maximal.

Das Meditieren stellt wahrscheinlich den höchsten und edelsten Grad des menschlichen Denkens dar.

Die Aufmerksamkeit

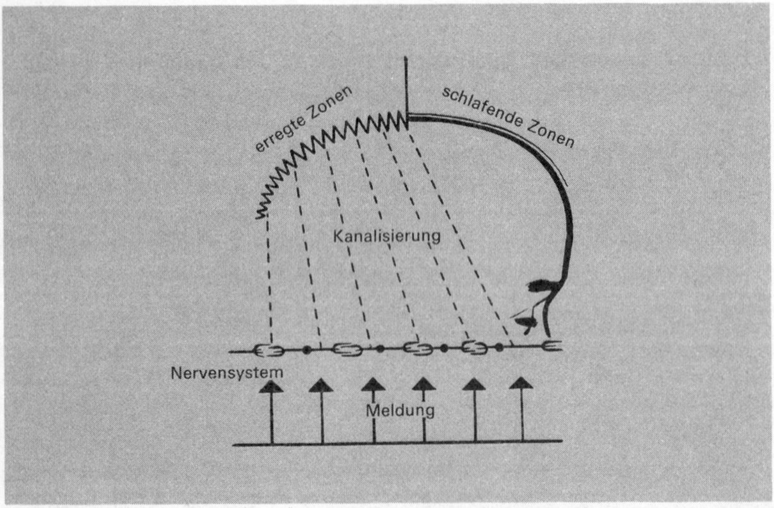

Aufmerksam sein heisst, auf etwas aufpassen. Das Gehirn konzentriert sich bereits auf etwas Bestimmtes, auf einen oder mehrere Punkte, zum Beispiel auf einen Vortrag. Der Aufmerksamkeitszustand ist eine Art schwache Konzentration. Da die Aufmerksamkeit auf einen bestimmten Punkt gelenkt wird, werden die Meldungen auf bestimmte Nervenzentren kanalisiert, während die anderen Zentren sofort blockiert werden. Natürlich gibt es verschiedene Aufmerksamkeitsstufen, vom zerstreuten Schüler bis zum interessierten Zuhörer bei einem Vortrag. Wenn wir weitergehen, kommen wir zur Konzentration.

Die Konzentration

Dabei werden die Gedanken unter bestimmter Anstrengung auf einen einzigen Punkt konzentriert, zum Beispiel auf ein schwieriges Problem. Die aktivierte Gehirnzone ist sehr beschränkt, weil die Aufmerksamkeit auf eine einzige Meldung gelenkt wird. Die gesperrten Zonen sind also sehr gross. Man sieht, dass bei einer starken Konzentration der grösste Teil des Gehirns schläft. Man sieht auch, warum der konzentrierte Mensch nicht mehr merkt, was in seiner Umgebung geschieht. Ganz einfach, weil die gesperrten Zonen seines Gehirns unfähig sind, andere Meldungen (Geräusche, Radio, Worte) zu empfangen. Die fixe Idee ist eine pathologische Form der Konzentration.

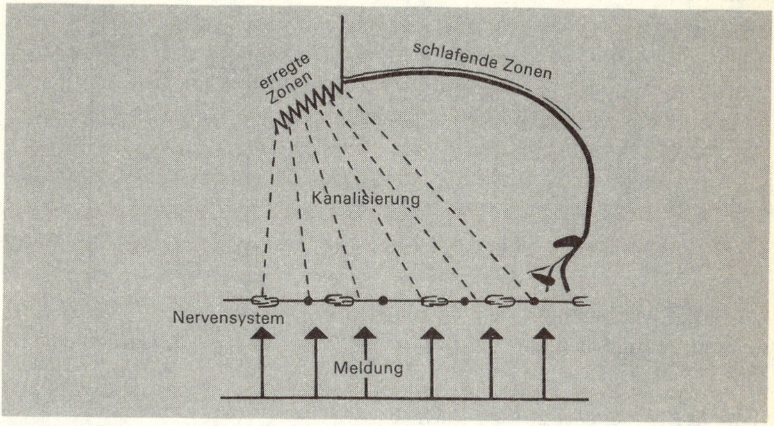

Die fixe Idee

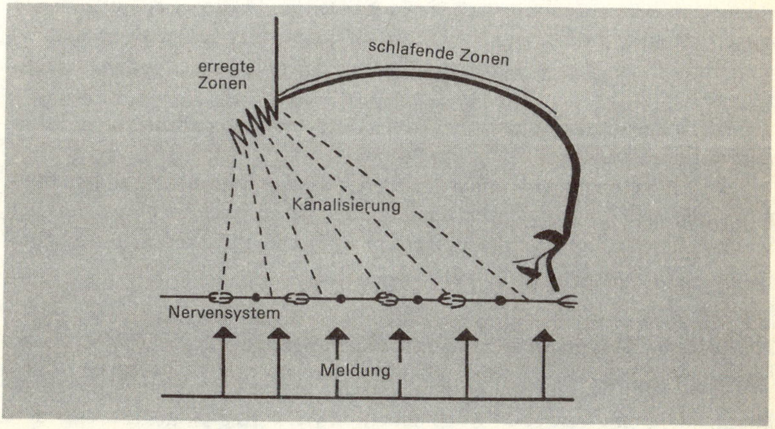

Die fixe Idee ist eine unwillkürliche, krankhafte Konzentration. Es entsteht eine sehr starke Erregung einiger Nervenzentren, die bis zur Erschöpfung überfordert werden. Die fixe Idee stellt eine einzige, immer gleichbleibende Meldung dar, die einen winzigen Teil des Gehirns wach hält, während der gesamte Rest schläft. Man weiss, dass Patienten mit fixen Ideen unfähig sind, irgend etwas anderes wahrzunehmen.

Zusammenfassung

	aktive Gehirnzonen	blockierte Gehirnzonen	Verstandes- und Bewusstseinsfeld
Träumerei und Meditation	gross	klein	gross
Aufmerksamkeit	immer kleiner ↓	immer grösser ↓	immer stärker eingeengt ↓
Konzentration	↓	↓	↓
fixe Idee, Zwangsvorstellung, geistiges Brüten	sehr klein	gross	fast verschwunden

Wenn die Konzentration zu lange dauert

Wir alle wissen, dass die Konzentration ermüdet. Dies ist logisch, da alle aktivierten Nervenzentren stark erregt werden und rasch erschöpft sind. Zu lange büffelnde Studenten geben plötzlich dem Schlaf nach. Allgemeine Erschöpfung? Nein, sondern bloss Erschöpfung der zu lange aktivierten Nervenzentren.

Jede Konzentration muss durch Ablenkung und Unterhaltung regelmässig unterbrochen werden.

Jede Ablenkung ist eine andere Form der Konzentration, eine andere Meldung, die anderen Nervenzentren zugeführt wird, welche bisher gesperrt waren. Diese Zentren werden nun erregt, während die anderen, bisher angespannten, zur Erholung kommen.

Die Konzentration verhindert die Wahrnehmungsfähigkeit

Was ist denn Wahrnehmungsfähigkeit? Sie ist eine klare, umfassende Empfänglichkeit, eine friedvolle Wachsamkeit in vielen Richtungen. Sie erfordert natürlich das einwandfreie Funktionieren zahlreicher Nervenzentren. Ein sich konzentrierender Mensch befindet sich also am Gegenpol der Wahrnehmungsfähigkeit, da ja drei Viertel seines Gehirns blockiert sind!

Natürlich ist manchmal eine Konzentration notwendig. Aber wann muss sich ein Mensch konzentrieren? Wenn er Schwierigkeiten hat, ein bestimmtes Problem klar zu verstehen. Konzentration heisst also Anstrengung, und jede grössere Anstrengung bedeutet einen «Mangel an Selbstbeherrschung». Dieser Mangel zeigt wiederum ungenügende Ungezwungenheit und Gedankenweite.

Man folgert daraus, dass die geistige Gelöstheit eine bedeutende Rolle spielt, weil sie die Notwendigkeit der Konzentration eliminiert. Sie versetzt den Menschen in die Lage, mit dem Problem zu jonglieren. Sie vermindert die Müdigkeit, weil sie ein äusserst weites Wahrnehmungsfeld offen lässt. Sehr viele Meldungen erreichen ein weitgehend, manchmal unendlich empfängliches Gehirn...

Die geistige Verkrampfung

Hartnäckigkeit, Sturheit sind demselben Prinzip unterstellt. Sie ähneln der fixen Idee. Der Patient ist von einer exklusiven Meinung, von einem Vorurteil besessen, die eine einzige «Meldung» darstellt und den gleichen Nervengesetzen folgt wie die Konzentration: kleiner arbeitender Gehirnteil und grosser schlafender Teil...

Es ist kaum nötig zu betonen, dass ein Hartnäckiger überhaupt keine Wahrnehmungsfähigkeit besitzt, weil sein Feld eingeengt ist. Die Hartnäckigkeit ist eine Art unwillkürlichen Konzentrationszustandes, jedoch ohne jedes Ergebnis.

Wir alle kennen Leute, die nur sehr wenig Kenntnisse haben, sich aber daran verzweifelt festklammern. Hat man nichts anderes als einige fixe Ideen, werden die so wichtig wie dem armen Mann die paar DM, die er in der Tasche trägt. Zudem sind viele Leute nur deshalb stur, weil sich ihr innerer «Zustand» um affektive Probleme dreht, die nie erledigt wurden und aus welchen sich geistige Verkrampfungen entwickelten.

Das grosse Unglück ist, dass diese Leute schlafen. Und wie alle Schlafenden wissen sie nicht, was sie tun. Sie bewegen sich wie Vögel in einem Käfig und glauben, wahrnehmungsfähig zu sein. Doch weil jede fixe Idee einen grossen Teil ihres Gehirns blockiert, kommt keine andere Meldung herein. Haben Sie noch nie verzweifelt versucht, einen sturen Menschen zu überzeugen?

Der Begriff Sturheit ist vielfältiger, als man gemeinhin glaubt. Menschen, die nur wenig wissen und sich daran festklammern, die immer über das gleiche innere Problem nachdenken, die sich innerlich verkrampfen, sind stur. Kurz, jeder, der nichts anderes sieht als sein Ich, ist stur!

Ungezwungen sein

Unsere Rolle als Mensch bedingt, dass wir uns ständig Fragen stellen und jederzeit gegenüber unseren möglichen Sturheiten wach bleiben. Man sollte sich immer wieder fragen: Bin ich in diesem Moment nicht stur, auch wenn ich es nicht gleich merke? Bin ich nicht stur, weil ich müde bin und die Müdigkeit meine Wahrnehmungsfähigkeit beeinträchtigt? Oder weil ich verkrampft bin? Weil ich Angst habe vor einem bestimmten Problem? Weil dieses Problem einer alten Verdrängung von mir entspricht? Oder weil ich schüchtern bin? Oder aggressiv? Fühle ich mich unterlegen? Bin ich nicht stur, weil meine Idee für mich eine Sicherheit darstellt?

Sehe ich das Problem in seiner Gesamtheit? Bin ich sicher, es nicht durch die verfälschte Optik meines Ichs zu betrachten?

Sobald die klare Wahrnehmungsfähigkeit eingeengt wird, kann die Sturheit auftreten. Man sieht, wie wichtig es ist, ungezwungen und frei von allen durch eine falsche Affektivität ausgelösten Verhaltensweisen zu sein und ständig wach zu bleiben. Diese Wachsamkeit muss wie ein Radar sein, der alle Horizonte absucht. Wichtig ist, dass man körperlich und geistig gelöst bleibt, sein Blickfeld erweitert und alles eliminiert, was das Wahrnehmungsfeld einengt und das Gehirn von seinen menschlichen Fähigkeiten trennt.

Wie das Nervensystem Depression oder Unruhe verursachen kann

Das Nervensystem ist ein Koordinator, der je nach dem jeweiligen Bedürfnis die Erregung (Dynamogenie) bzw. den Schlaf (Inhibition) steuert. Was geschieht im Erschöpfungszustand? Der von Müdigkeit vergiftete Koordinator lässt Meldungen ungeprüft durch. Eine völlige Anarchie entsteht, denn es ist offensichtlich, dass das richtige Funktionieren der Gehirnrinde vom einwandfreien Zustand der Nervenzellen abhängt sowie von der Richtigkeit der vom Nervensystem ausgeführten Steuerungen.

Im Erschöpfungszustand funktioniert die Steuerung abnormal, das heisst:

a) entweder ist die Inhibition abnormal überwiegend, und es entsteht Depression,
b) oder die Erregung nimmt überhand, was zur Unruhe führt.

Bei der Unruhe reagieren die Nervenzentren übertrieben scharf auf die empfangenen Meldungen, und die normale Inhibition bleibt aus. Der unruhige Mensch ist nicht mehr in der Lage, unnötige Impulse zu unterdrücken. Seine Bewegungen scheinen wie von starken Springfedern ausgelöst, obwohl das keineswegs den Umständen (Meldungen) entspricht.

Ferner zeigt das Benehmen des Unruhigen deutlich, dass er nicht mehr Herr über seinen Willen ist.

Warum? Weil der echte Wille die richtige Funktion der Gehirnzellen (Gelöstheit) erfordert, was wiederum die Funktionsharmonie des gesamten

Nervensystems voraussetzt. Der Unruhige kann die zahllosen, von seinem führerlosen Nervensystem gesteuerten Reaktionen nicht mehr bremsen. Wir werden später sehen, wie diese «Bremse» von der richtigen Gehirnfunktion abhängt.

Der Unruhige «fühlt sich besser» als der Deprimierte

In der Unruhe verschwindet die Trübsinnigkeit, die übertriebener Freude und Übermut Platz macht. Der Unruhige zweifelt und zögert nicht mehr, er fühlt sich nicht mehr unterlegen oder unvollständig. Er triumphiert und wird selbstsicher, doch fühlt er sich weiterhin oder immer mehr müde.

Während der Deprimierte zu ruhig ist (Inhibition), ist der Unruhige zu aktiv (Erregung). Doch führt diese Unruhe nach fünf Minuten (oder nach einem Jahr...) wieder zur Depression, die nur noch stärker wird, da die Unruhe die Energiereserven erschöpft hat.

Der Unruhig-Erschöpfte wird manchmal belohnt

Kann ein erschöpfter Mensch nicht trotz seiner Erschöpfung, ja gerade ihretwegen belohnt werden? Schauen wir uns die Tabelle auf Seite 24 (besonders den rechten Teil) noch genauer an.

Der unruhige Mensch ist aufgeregt, rennt umher, spricht, scheint selbstsicher und voller Tatendrang, Energie und Kraft. Die Gesellschaft beobachtet ihn von aussen und sieht bloss die Kruste des Kuchens, nicht aber den Teig. Das ist der erste Punkt. Zweitens werden der Wille und die Energie falsch betrachtet, etwa so: grosse Aktivität, pausenlose Anstrengung, ewige Konzentration, Unermüdlichkeit, viel Bewegung... So betrachtet, zeigt der Unruhige alle Aspekte von Energie und Willensstärke. Man vergisst dabei, dass ein starker, aber ruhiger Förster beim Fällen eines Baumes nicht hundert Bewegungen ausführt, wenn eine genügt.

Gerade das macht der Unruhige. Dabei glaubt man, er sei sehr stark, energisch und unermüdlich, während er geschwächt ist, zu wenig Energie hat und nur deshalb unermüdlich scheint, weil er nicht mehr fähig ist, sich auszuruhen[1].

Wohin führen diese falschen Interpretationen? Man bewundert und belohnt den Unruhigen, weil man ihn für superaktiv und superwillensstark hält. Man betont, dass er alle möglichen Anstrengungen unternimmt. Dabei kann er gar nicht anders! Denn die Anstrengung kommt, sobald die Beherrschung und die Gelöstheit verschwinden.

[1] Der Unruhige kann nicht ausruhen, weil die Erregung zu stark ist. Am Anfang des Heilungsprozesses wird er wieder fähig zur Ruhe. Dies scheint paradox. Am Ende der Krankheit fühlt er wieder die Müdigkeit. Die Erschöpfung verschwindet, während die echte, gesunde, normale und angenehme Müdigkeit erscheint.

Ein Pianist beherrscht seine Kunst und spielt eine Etüde von Chopin ohne Anstrengung. Er ist in einem Zustand voller Gelöstheit. Kommt die Müdigkeit, so verschwindet diese Gelöstheit, die Anstrengung und die Konzentration werden notwendig. In diesem Moment beherrscht der Pianist seine Etüde nicht mehr, vielmehr wird er von ihr beherrscht. Er spielt sie nicht mehr, sondern versucht, sie zu überwinden, das heisst, sich selbst zu überwinden, weil er spürt, wie die unerlässliche Gelöstheit von ihm geht.

Oft wird der Deprimierte vom Unruhigen verachtet

Wäre dies nicht so traurig, könnte man noch darüber lachen, denn der Unruhige und der Deprimierte sind nervlich sehr ähnlich. Depression und Unruhe haben die gleiche Grundlage, bloss die äusseren Verhaltensweisen sind verschieden. Ähnliches werden wir bei Schüchternheit und Aggressivität feststellen.

Wo liegt eigentlich der Unterschied? Der Deprimierte zeigt ein Benehmen, das seinen inneren Zustand widerspiegelt, das heisst, er scheint äusserlich, was er innerlich ist. Er ist deprimiert, und man sieht, dass er deprimiert ist. Es handelt sich also um einen echt Deprimierten.

Weit davon entfernt ist der Unruhige. Obwohl er deprimiert ist, scheint sein Benehmen äusserlich genau das Gegenteil zu zeigen. Es wird nicht selten vermutet, er habe viel Energie, und oft habe ich feststellen müssen, dass unruhige Leute da mitspielten und zur Ansicht gelangten, dies sei der Fall. Dann kommt folgende Überlegung: «Wenn ich viel Energie habe und superaktiv bin, so nur deshalb, weil ich es gewollt habe. Ich habe mich zusammengenommen, und es hat nicht lange gebraucht!» Lange gebraucht hat es wirklich nicht, bis das zerstörte Nervensystem seine Weichen verstellte, bis die übertriebene Inhibition zur ebenso übertriebenen Erregung wurde. Der Unruhige ist noch müder als der echt Deprimierte. Verständlich, denn der Inhibitierte verlangsamt seine Aktivität, während der Unruhige stets redet, rennt und handelt und sein Energiekapital vergeudet, weil er seinen echten tieferen Zustand nicht kennt. Was macht er? Er verachtet den Deprimierten, seinen Artgenossen. Ganz einfach, weil er ihn für «unfähig» hält, seine Depression zu überwinden.

Wir haben es also mit zwei Zwillingsbrüdern zu tun, wobei der eine dem anderen sagt: «Ich sehe dir doch nicht mehr ähnlich.» Diese Situation ist sehr bedauerlich. Einerseits wegen des Mangels an Verständnis gegenüber dem Deprimierten, andererseits wegen der vom Unruhigen gespielten, falschen Rolle, auch wenn er noch so ehrlich zu sein glaubt. Doch ist die Erschöpfung vorhanden, bis das Nervensystem erneut seine Weichen anders stellt und der Unruhige in die Depression fällt. Ich habe viele Leute gekannt, für die dieser Moment der Anfang des Verstandes, der Weisheit und der neuen Lebenslehre war.

Der Fall eines Fabrikarbeiters

Wir sind in einer Papierfabrik. An der Schneidemaschine steht ein junger Arbeiter. Acht Stunden lang nimmt er die hinter ihm liegenden, schweren Papierriese (500 grosse Bogen), hebt sie unter sichtbarer Anspannung aller seiner Muskeln und stellt sie auf einen anderen Tisch, der rechts von ihm steht. Er richtet die Maschine ein, drückt auf einen Knopf. Dann nimmt er die geschnittenen Stösse, stellt sie auf andere, schon bearbeitete Stapel. Alles in allem die normale, tägliche Arbeit eines Arbeiters in der Papierbearbeitungsfabrik. Beim näheren Hinschauen stellen wir aber fest, dass er dreimal so viel arbeitet wie ein normaler Arbeiter. Er ist sehr mager und nervös, er schwitzt, und sein gesamtes Benehmen verrät eine übermässige Anstrengung. Alle zwei Minuten nimmt er einen Schluck aus seiner Flasche. Was lesen wir in seiner Krankengeschichte? Asthenie, Schwäche, Nervenzusammenbruch, Überarbeitung.

Andererseits finden wir in den Arbeitsberichten: erstklassiger Arbeiter, grosse Verdienste um die Produktion, jährliche Gratifikationen usw. Ich frage seinen Chef: «Der? Ein Phänomen! Er arbeitet wie kein anderer! Er hört nie auf, das können Sie mir glauben (und ich glaube es ihm!). Er scheint absolut unermüdlich, produziert über alle Erwartungen. Der ist wirklich der beste Arbeiter seiner Equipe!»

Also der schnellste, weil kränkste Arbeiter! Nun unterhalte ich mich mit ihm.

- Ich bin 23 Jahre alt und Vater von zwei Kindern.
- Mit welchem Alter haben Sie geheiratet?
- Mit 20 Jahren.
- Sie haben also nicht lange gewartet...
- (lächelnd)...ja, ich habe nur deshalb geheiratet..., weil ich meine Braut liebte natürlich, aber...
- Aber?...
- Aber auch, weil ich von zu Hause abhauen wollte.
- Was leider oft vorkommt.
- Ja, ich weiss. Ich muss Ihnen sagen, dass ich von der zweiten Frau meines Vaters erzogen wurde.
- Haben Sie Ihre Mutter gekannt?
- Nein.
- Wie war Ihr Vater?
- Ein Diktator, autoritär wie keiner. Er wollte mir immer das Gefühl geben, ich sei nicht intelligent. Dabei wusste ich, dass ich nicht dumm bin! Finden Sie mich dumm?
- Bestimmt nicht. Man muss Sie nur anschauen.
- Danke.

– Keine Ursache. Wenn Sie intelligent sind, können Sie nichts dafür, oder? Also kein Grund zur Eitelkeit.
– Das stimmt eigentlich.
– So, fahren wir weiter?
– Ja. Im Grunde genommen glaube ich, dass mich mein Vater liebte, aber er hatte einen schwachen Charakter. Sehen Sie?
– Ich sehe. Sonst wäre er kein Tyrann gewesen. Und seine zweite Frau liebte Sie nicht?
– Liebte mich nicht! Sie hasste mich ja und verpasste keine Gelegenheit, mich zu demütigen und mir zu zeigen, dass ich ein Hindernis zwischen ihr und meinem Vater war. Kein einziger Tag verging ohne das Gefühl, abgelehnt und gehasst zu werden, ganz allein in meiner Ecke. Und das fünfzehn Jahre lang...
– Tag für Tag.
– Genau, Tag für Tag. Und der Tage waren viele. Es ist so... so stark und so zum Verzweifeln, dass man es gar nicht erklären kann. Man will nur eines: flüchten. Verstehen Sie?
– Natürlich. Haben Sie eine Religion?
– Keine, oder keine mehr. Ich wurde im protestantischen Glauben erzogen, und zwar sehr streng und engstirnig. Zur Rache klaute ich Zucker und Süssigkeiten, die ich verstohlen lutschte. Ich kann mich gut erinnern, wie ich dachte: «Immerhin das habe ich, und ihr wisst's nicht!»
– Klar. Andere onanieren aus dem gleichen Grund.
– Das machte ich auch.
– Oft?
– Fast jeden Tag.
– Mit Schuldgefühlen? Ich meine: Fühlten Sie sich schuldig?
– Oh ja, und wie!
– Gegenüber Ihrer Religion? Oder Ihrem Vater?
– Schwer zu sagen... Ich hatte das Gefühl, dass ich meinen Vater hasste, aber...
– Sie fühlten sich aber schuldig, weil Sie ihn hassten, denn er war ja Ihr Vater. Fühlten Sie sich auch schuldig, weil Sie seine Frau hassten?
– Das sicher nicht. Die hasste ich von ganzem Herzen.
– Hatten Sie Angst vor Ihrem Vater?
– Das bestimmt auch. Wenn er auftauchte, hatte ich jedesmal Magenverkrampfungen. Am Tisch war mir immer übel. Das geringste Geräusch erschreckte mich, und komischerweise wollte ich doch von meinem Vater geschätzt werden.
– Man will doch immer von jemandem geschätzt werden, und Sie hatten ja niemanden ausser ihm. Sie haben trotz allem versucht, ihn auf ein Podest zu stellen. Haben Sie bei Ihren Eltern Nervenzusammenbrüche gehabt?

– Ja, mit fünfzehn Jahren. Es wurde mir ein Landaufenthalt angeordnet. Ganz allein. In der Kasse war aber zu wenig Geld, ausserdem arbeitete ich ja schon.
– Und dann?
– Dann war die Hölle los. «Nervenzusammenbruch?» haben die gesagt. «Nervenzusammenbruch? Was ist nun das für ein Blödsinn? Tut's dir irgendwo weh? Im Bauch? Im Magen? Der Arzt hat uns gesagt, es sind die Nerven! Also Einbildung! Nimm dich zusammen! Verstanden? Ich werde dir gleich geben – Nervenzusammenbruch.» Und weiter ging's. Ich weiss nicht, wie ich's fertigbrachte. Verstehen Sie?
– Klar...
– So war es...
– Noch ein Frage. Sie hatten Angst vor Ihrem Vater?
– Ja, das habe ich schon gesagt. Warum?
– Und heute haben Sie Angst vor Ihrem Chef?
– Vor meinem Chef? Ja, das darf ich sagen. So ein Schreier wie der... Wie mein Vater.

Alles wurde klar und traurig, voller menschlicher Verständnislosigkeit. Das Ergebnis dieser Verständnislosigkeit steht nun hinter einer Schnellproduktionsmaschine vor den Augen eines schreienden, aggressiven, stets wachsamen Chefs. Der ängstliche, zitternde und unruhige Arbeiter schuftet pausenlos. Er hat Angst, nicht geschätzt zu werden, Angst, seine Stelle zu verlieren, und Angst vor einer Bemerkung des Chefs, die ihn tage- und nächtelang beschäftigen würde. Er arbeitet schnell und einwandfrei und dann noch schneller und noch einwandfreier. Die Produktion steigt, und weil sich die Produktion auf die jährliche Gratifikation niederschlägt, wird der Arbeiter belohnt. Auf seine von Angst und Schweiss nass gewordene Weste wird wahrscheinlich eine Medaille gesteckt, als absurde Belohnung einer absurden Verständnislosigkeit...

Die Behandlung der Depression

Man muss in erster Linie folgendes suchen:

a) Die Art des depressiven Zustandes. Ich wiederhole, dass «Depression» bloss ein allgemeiner Begriff ist. Man muss also die Kruste heben, um die Wunde zu sehen.
b) Die Ursachen dieser Wunde. Hier beginnt die Behandlung. Eine eingehende ärztliche Kontrolle ist unerlässlich (Nerven, Nieren, Leber...). Anschliessend stellt eine psychologische Untersuchung fest, ob geistige Motive die Erschöpfung und die Depression verursacht haben. Die Psychologie kommt ebenfalls zur Anwendung, wenn geistige Störungen der physischen Depression folgten.

Wir kennen die beiden grossen Nervenerscheinungen: Dynamogenie und Inhibition. Die Wiederherstellung dieses wunderbaren Gleichgewichts stellt das Endziel der Behandlung dar.

Diese psychologische Behandlung muss also in die Tiefe gehen. Eine oberflächliche Psychotherapie würde nicht mehr nützen als ein Gips an einem Holzbein.

Bis die Wirkung dieser Tiefenbehandlung eintritt, braucht der Deprimierte sofortige Hilfe von aussen (Psychologe oder Arzt). Selbsthilfe ist praktisch ausgeschlossen, weil der Wille und das Bewusstsein durch die Anarchie des Nervensystems beeinträchtigt werden. Er will, aber er kann nicht. Zudem hat er in sich «Prismen», die alles deformieren. Der Deprimierte sieht auch sich selbst durch diese Prismen. Die erste Aufgabe des Psychologen besteht darin, diese Prismen zu richten, damit sich der Deprimierte richtig beobachten kann.

Diese oberflächliche Hilfe muss natürlich gleichzeitig mit der Tiefenbehandlung erfolgen, damit die zu einer Besserung notwendige Energie nicht mehr verschwendet wird.

Wo wird Energie verschwendet?

Man zersplittert sich

Es wird oft gesagt, der Deprimierte lebe über seine Mittel. Man sollte besser sagen, er verschwendet sein Kapital, weil er nicht anders kann. Er ist oft durch eine geistige Schwächung gekennzeichnet, die ihn daran hindert, systematisch zu denken. Er hat keinen umfassenden, dauerhaften Willen, sondern nur Wünsche. Er unternimmt vieles, erledigt aber nichts. Daher seine grosse Müdigkeit ohne jede Schaffenskraft. Der normale Wille fehlt, weil die Energie nicht gleichmässig verteilt ist.

Dies ist übrigens auch beim Unruhigen der Fall. Der Unruhige ist ein aufgeregt Deprimierter, und alle Regeln der Depression gelten auch für die Unruhe.

Solche Leute müssen also weniger ausgeben, um ein Energiekapital zu eröffnen, mit den vorhandenen Mitteln zu leben, wenigstens vorläufig. Sie müssen ihr Lebensfeld etwas einengen. Da jede Entscheidung für den Deprimierten einen grossen Energieaufwand bedeuten kann, muss der Psychologe in bestimmten Fällen Entscheidungen selber treffen, um den Deprimierten das sie erschöpfende Zögern zu ersparen. Diese haben vielleicht den Eindruck, ein «monotones» Leben zu führen. Dieser Eindruck ist sicher nicht angenehm, doch notwendig und nur provisorisch. Andererseits erlaubt er eine voll wirksame Behandlung, wie bei einem Automobilisten, der kaum seine Scheinwerfer während der Batterieladung einschalten wird! Es ist oft von einem Training der Deprimierten die Rede. Die Idee ist bestimmt gut, doch sind diese Leute meistens unfähig, ein progressives Training einzuhalten. Der Psychologe stellt oft fest, dass der Deprimierte allein und ohne jede Hilfe zu handeln beginnt, sobald die Wirkung der Tiefenbehandlung eintritt, das heisst ungefähr nach einem Monat. Warum? Weil er das Zersplitterte einzuordnen beginnt und sich langsam für seine Umgebung interessiert. Und das Interesse löst die Handlung aus, die aus der wiedererlangten Kraft automatisch entsteht. Man sieht, wie der Deprimierte will, entscheidet, Ordnung hält, früher aufsteht und wie er alles, was ihn früher so beschäftigte, nach und nach vergisst, was völlig normal ist.

Der Deprimierte konzentriert sich auf bestimmte Störungen

Auch hier wird eine grosse Energiemenge umsonst verausgabt. Die meisten Deprimierten sind zum Beispiel geradezu besessen von Müdigkeit. Lange hat man sich gefragt, ob die «Ermüdlichkeit» der Deprimierten echt oder übertrieben sei. War absolute Ruhe oder Handeln am Platz? Die Frage scheint mir nicht wichtig. Das Problem liegt darin: Welches sind die Handlungen, die den Deprimierten lähmen? Welches sind die Ursachen? Persönliche Handlungen? Der Familienkreis? Die religiöse Umgebung? usw.

Es hat zum Beispiel keinen Sinn, völlige Ruhe innerhalb der Familie zu verschreiben, falls diese Familie die Depression verursacht hat. Es kommt oft vor, dass der Deprimierte das Bett hütet, um eine bestimmte Verantwortung zu meiden oder gewisse Situationen zu verhindern. Kommt der Deprimierte aus der störenden Situation (z.B. Familie), fängt er wieder an zu handeln. Dies beweist einmal mehr, dass immer wieder nach den Ursachen gesucht werden muss.

Die meisten Deprimierten werden von Magenbeschwerden geplagt. Es wäre falsch zu behaupten, diese Beschwerden seien keine Tatsache, denn sie existieren wirklich. In der Depression lässt die Aktivität der Magendrüsen nach, die nötige Muskelspannung fehlt dem Magen, in dem die Speisen zu lange verbleiben, was zur übertriebenen Gärung führt. Die Verdauung ist langsam und unvollständig, die Deprimierten sind immer damit beschäftigt, schlecht zu verdauen, und ein Teufelskreis entsteht: Die Nervenschwäche verursacht eine schlechte Ernährung, die wiederum die verbrauchte Energie ungenügend erneuert. Das Blut wird vergiftet, die Nervenzellen werden geschwächt. Eine ärztliche Untersuchung ist notwendig. Man kennt die Auswirkungen von Leberinsuffizienz auf das Gemüt: Alpträume, Verdauungsstörungen, leichte Blutungen usw. Auch schlecht funktionierende Nieren können psychologische Störungen zur Folge haben (und umgekehrt, denn psychologische Störungen führen unter Umständen zur Nierenentzündung, wie wir im Kapitel über psychosomatische Krankheiten sehen werden).

Bei depressiven Zuständen sind in der Mehrheit der Fälle die Magenbeschwerden auf die Depression selbst zurückzuführen, und sie verschwinden, sobald diese geheilt ist. Man muss mit allen Mitteln gegen die «Konzentration» des Deprimierten auf seine Ernährung, seinen Magen, seine Verstopfung usw. vorgehen. In gewissen Fällen überträgt sich die Besessenheit auf die Speisen, indem der Patient Angst vor dem Essen hat. Im Extremfall wird er sogar hypererschöpft und ausgehungert.

Andere konzentrieren sich auf ihre Zunge, tragen in ihrer Tasche einen kleinen Spiegel, den sie täglich hundertmal zücken, um ihre Zunge zu prüfen, die, wie sie sagen, «doch der Gradmesser des Magens ist!» Dabei ist das allgemein falsch. Die weisse Schicht, die die Zunge deckt, ist auf diese beschränkt. Viele Deprimierte nehmen täglich mehrere Zungenspülungen vor, manchmal auch mit den unmöglichsten Gemischen, die der Zunge natürlich ein wenig beruhigendes Aussehen geben.

Bei diesem Anblick hat der Patient wieder Angst vor dem Krebs, vor der Syphilis usw.

Auch hier ist sofortige Hilfe nötig. Die ärztlichen Unterlagen (Befunde, Röntgenaufnahmen) müssen dem Patienten vorgelegt und erklärt werden, damit dieser vor die Wahrheit über seine physischen Störungen gestellt wird, ob diese Wahrheit nun positiv oder negativ ist. Oft ist sie negativ, und die ersten Wirkungen der tiefenpsychologischen Behandlung lassen die meisten dieser Störungen (Kopfschmerzen, Schlaflosigkeit, Alpträume usw.) rasch verschwinden, und der Patient wird überzeugt.

Vor allem muss man den grossen Energieverschwendern auf die Spur kommen, denn der Zweck der Behandlung bei der Depression ist die Vereinheitlichung der Person[1].

Es gilt, die zahllosen Kräfte, die den Patienten hin und her zerren, wieder zu kanalisieren, um diesem eine Kraft zu geben statt tausend kleiner, zersplitterter Kräfte.

Die tiefenpsychologische Behandlung sucht aber noch etwas anderes.

Psychologisch bedingte Depression = Fehlanpassung

Alle diese Kranken sind irgendwo blockiert, an Hindernissen hängengeblieben. Im folgenden Kapitel sehen wir einen ähnlichen Fall: die Schüchternen. Die Anpassung fand aus irgendeinem Grunde nicht statt; sie verlangte eine Änderung ihrer inneren Welt. Der neue Umstand musste sich in ihr Bewusstseinsfeld einpassen. Dabei verlangt jede schwierige Situation eine Anpassung, zum Beispiel im Familienleben, wo der Mensch sich oft neuen Situationen anpassen muss.

Die Anpassung bleibt infolge einer Unzulänglichkeit, die wiederum verschiedene Ursachen haben kann, aus:

[1] Wir kommen im Kapitel über Janet nochmals darauf zu sprechen.

Mangel an Intelligenz oder an Verständnis, Engstirnigkeit, bereits vorhandene, psychologische Komplexe, Erregbarkeit, Sturheit, falsch verstandener Patriotismus oder Religion usw.

In all diesen Fällen ist die Anpassung ausgeblieben, weil die Handlung nicht erledigt wurde. Der Patient bleibt an diesem traumatischen Ereignis hängen und lässt sich in der Gegenwart von den Emotionen der Vergangenheit leiten.

Wie wird eine Situation erledigt?

Sie wird erledigt, sobald wir so reagiert haben, dass sie sich in unserer gesamten Persönlichkeit integriert hat. Anders ausgedrückt, findet die Anpassung statt, wenn sich die neue Situation im allgemeinen Behälter unserer Persönlichkeit aufgelöst hat. Wenn wir Janet studieren werden, wird uns die Bedeutung dieser Bewusstseinssynthese klar. Ferner stellen wir fest, dass bestimmte Fehlanpassungen ausserhalb des allgemeinen Bewusstseins bestehen können.

Beim Deprimierten müssen also sämtliche nicht erledigten Situationen ausfindig gemacht werden, gleich wie weit man zurückgreifen muss. Dies ist die Aufgabe der Tiefenpsychologie, die wir später erklären werden.

Und das Ergebnis? Die zersplitterte Person vereint sich, die Gelöstheit kehrt wieder und bringt die Ausgeglichenheit, die wiederum eine normale, der jeweiligen Aufgabe angepasste Anstrengung ermöglicht.

Zum Schluss ...

zeigt die folgende Tabelle die normalen und abnormalen Beziehungen zwischen der Handlung und der Ermüdung.

längere Handlung →	Müdigkeit →	Ruhe →	Handlung	*normal*
längere Handlung →	angenehme, starke → Müdigkeit	Ruhe (lang) →	Handlung	*normal*
längere Handlung →	übermässige, unan- → genehme Müdigkeit	Über- → müdung, zu tiefer Schlaf	Handlung	*abnormal*
gehetzte Handlung →	Erschöpfung →	Unfähigkeit → zur Ruhe	gehetzte Handlung	*abnormal*

III. Die Schüchternheit

Professor Jacques R. tritt in die luxuriös eingerichtete Eingangshalle des Rundfunkgebäudes ein. Er schaut auf die Uhr: 19.30.

Um 20 Uhr wird Jacques R. den ersten seiner vier Vorträge am Mikrophon verlesen...

In einer halben Stunde!

Und schon nimmt diese präzise Zeitangabe einen unerbittlich beängstigenden Sinn an. Den Sinn einer Situation, der er sich nur durch die Flucht entziehen könnte. Das Gefühl, dass sich diese Zeitspanne verkürzen wird, bis die befürchtete Handlung kommt...

Jacques steigt in den Fahrstuhl, nimmt im Warteraum Platz. Es ist 19.35 Uhr. Jacques reibt sich die Fingerspitzen, die bereits nass vor Schweiss sind! Das verflixte Lampenfieber, das verflixte Zittern... Diese lähmende Schüchternheit, die ihm das Gelingen seiner Handlungen verunmöglicht...

19.40 Uhr. Unerbittlich gleitet der Zeiger der Riesenuhr gegen die gefürchtete Zeit, während Jacques' Angst immer stärker wird. Rundfunkmitarbeiter grüssen ihn, ja reden mit ihm. Doch Jacques hört seine eigene Stimme wie ein Fremder: Sie klingt dumpf, gespannt, finster. Wie wird sie denn, wenn er vor dem Mikrophon steht? 19.50 Uhr. Jacques ist bereits zehnmal aufgestanden, wischt den Schweiss von seinen zitternden Händen ab. Er quält sich mit Gedanken. Er hat noch nie ein Mikrophon gesehen. Er stellt sich Tausende von Zuhörern vor, die bei jedem Stottern dumm kichern. Er weiss, dass jeder Fehler, jeder schüchterne Seufzer von tausend Ohren gehört wird. Vor allem spürt er, dass er in diesem Zustand total unfähig wäre, irgend etwas zur Überbrückung eines Fehlers zu improvisieren. 19.55 Uhr. Ein Sprecher kommt auf ihn zu. Jacques spürt, wie sich sein Magen zusammenzieht und sein Herz immer höher schlägt. Seine Ohren sausen.

Die Handlung naht, die Handlung ist da. Jacques sitzt in der Falle.

«Darf ich Sie bitten?...» In seiner Erstarrung erlebt Jacques einen neuen Schock: Der Sprecher ist eine Sprecherin! Eine Frau! Unter normalen Umständen wird Jacques bei Frauen sowieso linkisch. Und während der ganzen Sendung wird ihn diese Frau hinter dem Mikrophon beobachten. Jacques wird zum Gegenstand dieser Beobachtung! Dass er vielleicht wegen seiner Stimme, seines Vortrages oder seines Aussehens bewundert wird, kommt ihm nicht einmal in den Sinn...

Im Treppenhaus wird er von einer Blitzpanik ergriffen. Er möchte flüchten, wie er es bei einem Nachtessen einmal getan hatte, als er vor lauter Ungeschicktheit und Schüchternheit den Hummer auf das Tischtuch fallen gelassen hatte. Doch die Angst vor dem Lächerlichen, vor dem Scheitern, hält ihn auf. Denn sonst würde er sich nie mehr vor das Mikrophon wagen. Genau so, wie er sich nie mehr an ein Nachtessen getraut hatte.

Nun fühlt Jacques, dass er geht, er fühlt, dass er sich setzt. Er ist nur noch ein Automat. Eine Minute noch. Von dem einst auswendig gelernten Text bleibt nichts mehr als ein schwarzes Loch. Doch keine Flucht ist mehr möglich. Im Studiolautsprecher wird die Musik leiser. Wenn sie verstummt, kommt er an die Reihe. Er kann sich nicht einmal bewegen oder aufstehen, um diese furchtbare Spannung zu brechen. Er beisst die Zähne zusammen.

«Verehrte Hörerinnen und Hörer, Sie hören nun...»

Diese Ansage klingt in Jacques' Ohren wie eine Peitsche, und diese Peitsche löst seine Spannung ein bisschen. Seine ersten Worte scheinen sich zu verlieren und ganz ausserhalb seines Bewusstseins gesprochen zu werden. Jacques fixiert seinen Text, stur und verzweifelt. Ohne zu wissen, was er in seinem verfinsterten Bewusstsein sagt, verliest er seinen Text.

Hier sehen wir eine typische Reaktion des Schüchternen: Nichts mehr besteht ausser den einschüchternden Umständen: Mikrophon, Zuhörer, Sprecherin. Er ist wie angekettet und spürt eine furchtbar starke Versuchung aufkommen: Sich bewegen, die Augen bewegen und sich zwingen, hinzuschauen, nur für den Bruchteil einer Sekunde, doch lange genug, um den Blick der Sprecherin zu erwischen. Sie lächelt, und Jacques findet dieses Lächeln ironisch!

Nun ändert sich die Situation etwas: Die Sprecherin wird zum einzigen einschüchternden Umstand! Noch zwei Seiten müssen verlesen werden. Doch Jacques' Hände beginnen stärker zu zittern, er spürt, wie seine Stimme immer leiser wird. Plötzlich überspringt er impulsiv die beiden Seiten und liest ohne jede logische Verknüpfung den letzten Satz: «Gute Nacht, meine Damen und Herren!»

Das Lampenfieber hat gewonnen. Eine langsame Entspannung findet statt, Jacques ist erschöpft. Es ist vorbei, und er weiss, als er beschämt das Gebäude verlässt, dass er nie mehr in das Studio gehen wird.

Was ist Schüchternheit?

Es ist fast unmöglich, sie zu definieren. Zuerst, weil ein schüchterner Mensch sehr viele komplexe Elemente in sich trägt und auch, weil es fast so viele Schüchternheitsarten wie schüchterne Menschen gibt.

Grob unterscheiden kann man zwischen den eigentlich, gelegentlich und chronisch Schüchternen sowie Leuten, deren Schüchternheit die persönlichen Handlungen völlig verunmöglicht.

Dazu kommen die einschüchternden Umstände: das andere Geschlecht? Die

Autorität? Religiöse, soziale Autorität? Hat der Patient periodische Einschüchterungskrisen? Oder geht es um einen dauernden Charakterzug?

Man sieht gleich, dass die psychologische Untersuchung sehr umfassend und sorgfältig geführt werden muss. Vor allem müssen die Ursachen gesucht werden, um festzustellen, ob sie familiärer, sozialer, religiöser, sexueller oder physischer Natur sind. Ferner ist festzustellen, ob der Patient aus Hyperemotivität schüchtern ist oder umgekehrt.

Will man eine Definition der Schüchternheit doch versuchen, so kann man einen, wie es scheint, allen Schüchternen gemeinsamen Zug erwähnen: Die Schüchternheit ist eine affektive oder emotive Veranlagung, die sich in den Beziehungen zu den Mitmenschen bemerkbar macht. Sie ist eine Krankheit, die sich durch eine vorübergehende oder dauernde Fehlanpassung äussert.

Die gemeinsamen Erscheinungen aller Schüchternen

Physiologische Erscheinungen

Übertriebenes Schwitzen (vor allem an den Fingerspitzen), Unter- oder Überfunktion der Speicheldrüse, Gefässerweiterungen, die zum Erröten führen, oder Gefässverengungen (Blassheit).

Redens- und Atmungsstörungen, Verkrampfung des Brustkastens, der Stimmbänder, daher gebrochene Stimme, Stottern, unregelmässige Atmung, oft unhörbare oder unverständliche Stimme.

Steifheit, Ungeschicktheit, Zögern, Stolpern, Gleichgewichtsstörungen, Zittern, unregelmässiger Herzschlag.

Nach der Einschüchterungskrise: Erschöpfung, Schwitzen, Mattheit, Passivität, Niedergeschlagenheit.

Psychologische Erscheinungen

Diese sind natürlich noch zahlreicher, und wir können nur die gemeinsamen Eigenschaften erwähnen.

Die Beobachtungsfähigkeit und das Bewusstseinsfeld werden erheblich eingeengt, während nur noch eines dem Patienten auffällt: der einschüchternde Umstand, ausser dem er nichts weiss, nichts sieht und nichts beobachtet. Wie der Redner, der nach seinem Vortrag nicht mehr weiss, was er gesagt hat. Da das Bewusstseinsfeld eingeengt wird, ist jede sofortige Reaktion unmöglich. Der Schüchterne ist wie gelähmt. Seine Intelligenz kann nicht mehr arbeiten, oder sie reagiert abnormal. Deshalb kann ein sehr intelligenter, schüchterner Mensch oft lächerlich erscheinen.

Hingegen wird der einschüchternde Umstand sehr genau beobachtet. Alles fällt auf, das geringste Detail, die belanglosesten Worte, worüber der Schüchterne hin und her brütet.

Dazu kommt die Panik mit einem starken, inneren Druck und dem Gefühl des Erstickens. Nach dieser Panik kann der Schüchterne auch teilweise die Flucht ergreifen, wie der Redner, der seinen Vortrag kürzt. Die eigentliche Flucht kommt seltener vor, doch wer dieser Versuchung widersteht, erhöht die Panik noch und fühlt sich in die Enge getrieben. Diese Situation kann für den Schüchternen besonders grausam sein, um so mehr als sein Verstand in einem lähmenden Nebel verschwindet.

Es kann auch vorkommen, dass sich der Schüchterne weigert, sich in eine Situation zu begeben, die er im voraus als einschüchternd kennt: Versammlungen, Nachtessen, Theater oder Kino während der Pause; oder der Schüchterne achtet darauf, als zweiter bei einer Verabredung einzutreffen, um beispielsweise nicht den Kellner rufen zu müssen usw. Diese Angst im voraus löst oft physische Beschwerden aus, wie zum Beispiel Scheinerkältung (Gefässerweiterung), Magenschmerzen oder Herzbeschwerden.

Die Schüchternheit ist wie ein Baum mit zahlreichen, verschiedenen Ästen. Diese Auswüchse sind unter anderem das Schuldgefühl, die Selbstbestrafung, die latente oder echte Homosexualität. Wir werden darauf zurückkommen.

Der Fall des Paul Y.

Paul Y ist gross, äusserst mager, demütig, wirkt unterdrückt. Er stottert vor Schüchternheit und Scham.

Im Laufe des ersten Gespräches enthüllt er, was ihn ausser seiner Schüchternheit plagt: seine quälenden Schuldgefühle gegenüber seiner verstorbenen Mutter. Paul ist siebenundzwanzig Jahre alt und, wie erwartet, ledig.

– Wann hat das Schuldgefühl angefangen Sie zu quälen?
– Nach dem Tode meiner Mutter.
– Sie wurden von Ihrer Mutter erzogen?
– ... Woher wissen Sie das?
– Mit welchem Alter haben Sie Ihren Vater verloren?
– Ich war sieben Jahre alt.
– Keine Geschwister?
– Doch, oh doch, eine Schwester! (Paul ist übermässig erregt.) Ich werde Ihnen gleich sagen (er zückt sein Taschentuch und wischt sich den Schweiss von der Stirn ab) ... Entschuldigen Sie bitte.
– Was denn?
– Ja ... (er lächelt, und sein Lächeln sieht stupid aus, obwohl Paul sonst als sehr intelligent gilt).
– Ihre Schwester war älter als Sie, nicht wahr?

– Ja, um sechs Jahre.
– Wie war Ihre Mutter?

Das Gespräch geht weiter. Nach dem Tod des Vaters sagte die Mutter zur Schwester:

– Du bist älter als dein Bruder, du bist zwölfjährig, ein grosses Mädchen. Du musst mir helfen, ständig unseren kleinen Schatz Paul zu hüten (und doch war der «kleine Schatz» ein stämmiger Junge, der allen Spitzbuben der Welt imponiert hätte).

Die Schwester nahm diese Worte tierisch ernst, zudem liebte sie ihren kleinen Bruder nicht. Warum eigentlich nicht?

– Weil ich der kleine Schatz der Mutter war, die sich immer einen Buben gewünscht hatte. Natürlich liebte sie meine Schwester, aber es bestand doch ein grosser Unterschied.
– Zudem waren Sie das Nesthäkchen...
– Die beiden sagten aber nicht «der Junge», sondern «der Kleine» (Paul lacht höhnisch und wird rot vor Zorn). Der Kleine! Wie oft habe ich mir das anhören müssen, verflixt noch mal.
– Und Ihre Schwester hat Sie «geschützt», indem sie sich an Ihnen rächte.
– Genau. Sie war kein Schutzengel, sondern ein Quälgeist.

Dann folgt Pauls Lebensgeschichte. Die Mutter? Eine autoritäre, reizbare und verdriessliche Frau, die ihren Sohn vergötterte und bewunderte. Auch vor den anderen. Auch vor der Schwester, die sich täglich gedemütigt fühlte und an Paul ihre dauernde Frustrierung rächte. Dieser wiederum fühlte sich in seiner jungen Männlichkeit immer frustrierter. Um ihn zu «schützen», verquatschte sie ihn ständig bei der Mutter. Verständlich, dass Paul bald erstickte.

– Ich konnte nichts mehr frei tun, fühlte mich unsagbar lächerlich. Eines Tages war ich so erzürnt, dass ich meiner Schwester eine Tracht Prügel verabreichte. Ohne ein Wort ging sie zur Mutter.
– Und dann?
– Meine Mutter fing an zu weinen. Eine Tragödie! Sie tat doch alles für mich, arbeitete sich tot, hatte eine Menge Sorgen, und so wurde sie belohnt! Es dauerte einen Monat, einen ganzen Monat voller Vorwürfe. Sie wissen ja: «Nein, du kriegst keinen Kuss, nein, ich verzeih' dir nicht!» Meine Schwester triumphierte natürlich, und alles wurde noch schlimmer. Ich fühlte, wie ich immer dümmer wurde...
– Sind Sie nie davongelaufen?
– Nie, aber ich hätte es gerne getan. Doch fühlte ich mich so hilflos, so unfähig und dieser neuen Situation nicht gewachsen, die für mich wunderbar gewesen wäre. Ich tat nichts, hatte aber immer das Gefühl, ein Feigling zu sein. Ich war der Kleine. Die Schwester rief oft: «Komm, komm, Kleiner!» Ich hätte sie umbringen können. Immer musste ich meinen Zorn unterdrücken. Ich war furchtbar schüchtern, schaute niemanden mehr an. Am Tisch sass rechts

von mir die Schwester, links meine Mutter, die mich nicht aus den Augen liess, mich bediente, ja sogar mein Fleisch schnitt und mir einschenkte. Etwas zu sagen hätte überhaupt nichts genutzt.

– Und niemand hat ihr irgend etwas gesagt?

– Was war denn da zu sagen? Sie war ja übermässig gut zu mir. Sie hätte für mich alles gegeben. Ich hätte sowieso nichts sagen dürfen, stellen Sie sich vor!

– Ja, das kann ich mir vorstellen.

– Wenn fremde Leute zu uns kamen, fühlte ich die bewundernden Blicke meiner Mutter auf mich gerichtet. Man schaute sich die Rarität an, den schönsten, gescheitesten Buben. Die Mutter schien zu sagen: «Das habe ich gemacht, das habe ich mit meinen Entbehrungen fertiggebracht.» Ich grüsste alle Leute höflich, brav wie ein Automat. Am Tisch sagte die Mutter vor den anderen: «Sitz ordentlich! Hast du genug? Wissen Sie, der Kleine ist so schüchtern.» Mein Gott, tut das alles weh, weil ich das alles seinerzeit nicht verstand. Natürlich hätte ich mich dagegen auflehnen wollen, aber jeder Gedanke dieser Art wurde sofort unterdrückt. Jede innere Auflehnung wäre ein sündhafter Gedanke gewesen, und dies machte mich dann noch unterwürfiger!

Eine ausgeprägte Schüchternheit stellt sich ein, innere Reaktionen werden sofort unterdrückt! Und dies wiederholt sich pausenlos.

Liebte Paul seine Mutter, oder hasste er sie? Sicher waren beide Gefühle vorhanden, und der bewusste oder unbewusste Konflikt führte zur Angst, zu Gewissensbissen und Ermüdung. Doch war es ihm möglich, sich durch den Hass gegenüber der Schwester abzureagieren. Warum? War die Mutter tabu, das heisst eine Person, die eine bestimmte Immunität genoss, so war dies bei der Schwester nicht der Fall, und in gewisser Weise war das für Paul ein Vorteil. Zudem stand noch eine Art «Überdruckventil» zur Verfügung: Paul träumte fast jede Nacht von heftigen Streiten mit seiner Mutter. In diesen Träumen machte er ihr bittere Vorwürfe... Und am anderen Tag schämte er sich!

Mittlerweile wurde Paul zwanzig Jahre alt. Er war furchtbar schüchtern, ratlos und ängstlich vor jeder neuen Situation. Als die Mutter starb, wurde er von Gewissensbissen gequält. Doch stellte ihn die neue Situation vor eine Freiheit, die er noch nie gekannt hatte, die er jedoch in seiner Schüchternheit nicht geniessen konnte, weil er nicht imstande war, sie auszunutzen!

Da dieses Gefühl bewusst war, kam sich Paul abscheulich vor. Dieses neue Drama entsteht, bald folgt ein weiteres: Die Schwester verlässt ihn plötzlich und heiratet. Wohl hatte Paul sie gehasst, doch hatte er gelernt, immer auf sie zu zählen!

Mit zwanzig Jahren ist Paul allein, ohne Unterstützung, ohne jede Kritik. Er schwebt in Schüchternheit, Machtlosigkeit, Einsamkeit, mit dem starken Gefühl, ein «kleiner Bub» zu sein, der nichts kann und nichts versteht.

Da er etwas Geld zur Verfügung hat, studiert er die Werbebranche. Einerseits sucht er einen freien Beruf, der ihn doch soweit wie möglich vor menschlichem Kontakt bewahrt (Schüchternheit), andererseits möchte er sein neues, von innerer Angst und Gewissensbissen geprägtes Drama vergessen. Immer wieder redet er sich ein: «Ich habe keinen Kummer, ich bin ein widerwärtiger Kerl», um so mehr, als die Leute sagten: «So ein guter Mensch, Ihre Mutter! Sie hat Ihnen alles gegeben! Sie haben ja Glück gehabt!»

Immer wieder denkt Paul: «Meine Undankbarkeit ist abscheulich!» Einige Jahre verstreichen, bis Paul sein Studium erfolgreich abschliesst und anfängt, an verschiedene Türen zu klopfen. Vergessen wir aber nicht, dass er schüchtern und ängstlich, hypernervös und sehr mager ist und von einem Magengeschwür gequält wird (er wird übrigens als dienstunfähig erklärt). Paul ist durchaus in der Lage, seine Ideen, seine Pläne und seine Intelligenz zur Geltung zu bringen – jedoch nur schriftlich! Sobald er sich einem anderen gegenübersieht, fällt alles zusammen. Eine Art Lähmung stellt sich ein, und alle Symptome der Schüchternheit kommen zum Vorschein. Ein Geschäft scheitert nach dem anderen, und Paul weiss sich bei jedem neuen Geschäft im voraus geschlagen. Es ist der Teufelskreis des Misserfolges und der Schuld. Bei Paul geschah folgendes:

1. Einengung jeder möglichen Handlung durch den kombinierten Einfluss der Mutter und der Schwester, wobei erstere ihren Sohn so lange wie möglich als «Kleinen» behalten wollte.
2. Immer stärker werdendes Machtlosigkeitsgefühl.
3. Auflehnung gegen dieses Gefühl.
4. Verdrängung der Auflehnung gegen die Mutter.
5. Gewaltige, häufige Reaktionen, die sich in inneren Hass gegen die Schwester verwandeln. Dabei kann er diesen Hass wegen der Mutter nicht zeigen.
6. Dauerndes Minderwertigkeitsgefühl, Erscheinung und Entwicklung der Schüchternheit.
   Man muss besonders erwähnen, dass diese Reaktionen dauernd vorkommen und Paul sozusagen jede Minute während über zehn Jahren quälen. Kein Wunder, dass er erschöpft wird.
7. Die Mutter stirbt, die Schwester heiratet. Paul steht allein im Dschungel, ohne jede Waffe.
8. Konflikt durch die beiden Reaktionen: Erlösung einerseits, Gewissensbisse andererseits.
9. Andauern dieser ängstlichen Besessenheit, grössere Schüchternheit, Erschöpfung.
10. Unfähigkeit der Anpassung an jede normale Situation.
11. Reihe von Misserfolgen, die sich kettenartig verstärken.
12. Gewissheit des Scheiterns.
13. Völlige Trägheit, Schuldgefühle, Erschöpfung …

Beim Betrachten des leider ziemlich oft vorkommenden Falles von Paul stellen wir fest, dass die ursprüngliche Schüchternheit «erlernt» wurde, das heisst, sie wurde von zahlreichen psychologischen Faktoren, die sich ständig wiederholten, heraufbeschworen und unterhalten.

Wann tritt Schüchternheit am häufigsten auf?

Wenn der Patient seit seiner Kindheit eine abnormale Lebensweise hatte.

Häufige Fälle:

- Kinder wurden von gutmeinenden Eltern zu sehr beschützt; die Eltern entschieden alles für sie.
- Kinder, die von zu starkem Erwachsenenklima entmutigt wurden, zum Beispiel Waisen, die von älteren Leuten erzogen werden.
- Frustrierung der Kinder durch lieblose Erziehung.
- Frustrierung der Kinder infolge Mangels an Verständnis (zum Beispiel ist ein Kind ein Idealist, der unter dem Materialismus der Eltern leidet).
- Kinder, die von einem herrschsüchtigen Elternteil unterdrückt werden.
- Kinder, deren Vater sich für superintelligent hält und sich immer so ausgibt.

Es gibt auch «lokalisierte» Schüchternheitsformen:

«Ich bin schüchtern geworden, weil ich schielte ...»

«Ich wurde schüchtern, weil ich das Gefühl hatte, dass alle meine zu lange Nase betrachteten ...»

«Ich wurde schüchtern, weil ich zu kurz geraten bin ...»

«Ich wurde schüchtern, weil ich rote Haare habe ...»

«Ich bin schüchtern, weil ich für ein Mädchen zu gross bin ...»

«In der Schule machten sich alle über meinen Akzent lustig; die Lehrerin hat mich immer vor meinen lachenden Kameradinnen gedemütigt ...»

« Wenn ich reich wäre und einen Mercedes 300 SL fahren würde, dann, glauben Sie mir, da wäre ich nicht mehr schüchtern ...»

Hier werden die Ursachen der Schüchternheit von der Person selbst beschrieben. Sind das aber wirklich Ursachen? Nein! Bestimmt sind diese Leute wirklich schüchtern, doch sie suchen bloss einen Sündenbock. Der Fehler, den sie in sich selbst finden, scheint für sie die Schüchternheit zu rechtfertigen. Für den normalen Menschen spielt die Nasenlänge, die Körpergrösse oder die Haarfarbe überhaupt keine Rolle.

Höchstens kann gesagt werden, dass die ursprüngliche Schüchternheit (die aber woanders zu suchen ist) durch den körperlichen Fehler verstärkt wird, weil die Person glaubt, die anderen sähen nur diesen Fehler.

Personenorientierte Schüchternheit

Viele Leute haben zum Beispiel Angst vor einem Uniformierten (besonders vor Polizisten), weil die Uniform eine Art Schranke oder die Unmöglichkeit zu diskutieren und sich zu verständigen darstellt. Die Uniform des anderen gibt ein Gefühl der Machtlosigkeit und der Frustrierung. Vor dem Polizisten wird man zum Beispiel unterwürfig, demütig oder kurz angebunden, aggressiv, grob (Kompensationen).

Diese Art Schüchternheit gibt es auch bei den Dummen, weil die Dummheit für den intelligenten Menschen ebenfalls eine Art Schranke oder Mauer darstellt. Sie ist auch eine Verständigungsunmöglichkeit, die Unfähigkeit des gescheiten Menschen, die Sprache des Dummen zu sprechen, um verstanden zu werden. Dieser fürchtet, in seiner Schüchternheit gedemütigt und frustriert zu werden, ohne antworten zu können.

In der Schüchternheit finden wir also fast immer Frustrierung und Minderwertigkeitsgefühle.

Die Schüchternheit ist dadurch gekennzeichnet, dass sie sich vor anderen Leuten zeigt. Äusserst selten kommt es vor, dass der Schüchterne allein zu Hause eine Krise hat, ausgenommen, wenn eine gefürchtete Handlung bevorsteht, zum Beispiel, wenn er am gleichen Abend eine Rede halten muss und den ganzen Tag Lampenfieber verspürt.

Ist aber der Schüchterne allein, ohne einschüchternde Umstände am Horizont, so ist alles in Ordnung, und seine Reaktionen sind normal.

Sucht man die hauptsächlichste Angst des Schüchternen, so findet man die Furcht vor Ironie und Verständnislosigkeit. Zum Beispiel hat ein brillanter Pianist Angst, vor einem Nichtmusiker zu spielen, der ironisch werden könnte, weil er sich minderwertig fühlt und den Pianisten zu erniedrigen versucht. Oder ein Chef wird vor seinen Untergebenen schüchtern. Natürlich wieder aus Angst vor dem Spott. Dies kommt oft vor, wenn die Untergebenen in einer Gruppe versammelt sind. Ein Bürochef muss vor einer Arbeitergruppe auftreten. Diese Arbeiter sind zwar zusammen, fühlen sich aber dem Bürochef unterlegen. Spricht der Chef nicht die Arbeitersprache, verwandelt sich das Minderwertigkeitsgefühl der Arbeiter in latente oder aktive Ironie, der der Chef machtlos gegenübersteht, weil er beispielsweise

- besser erzogen ist und daher die gleichen «Waffen» nicht einsetzen kann;
- Angst hat, zu anständig zu sprechen und den Hohn der Arbeiter auszulösen.

Was tut nun der Bürochef in seiner Schüchternheit?

Er versucht, den Arbeitern zu schmeicheln. Oder er wird zornig; oder er greift zu Vergeltungsmassnahmen. Alle diese Reaktionen sind abnormal.

Warum hat der Schüchterne Angst vor der Ironie?

a) Die Ironie besteht darin, dass man gerade das Gegenteil sagt von dem, was man ausdrücken will, und zwar mit der Absicht, zu spotten oder Vorwürfe zu machen.

b) Die Ironie simuliert oft zu wissen. Sie ist arglistig, beissend oder gar grausam.

c) Manchmal ist die Ironie auch das Überdruckventil der Schüchternheit selbst. Sie kann auch in der Empörung oder der Verzweiflung vorkommen. Auf die Spitze getrieben, wird sie zur Spöttelei.

Zum Beispiel:

a) Man sagt zu einem hyperemotiven Menschen: «Übrigens weiss doch jeder, wie selbstsicher du bist, nicht wahr?»

b) Eine Frau zu einem schüchternen Mann: «Ich wusste wirklich nichts von Ihrer Schüchternheit... Abgesehen von Ihrer Ungeschicklichkeit und Ihrem Erröten würde es kaum jemand merken!»

Wir sehen, dass die Ironie den Menschen, dem sie gilt, entwertet, lächerlich macht und erniedrigt. In diesem Moment wird der Schüchterne zu einem Gegenstand, den die anderen betrachten und dessen Fehler bekannt sind. Dabei ist er unfähig zu reagieren, denn die Ironie verlangt Anpassungsfähigkeit und Schlagfertigkeit. Seine einzigen, möglichen Antworten sind Zorn, Beleidigung, Tätlichkeiten, also Aggressivität. Meist werden jedoch diese «Antworten» verdrängt, weil sie seine Machtlosigkeit beweisen!

Schüchternheit und Erregbarkeit

Die Erregbarkeit ist eine grundlegende Eigenschaft eines jeden Menschen, der damit auf alle externen und internen Erregungen reagieren kann, die allgemein als «Umstände» bezeichnet werden.

Es handelt sich also um eine normale Reaktion, die von plötzlichen, momentanen Änderungen ausgelöst wird, wie zum Beispiel beim Schüchternen, der plötzlich in einer Gesellschaft ist und deshalb sofort reagieren muss, bei einem Menschen, der ohne Vorbereitung Zeuge eines Unfalles wird oder eine schlechte Nachricht erhält.

Die Erregbarkeit schlägt sich in zahlreichen Reaktionen nieder. Diese können psychologischer, physiologischer, neurologischer oder motorischer Art sein oder sich auf die Ausdrucksweise auswirken.

Diese normalen Reaktionen der Erregbarkeit unterteilen sich in vier Hauptgruppen: das Vergnügen, die Traurigkeit, den Zorn, die Angst.

Wann wird die Erregbarkeit abnormal?
Wann liegt übermässige Erregbarkeit vor?

Die übermässige Erregbarkeit stellt sich ein, sobald die Reaktion in keinem Verhältnis zum Umstand steht (zum Beispiel eine Person, die beim Anblick einer Spinne zittert oder wie gelähmt ist, sobald sie in der Dunkelheit irgendein Geräusch hört usw.). Ist die Reaktion zu intensiv, zu lange oder auch zu oberflächlich, so liegt übermässige Erregbarkeit vor:

übertriebenes Lachen oder Weinen, Erröten oder Erblassen, starkes Schwitzen, Gesichtskrämpfe, Augenzucken, unsteter Blick, krampfartige Bewegungen usw. Der Mensch wird zwar mit seiner Erregbarkeit geboren, aber auch übermässige Erregbarkeit kann von Geburt auf bestehen und zur Veranlagung werden. In anderen Fällen stellt sie sich infolge eines «Schocks» ein, wie zum Beispiel Gehirnerschütterungen, postinfektiöse Zustände, dauernde Erschöpfung, Menstruation, Pubertät, Wechseljahre usw. In einigen Fällen führt diese Erregbarkeit zur:

Impulsivität

Die Impulsivität ist eine Art unwiderstehlichen Triebes, wobei der Patient zu einer unvernünftigen Handlung gezwungen wird. Daher sein oft brutaler oder gar gefährlicher Charakter.

Diese Handlung kann aufgrund eines inneren Triebes, ohne äussere Einflüsse erfolgen: Der Patient sucht seinen Trieb, seinen Wunsch oder sein Bedürfnis zu befriedigen. Liegt aber eine äussere Ursache vor, so ist die Reaktion zu plötzlich, und sie steht in keinem Verhältnis zur Ursache.

Der Unterschied zwischen Übererregbarkeit und Impulsivität

Beide sind wichtige Züge der psychologischen Gleichgewichtsstörung. Sie scheinen durch die übertriebene Reaktion verwandt, doch ist die Impulsivität durch Ehrgeiz und Empfindlichkeit bedingt und damit eine Art psychosoziale Reaktion.

Man kann vier Impulskategorien unterscheiden:

1. Die affektiven Impulse, die im Zusammenhang mit der Reizbarkeit stehen und in Leidenschaftszuständen auftreten, wie Eifersucht, Erotik, Hass usw.
2. Die motorischen Impulse, die scheinbar ausserhalb der Affektivität stehen (beispielsweise epileptische Zustände).
3. «Besessenheitsimpulse», wobei sich der Patient «wider Willen» gezwungen fühlt, eine Handlung auszuführen, die seiner Besessenheit entspricht.
4. Die stereotypischen Impulse.

Die Impulse können also verschiedene Formen annehmen: Es gibt sexuelle, verbrecherische, zerstörerische, diebische Impulse usw.

Zurück nun zur Schüchternheit und Erregbarkeit.

Ist jeder Schüchterne auch erregbar, oder ist jeder erregbare Mensch auch schüchtern?

Diese Frage zu beantworten ist fast unmöglich, da beide Erscheinungen oft eng miteinander verbunden sind. Doch wird oft Schüchternheit mit Erregbarkeit identifiziert. Man weiss, dass der Erregbare ein Sklave seiner Reaktionen und oft gleichzeitig impulsiv ist. Dabei ist der Eingeschüchterte während seiner Krise ebenfalls Sklave derselben Reaktionen ...

Die Schüchternheit wird oft als Erregbarkeitserscheinung dargestellt. Somit wäre jeder erregbare Mensch auch schüchtern! Allerdings zeigt die Erfahrung, dass viele erregbare Menschen überhaupt nicht schüchtern sind. Und umgekehrt.

Man kann also folgendes sagen: Löst die Schüchternheitskrise Übererregbarkeit aus, so hat letztere bestimmte Ursachen, nach denen gesucht werden muss.

Zum Beispiel:

X. wird bei Frauen äusserst schüchtern und zeigt alle Anzeichen der Übererregbarkeit. Diese wird aber höchstwahrscheinlich nicht durch seine Schüchternheit ausgelöst, sondern ist die Folge einer sexuellen Angst.

Wird diese Angst behandelt, stellt man fest, dass diese besondere Art der Schüchternheit verschwindet. X. war im Grunde genommen nicht schüchtern und auch nicht richtig frauenscheu, sondern nur infolge seiner Verdrängungen überempfindlich und zeigte eine besondere Spannung, die alle Anzeichen der Schüchternheit aufwies.

Ein weiteres Beispiel:

Eine klinische Untersuchung ergibt, dass Z. normal erregbar ist. Z. ist jedoch sehr schüchtern und ungeschickt und reagiert zu langsam auf weibliche Ironie, aber nur auf diese. Während der Einschüchterung aber ist keine besondere Erregbarkeit festzustellen, nur ein gezwungenes Lächeln verrät ihn.

Z. wurde von seiner alleinstehenden Mutter erzogen. Er hing sehr an ihr, da sie für ihn die bequemere Lösung darstellte. Für Z. sind die Frauen gefährlich geworden, weil sie von ihm Anpassungsbemühungen erfordern. Dabei weiss er genau, dass seine Lage falsch und kindisch ist. Leider ist er nicht mehr in der Lage, sich aus einer Situation zu retten, in der er im Laufe vieler Jahre Zuflucht gesucht hat. Mit vierunddreissig Jahren möchte er unbewusst, wie ein kleines Kind, von einer Frau auf Armen getragen werden. Bei den Frauen ergreift er die Flucht, um kein Problem zu haben, das er nicht lösen könnte.

In diesem Fall ist anzunehmen, dass seine lymphatische Veranlagung und das Hängen an einer problemlosen Situation die Erscheinung der Übererregbarkeit verhindert haben. Die Meinung der anderen wird zur treibenden Kraft, zum Motiv, zu einer latenten Bedrohung, die jederzeit konkret werden kann. Der Schüchterne hat Angst, beurteilt zu werden, ja sogar dann, wenn das Urteil zu seinen Gunsten ausfällt!

Denn, wird das günstige Urteil vor den Augen anderer gefällt, hat er das Gefühl, ein «Gegenstand» zu sein, mit der Unmöglichkeit, sofort zu reagieren. Natürlich hat er vor negativen Urteilen noch mehr Angst, weil er dann zu einem lächerlichen «Gegenstand» wird!

Somit wäre die Grundlage der Schüchternheit ein Minderwertigkeitsgefühl und damit eine Art Inhibition.

Inhibition und Schüchternheit

Ein Angestellter geht auf die Türe seines Chefs zu, um irgendeine Erlaubnis zu verlangen. Als er aber anklopfen will, wird sein Arm von irgend etwas aufgehalten, er zögert. Was ist geschehen?

Der Umstand «um Erlaubnis bitten» löst bei diesem Angestellten folgendes aus:

a) Die Notwendigkeit, mit dem Chef zu reden.
b) Die motorische Reaktion des Aufstehens, um zum Büro zu gehen.
c) Die motorische Reaktion, den Arm zu heben.
d) Kurz vor der Handlung des Anklopfens wird die nötige Energie von einer psychologischen Bremse (Schüchternheit, Angst usw.) blockiert.

Hier liegt eine Inhibition der Handlung vor.

Ein empfindliches Kind läuft plötzlich auf seine Mutter zu, um ihr einen Kuss zu geben. Als es in ihrer Nähe steht, geht es wieder zurück, ohne ihr den Kuss gegeben zu haben. Auch hier liegt aus irgendeinem Grunde Inhibition vor, zum Beispiel Angst der Ablehnung durch eine schwer beschäftigte oder autoritäre Mutter. Bei der Inhibition wird also die zur Ausführung einer Handlung nötige Energie blockiert. Die psychologische oder motorische Handlung verlangsamt sich und hört auf.

Bestimmt zwingt auch eine gut verstandene Erziehung den Menschen zu einer ganzen Reihe verschiedener Inhibitionen. Viele Handlungen, Wünsche, Triebe müssen inhibiert, gebremst, gestoppt oder angewendet werden, gemäss sozialen, religiösen oder Familiengesetzen.

Im Grunde genommen werden die Reaktionen durch die Erziehung «kanalisiert», indem sie ständig den jeweiligen Umständen angepasst werden.

Damit wird die Gefahr einer schlechten Erziehung klar. Die Anzahl der Inhibitionen wird grösser und abnormal. Weitere folgen, und es ergibt sich eine echte Kettenreaktion, bis die Inhibition zur Verdrängung wird.

Die Inhibition neutralisiert die Energie, wie «Lampenfieber» das Gedächtnis lähmt, zum Stottern oder zur völligen Stummheit führen kann.

Die Inhibition ist ein grundlegender Bestandteil der Erziehung. Ist sie wirklich notwendig? Ganz bestimmt! Beim Kind sind viele triebhafte Verhaltensweisen zu inhibieren, wie zum Beispiel Daumenlutschen, Spiel mit Exkrementen, zerstörerische Instinkte usw.

Doch hier ist der goldene Mittelweg zu finden, damit sich die Inhibition in normalen Grenzen bewegt.

Wo liegt nun die Inhibition beim Schüchternen?

Wir wissen, dass der Schüchterne nicht fähig ist, sofort auf die Meinung anderer zu reagieren und vor allem die einzig richtige Antwort zu geben: Die würde darin bestehen, seine physische oder geistige Kraft zu beweisen.

In diesem Moment wird die nötige Energie blockiert, während Angstgefühle und Impulsivität erscheinen.

Die Kompensation des Schüchternen

Bisher wurde nur der Schüchterne behandelt, von dem jeder weiss, dass er schüchtern ist, der seine Schüchternheit erträgt und darunter leidet. Also der Schüchterne ohne Maske. Es gibt jedoch eine ganze Reihe von unsichtbar Schüchternen, von Leuten, die als Angeber gelten und trotzdem in diese Kategorie gehören. Die Schüchternheit ist ein Leiden, und der Mensch sucht einen Ausgleich, das heisst Sicherheit und Frieden.

Wo soll er aber Sicherheit und Frieden finden? Doch nicht in sich selbst, auf dieser labilen, chaotischen Grundlage! Die Sicherheit lässt sich in der Unsicherheit nicht finden, die Selbstsicherheit in der Angst auch nicht. Also muss die Sicherheit «draussen» gesucht werden. Vielleicht sucht er dann die nötige, geeignete Behandlung, um sich wiederzufinden, oder er findet eine Notlösung, die ihm die Illusion der Sicherheit gibt.

Es handelt sich um den maskiert Schüchternen mit einem Scheinbenehmen, das ihm die Umstände aufgezwängt haben. Diese Fassade ist für ihn ein sehr fraglicher Schutz, eine fragwürdige Sicherheit, die seinem wahren Ich nicht entspricht. Die Fassade ist ein Ich ausserhalb des Ichs. Mit anderen Worten hat dieser Mensch eine doppelte Persönlichkeit.

Er gibt sich gelassen, unbefangen, gleichgültig, humorvoll, ironisch, scherzhaft, spöttisch... Aber die «Intensität» dieser Fassade hängt von der Intensität der Schüchternheit ab. Die Kompensation gleicht einem Thermometer. Sinkt das Minderwertigkeitsgefühl auf –10 Grad, so steigt die Kompensation auf +10 Grad. Die Null-Grad-Anzeige kommt nie vor, denn dieser Punkt entspricht der Stärke und der Ausgeglichenheit, die nur die Heilung geben kann.

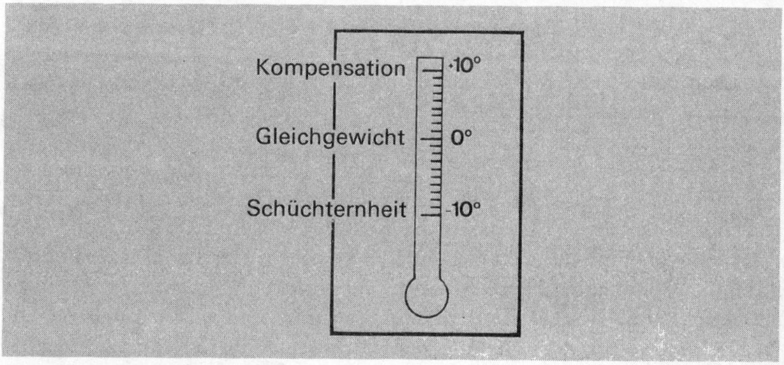

Es gibt kleine Fassaden, die gelegentlich, je nach Umständen, erscheinen. Es gibt aber auch richtige «Festungen», wo sich der Schüchterne versteckt, der unsichtbar Schüchterne! Diese für alle sichtbare Festung ist unnahbar und mit Kanonen gespickt, die jederzeit schiessen können. Es handelt sich hier um den unecht Schüchternen, dessen Verhalten seinen tieferen Reaktionen (Angst, Flucht) überhaupt nicht mehr entspricht.

Dieser Mensch ist hart, ehrgeizig, überheblich, allzu selbstsicher und kennt scheinbar keine Scheu vor neuen Umständen. Er wird von seinen Untergebenen gefürchtet, ist vor seinen Vorgesetzten jedoch unruhig und verstört. Und viele lassen sich durch diese Festung täuschen und betrachten ihn als stark!

Armer, starker Mann, ohne Stärke! Seine Scheinüberheblichkeit, seine Scheinsicherheit sind bloss ein Spiel, und er hat alles unternommen, um seine Scheinunnahbarkeit zu erlangen! Jedesmal musste er zittern, wenn ein kleiner Stein von seiner Festung herunterfiel.

Der Perfektionismus

Dieser Begriff scheint sich selbst zu definieren: Perfektionismus = Streben nach der Perfektion. Aber welche Perfektion? Welche Art und warum?

Wir müssen bedenken, dass der Perfektionist von seiner (Schein-)Perfektion stets besessen ist, und allein schon diese Besessenheit zeigt den unechten, neurotischen Charakter.

Eine Begriffskorrektur drängt sich also auf. Der Perfektionismus ist ein dauerndes, besessenheitsähnliches Bedürfnis, das den Drang nach Perfektion gibt. Ist diese neue Definition richtig? Nein, denn der Schüchterne, der diese Kompensation sucht, weiss genau, dass die Perfektion für ihn unerreichbar ist, denn ein unvollkommener Zustand gestattet nie eine vollkommene Handlungsweise. Wenn nun diese echte Perfektion unmöglich ist, wodurch wird er sie ersetzen? Natürlich durch den Schein der Perfektion.

Auch hier ist eine Berichtigung des Begriffes notwendig: Der Perfektionismus ist ein dauerndes Bedürfnis des Schüchternen, den Schein der Perfektion zu suchen, wobei diese Suche von einer diffusen, starken oder ängstlichen Besessenheit begleitet wird.

Hier sucht also der schüchterne Mensch eine Lösung, die ihn wohl noch mehr leiden lässt, die aber den Schein wahrt! Und für diese dauernde, wenn auch nur scheinbare Perfektion, sucht er naturgemäss Anerkennung, und diese Anerkennung kann nur von den anderen kommen. Der Perfektionist unternimmt alles, um auch als vollkommen und perfekt anerkannt zu werden. Es geht ihm darum, eine tadellose Fassade zu wahren. Eine wahrhaftig harte, alltägliche Arbeit, mit der «Meinung der anderen» ständig im Ohr ... Und seine innere Sicherheit hängt davon ab. Der Besessenheitscharakter des Perfektionismus ist offensichtlich. Der Perfektionist ist ein Mensch ohne Fehler, ohne Lükken, sei es in seinem Wissen, seinem Benehmen, seiner Freundlichkeit...

Er regt sich nie auf, er ist gutmütig, ehrlich, gerecht, vertrauenswürdig; er kann lieben, aber nie hassen. Das sind viele gute Eigenschaften, die er mit seiner täglichen, ja allstündlichen Fassade aufrechterhalten muss! Jeder Fehler in einer dieser Eigenschaften führt bei ihm zu Angstgefühlen, ganz einfach, weil die anderen merken könnten, dass das, was er zu sein scheint, nicht dem entspricht, was er in Wirklichkeit ist.

Der Perfektionist muss also als überlegen gelten oder wenigstens den Besten und Grössten ebenbürtig! Es handelt sich also um eine aggressive Kompensation, um eine Herausforderung, die sich aber stets in vollkommener Aufmachung und ohne sichtbare Aggressivität präsentieren muss. Innen Aggressivität und Herausforderung; aussen Freundlichkeit und lächelnde Ruhe...

Wir alle kennen den häufigen Fall des leichten Perfektionisten, dessen Veranlagung nur in bestimmten Situationen zum Vorschein kommt. Zum Beispiel: Ein Laie auf einem bestimmten Gebiet unterhält sich mit einem Fachmann. Der Perfektionist lächelt und nickt bei jedem Fachausdruck und bei jedem zitierten Autor und scheint sagen zu wollen: «Ja, ja, den kenne ich, das ist mir nicht neu...» Dabei kommt ihm alles chinesisch vor! In einer solchen Situation würde ein normaler Mensch entweder mit Gleichgültigkeit oder mit Fragen reagieren. Zwar kann auch der Perfektionist Fragen stellen, die ihn aber nicht interessieren und nur den Vorteil haben, ihn als höflich und intelligent gelten zu lassen.

Eine «weniger leichte» Perfektionistin ist zum Beispiel die Sekretärin. In ihrer Schüchternheit fühlt sie sich zur Perfektion ihrer Schreibarbeit und zu perfekter Arbeitsauffassung verpflichtet. Die Stelle als Chefsekretärin wird ihr angeboten, doch sie lehnt unter irgendeinem Vorwand ab, weil sie fürchtet, dass dort ihre Unvollkommenheit bemerkt werden könnte, und ihr Perfektionismus würde keine Anpassung an diese neue Situation gestatten.

Sehen wir uns nun einen «schweren» Perfektionisten an: Äusserlich «der noble Herr», der auch dann für die anderen zahlt, wenn er selbst kein Geld mehr hat und eine Rückzahlung mit der gelassenen Bemerkung ablehnt: «Bitte, das ist eine Kleinigkeit» (womit er eigentlich meint: «Das ist unter meiner Würde»). Bekommt er gratis Eintrittskarten für das Theater, verschenkt er sie, obwohl er selbst gerne zur Vorstellung gegangen wäre; damit will er sagen: «So wissen die anderen, dass ich Beziehungen habe.» Er unternimmt alles, um den anderen zu helfen, um ihnen Stellen zu vermitteln, um immer noch so gelassen sagen zu können: «Eine Kleinigkeit für mich!» Da er alles für die anderen unternimmt, fühlt er sich wirklich ungezwungen, wenn er von jemandem etwas verlangt. Er hat ja die Sicherheit seiner Rolle als Beschützer, er hat ja Beziehungen!

Natürlich kommen die Minderwertigkeitsgefühle wieder, sobald er für sich um etwas bittet, und sein Ungeschick verurteilt ihn zum Misserfolg. Da jedoch alle an sein herrschaftliches Verhalten gewöhnt sind, wird er wohl kaum für sich etwas verlangen, ausser vielleicht höchste Funktionen, die er dann die Güte hätte, anzunehmen!

Wieder ein Teufelskreis, denn, wenn der grosse Herr arm ist, wird er immer ein armer grosser Herr bleiben. Er kann gar nicht anders, denn seine Sicherheit beruht auf seiner Rolle, und die anderen müssen im Glauben gelassen werden, dieser Schein sei Wirklichkeit. Bei einem solchen Menschen findet man immer Minderwertigkeits- und Demütigungsgefühle.

Der Perfektionist ist also ein Mensch, dessen Verhalten stark von den anderen Menschen abhängt, ja ihm von diesen aufgezwungen wird. Der Perfektionismus ist eine Kompensation, ein Ausgleich dieser Minderwertigkeit, also eine innere, aggressive Herausforderung. So geht es vor sich:

Schüchternheit den anderen gegenüber, daher ...
Herausforderung an die anderen, daher ...
Ablehnung der anderen, daher ...
perfekte Fassade und daher ...
kann er die anderen nicht entbehren.

Hier sieht man nun den eklatanten Widerspruch: Er lehnt die anderen ab, braucht sie aber, um seine Perfektion proklamieren zu können. Da er in diesem Herausforderungszustand lebt, betrachtet er sich als unabhängig. Dabei ist er offensichtlich abhängig, da seine Sicherheit auf der Meinung der anderen beruht. Er lehnt den Begriff der «Menge» ab, im Namen des Individuums, seines Individuums. Bekommt er von dieser Menge Beifall, so lehnt er sie nicht mehr ab, solange sie seine Überlegenheit und seine Vollkommenheit anerkennt. Zudem leidet der Perfektionist unter Angstgefühlen gegenüber sich selbst, da er ständig im Widerspruch zwischen seinem «Sein» und seinem «Schein» lebt. Auch wenn er allein ist, sind die anderen gegenwärtig: Er schmiedet neue Waffen oder brütet über die öffentliche Meinung.

Wie der Schüchterne ist auch der Perfektionist inhibitiert. Jede Spontaneität verschwindet, da sie sein echtes Wesen enthüllen könnte. Seine einzige, gesteuerte Spontaneität entspricht seiner Fassade und besteht aus Güte, Ehrlichkeit, tugendhafter Empörung.

Der Perfektionist ist ein einsamer Mensch, doch bestimmt nicht aus Weisheit, sondern bloss aus Angst, hervorzutreten und sich zu zeigen. Er ist innerlich wie abgestumpft, und nur durch eine psychologische Behandlung kann er wieder zu sich finden.

Zusammenfassend:

Perfektionismus = Fassade = künstliche Sicherheit, basierend auf Unsicherheit.

Unsicherheit = Schüchternheit = Leiden = Lösung (Unbefangenheit, Überlegenheit) = Unmöglichkeit der Unbefangenheit = scheinbare Gelassenheit = Perfektion in diesem Schein, damit niemand die Wahrheit entdeckt =

Ungezwungenheit = Perfektion in der Ungezwungenheit = Perfektion im Benehmen, im Reden, im Wissen, in der Verhaltensweise = Inhibition der Spontaneität = Abstumpfung = Einsamkeit...

Der aggressive Mensch

An der Türe hängt ein Schild:

Achtung! Es wird ohne Warnung geschossen!

Wir befinden uns im Schlupfwinkel des aggressiven Menschen: Blitze, Angriffe, Hohn, Ohrfeigen... Alles zittert, und mitten in diesem Sturm der angeberisch Schüchterne: der aggressive Mensch.

In «Ruhestellung» runzelt er die Stirn, ballt die Fäuste und ist hypernervös, obwohl er furchtbar selbstsicher scheint. Sein ganzes Benehmen deutet darauf hin, dass er vor nichts und niemandem Angst hat. Auf den ersten Blick scheint er sogar nicht einmal vor sich selbst Angst zu haben!

Sonst schreit, gestikuliert, attackiert er auch dann, wenn er nicht angegriffen wird: er ironisiert, spottet, antwortet, bevor er angesprochen wird und macht dem bereits erwähnten Türschild alle Ehre.

Ständig ist er gespannt und wie in einem geistigen Starrkrampf.

Normalerweise schaltet man vor einer neuen Situation eine Pause ein, um die neuen Umstände beobachten und die Anpassung vorbereiten zu können. Beim aggressiven Menschen ist dies unmöglich. Kaum wird er beobachtet, steht er auf und fängt an zu schiessen! Er wütet mitten im Sturm, den er selbst gestiftet hat, und stürzt sich in eine Situation, die er vernichtend zu meistern scheint. Wie verhält man sich ihm gegenüber? Man wird übervorsichtig, überlegt zehnmal, bevor man ihn anspricht. Beim kleinsten Fehler schlägt sein Blitz ein. Man zieht den Kopf ein und ergreift die Flucht. Seine Frau, seine Kinder zittern, seine Freunde verschwinden. Er wird gefürchtet, manchmal auch gehasst, oft um die von ihm angeblich ausgestrahlten Kräfte beneidet. Man bewundert ihn, weil er vor niemandem Angst hat, man fürchtet seine Schlagfertigkeit, seine definitiven, klaren, beleidigenden Antworten. Bei seinen Untergebenen wird der aggressive Mensch höhnisch, schulmeisterlich und trocken. Taucht aber ein Vorgesetzter auf, zieht er seine Kanonen ein. Erbarme dich, Vorgesetzter, denn dieser Aggressionsprotz ist äusserst schüchtern... Es kann vorkommen, dass dieser aggressive Mensch Sie mal in sein Vertrauen zieht, vielleicht nach ein paar Gläschen, und erzählt: «Wissen Sie, ich war schwach, schüchtern... Und eines Tages hatte ich die Nase voll und ich habe reagiert!» Dann hat er sich zusammengenommen, er hat angefangen zu schlagen, überall und auf alles, was für ihn eine Gefahr darstellte. Und alles war ihm gefährlich. Dann hat er ganz einfach auf alles hingehauen, um sich vor der

Angst zu schützen. Der unecht aggressiv Schüchterne war geboren, und die Umwelt hatte sich in acht zu nehmen.

Beobachten Sie ihn: Alles klingt falsch. Er schiesst mit Kanonen auf Spatzen. Seine Stimme klingt falsch. Sein schraubstockartiger Händedruck fühlt sich falsch an. Sein steifer, zu schneller Gang ist unecht, wie auch sein gespanntes, hartes Lächeln.

Der aggressive Mensch glaubt reagiert und seine Angriffsreaktion beschlossen zu haben. Dabei geschah dies gegen seinen Willen. In vielen Fällen haben die zur Überwindung der Schüchternheit und Erregbarkeit unternommenen Anstrengungen sein Nervensystem in einen Erschöpfungszustand gebracht. Und dieses wurde dann ebenso aufgeregt, wie es früher deprimiert war.

Was ist Aggressivität?

Die Biologie lehrt uns, dass die Aggression eine Grundeigenschaft jedes Lebewesens ist und sowohl bei Tieren wie auch bei Menschen mit dem Instinkt in Zusammenhang steht. In ihrem ursprünglichen Sinn gestattet diese Aggression dem Organismus seine Umgebung zur Befriedigung der Grundbedürfnisse des Lebens zu verwenden. In diesem Sinne ist die Aggression normal.

Die Freudsche Theorie unterscheidet zwei Haupttriebe:

a) Der Lebenstrieb, der vom Sexualtrieb dargestellt wird.
b) Der Todestrieb, der aus aggressiven Impulsen und zerstörerischen Neigungen besteht.

Gemäss Freud rühren alle Ereignisse des Lebens von der Kombination oder der Gegenüberstellung dieser beiden Triebe her.

Anna Freud behauptete, diese beiden Triebe seien beim Kind parallel vorhanden oder zusammengesetzt. Die sexualen Impulse erhalten ihre Kraft von den aggressiven Impulsen und erreichen somit ihr Ziel. Die aggressiven Kräfte verlieren somit ihre zerstörerische Wirkung, sie wenden sich dem Leben, statt der Zerstörung, dem Tod zu.

Die Aggressivität des Kindes

Das Kind versucht sein Leben zu sichern, und zwar durch Anwendung seiner aggressiven Triebe. Wie reagiert die Familie? Sie leitet, kanalisiert das Leben des Kindes, indem sie sich dem Kind aufdrängt, mit ihren ebenfalls aggressiven Kräften. Es steht also Aggression gegen Aggression, mit ständigen Interferenzen zwischen den beiden Kräften.

Handelt es sich um ein normales Kind in einer normalen, verständnisvollen Familie, so ist alles in Ordnung, und das Kind kommt zu konstruktiven Reaktionen. Die Eltern aber können übertreiben, indem sie zu anspruchsvoll, zu autoritär oder im Gegenteil zu nachgiebig gegenüber den aggressiven Ansprüchen des Kindes sind. Es ist klar, dass die Reaktionen des Kindes dann ebenso abnormal wie die der Eltern sind. Diese Abwehrreaktion des Kindes ist oft der Anfang vieler Insuffizienzen und Neurosen (Ausreisser, Heuchler, versteckter oder offener Hass, verdrängte und ausgesprochene Drohungen). Hier sind die Verdrängungen natürlich schwerwiegender, weil sie jede befreiende Entladung verunmöglichen und auf die Dauer äusserst schwere Charakterfehler verursachen.

Was bleibt dann dem Kind übrig?

Stellt die Familie für das Kind eine Gefahr oder eine unangenehme Wirklichkeit dar, sucht das Kind Zuflucht in Phantasievorstellungen, die ihm als Kompensationen dienen. Bei entsprechender nervöser Veranlagung bilden diese Kompensationen die Grundlage seiner zukünftigen, abnormalen Verhaltensweise.

Die Aggressivität des Erwachsenen

Beim Erwachsenen ist die Aggressivität Neigung zum Angriff. Sie kann aktiv oder verdrängt sein (beispielsweise aufgrund moralischer Prinzipien, wie ein Erwachsener, der seinem Vater gegenüber innerlich aggressiv eingestellt ist und diese Aggressivität in sich hineinschluckt, weil «die Moral verbietet, seinen Vater auf irgendeine Art und Weise anzugreifen»).

Die veranlagungsbedingte Aggressivität

Diese kommt bei Menschen mit impulsivem Temperament sowie bei Epileptikern und bei gewissen Menschenrassen vor. Der Geistesgestörte weist ebenfalls eine bewusst aggressive Veranlagung auf.

Erworbene Aggressivitäten

Es handelt sich um zufällige Aggressivitäten, die von einem ebenfalls zufälligen, psychologischen Zustand verursacht werden, wie zum Beispiel Leidenschaft, Empfindlichkeit. Schädelverletzungen können ebenfalls Charakterstörungen zur Folge haben, die die Aggressivität auslösen können. Diese Art Aggressivität findet man ebenfalls in der Schizophrenie, bei Halluzinationspsychosen (der Patient «hört Stimmen», die ihn zur Aggression nötigen), bei den Verfolgten und Verfolgern, in der Eifersucht usw.

Der aggressive Mensch ordnet sich ganz einfach in den Mechanismus der Kompensation vor der Angst und der von dieser Angst befohlenen Flucht ein.

Vor der Angst scheint sein ganzes Benehmen zu beweisen, dass er nicht nur keine Angst hat, sondern überhaupt nie Angst haben kann. Und die Flucht? Da greift er einfach an, bevor man ihm etwas angetan hat. Damit wären wir wieder beim alten Spiel der Müdigkeit, die zur Unruhe wird und als energische Handlung gilt.

Da der Aggressive sehr aufgeregt ist, glaubt er, sein Handeln sei echt und gewollt. Er nimmt sich ernst und verwechselt Aufregung und Energie und ist überzeugt, diese Energie mit eigener Kraft erlangt zu haben, indem er die Zähne zusammenbiss, um seine Schüchternheit zu überwinden.

Logisch, dass er sich ernst nimmt, wenn er daran glaubt. Und wenn sein Nervensystem ohne sein Dazutun den Ausgleich gefunden hat, ist es auch logisch, dass er sich bewundert. Denken Sie doch! Er hat sich getraut, die Schüchternheit zu überwinden! Ganz allein! Er hatte Angst vor den anderen, und nun haben die anderen Angst vor ihm. Mit seinen ständigen Angriffen glaubt er sich selbstsicher und zeigt sogar naive Verwunderung darüber, dass er gemieden wird.

Manchmal spürt er jedoch, dass alles nicht ganz echt ist, dass seine Kraft nur Scheinkraft, seine zersplitterte Energie bloss Scheinenergie ist. Er spürt den Widerspruch zwischen dem, was er zu sein scheint, und dem, was er ist, genau wie der Perfektionist. Und aus diesem Widerspruch entstehen Angstgefühle, die er auszugleichen sucht, und zwar dadurch, dass er seine Aggressivität noch verstärkt! Auch hier beginnt ein Teufelskreis. Er verausgabt seine Energie und unternimmt alles, um sein «Niveau» zu halten. Nach einigen Jahren kommt es zur Erschöpfung, Depression und Unruhe. Die Depression verstärkt seine ursprüngliche Sicherheit, die Unruhe verstärkt die Aggressivität – bis er zusammenbricht.

Das komplexe Spiel der Schüchternheit

Dieses Spiel ist in der Tat äusserst komplex, denn ein schüchterner Mensch ist praktisch nie ausschliesslich schüchtern. Je nach Situation geht er durch alle Zustände, die mit dieser Schüchternheit zusammenhängen, mal schüchtern, mal Perfektionist, mal aggressiv. Wir kennen seine Wunden: Machtlosigkeit, Willensschwäche und Unfähigkeit, sich sofort einer Situation anzupassen.

Zusammenfassung:

- Die Schüchternheit und die Übererregbarkeit sind oft eng miteinander verbunden.
- Beim Schüchternen gibt es immer ein In-sich-Hineinkehren oder einen gewaltigen Ausbruch.
- Der Schüchterne brütet über seine Misserfolge.
- Der Ehrgeiz des (oft intelligenten) Schüchternen wird von der Schüchternheit behindert, was die Überheblichkeit (Sicherheit) zur Folge hat.

- Die Schüchternheit löst immer, je nach Umständen, Schutzreflexe aus (Frechheit, Schroffheit, Rechthaberei). Jedes dieser Spiele bedeutet für ihn eine momentane Sicherheit. Aber damit nicht genug! Denn zur Schüchternheit kommen oft andere Erscheinungen hinzu, teilweise oder ganz: Verliebtheit in sich selbst, Schuldgefühle, Selbstbestrafung, Angst, Homosexualität, Verdrängungen aller Art.

Die Behandlung der Schüchternheit

Ist Schüchternheit heilbar? Ja. Gibt es eine Behandlung der Schüchternheit? Nein, sondern es gibt eine bestimmte Behandlung für eine bestimmte Art Schüchternheit, und wir wissen, dass es praktisch so viele Arten wie schüchterne Menschen gibt, und der Begriff «Schüchternheit» ist oft nur ein Namensschild für sehr unterschiedliche Eigenschaften! In jedem Fall müssen die veranlagungsbedingten und später erworbenen Faktoren genau eingeschätzt werden. Und da letztere psychologische Ursachen haben, ist eine psychologische Behandlung natürlich am Platz.

Tiefenpsychotherapie und Psychoanalyse werden hier immer mit Erfolg angewandt.

Soll man dem Schüchternen «zureden»?

Jeder schüchterne Mensch weiss, dass kein Zureden seine Schüchternheit beeinflussen kann. Er unternimmt ja ständig Anstrengungen, um sich selbst einzureden, dass seine «Krankheit» vom Standpunkt der Vernunft aus absurd ist. Natürlich will er nichts so sehr, als seine Insuffizienz eliminieren. Er möchte gern, doch er kann nicht. Und im Bestreben, sein Wollen mit seinem Können in Einklang zu bringen, sucht er in sich alle vernünftigen Gründe, die er hat.

Wie zum Beispiel dieser furchtbar schüchterne Anwalt, der doch reich, gut aussehend und sehr intelligent ist. Den ganzen Tag redet er sich ein: «Du siehst gut aus, du bist reich, die Leute bewundern dich. Du hast doch keinen Grund, schüchtern zu sein!» Was nützt ihm das? Überhaupt nichts.

Ganz einfach, weil vernunftgemässe Faktoren affektive Faktoren nicht eliminieren können[1].

Was denn?...

[1] Ausgenommen in bestimmten, harmlosen Fällen, die von Anfang an behandelt werden. Zum Beispiel ist ein Kind schüchtern, weil es im Latein schlecht ist. Es handelt sich um eine lokalisierte Schüchternheit, für die eine Lösung auch vernunftgemäss gefunden werden kann. Doch ist dies keine eigentliche Schüchternheit.

Ich betone nochmals, dass die Schüchternheit zu komplex ist, um das Aufstellen allgemein gültiger Regeln zu ermöglichen. Die Behandlung muss in erster Linie:

- die Komplexe, die geistigen «Wunden», Frustrationen und Demütigungen aufspüren,
- die «Kristallisierungen» finden, das heisst, der schüchterne Mensch ist oft durch frühere Ereignisse blockiert. Diese Ereignisse sind wie in seine affektive Vergangenheit eingeschlagene Nägel.
- Während der Körper grösser und älter wurde und sich entwickelte, blieb ein Fetzen der Affektivität an diesen Nägeln hängen...
- Auf einen Umstand von heute reagiert er mit der Affektivität von gestern.

Die Suche nach diesen Infantilismen spielt also eine äusserst wichtige Rolle.

Was ist Infantilismus?

Psychologisch ausgedrückt, handelt es sich um eine affektive oder emotive Fixierung in der Vergangenheit. Der Patient ist blockiert und kann sich in allen Situationen, die damit in Zusammenhang stehen, psychologisch nicht entfalten. Die Fixierung kann auch das Verhalten weitgehend beeinflussen, wobei der Patient auf verschiedene Umstände einheitlich reagiert.

Beispiel: Christiane, dreissig Jahre alt, ist sehr schüchtern, besonders bei Männern – was sie für diese noch reizender macht. Sie ist wirklich sehr hübsch und reizend und sieht aus wie sechzehn. Sehen wir uns nun die verschiedenen Elemente ihres Lebens an:

- Boshafte Stiefmutter.
- Schwacher Vater, der seine Tochter vergötterte und seine Frau fürchtete.

In ihrer totalen Unsicherheit hängt Christiane an ihrem Vater und «spielt» ständig das kleine Mädchen. Dieses Spiel ermöglicht es dem Vater, sie zu beschützen und ihr den Glauben an eine Kraft, die er nicht besitzt, zu geben. Dieses Spiel wiederholt sich ständig, weil es für die Sicherheit Christianes und ihres Vaters unerlässlich ist.

Von der Stiefmutter oft geschlagen, immer gedemütigt, fängt Christiane an, die Frauen im allgemeinen zu hassen. Sie wächst in diesem Klima auf, wobei sich ihr Spiel dem Vater gegenüber wiederholt und bald auch auf die Männer im allgemeinen erstreckt. Sie zieht sich an und benimmt sich wie ein kleines Mädchen, und ihr ganzes Verhalten ist davon geprägt.

Mit zwanzig Jahren verliert sie beide Eltern bei einem Verkehrsunfall. Christiane ist allein, ohne geistige Kraft, inhibiert, gedemütigt, frustriert, ratlos.

Sie möchte heiraten und wiederholt das alte Spiel, das für sie zur einzig möglichen Reaktion auf verschiedenartige Situationen geworden ist.

Sie hängt sich jedem Mann an, weil er für sie den Vater und die Sicherheit darstellt. Anfänglich sind die Männer von diesem kindischen Benehmen amüsiert und sie beschützen sie auch gern. Doch bald schrecken sie zurück, weil sie feststellen, dass Christiane alles verlangt, ohne etwas zu geben. Die Misserfolge häufen sich, bis sie dreissig Jahre alt wird. Sie ist schwach, hypernervös, ängstlich, kindisch und reagiert noch immer wie mit fünfzehn Jahren in ihrem einheitlichen, fixierten Benehmen.

Ist aber Christiane wirklich «schüchtern»? Nein, sie ist bloss auf ihren Vater fixiert. Sie «überträgt» ihn auf die anderen Männer, von denen sie den Schutz erwartet, den sie von ihrem Vater bekam. Sie betrachtet sich zum vornherein nicht als potentielle Gattin, sondern als kleines Mädchen. Auch diese Art von «Schüchternheit» war bloss eine künstliche Fassade.

Die psychologische Behandlung muss also die verschiedenen Lebensbedingungen analysieren: Familie – Schule – Liebe – Religion – usw. sowie die Schuld- und Schamgefühle untersuchen.

Es ist auch zu prüfen, ob nicht die Schüchternheit eine sexuelle Grundlage in der Jugendzeit hat.

Schüchternheit und Jugendzeit

In der Jugendzeit kommt eine besondere Schüchternheitsform gegenüber dem anderen Geschlecht vor. Bei den bereits Schüchternen bildet sie einen neuen Einschüchterungsfaktor. Sie kommt aber auch bei den Nichtschüchternen vor. Jede weibliche Gegenwart «lähmt» den Jüngling. Alltägliche Situationen werden ihm zur Qual: eine Frau begrüssen, sich von einer Frau verabschieden, neben einer Frau essen, etwas in einem Laden einkaufen, wo Verkäuferinnen arbeiten (was oft zur Flucht führt!), das Gebot des Anstandes, einer Frau im überfüllten Bus den Platz zu geben, wobei der Jüngling auf seinem Sitz wie gelähmt sitzen bleibt und damit als unanständig gilt. Unser Jüngling wird ungeschickt, linkisch, oft unhöflich, unanständig, zynisch...

Die Mädchen versuchen, ihre Unbeholfenheit mit aggressiver Ironie zu vertuschen, worauf die Jünglinge mit Verachtung und Hohn antworten. All dies ist zur Genüge bekannt.

Wem aber gehört (sozial gesehen) die Initiative? Dem Jüngling. Aber wenn die Verachtungsschüchternheit, das heisst die Angst, zu lange dauert, kann dies die schlimmsten Folgen haben, angefangen vom ewig Ledigen bis zu den sexuellen Perversionen, zur Homosexualität usw., mit einer ganzen Reihe Nebenerscheinungen: übermässige Erregbarkeit, Schuldgefühle, Selbstbestrafung usw.

Sind alle Mechanismen ans Tageslicht gebracht worden, so kann mit der eigentlichen Arbeit angefangen werden: Lösen, Bauen, Erziehen... Diese Arbeit gehört zu den psychologischen Therapien, auf die wir später zurückkommen werden.

Es gilt, die künstliche Fassade zu brechen und den Rückweg Schritt für Schritt zu finden, einen Lebensabschnitt nach dem anderen. Dieser Weg muss vom Psychologen und dem Patienten gemeinsam betreten werden, damit der Schüchterne sieht, wie er auf bestimmte Umstände reagiert hat und wie er hätte reagieren sollen! Dann wird er wieder von vorne anfangen können und von sich aus einsehen, wie normal zu reagieren ist. Die neue Anpassung erfolgt dann als eine Reihe neuer Gewohnheiten, die dem physischen und psychologischen Wesen des Patienten entsprechen. Und die sich natürlich in ein System einordnen, im Bestreben, ein bestimmtes Ziel zu erreichen.

So wird der schüchterne Mensch, der früher an seinem Klavier nur einige Töne spielen konnte, plötzlich ganze Tonleitern fertigbringen. Vor dem Psychologen steht kein ehemaliger Schüchterner mehr, sondern ein Mensch, der wieder zu sich gefunden hat, ein neuer Mensch, der sich den Umständen automatisch richtig anpasst, der glücklicher ist denn je und in sich Freiheit und grosszügige Freundlichkeit spürt.

In diesem Moment ist er nicht mehr getrennt und einsam, sondern ein Glied in der grossen Kette der aktiven Menschen, die wollen und können. Der neue Mensch kann geben. Grosszügigkeit ist Reichtum, doch geben kann man nur, was man besitzt, und ein schüchterner Mensch kann nichts geben, weil er nichts besitzt, gleichgültig, ob er depressiv oder aggressiv veranlagt ist. Wie könnte er wagen, wenn er sich defensiv verhält? Seine Flucht, seine Aggressivität sind nur seine Verteidigung.

Das Gleichgewicht erzielen ist in unserer müden Zeit beinahe eine Pflicht. Menschen, die handeln wollen, aber nicht können, sollten zum Hauptziel haben, sich zu ergänzen und ausgeglichener zu werden, um das menschliche Wohl und ihr eigenes Glück zu finden.

IV. Geistige Höhlenforschung

Die Kenntnis der grossen Therapien ist zum Verständnis des folgenden Kapitels oft unentbehrlich. Wir werden sie also erklären und damit gleichzeitig die grossen Pioniere der Psychotherapie würdigen.

Mesmer und der Hypnotismus

Drei junge Frauen waren von krampfhaften Zuckungen befallen. Sie lagen auf dem Rücken und wurden von krampfartigem Lachen und Schlucken geschüttelt. Die Nervenkrise war ausgebrochen.

Ein ganz in Seide gekleideter Mann schaute zu: der grosse Priester dieses mysteriösen Ortes. Der Raum war fast dunkel, an den Fenstern hingen dicke Vorhänge. Mesmer, Pionier des Hypnotismus, hielt einen Metallstab in der Hand und überlegte.

Die drei Frauen waren auf dem Höhepunkt ihrer Krise. In der Mitte des Raumes stand ein Bottich mit Wasser, zerstampftem Glas und Feilspänen. Aus den Löchern des Bottichdeckels ragten Eisenstangen.

Die Patienten betraten diesen Tempel hochzeremoniell. Sie schwiegen, während jeder einen Eisenstab auf die kranke Stelle drückte.

Dann erschien Mesmer in seinem prunktvollen Kleid. Er ging langsam an den Kranken vorbei und schaute ihnen in die Augen, mit seinem Stäbchen fuhr er über ihren Körper ... Dann fielen die drei jungen Frauen zu Boden ...

· Der Heilpraktiker Mesmer wurde 1734 in Radolfzell am Bodensee geboren. Sein Vater war Förster. Gemäss dem Wunsch seiner Mutter ging er mit zehn Jahren ins Kloster, um Priester zu werden. Er studiert Theologie, aber auch Astronomie, Physik und Mathematik. Er liest Paracelsus, diesen Mann, der an die einflussreichen Sterne glaubte ...

In diesem Moment ändert sich seine Laufbahn schlagartig. Mesmer wendet sich von der Kirche ab und der Medizin zu. Er wird zum «Priester des Körpers».

Mesmer geht kopfvoran in die streng wissenschaftliche Medizin seiner Zeit, die nichts annimmt, was nicht physikalisch bewiesen werden kann. Dabei glaubt Mesmer an unbekannte, mysteriöse Kräfte. William Maxwell hatte ja vor ihm alle Krankheiten als ein Entweichen des vitalen Mediums aus unseren Organen betrachtet und das Gleichgewicht durch Rückgewinnung der «magnetischen Kraft» wiederhergestellt. Auch Mesmer wird diesen Weg einschlagen.

1765: Mesmer ist einunddreissig, Mozart neunjährig. Dieser Mozart, den Mesmer um 1768 protegieren wird. Und Mesmer macht seinen Doktortitel mit der Dissertation «Der Einfluss der Planeten auf den menschlichen Körper». Diese Doktorarbeit ist eine Herausforderung an die wissenschaftliche Medizin, und doch besteht Mesmer die Prüfung. Die Bonzen der Zeit bezichtigen ihn nicht der Heuchelei oder des Betrugs. Mesmer muss also bestimmt ein guter Student gewesen sein.

Der Mann mit dem Bottich ist also Arzt geworden. Er verdient wenig, ja er ist arm. Und er beschäftigt sich immer nur mit notleidenden, armen Leuten, ohne sich um Lohn oder Ruhm zu kümmern.

1768: Neue Wende im Leben Mesmers, der eine reiche Witwe heiratet.

Mesmer war der Ansicht, alle Körper seien in einer Art Universalmedium, das vom menschlichen Willen zum Einsatz gebracht werden könnte, indem es von einer Stelle auf die andere bewegt wird.

1768 hatte Frau Mesmer eine Hausdame namens Fräulein Franzi Gesterlin, deren schlechte Gesundheit für Mesmer ein geradezu ideales Übungsgebiet darstellte. Woran litt eigentlich Fräulein Gesterlin? Sozusagen an allem: vorübergehende Lähmungen, Verdauungsstörungen, krampfartiges Erbrechen, Depressionen, Trancen, Schwindelanfälle, vorübergehend sogar Blindheit. Mit einem Wort: Hysterie. Und Mesmers Behandlung konnte sie heilen.

Das war für Mesmer der Anfang des Ruhmes, nachdem er an die eigene Arbeit geglaubt hatte und vor allem den Mut aufbrachte, die Wissenschaftspäpste seiner Zeit herauszufordern. Doch der praktisch veranlagte Mesmer fand es bald zu langweilig, jeden Patienten einzeln zu behandeln ... So erfand er seinen Gemeinschaftsbottich, damit die Kranken scharenweise in den Tempel gehen konnten!
Auch berühmte Leute hielten seine Eisenstangen: unter anderem der Schriftsteller La Harpe, der mit dem Grossherzog Paul von Russland in Verbindung stand! Alles schien also in bester Ordnung, und die Zukunft des Magnetismus war gesichert. Doch Messmer hatte nicht mit zwei noch immer vorhandenen Kräften gerechnet: die Medizin und die Mode.

Die Mode zuerst: Man stelle sich die Damen dieser Zeit vor, als sie über Magnetismus plauderten. Haben sie nicht genau dasselbe getan wie später zur Zeit Freuds, als sie ihre Komplexe ausbreiteten?

Die Medizin: Eben diese Professoren, die die gewagte Doktorarbeit Mesmers akzeptiert hatten, warteten auf die Gelegenheit. Diese war eine junge, blinde Pianistin, die von der Kaiserin beschützt wurde. Keine Behandlung durch die besten Augenärzte von Wien hatte irgendwelche Resultate gezeitigt.

Die junge Frau wurde zu Mesmer geführt, der ihr durch eine intensive Behandlung das Augenlicht wiedergab. Unwahrscheinlich vielleicht, aber es handelte sich um hysterische Blindheit. Doch die Geschichte hatte einen Haken, denn das nicht mehr blinde Mädchen spielte nicht mehr so gut Klavier.

Die Ärzte stellten wohl fest, dass sie das Augenlicht wiedererlangt hatte, behaupteten jedoch, sie könne nicht sehen, denn sie wusste nicht, wie die Gegenstände alle hiessen (dabei war sie seit dem dritten Lebensjahr blind gewesen). Die Ärzte beschimpften Mesmer, der selbst erzählte, wie der Vater des Mädchens wütend und mit dem Schwerte in der Hand zu ihm kam! Da das Mädchen inzwischen wieder hysterisch blind geworden war, wurde Mesmer von der Fakultät ausgeschlossen und suchte Asyl in Frankreich.

Wie dies oft der Fall ist, beschäftigte sich die zur Prüfung des Mesmerismus eingesetzte Kommission überhaupt nicht mit der Frage, ob Mesmer geheilt hatte oder nicht, sondern nur mit seinen Theorien. Aber was für eine Theorie, was war denn Magnetismus? Da jede Demonstration und jeder Beweis unmöglich war, wurden Mesmers Heilungen auf das Konto der Phantasie gebucht und der Fall ad acta gelegt.

Hypnose und Suggestion

1814 war Mesmer beinahe vergessen, aber sein Verfahren bestand weiter. Der bekannte Offizier und Forscher M. de Puységur erforscht den Magnetismus auf seinem Gut in Soissons. Neuerdings geht dies auch ohne Zeremonie und Rummel. Das «Übernatürliche» wird langsam durch die Wissenschaft ersetzt. Es genügte ein grosser Baum, der von ihm magnetisiert worden war, obwohl Frankini behauptete, dieser brauchte überhaupt nicht magnetisiert zu werden, um magnetisch zu sein...

Eines Tages brach aber ein junger «magnetisierter» Hirt nicht in Zuckungen aus, sondern – er schlief ein. Nicht aus Müdigkeit oder Gleichgültigkeit, sondern es war ein eigenartiger Schlaf; man konnte Lärm machen, schreien... Der junge Hirt wachte nicht auf. Aber nun aufgepasst: Nun stand, ging, sprach er und gehorchte M. de Puységur aufs Wort. Dieser kam sich bald wie eine Art Universalwille vor. Damit waren der Hypnotismus und auch die hypnotische Suggestion erfunden.

Nach Mesmer und de Puységur erfand Deleuse die posthypnotische Suggestion. Er stellt fest, dass ein Patient nach dem Erwachen den während des Schlafes gegebenen Befehlen folgt. Zum Beispiel der einfache und häufige Fall der hypnotisierbaren Person, der suggeriert wird, dass das Wasser voller Pfeffer ist. Wird die Person geweckt, spuckt sie mit Entsetzen, und nichts kann sie von dieser Idee abbringen, ausser sie wird wieder eingeschläfert.

Zahlreiche Forscher folgten, und der Hypnotismus begann die öffentliche Meinung zu begeistern. Leider redeten die Mesmeristen zu viel, und trotz grossen operativen Erfolgen im Hypnosezustand (im 19. Jahrhundert!) verlor der Mesmerismus jede Popularität.

Die letzte Welle brach in England aus, wo Dr. Elliotson sich zum Mesmerismus bekehrte, was 1838 seinen gezwungenen Rücktritt zur Folge hatte. Aber

1955 wurde der Hypnotismus in England offiziell anerkannt und seine Anwendung in den Spitälern von der British Medical Association verlangt, die ebenfalls forderte, dass er gleichzeitig wie die anderen Gebiete gelehrt werden soll, dies, nachdem es in der UdSSR und zahlreichen englischsprachigen Ländern bereits geschah.

Doch bereits 1838 waren furchtbare Amputationen schmerzlos unter Hypnose durchgeführt worden. Damit übernimmt unsere Zeit bloss ein höchst interessantes Therapieproblem.

Dr. Esdaille, einem englischen Arzt, gelangen in Indien über dreihundert grosse Operationen unter Hypnose und ohne jeden Schmerz. Als Dank dafür wurde sein Spital geschlossen.

Der Hypnotismus, Tor zum Unbewussten

Sensationshungrige Zeitschriften haben es oft genug beschrieben: Der Patient liegt in einer ruhigen «Ambiance», während die leise, eintönige, langweilige Stimme des Hypnotiseurs immer wieder sagt: «Sie werden schlafen... Sie haben ein grosses Verlangen nach Schlaf... Schauen Sie mir in die Augen...» Gleichzeitig fixiert der Patient einen glänzenden Gegenstand, etwa zwanzig Zentimeter über seinen Augen. «Sie werden schlafen... Sie haben ein grosses Verlangen nach Schlaf...»

Der Patient schliesst die Augen. Er will nichts mehr. Weder seine schweren Augenlider öffnen, noch sein eingeschlafenes Gehirn aktivieren. Der Atem wird tiefer, langsamer... Und die Stimme ist immer noch da, diese eindringliche, warme Stimme...

Und die hypnotische «Suggestion» beginnt: «Von nun an fühlen Sie nichts mehr, nichts tut Ihnen mehr weh, Ihr Ekzem wird verschwinden. Hören Sie mich? Ihr Ekzem wird verschwinden. Ihre Haut wird schön glatt, makellos...»

Und oft verschwindet tatsächlich das Ekzem.

Man kennt auch die voroperative Hypnose: Als Beispiel die Engländerin, die 1956 im Hypnosezustand operiert wurde und deren Fall Schlagzeilen machte. Der Arzt hatte auf dem Bauch der Kranken ein Viereck mit zwanzig Zentimeter Seitenlänge gezeichnet. Die Kranke schlief in Hypnose und der Arzt wiederholte: «Ich mache Ihren Bauch innerhalb dieses Vierecks unempfindlich... In diesem Viereck spüren Sie nichts, Sie spüren keinen Schmerz...»

Die Operation begann und wurde erfolgreich durchgeführt, ohne dass die Patientin irgendwelchen Schmerz verspürte.

Durch Hypnose können Hautblasen entstehen, wenn suggeriert wird, dass die entsprechende Stelle verbrannt wurde. Durch hypnotische Suggestion kann das Herz schneller oder langsamer schlagen, wenn man dem Patienten suggeriert, dass er Zeuge eines Unfalles wird. Die Hypnose hat ebenfalls einen grossen Einfluss auf den Atmungs- und Verdauungsapparat, auf die Bewegungen und Ausscheidungen des Magens und der Gedärme, auch auf die sexuellen Funktionen, zum Beispiel durch Verschieben der Menstruation. Die Hypnose wirkt auch sehr stark auf die Gefässnerven und auf die Haut, die in enger Verbindung mit dem sympathetischen Nervensystem steht.

Das beweist, dass die hypnotischen Phänomene die engen Zusammenhänge zwischen dem «Geist» und dem «Körper» demonstrieren. Man sieht damit die umfangreichen Möglichkeiten der Hypnose und versteht zugleich, dass viele versucht waren, aus ihr eine Art Allheilmittel zu machen.

Wie sieht der hypnotische Schlaf aus?

Der hypnotische Zustand ist ein unvollständiger, durch Suggestion hervorgerufener Schlaf, während Narkose durch chemische Verfahren erreicht wird. Beim hypnotischen Schlaf ist das Bewusstsein wohl etwas eingeschläfert, jedoch nicht abwesend. Der Patient bleibt konzentrations- und aufmerksamkeitsfähig, und die Sinneswahrnehmungen bleiben erhalten. Er kann aufstehen, gehen und sogar bestimmte Stellungen einnehmen, die im normalen Zustand äusserst anstrengend wären.

Es wird zum Beispiel suggeriert, dass der Patient seinen rechten Arm nicht bewegen kann. Auch wenn er es will, sieht man, dass er gleichzeitig die Beuge- und Streckmuskeln spannt, das heisst, er versucht, den Arm zu bewegen und ihn zugleich auch an dieser Bewegung zu hindern.

Es ist bekannt, dass der Hypnotisierte dem Hypnotiseur gehorcht – doch nur in gewissen Grenzen. Er beantwortet Fragen und führt bestimmte Befehle aus, und manchmal werden die während des Schlafes erteilten Befehle erst nach dem Erwachen ausgeführt. Doch ist kein Fall bekannt, wo der Patient zu Handlungen gezwungen wurde, die in komplettem Widerspruch zu seinen moralischen Vorstellungen standen.

Kann man eine Person gegen ihren Willen hypnotisieren? Man hat es früher geglaubt, doch unsere Zeit verneint es. Ohne zu verallgemeinern darf man sagen, dass eine hysterische Person maximal hypnotisierbar ist, was jedoch nicht zu bedeuten hat, dass jede hypnotisierbare Person auch hysterisch sein muss!

Gemäss Babinsky

- vergisst der Patient nicht, was während der Hypnose stattgefunden hat;
- ist der lethargische Zustand nicht unbewusst;
- verliert der Patient nicht jeden Willen und folgt nicht jedem Befehl blindlings.

Und Babinsky fügt hinzu: «In ernsthaften Situationen werden die hypnotisierten Personen wieder handlungsbewusst, in dem Masse, wie sie es im wachen Zustand sind.» Diese Bemerkung erinnert an die lustige, von Janet erzählte Geschichte: Der Hypnotiseur stellte seinen Medizinstudenten eine hypnotisierte Frau vor und erlaubte ihnen, Suggestion zu machen. Einer der Studenten suggerierte (natürlich), sie solle ihre Kleider ausziehen. Die Frau erwachte plötzlich und ging empört davon...

Alles in allem ist dies sehr beruhigend.

Es ist wohl auch kaum möglich, eine hypnotisierte Person zu einer kriminellen Handlung zu zwingen. Was passiert aber, wenn diese Person bereits kriminell veranlagt ist? Nur die Erfahrung könnte hier eine Antwort geben.

Wie sollte man Hypnose betrachten?

Eigentlich genau so kaltblütig wie andere Therapien, trotz ihrem Hauch von «Übernatürlichem». Leider scheint die landläufige Vorstellung kaum anders zu sein als 1870: Der Hypnotiseur erscheint wie ein Zauberer mit geheimen Kräften, der das ganze Schicksal seines Patienten fest in der Hand hält. Die Wirklichkeit ist doch ein bisschen weniger sensationell und basiert lediglich auf Nervenfunktionen.

Die Hypnose kann zu Narkosezwecken benützt werden. Wenn spektakuläre Operationen im Hypnosezustand gelingen, dürfen wir nie vergessen, dass solche bereits im 19. Jahrhundert mit Erfolg durchgeführt wurden! Die Hypnose hat also den grossen Vorteil, als Ersatz für die chemische Narkose eingesetzt werden zu können. Leider stellt man fest, dass sich nur etwa zehn Prozent aller Menschen in diesen hypnotischen Zustand versetzen lassen, was die praktischen Anwendungsmöglichkeiten schon beträchtlich beschränkt.

Eine weitere Haupteigenschaft besteht darin, dass die hypnotische Suggestion postoperative Schmerzen verhindern kann.

Was kann die Hypnose in der Psychologie?

Bei Geisteskrankheiten scheint kein positives Ergebnis erzielt worden zu sein. Viele Geisteskranke lassen sich überhaupt nicht hypnotisieren, sie werden im Gegenteil oft in Fieberwahn versetzt.

In der Psychologie können zum Teil recht spektakuläre «Scheinerfolge» erzielt werden. Die Vermutung liegt auf der Hand, dass man mittels Hypnose fixe Ideen, Angstzustände, Stottern, Besessenheit u.a.m. eliminieren könnte!

Tatsächlich verschwinden bestimmte Störungen ziemlich rasch, oder besser gesagt: Die Symptome sind nicht mehr vorhanden. Doch die Wirkung ist alles andere als nachhaltig, weil die tiefere Neigung bleibt.

Die Symptome werden durch diese tiefere Neigung hervorgerufen; verschwindet ein Symptom, sind die Chancen gross, dass ein anderes auftaucht. Wird dieses zweite eliminiert, kommt bald ein drittes, was beweist, dass die Hypnose die tiefere Neigung keineswegs ausgemerzt hat. Die Hysterie ist ein frappantes Beispiel einer solchen Symptomfolge aus einer gleichen Ursache.

Die Neurose

Es ist stets zu bedenken, dass die Neurose vielfach ein Mechanismus der inneren Sicherheit ist. Ein Neurotiker ist ein Mensch, der in seiner Neurose Zuflucht und innere Sicherheit gesucht hat. Hat er diese Sicherheit gefunden, so ist es naheliegend, dass für ihn die Neurose selbst (bewusst oder unbewusst) notwendig wird. In der Regel klagt er nicht über seine Neurose, sondern nur über sein Leiden. Und er leidet nicht an der Neurose selbst, die unbewusst wird. Diese ruft jedoch Symptome hervor, die «schmerzhaft» sind und die der Patient eliminieren möchte.

Nehmen wir das einfache Beispiel des Perfektionisten. Leidet dieser unter seiner Einsamkeit, Verlassenheit, Erregbarkeit oder Schüchternheit, so will er diese Erscheinungen los werden, die bloss Symptome sind. Wünscht er aber von seiner tieferen Neurose, von seinem Perfektionismus geheilt zu werden? Nein, weil ihm dieser Perfektionismus Sicherheit bedeutet!

In einem solchen Fall wird es klar, dass keine Hypnose Abhilfe schaffen kann, weil zwischen dem Willen des Hypnotiseurs und dem tiefen Willen des Hypnotisierten ein Konflikt entstehen würde. Unter diesen Umständen liesse sich kein Resultat erzielen. Nur eine Tiefenpsychotherapie könnte helfen. Setzen wir also die Hypnose ins rechte, doch relativ vorteilhafte Licht.

Charcot

Mit Professor Charcot (1825–1913) beginnt für den Hypnotismus eine sozusagen «amtliche», ja sogar wissenschaftliche Phase. Dieser berühmte Neurologe im französischen Spital der Salpêtrière war sich der grossen Bedeutung des Hypnotismus bewusst. Doch war Charcot nicht Psychiater, sondern Neurologe und beschäftigte sich somit mit der Physiologie, den Bewegungen und Reflexen der hypnotisierten Person. Dabei schaute er an den psychologischen Phänomenen vorbei. Die Gefahr der Spezialisierung!

Es ist zu bemerken, dass Charcot nie jemanden hypnotisiert hat, und wir können uns vorstellen, wie ihm zumute war, wenn ihm seine Studenten eine hypnotisierte Person vorstellten.

Trotz allem hatte Charcot recht; da er der Ansicht war, die Untersuchung der psychologischen Phänomene sei zu heikel, wollte er vor allem die physischen Merkmale dieses abnormalen Zustandes herausfinden. Er unternahm also eine physiologische Studie des Hypnotismus. Leider standen in der Schule von der Salpêtrière ausschliesslich hysterische (leicht hypnotisierbare) Frauen für seine Beobachtungen zur Verfügung. Somit war für Charcot der Übergang von der Ausnahme zur Regel etwas zu leicht, und er behauptete, nur Kranke dieser Art seien hypnosefähig. Für ihn war der hypnotische Zustand abnormal.

Bernheim oder die Kriegserklärung

Bernheim, von der Schule zu Nancy, war überhaupt nicht einverstanden und sagte es auch ungeniert.

Nur die Kranken sollen hypnotisierbar sein? Bernheim erwiderte, die Hypnose sei eine völlig normale Erscheinung und bei den meisten Menschen möglich.

«Was man gemeinhin Hypnotismus nennt», so Bernheim, «ist nichts als die Anwendung einer normalen Gehirneigenschaft: die Suggestibilität, das heisst die Fähigkeit, sich von einer Idee, ohne Diskussion, beeinflussen zu lassen. Es gibt keinen Hypnotismus, ich meine, es gibt keinen besonderen, abnormalen Zustand, der diesen Namen verdient; es gibt bloss Leute, die mehr oder weniger suggestionsfähig sind, das heisst, denen Ideen, Emotionen, Handlungen, Halluzinationen suggeriert werden können...»

Was kann man daraus folgern? Dass die Fähigkeit, hypnotisiert zu werden, vom jeweiligen organischen Zustand abhängt und dass die Suggestibilität eine massgebende, psychische Ursache davon darstellt.

Babinsky zog Schlüsse...

Joseph Babinsky (1857–1932) unterstützte Bernheims Theorien. Für ihn war der Hypnotismus eine Suggestion, kombiniert mit einem ungesteuerten Zustand, «ein psychischer Zustand, in dem der Patient fähig gemacht wird, Suggestionen anderer zu befolgen». Von der Hysterie behauptete er, sie sei keineswegs eine organische Krankheit, sondern ein psychischer Zustand, in dem der Patient zur Selbstsuggestion fähig und auf Suggestionen anderer empfindlich wird.

Die emotionelle Suggestion

Das Schwurgericht tagt, im nächsten Augenblick geht es um das Haupt eines Mannes. Der Verteidiger entwickelt seine ganze rednerische Kunst. Die Geschworenen werden mit Argumenten bombardiert und hören erschöpft zu. Hat man nicht schon an ihre Vernunft, an ihre Integrität appelliert? Und der Verteidiger redet weiter und versucht, sie zu überzeugen.

Plötzlich spricht er von der Kindheit des Angeklagten. Trunksüchtiger Vater, trunksüchtige Mutter, ewiger Streit, Misere... Und der Anwalt schreit: «Meine Herren Geschworenen, denken Sie bitte an diese furchtbare Kindheit und erlösen Sie den Angeklagten mit einem Freispruch!» Ein Geschworener wird blass. Dieses Kommando trifft ihn wie ein Pfeil, doch nicht mehr in seine

Vernunft, sondern mitten in seine Erregbarkeit. Denn dieser Geschworene erinnert sich auch an seinen trinkenden Vater, an seine immer abwesende Mutter, an seine traurige Kindheit, und das Wort des Verteidigers trifft ihn schwer.

Es ist bereits geschehen: Bei diesem Geschworenen hat der Verteidiger schon gewonnen, Vernunft und Überzeugung haben der Emotion Platz gemacht, und der daraus entstandene Impuls siegt. Von diesem Geschworenen ist nur noch eine milde Strafe oder ein Freispruch zu erwarten.

Diese Macht der Suggestion kennen alle Führer! Auch Leni Riefenstahl, diese Filmregisseurin des Dritten Reichs, die die Auftritte Hitlers an den prunkvollen Parteitagsfeiern inszenierte! Über hunderttausend Mann, Tausende von Flaggen, die Nürnberger Glocken läuten, eine Arena aus Stein und Marmor, und Hitler schreitet voran, ganz allein, ohne Leibwächter, während Lieder erklingen und die Kanonen in der Ferne donnern. Theatralisch? Natürlich, aber vor allem suggestiv.

Denn in diesem Moment hätte ein einziger suggestiver Befehl genügt, um dieses Menschenmeer in sturzbachähnliche Bewegung zu versetzen ...

Was ist Suggestion?

Suggestion darf nicht mit Überzeugung verwechselt werden. Wenn ich Sie zu überzeugen versuche, so wende ich mich an Ihre Vernunft. Ich werde versuchen, Ihre bewusste, gewollte Zustimmung zu erreichen. Sie werden nur dann überzeugt sein, wenn Sie zugeben, dass ich recht habe, und meine Argumente akzeptieren. Will ich Ihnen hingegen etwas suggerieren, muss ich ganz anders verfahren. Ich muss mich an Ihre Suggestibilität wenden ... In der Tat eine Binsenwahrheit! Zu diesem Zwecke muss ich über Ihr Bewusstsein und Ihre Vernunft hinaus Ihre unbewussten Nervenzentren berühren, was also bestimmte Umstände erfordert, denn die Vernunft und der Wille müssen mehr oder weniger verschwinden. Suggestion ist vorhanden, wenn die Möglichkeit des gewollten Widerstandes nicht mehr da ist.

Was ist Suggestibilität?

Sie ist eine geistige Veranlagung, die es erlaubt, zu leicht und ohne Diskussion zu gehorchen. Diese Veranlagung kann in vielen Fällen auftreten:

- Sie kann von der Naivität und der Leichtgläubigkeit kommen. Bei Leuten also, die alles «für bare Münze nehmen». Es handelt sich dabei aber nicht um eigentliche Suggestibilität.
- Die Suggestibilität kommt auch in bestimmten, vorübergehenden Zuständen vor: grosse Müdigkeit, nervliche Erschöpfung, alle Erregungszustände, die die Selbstbeherrschung verlieren lassen, Übererregbarkeit. Der höchste Grad der Suggestibilität findet sich in der Hysterie.

Zusammenfassung:

Die Überzeugung ist das Ergebnis einer bewussten Auseinandersetzung. Der andere wird freiwillig überzeugt.

Die Suggestion wird ohne Überlegung und ohne Diskussion vom anderen akzeptiert und sofort als Wahrheit betrachtet. Sie wendet sich an das Unbewusste.

Beispiel einer Suggestion: Einer Ihrer Freunde sitzt im Zahnarztsessel, während eifrig gebohrt wird. Es kann sein, dass Sie beim Zuschauen einen plötzlichen Schmerz empfinden, obwohl keine Verletzung diesen Schmerz rechtfertigt. «Einbildung», sagt man zu Ihnen, dabei leiden Sie tatsächlich. Es wird gleich vermutet, Ihr Nervensystem habe etwas damit zu tun.

Weiteres Beispiel: Die Suggestion entspricht oft einer beim Menschen bereits vorhandenen Idee. Ein schüchterner Mensch verlässt ein Kino, wo gerade ein Film von Douglas Fairbanks gelaufen ist. Er «spielt» Fairbanks, er «ist» Fairbanks. Er fühlt sich leicht, unbeschwert, tapfer... Dieser Mensch steht unter dem Einfluss der Suggestion, weil Fairbanks in ihm ein unbewusstes Gefühl erweckt hat, das Gefühl der Kraft, die er sich wünscht, als Gegensatz seiner Schwäche. Die Suggestion ist hier eine Idee, die in das Gehirn eingedrungen ist und von diesem akzeptiert wurde. Sie zielt darauf, einen unbewussten Impuls auszulösen, aus welchem eine Handlung entstehen wird.

Die Bedingungen der Suggestion

Die Suggestion ist ein besonderer Fall, der auch besondere Bedingungen stellt. Nur unter diesen Bedingungen wird die Suggestion möglich.

1. *Die relativ normale Suggestion*

Erinnern wir uns an den schüchternen Menschen beim Verlassen des Kinos. Er wünscht sich Kraft, weil er sich schwach fühlt. Und dieser Wunsch befindet sich schon in seinem tieferen Wesen. Hat ihn Fairbanks suggeriert? Nein, er hat nur den Mechanismus ausgelöst, und die Selbstsuggestion tat ein übriges. Der Wunsch ist zum vorübergehenden Glauben geworden, der Handlungen zur Folge hat (Gang, Blick, Stimme, Bewegungen usw.).

Bedingung Nr. 1: Die normale Suggestion muss einem bei der Person bereits vorhandenen Gefühl entsprechen, damit der Impuls ausgelöst werden kann.

Bedingung Nr. 2: Die Ablehnung der Suggestion darf nicht erfolgen. Häufige Fälle: Müdigkeit, Emotionen, Schüchternheit, Lampenfieber, Depression, Panik usw. Der geistige Widerstand lässt nach, und die Suggestion wird leichter. Sagt man zum Beispiel einem leicht erregbaren Menschen mitten in einer Angstkrise: «Mein Gott, du bist ganz bleich, du siehst ganz müde aus!», so wird diese Suggestion auf keinen Widerstand stossen. Zudem berührt sie ein bei diesem Menschen bereits vorhandenes Gefühl, und die Panik kann sofort ausbrechen.

Die Suggestion besteht also darin, dass man die unbewusste Idee aufstachelt und aktiviert, bis die Person zur Selbstsuggestion übergeht. Man sieht also, dass sie sehr schwierig oder unmöglich wird, wenn die Person fähig ist, zu diskutieren und zu argumentieren, denn in diesem Falle kommt es wieder zur Überredung. Die normale Suggestion hat nur vorübergehende Wirkung, weil sie von einem vorübergehend geschwächten Zustand abhängt.

2. Die pathologische Suggestion

Den folgenden Fall entnehmen wir den zahllosen Beobachtungen von Janet. Irène, eine junge Frau von einundzwanzig Jahren, wurde nach dem Tode ihrer Mutter schwer krank. Sie weigerte sich, Leitungswasser zu trinken, mit dem Vorwand, aus dem Hahn fliesse kein Wasser, sondern Blut. Wann hatte diese Selbstsuggestion, diese Halluzination angefangen? Als Irène eines Tages Wassertropfen sah «wie Blut aus dem Munde meiner Mutter». Die Selbstsuggestion von Irène ist zur fixen Idee geworden, das heisst zu einer auf die Spitze getriebenen Selbstsuggestion. Die Hypnose bietet sich als geradezu ideales Mittel an, um in ein Gehirn eine fixe Idee einzupflanzen. Hier ein alltägliches Experiment: Die Testperson schläft, und es wird ihr unter Hypnose suggeriert, dass das Glas, das sie in der Hand hält, mit Salzwasser gefüllt ist. Sie wird aufgeweckt und trinkt dieses (übrigens völlig reine) Wasser, spuckt es sofort wieder aus. Sie behauptet, das Wasser sei «furchtbar salzig». Keine Demonstration, keine Erklärung kann sie vom Gegenteil überzeugen. Dazu wäre es notwendig, sie nochmals einzuschläfern und die umgekehrte Suggestion zu betreiben. Durch Hypnose wurde diese Person also von einer fixen Idee befallen. Die Suggestion kam vom Hypnotiseur und wurde zur absoluten Überzeugung, dann zur Selbstsuggestion und fixen Idee. Es handelt sich bei all diesen Vorgängen um einen reinen nervlichen Mechanismus. Die Suggestion ist also kein Wunder, und das Mysterium verschwindet, sobald der Nervenvorgang verstanden wird.

Was ist eine fixe Idee?

Sie ist eine Idee, die sozusagen «schwarz» im Geiste lebt und genügend stark und beständig ist, um alle anderen zu eliminieren. Sie ist felsenfest eingepflanzt und lässt sich durch keine Diskussion oder Überredung ausmerzen.

Es gibt Tausende von fixen Ideen, von den leicht abnormalen bis zu den extrem pathologischen. Sie können kurze, lange oder sehr lange Zeit bestehen oder gar ein ganzes Leben lang, zum Leide der Umgebung. Tausende von fixen

Ideen können sich in ein menschliches Gehirn einpflanzen. Auch in diesem Fall ist das Pathologische bloss eine Übertreibung des Normalen.

Die als normal zu betrachtenden fixen Ideen

- Ein Wissenschaftler geht auf der Strasse und beschäftigt sich mit einem Problem. Wen wundert seine völlige Zerstreutheit, wer ist erstaunt, wenn er mit einer Kreide auf einem parkierten Auto etwas notiert? Dieser Wissenschaftler ist in diesem Augenblick seiner fixen Idee, seinem Problem völlig ausgeliefert. Doch diese Idee ist nur vorübergehender Art und bleibt nur, bis das Problem gelöst wird ... Oder bis unser zerstreuter Professor von einem Automobilisten geweckt wird, der zehn Zentimeter neben ihm bremsen muss.
- Ein Künstler ist ständig von seinem in Arbeit befindlichen Werk besessen. Diese Idee ist bestimmt künstlerisch und angenehm, aber sie ist trotzdem eine fixe Idee!
- Ein Angestellter hat familiäre Probleme und macht in seiner Arbeit einen Fehler nach dem anderen. Diese fixe Idee ist vorübergehend, unangenehm und anstrengend.

Die als abnormal zu betrachtenden fixen Ideen

In der heutigen müden Welt stehen Tausende von Menschen nachts wieder auf, um nachzusehen, ob sie den Gashahn zugedreht haben. Dann legen sie sich wieder schlafen. Bis ein Zweifel aufkommt: «Habe ich den Gashahn gut zugedreht?» Und die Vernunft antwortet: «Ja, du hast ihn zugedreht.» Aber die unbewusste Affektivität zweifelt weiter. Sie stehen nochmals auf, sehen wieder nach. Man könnte annehmen, dass sie nach zwei, drei Kontrollen überzeugt sind. Aber dem nicht genug. Sie stehen nochmals auf, werden immer müder und immer weniger fähig, gegen diese fixe Idee anzukämpfen, die sie als absurd betrachten, gegen die jedoch ihre ganze Vernunft machtlos ist. Es ist dies ein Beispiel einer leichten fixen Idee, die oft mit einer vorübergehenden Insuffizienz, Überarbeitung oder Angst verbunden ist; aber trotzdem eine fixe Idee als Symptom eines krankhaften Zustandes.

Gerne möchte ich noch weitere Fälle darstellen, doch die sind zu zahlreich, und die Reihe erstreckt sich vom Harmlosen bis zum äusserst Schlimmen, vom Vorübergehenden zum Dauerhaften. Auf jeden Fall entsteht die fixe Idee stets aus einem unbewussten Mechanismus. Die häufigsten sind alle Besessenheiten, alle Phobien, die meisten Angstgefühle, die kleinen Manien, die grossen, oberflächlichen oder tiefen Manien, die so häufige Angst, wahnsinnig zu werden, die Angst, auf der Strasse zu stolpern usw., usw.

Man kann sich fragen, ob unsere schöne Zeit mit ihren zahllosen Müdigkeiten, Emotionen und Verdrängungen nicht einen geradezu idealen Nährboden der grossen fixen Ideen darstellt. Solche fixen Ideen wünsche ich trotz der möglichen Heilung niemandem.

Die Inhibition in der fixen Idee

Der auf sein Problem konzentrierte Wissenschaftler gilt als «zerstreut». Doch ist er nicht zerstreut, sondern inhibiert. Die Inhibition haben wir bei der Müdigkeit und der Schüchternheit bereits gesehen. Auch hier merkt unser Wissenschaftler nichts, weil er nicht fähig ist, etwas anderes zu sehen oder zu hören als das, was ihn gerade beschäftigt, weil in seinem Gehirn alle Nervenzentren, die nicht am momentanen Problem arbeiten, blockiert sind. Auch der hupende Automobilist wird nicht wahrgenommen, weil es dazu anderer Nervenzentren bedarf, die inhibiert sind. Man sieht also den Wert der Verfügbarkeit des Gehirns, ohne Sturheit, ohne verankerte Meinungen.

Wie wird die pathologische fixe Idee eingepflanzt?

Im Laufe eines normalen Tages wird jeder von uns mit Argumenten, Unterstellungen, Anregungen aller Art bombardiert. Sollten wir alle deshalb fixe Ideen haben? Hier muss ich nochmals betonen, dass die momentane Hauptidee und die eigentliche pathologische fixe Idee zweierlei ist. Pflanzt sich die fixe Idee ein, dann wurde dies von «irgend etwas» im Zustand des Menschen ermöglicht. Zwei Voraussetzungen müssen erfüllt werden:

1. die Suggestion,
2. der körperliche und geistige Zustand, in dem Zeitpunkt, da die Suggestion empfangen wird.

Das Entstehen der fixen Idee setzt eine Störung des normalen Gehirngleichgewichts voraus, sei es durch Veranlagung, durch Überarbeitung, Infektionen, Emotionen usw. Doch sie fasst Wurzeln, wenn sie einen bereits vorhandenen, affektiven Faktor übertreibt.

Die fixe Idee kann bewusst oder unbewusst sein. Ein Besessener weiss genau, dass er von einer fixen Idee befallen ist. Er versucht sie mit seiner Vernunft zu bekämpfen – meist ohne Erfolg. Unbewusst war aber die fixe Idee der Irène (Seite 87). Unbewusst ist auch eine fixe Idee, die durch hypnotische Suggestion hervorgerufen wurde. In jedem Falle ist die *Ursache* unbewusst.

Die Hypnose kann zumindest bei bestimmten Leuten eine fixe Idee verursachen. Doch kann man sagen, alle Leute mit fixen Ideen seien hypnotisiert worden? Natürlich nicht. Wie kann die Selbstsuggestion denn eine derartige Rolle spielen? Wie kann ein ernsthafter, emotioneller Schock verharren und zu einer fixen Idee, einer Besessenheit, einer Angst führen? Das werden wir sehen, wenn wir uns mit der Arbeit von Janet beschäftigen.

Emile Coué und der innere Kampf

Emile Coué (1857–1926) hatte trotz der sehr elementaren Grundlage seiner Methode das grosse Verdienst, die Autosuggestion einzusetzen, weil er sie als eine Suggestion vom Kranken aus betrachtete.

Wir wissen bereits, dass bewusstes Überlegen und Reden bei psychologischen Krankheiten nicht viel nützt. Ein Schüchterner kann immer gute Gründe haben, nicht schüchtern zu sein. Er kann versuchen, sich zu überzeugen. Hat er deswegen keine Einschüchterungskrisen mehr? Ganz im Gegenteil. Die Nutzlosigkeit seiner Selbstüberredung schlägt sich in Besessenheiten, Angstgefühlen usw. nieder.

Ein Psychologe weiss, dass es sinnlos ist, auf einen psychologisch Kranken einzureden, und dass es lächerlich wäre, ihm zu sagen, sein Verhalten sei aus diesem oder jenem Grunde absurd, er müsse sich «zusammennehmen» usw. Es gibt schon zu viele Kranke, die gerade deshalb unter dem Mangel an Verständnis ihrer Mitmenschen leiden! Den ganzen Tag werden ihnen Willenslektionen erteilt, während diese Fähigkeit von Anfang an gestört ist. Warum eigentlich? Weil der Nervenmechanismus, der den Willen ermöglicht, selbst gestört ist. Man erwartet auch nicht von einem Violinisten, dass er ein F auf einer Saite spielt, die auf G abgestimmt ist. Muss man diesen Violinisten beschimpfen, weil es nicht möglich ist? Nein, man muss die Geige nehmen und die Saite wieder auf F stimmen!

Jeder echte Willensausdruck erfordert die Erfüllung bestimmter Bedingungen. Zbinden behauptete, falsch überlegen sei ein ebenso schlimmes Laster wie Rauschgiftgenuss! Mit anderen Worten ist eine richtige Überlegung das Ergebnis einer richtigen Affektivität, während die falsche Überlegung aus einer falschen Affektivität entsteht. Leider wird das in den weitaus meisten Fällen vergessen.

Sagt die unbewusste Affektivität «nein», so kann die bewusste Überlegung «ja» sagen, so lange sie will und bis sie erschöpft wird: Die Affektivität gewinnt in jedem Falle. Der normale Mensch kann dies nur schwer verstehen, weil bei ihm die Harmonie zwischen seinem Willen und seiner Affektivität besteht, das heisst, sein Wollen und sein Können stehen im Einklang miteinander. Doch manchmal kann er eine Art Unsicherheit oder Angst verspüren, weil ihn irgend etwas drängt, anders zu handeln, als er möchte. Wenn er diesen Gegensatz spürt und sich ihn länger, intensiver und tiefer vorstellt, kommt er vielleicht zur Einsicht...

Da jede psychische Krankheit eine affektive Grundlage hat, muss auch jede psychologische Behandlung auf die Affektivität zielen, denn dort versteckt sich der psychologische Krebs.

Coué hat es versucht, als er erklärte: «Wenn die Phantasie und der Wille gegeneinander kämpfen, gewinnt ausnahmslos die Phantasie...». Coué schrieb also dem unbewussten Psychismus, den er Phantasie nannte, eine ausschlaggebende Rolle zu. Natürlich war seine Methode etwas primitiv. Sie zielte darauf, eine krankhafte Suggestion durch eine gesunde Gegensuggestion zu eliminieren. Ein Befehl und ein Gegenbefehl also! Man kennt die berühmte Methode: Coué befahl seinen Kranken, sich immer wieder zu sagen, auch ohne daran zu glauben: «Jeden Tag, in jeder Hinsicht geht's mir immer besser ...». Diese ständig wiederholten Worte werden zum Unbewussten kanalisiert, das schliesslich reflexartig überzeugt wird und den Patienten zu normalen, rationellen, gewollten Handlungen führt.

Die Methode ist deshalb oberflächlich, weil sie nur die Symptome generell berücksichtigt. Sie trägt nur dem bewussten Leiden Rechnung und kann nur in den seltensten Fällen die tiefen Neigungen eliminieren. Doch gehört sie zu den Suggestionsmethoden, weil der Patient eine Stimme (die eigene) hört, die ihm eine Besserung suggeriert.

Angesichts der neuesten Erkenntnisse der modernen Psychologie und psychosomatischen Medizin braucht man kaum mehr zu erwähnen, dass der Geist den Körper beeinflusst und eine Krankheit nicht nur auslösen, sondern auch heilen kann (wobei unter «Geist» eigentlich «Gehirn» zu verstehen ist!). Es ist dies eine anerkannte Tatsache: Der ganze Organismus wird vom Gehirn gesteuert, und in diesem Sinne ist die Methode von Coué durchaus annehmbar.

Falls Sie Autosuggestion betreiben wollen

Die Autosuggestion stellt wie die Suggestion durch andere ein ausgezeichnetes Erziehungsmittel für die Handlungsfähigkeit und den Willen dar. Sie ist nicht nur für Kranke bestimmt, ganz im Gegenteil. Eine gut durchgeführte Autosuggestion gibt dem Unbewussten neue Energie und neue Wahrnehmungsfähigkeiten. Sie ist ein gutes Mittel zur Verstärkung und zum Ausbau der Persönlichkeit und ermöglicht, affektive Schwächen zu korrigieren. Ich wiederhole es nochmals: Das Gehirn herrscht über den ganzen Körper in beinahe diktatorischer Art und Weise ...

Die Voraussetzungen der Autosuggestion

Sie ist eine Art Meditation, keineswegs aber Konzentration. Die Meditation ist ein stilles Nachdenken, eine passive und ruhige Eröffnung, die ein müheloses Eindringen von Ideen und Empfindungen ermöglicht. Hingegen ist die Konzentration eine Anstrengung, die, wie wir bereits gesehen haben, einen grossen Teil des Gehirns schlafen lässt und dadurch zahlreiche, eventuell nützliche Empfindungen verbietet.

Es handelt sich um ein sehr grosses Hindernis! Der Berner Arzt Dubois gab seinen Kranken sehr gute Ratschläge: «Vergessen Sie alle Ihre Sorgen, beschäftigen Sie sich mit nichts mehr, wenden Sie Ihr Gehirn angenehmen Themen zu usw.»

Doch wie Janet sagte: «Es ist bestimmt sehr nett, aber ein bisschen ironisch bei Leuten, die unfähig sind, ihre Gedanken zu steuern. Wenn sie im Bett liegen, denken sie über ihre Sorgen nach, lassen ihrer Phantasie freien Lauf, sie rechnen und kombinieren bis zur Erschöpfung.»

Natürlich! Einem Besessenen könnte man ebensogut sagen: «Denken Sie nicht mehr an Ihre Besessenheit» oder einem Unruhigen: «Seien Sie ruhig, ganz ruhig.» Das wäre ein bisschen kindisch, nicht wahr?

Wie kann man dieses Hindernis eliminieren? Man muss daran arbeiten, dass sich die krankhafte Idee, soweit möglich, vom Geist entfernt, indem die Nervenzentren des Unbewussten berührt werden, während das Bewusste «schwimmt». Die Entspannung ist also eine absolute Notwendigkeit. Dazu muss der Körper ruhig liegen. Es bestehen besondere Techniken zur progressiven, völligen Entspannung der Muskeln; diese müssen jedoch von einem Spezialisten gesteuert werden. Ein Glied nach dem anderen muss schwerer werden, die Augen schliessen sich, die Augenlider sind entspannt. Es kommt zu einer Empfindungslosigkeit, zum Gefühl, man schwimme über dem eigenen Körper. Selbstverständlich muss der Raum ruhig und dunkel sein.

Wann ist es am günstigsten?

Für Leute, die auf Muskelentspannung nicht trainiert sind, sollte der Moment gewählt werden, da die Mischung zwischen Bewusstem und Unbewusstem fast automatisch entsteht, das heisst im Dösen, kurz vor dem Schlaf oder kurz nach dem Erwachen, wenn der Geist zu empfinden beginnt.

Ein Hindernis: Viele Patienten können nie so vor sich hindösen (sie sind unruhig, besessen, schlaflos usw.). Medikamente sind manchmal notwendig; auf jeden Fall muss die tiefe Entspannung unter der Leitung eines Spezialisten gelernt werden.

Ist dieser Zustand einmal erreicht und das Gehirn frei von jeder Beschäftigung, dann muss die nützliche Idee in das Unterbewusste eingegeben werden. Diese Idee steht bei den Kranken natürlich im Gegensatz zu ihrem Zustand. Dieses schwimmende Nachdenken darf nie bis zur Konzentration geführt werden. Sobald eine Anstrengung kommt, muss man aufgeben.

Gibt es einen idealen Augenblick?

Ja, aber er ist ohne Training schwer zu erreichen. Das Bewusste und das Unbewusste dürfen nicht zu sehr getrennt sein: In diesem Falle würde die bewusste Suggestion an Wirksamkeit verlieren. Vor der Traumebene schwimmt das Gehirn im dösenden Zustand. Es bleibt jedoch bewusst, ohne beschäftigende Idee, und jeder kennt diesen Zustand des Halbschlafs, zwischen Traum und Wahrheit. In diesem Augenblick wird der Mensch, der bisher «Schauspieler» war, zum «Zuschauer». Er hört auf zu spielen, um das Spiel zu betrachten. Er sieht eine Reihe Bilder, die der Wirklichkeit fast nicht mehr entsprechen. Er weiss, dass er nicht träumt, denn es ist noch bewusst und er hört das Ticken einer Uhr, den Lärm von der Strasse, das Bellen eines Hundes genau so deutlich wie im wachen Zustand. Er hat das Gefühl, über seinem Leben und seinem Körper zu schwimmen, und diese Erscheinung ist ihm sehr angenehm. Bilder und Empfindungen kommen wie ein Film, jedoch mit Unsinnigkeiten, die er akzeptiert. Er kann die Bilder sogar steuern, eine Person durch eine andere ersetzen usw. Für die Suggestion ist dieser Augenblick ideal.

Warten Sie also, bis die Inhibitionswelle die Gehirnrinde fast überschwemmt hat. Der Zustand ist dann eine Träumerei, mit maximalem Bewusstsein, während die Konzentration zu einer beträchtlichen Einengung des Bewusstseins führt.

Es gibt weitere, wesentlich wirksamere Mittel, für die jedoch die Hilfe eines Psychologen unerlässlich ist. Dabei können symbolische Bilder projiziert werden, doch wir kommen damit in das Gebiet der Tiefenpsychologie, die später behandelt wird.

Was bringt die Autosuggestion?

Sie hat den Vorteil, ein günstiges, geistiges Verhalten vorzubereiten und kann zudem auf den Körper wirken (in dieser Beziehung bestehen Tausende von klassischen Beispielen).

Hier ein Beispiel aus einem Spital: Ein schon seit längerer Zeit kranker Mann scheint Krebs zu haben und zeigt zudem sämtliche Symptome davon. Die Operation wird beschlossen, und der Chirurg findet zwar Gedärme, die bei weitem nicht in Ordnung sind, doch keine Spur von Krebs, was die Befunde ausnahmslos bestätigen. Die Ärzte sind verblüfft, denn dieser Mann zeigte doch alle Krebssymptome.

Was war geschehen? Es würde zu weit führen, das schreckliche Leben dieses armen Mannes im Detail zu erzählen. Ein Leben voller Unglück, Einsamkeit, Verlassenheit, physischer Armut und geistiger Misere.

Eines Tages wird er krank und kommt in das Spital. In diesem Moment, im grossen Gemeinschaftszimmer fühlt sich der Mann zum erstenmal in seinem erbärmlichen Leben glücklich. Er befindet sich unter anderen Menschen, die auch leiden, und jeder weiss, wie das gemeinsame Leiden Menschen verbinden kann. Hier kommen Ärzte mit ihrer lächelnden, fast väterlichen Art sowie verständnisvolle, freundliche Krankenschwestern. Hier ist ein humanes Bett eine geistige und materielle Sicherheit. Der unbewusste Mechanismus wird ausgelöst: «Du musst hier bleiben, du musst krank bleiben, immer kränker ... Hier bist du glücklich, du darfst nicht raus!» Die Autosuggestion hatte angefangen und dauerte so lange an, bis der leicht Kranke zum Schwerkranken wurde. Krebssymptome kamen zum Vorschein und führten schliesslich zur unnützen Operation. Diese Scheinkrankheit stellte für diesen Mann eine ideale «Sicherheit» dar, und dieser Fall zeigt die Macht des Gehirns mit voller Deutlichkeit.

Kennen Sie die Geschichte des «seekranken» Mannes? Das Schiff liegt im Hafen und der Mann ruht sich in seiner Kabine aus. Es wird Nacht, und mitten in dieser Nacht werden Maschinengeräusche hörbar. «Wir sind auf hoher See...», sagt sich der Mann, und es geht los: Übelkeit, Erbrechen, Angst... Bis zum Morgen leidet er schweigend. Dann steht er auf, schaut durch die Luke und stellt fest, dass das Schiff immer noch im Hafen liegt.

Die Macht der Suggestion ist wohlbekannt, doch es schadet nichts, wenn man von Zeit zu Zeit wieder darauf hinweist.

Die Wirkungskraft einer gut durchgeführten Suggestion ist einleuchtend. Die persönlichen Geistesübungen müssen selbstverständlich täglich wiederholt werden, besonders, wenn die Person nur über beschränkte Kenntnisse auf diesem Gebiet verfügt.

Was kann die Suggestion behandeln?

In diesem Zusammenhang wird die Tiefensuggestion verstanden, eine besondere Technik, die man ohne Training nicht allein anwenden kann. Häufige Fälle: sexuelle Impotenz, weibliche Frigidität, Angstgefühle, Schlaflosigkeit, schlechte Angewohnheiten, die sogenannte «Charakterschwäche», gewisse Hautkrankheiten und zahlreiche hysterische Krankheiten.

Man sieht also, dass die von Emile Coué erfundene Methode trotz ihrer Einfachheit Grundlagen der Psychologie von morgen schuf...

Der Russe Pawlow, der Hund und die Geistesmechanik

Wenden wir uns nun einem anderen Horizont zu, der fast unvoraussehbare Folgen hat. Wer war Iwan Pawlow, dieser heute berühmte, damals aber so arme Physiologe, der sich nicht einmal eine Hochzeitsreise mit seiner Frau Serafina Karschewoskaja leisten konnte, der aber 1895 zum Physiologie-Professor ernannt wurde und 1904 den Nobelpreis erhielt?

Ganz einfach ein ehrlicher Mann, den die Forschung faszinierte, ein Mann, der über bestimmte, seit Jahrhunderten beobachtete Erscheinungen nachzudenken begann und das Bekannte zur Untersuchung des Unbekannten anwendete...

Natürlich wusste man, dass dem Menschen beim Anblick einer Zitrone das Wasser im Munde zusammenläuft! Man wusste auch, dass dasselbe beim

Gedanken an eine gute Mahlzeit passieren kann, doch wurden diese Reaktionen als Phänomene des «Geistes» betrachtet und nicht weiter untersucht. Man bedachte jedoch nicht, dass diese Geschichte, wenn sie auf die Spitze getrieben würde, die Moral, die Gedankenfreiheit, die Gerechtigkeit und die menschlichen Werte zerstören könnte! Machen wir ein klinisches Experiment: Ein Kranker wird seit einiger Zeit mit Beruhigungsspritzen behandelt. Eines Tages gibt ihm ein Krankenpfleger eine Spritze mit destilliertem Wasser... Und die Wirkung tritt trotzdem ein! Auf den ersten Blick könnte man annehmen, der Kranke habe unter dem Einfluss einer Autosuggestion gestanden. Wenn er aber psychologisch in Ordnung ist, darf man vermuten, dass er auf die Einspritzung und nicht mehr auf die eingespritzte Substanz reagiert. Nun statten wir Pawlows Hund einen Besuch ab.

Einem hungrigen Hund wird ein appetitliches Futter angeboten. Natürlich ist die Reaktion des Hundes Vergnügen. Doch während des Fressens brennt man ihm die Pfote, worauf der Hund mit einem schmerzlichen Empfinden reagiert. Nach einer gewissen Zeit dieses Doppelspiels (Vergnügen und Schmerz), brennt der Assistent die Pfote des Hundes, ohne ihm Nahrung zu geben. Der somit wie ein Mensch zum «Masochisten» gewordene Hund zeigt bei diesem Brennen alle Zeichen des Vergnügens! Was ist geschehen? Das Gehirn des Hundes hat die beiden Begriffe des Vergnügens (Nahrung) und des Schmerzes (Brennen) assoziiert und diese Assoziation wurde: Vergnügen = Schmerz. Lassen wir nun Pawlows Hund und wenden wir uns dem Menschen zu. Der Masochismus ist eine ziemlich verbreitete, psychologische Abnormalität. Der Schriftsteller Masoch gab ihr seinen Namen, doch nicht etwa, weil er diese uralte Perversion erfunden hätte, sondern indem er freundlicherweise sein eigenes Verhalten beschrieb...

Im Masochismus empfindet der Mensch sexuelle oder moralische Befriedigung durch Schmerz, und das Vergnügen wird nur erreicht, wenn er leidet, sei es körperlich (Schläge, simulierte Schläge usw.) oder moralisch (Beleidigung, Demütigung, Hohn usw.). So verglichen, wäre der Masochismus nur ein mit dem Schmerz verbundener Reflex, der ohne den Schmerz nicht erfolgen könnte.

Die konditionierten Reflexe, ein offenes Tor zum Abgrund...

Ein konditionierter Reflex wird durch einen bestimmten, Konditionierung genannten Umstand ausgelöst. Es gibt zwei Haupttypen:

1. Der Reiz als sofortige Reaktion auf die Konditionierung.
2. Die Inhibition als eine Art Bremse.

Beispiel: X. geht über die Strasse. Zwei Schritte von ihm entfernt hupt ein Automobilist. X. wird aber von jemandem beobachtet und hängt sehr an seinem Ruf als unter allen Umständen ruhiger Mensch (z.B. aus Perfektionismus).

a) Erste Konditionierung: Die Hupe.
b) Erster Reflex: Schreck, Emotion, Flucht.
c) Zweite Konditionierung: Er wird beobachtet, und sein Ruf ist ihm wichtig.
d) Inhibitionsreflex: Er flüchtet nicht, seine Emotion wird gebremst, und er täuscht Ruhe vor.

Der zweite Reflex (d) wirkt dem ersten (b) entgegen.

Pawlow und seine Experimente

Diese sind zur Genüge bekannt, aber wir kommen trotzdem auf das Schulbeispiel des Hundes:

a) Dem Hund wird ein Stück Fleisch angeboten: Das Tier wirft Speichel aus (durch automatische Ausscheidung seiner Speicheldrüsen).
b) Gleichzeitig lässt man eine Glocke läuten.
c) Nach einiger Zeit reagiert der Hund auf die Glocke allein.

Später lehrte Pawlow seinen Hund:

a) das Speicheln beim Läuten der Glocke (wie oben), Glocke = Signal Nr. 1,
b) auf ein anderes Signal zu reagieren, das nicht mit dem Futter in Zusammenhang steht; der Hund speichelt nicht beim Ertönen dieses Signals Nr. 2.

Dann:

c) Dem Hund wird wieder Futter angeboten, während Signal Nr. 2 ertönt.
d) Kein Speicheln, trotz Futter.

Schlussfolgerung:
Signal Nr. 1: Reizung (Speichel).
Signal Nr. 2: Inhibition (kein Speicheln, trotz Futter).

Man sieht schon die unübersehbare Bedeutung dieser beiden Experimente auf dem psychologischen und moralischen Gebiet: Bestünde das menschliche Verhalten bloss aus einer Reihe rein nervlicher Reflexe, so könnte man in keiner Situation jemanden für irgend etwas verantwortlich machen, und die moralische Verantwortung wäre ein leeres Wort... Doch gehen wir weiter.

Untergeordnete und übergeordnete Reflexe

Untergeordnete Reflexe:
Beim Berühren eines brennenden Ofens ziehe ich meine Hand zurück.
Reflex: Das Zurückziehen der Hand.
Konditionierung: Hitze, Schmerz.

Übergeordnete Reflexe:

Verkomplizieren wir den Reflex: Ich weigere mich, meine Hand zurückzuziehen, und halte so lange wie möglich fest.

a) Einfacher Erregungsreflex: Die Hand zurückziehen.

b) Hemmungsreflex: Die Weigerung unter der Konditionierung einer Eitelkeit, den «starken Willen» zu zeigen, um zu beweisen, dass man den Schmerz aushalten kann usw.

c) Endreflex: Ich lasse die Hand am Herd.

Hier ist der Reflex durch die übergeordneten Gehirnzentren gegangen, wo der Wille, die freie Wahl, die Entscheidung, die Weigerung usw. spielen.

Es kommt noch besser: Wird bei einem Frosch ohne Gehirn ein Tropfen Säure auf einen Schenkel gegeben, versucht der Frosch mit dem anderen Schenkel den Tropfen zu entfernen. Hätte der Frosch noch ein Gehirn und unter der Annahme, dass er denken könnte, würde er glauben, er habe den störenden Tropfen eliminieren «wollen»! Er würde dieses Gefühl des freien Willens als Wirklichkeit betrachten und könnte darauf ein ganzes Moralsystem aufbauen, das jeder Grundlage entbehrt... Denn dieser Frosch hat kein Gehirn, und es handelt sich lediglich um ein automatisches Funktionieren des Nervensystems.

Ein offenes Tor zum Abgrund? Ja, bestimmt, denn so betrachtet wäre die freiwillige, bewusste, moralische Tätigkeit bloss eine Anzahl komplizierter Gehirnreflexe, wobei weder Freiheit noch Verantwortlichkeit eine Rolle spielen würden.

Könnte man also einen Menschen als Heiligen oder als Gauner «konditionieren», je nachdem, welche Reize seinem Nervensystem angeboten werden? In der Annahme, die mit Tieren gemachten Experimente seien auf den Menschen übertragbar, betrachten wir den Menschen, der zwischen A und B zu «wählen» hat.

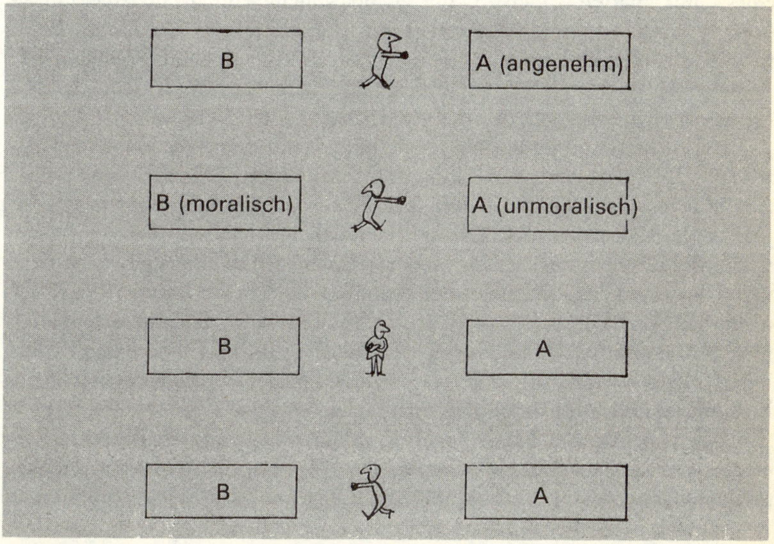

Er wünscht A, weil A für ihn ein angenehmes Gefühl darstellt. Doch er kann A nicht nehmen, weil es sein durch Erziehung konditioniertes Moralgefühl verbietet. Er zögert, und sein Zögern wird durch A (Wunsch, Reiz) und sein Moralgefühl (Hemmung, Bremse) konditioniert.

Er zögert mehr oder weniger stark, mehr oder weniger lang, je nach seinem physisch-geistigen Zustand. Ist er ausgeglichen, so zögert er nur sehr kurz. Sonst geht das Zögern bis zur Aufregung, Unruhe, Zorn, Impulsivität usw. Schliesslich wählt er B als Zielreflex aller anderen Konditionierungen.

Dieser Mann ist also nicht dafür verantwortlich, dass er A abgelehnt hat. Er verdient keine Bewunderung und keine Belohnung. Genau so, wie er bei der Wahl von A keine Strafe und keine Rüge verdient hätte (in diesem Falle wären die hemmenden Reflexe schwächer gewesen als das Begehren).

Die ungeheure Bedeutung der Experimente von Pawlow wird klar, doch Pawlow war weise genug, um seine Erfindungen nicht auf den Menschen zu übertragen. Er begnügte sich mit einem Vergleich der «generellen, nervösen Natur» zwischen dem Tier und dem Menschen, wobei er allen Forschungen und Überzeugungen die Türe offen liess.

Wenn Sie einen Hund haben, können Sie ihn dazu dressieren, das Futter nur dann anzunehmen, wenn es mit der rechten Hand angeboten wird.

Rechte Hand = Erregung, Annahme des Futters.

Linke Hand = Hemmung, Ablehnung des Futters.

Was geschieht, wenn das Futter mit der linken Hand angeboten wird? Der Hund wird unruhig, nähert sich, geht wieder, bellt und zeigt alle Symptome eines schmerzhaften Widerspruchs zwischen seinem Wunsch und seiner Inhibition. Während er vom Futter erregt wird, bremst ihn die Hemmung. Seine natürliche Neigung sagt «ja», seine konditionierte Erziehung «nein». Die Anwesenden lachen, ohne zu wissen, dass dieses Tier nach dem gleichen Mechanismus reagiert wie die Menschen in den meisten Neurosen.

Pawlow konditionierte einen Hund, indem er ihm einen leuchtenden Kreis auf einer Leinwand zeigte und ihn gleichzeitig fütterte. Anschliessend wurde eine gleich helle Ellipse mit derselben Fläche auf die Leinwand projiziert, jedoch ohne Fütterung. Die Ellipse erhielt dabei hemmende Wirkung. Dann wurde die Ellipse immer kreisförmiger gemacht. Bis zu einem gewissen Grad stellte der Hund den Unterschied einwandfrei fest. Vor der Ellipse regte er sich nicht. Sein Verhalten änderte sich aber, als sich die Form der Ellipse dem Kreis näherte. Er wurde unruhig, verhielt sich wie wahnsinnig, bellte und heulte. Dieser Hund war neurotisch geworden, als Folge des Konfliktes zwischen der Erregung und der Hemmung, zwischen dem «Ja» und dem «Nein». Diesem Konflikt begegnet der Psychologe bei jedem Schritt. Durch Bremsung des erregenden Reflexes entstand beim Hund ein Widerspruch zwischen den Neigungen, das heisst eine Neurose. Während Pawlow seine Schlussfolgerungen nicht auf den Menschen übertrug, gingen andere weiter.

Der Amerikaner Watson und der Behaviorismus

Dieses Wort stammt von behavior = Verhalten. Watson war wie jeder Amerikaner praktisch veranlagt. Er ging zuerst auf die Psychologie der Tiere ein, um gleich auf die menschliche überzugehen, und zwar indem er das Verfahren der ersteren schlicht und einfach auf die letztere übertrug. Bei den Tieren muss man jedoch darauf verzichten, sich vorzustellen, was in deren Bewusstsein vorgeht. Watson tat dies auch beim Menschen, ohne sich je um dessen subjektiven Zustand zu kümmern.

Kurz: Im Behaviorismus besteht das ganze menschliche Verhalten aus Reflexen.

Wir haben gesehen, dass die von Pawlow angewandten Erregungen einfach waren: Schall, Licht, Stechen usw. Um die Reflexe auf jegliche menschliche Handlung übertragen zu können, musste Watson ein Wort finden, das dieses unendlich komplexe System aller möglichen Konditionierungen darstellt: Situation. Das Verhalten, der Charakter des Menschen sind somit bloss die Art, wie dieser auf die jeweilige Situation, auf seine «Umgebung» reagiert. Für den Behaviorist ist jede Bewegung, jeder Gedanke, jeder Wille, jede Auswahl, jede Ablehnung, jedes Bewusstsein nichts als Reflex gegenüber einer bestimmten Situation. Watson sagte: «Geben Sie mir ein Dutzend gesunde Kinder und die Art Welt, die ich brauche, um sie darin zu erziehen, und ich werde aus ihnen Spezialisten meiner Wahl machen: Ärzte, Händler, Juristen oder gar Bettler und Diebe, welche Talente, Neigungen oder Fähigkeiten sie auch haben mögen, unabhängig vom Beruf oder von der Rasse ihrer Ahnen.»

Der Mensch im Behaviorismus

Die Persönlichkeit wäre damit die Gesamtheit unserer Reflexgewohnheiten und von den Umständen völlig konditioniert. Der Mensch wäre also ein Produkt der Umstände!

Der Gedanke wäre bloss ein rein physiologischer Vorgang, der darin besteht, dass man mit sich selbst spricht. Es wurde gesagt, das Gehirn scheide den Gedanken aus, wie die Leber die Galle.

Das Gewissen bleibt zwar ungeklärt, ist aber Tatsache. Es entsteht aus dem Gehirn und verschwindet auch mit ihm.

Die Geisteskrankheit ist (wie beim Hund) ein «Widerspruch» zwischen erregenden und hemmenden Reflexen (dies werden wir bei Freud noch sehen).

Allgemein wäre der Mensch eine wunderbare Maschine, jedoch nichts als eine Maschine mit einer Riesentastatur! Gegenüber dem Tier wäre kein anderer Unterschied festzustellen als die menschlichen Komplikationen infolge der grösseren Anzahl der Nervenzellen. Also eine Maschine ohne jede Freiheit, ohne jede Verantwortung – eine äusserst komplizierte Zusammenstellung zahlloser Reaktionen sowohl in seinen übergeordneten Fähigkeiten als in seinen primitiven Handlungen.

Die obligate Demut

Eines müssen wir zugeben: Wäre diese Meinung richtig, so hätte sie wenigstens den einen Vorteil, dass der oft unsinnige Ehrgeiz des Menschen zerstört würde, während wir von Zeit zu Zeit über unsere Stellung nachdenken könnten. Es gäbe keine Verurteilung, keine Verachtung, keine Vorwürfe, und der wieder demütig gewordene Mensch würde sich wieder als bewusster Bestandteil seines Universums fühlen. Diese wundervolle Maschine unseres Gehirns ist in der Tat eine Orgel mit einer endlosen Reihe verschiedener Stimmen, und wenn das Leben eines Organisten zu kurz ist, um ihm die Kenntnis all seiner Orgelstimmen zu ermöglichen, denken wir an die unübersehbare Anzahl der Reflexe, die in den Milliarden von Gehirnzellen spielen können! Ob Watsons Theorie schliesslich stimmt oder nicht, klar ist, dass viele Handlungen und Gedanken bloss gelernte Gewohnheiten und Reaktionen sind. Es sind nur konditionierte Reflexe auf die geographischen, gesellschaftlichen, religiösen, moralischen, familiären, erblichen Verhältnisse.

Leider sehen wir, wie Millionen von Menschen nur einige wenige Noten ihrer Riesenorgel spielen können. Sie «leben» um ihre geistigen Gewohnheiten, Ängste und Verdrängungen herum. Aus der Orgel sind nur ein paar wenige Töne zu hören, während die Möglichkeiten für ganze Symphonien vorhanden sind. Dabei kommen sich diese Menschen frei und verantwortungsbewusst vor und massen sich sogar an, die anderen zu verurteilen.

Das zeigt uns die erschreckende Bedeutung der Erziehung, denn die erste Erziehung des Kindes basiert auf Suggestionen und konditionierten Reflexen, die in bestimmten Fällen auf immer eingeprägt werden. Wird ein schlechter Reflex massgebend, verhindert er die richtige Anpassung an die Umstände, bis der erwachsene Mensch immer die gleiche Antwort, wie eine Drehorgel, gibt.

Pierre Janet (1859–1947)

Pierre Janet, dieser Riese der französischen Psychologie, war ein raffinierter Mensch, der schon mit zweiunddreissig Jahren durch seine ersten Arbeiten bekannt wurde. Er blieb bis ins hohe Alter frisch und munter, ein Mensch ohne Dogma, den Minkowsky wie folgt beschrieb: «Wenn Sie Pierre Janet, dieser schlanke Mann mit dem durchdringenden Blick und jugendhaften Gang, in sein Büro bittet, werden Sie sofort von der besonderen Atmosphäre gepackt, die aus Ernst, Beharrlichkeit, Denken, immer wachsamer Wissbegierde und Forschungsgeist besteht. Die Ausstrahlung des Meisters prägt diesen grossen, von oben bis unten mit Büchern tapezierten Raum, der ihm als Arbeitsplatz dient. Die ganze Arbeit, die hier geleistet wurde und weiterhin geleistet wird, erfüllt Sie mit Ehrfurcht.»

Janets grosser Wunsch war es, seine wissenschaftlichen und religiösen Neigungen zu verbinden. Er sagte selbst: «Ich träume von der Vereinigung der Wissenschaft und der Religion durch eine verbesserte Philosophie, die die Vernunft und den Glauben befriedigt. Dieses Wunder habe ich zwar nicht gefunden, aber ich bin Philosoph geblieben...». Als Arzt beobachtet Janet die Hysterischen. Er betreibt Hypnotismus mit Rieseneifer, er forscht. Mit dreissig Jahren (1889) schreibt er eine Doktorarbeit über den «psychologischen Automatismus».

Später geht Janet nach Paris und direkt zum grossen Charcot de la Salpétrière. Welch ein ideales Terrain für ihn! Die seltsamen Erscheinungen des Hypnotismus und der Hysterie sind an der Tagesordnung. Janet nimmt an den Kursen von Charcot teil und wird später Direktor des Laboratoriums für pathologische Psychologie.

Zahlreiche Bände zeugen von seinen Tausenden von Beobachtungen, die stets äusserst menschlich bleiben. Die Beobachtungen von vierzig Jahren!

Janet erklärte: «Die Beschränkung auf Spezialgebiete ist nie eine gute Sache; bei der Psychologie hat sie sogar unheilvolle Folgen, denn die Psychologie betrifft alles. Sie ist universell, überall gibt es psychologische Fakten...»

Wie Janet den normalen und den abnormalen Menschen sieht

Wir kommen zu einem grundlegenden Gedanken der Psychologie – und des täglichen Gleichgewichts. Welches sind die allen Menschen gemeinsamen Situationen? Sie bestehen darin, dass man in den Verhältnissen, in den Umständen lebt, die eine Anpassung erfordern, mit möglichst wenig Verlust. Darin besteht der Unterschied zwischen normalen und abnormalen Menschen.

Um dies besser zu veranschaulichen, nehmen wir ein physiologisches Beispiel: das Essen.

a) Der zum Zeitpunkt der Verdauung normale Mensch verarbeitet die verschiedenen Speisen ohne weiteres. Die Verdauung erfolgt ohne Schwierigkeiten und ohne Beschwerden.
b) Der zum Zeitpunkt der Verdauung abnormale Mensch braucht eine mühsame Magenarbeit. «Es liegt ihm auf dem Magen», wie man sagt. Gewisse Symptome können eintreten, wie Aufstossen, Erbrechen, Unwohlsein, Gleichgewichtsstörungen. Es hat sich also eine Substanz mit den anderen Speisen nicht richtig verarbeiten lassen.

Nun zurück zur psychologischen Ebene:

Ein normaler Mensch ist ein Mensch, dessen psychologische «Spannung» stark und ausgeglichen ist. Sieht er sich einem Umstand gegenüber, auf den er nicht vorbereitet war, so wird er diesen Umstand leicht «verdauen» können.

Ein Beispiel: Sie müssen unvermittelt in einen Raum eintreten, wo hundert Augenpaare auf Sie gerichtet sind. Wenn Sie normal sind, geschieht folgendes:
a) Sie bleiben kurz stehen, um die Situation zu überblicken, weil der Umstand plötzlicher Art ist.
b) Sie entscheiden rasch und schreiten vorsichtig voran.
c) Dabei passen Sie sich schnell der Situation an.
d) Nach wenigen Minuten bewegen Sie sich ohne Angst, Emotion, Aggressivität und Steifheit.
e) Sie verspüren anschliessend weder Müdigkeit noch Emotion. Diese Handlung hat Sie keine Energie gekostet. Sie ist erledigt und vorbei. Sie hat sich in die anderen Verhältnisse, die Ihre Persönlichkeit bilden, integriert.

Wenn Sie abnormal (zum Beispiel schüchtern, verdrängt, verkrampft, aggressiv usw.) sind:
a) Da der Umstand neu und plötzlich ist, halten Sie an.
b) Sie unterliegen dem «Lampenfieber» und der emotionellen Hemmung.
c) Die Angst und die Emotion kommen.
d) Sie erstarren; oder Sie flüchten; oder Sie attackieren ...
e) Sie fühlen sich müde, denn diese Handlung hat Sie emotionell etwas gekostet. Zudem ist sie noch nicht erledigt, denn Sie werden vielleicht über Ihre gescheiterte Anpassung brüten, Ihre Minderwertigkeitsgefühle noch verstärken, Angst und Verbitterung empfinden.

Das Normale und das Abnormale im Alltag

Es ist klar, dass der Alltag von uns Tausende von Anpassungsanstrengungen verlangt. Es sind dies alle neuen Umstände irgendwelcher Art, die unvorhergesehenen Ereignisse, die neuen Verantwortungen, «Schicksalsschläge», Emotionen, Misserfolge usw.

Was tut der normale Mensch? Er assimiliert alle Umstände und «verdaut» sie geistig. Alle Ereignisse fusionieren in seinem Ich und integrieren sich in seine allgemeine Persönlichkeit, ohne Reibungen und ohne Ermüdung. Die Affektivität des normalen Menschen ist gleich einem Reservoir, in dem sich alle Ereignisse mischen, wie verschiedene Obstsorten in einem Konfitürentopf oder wie verschiedene Speisen in einem gesunden Magen.

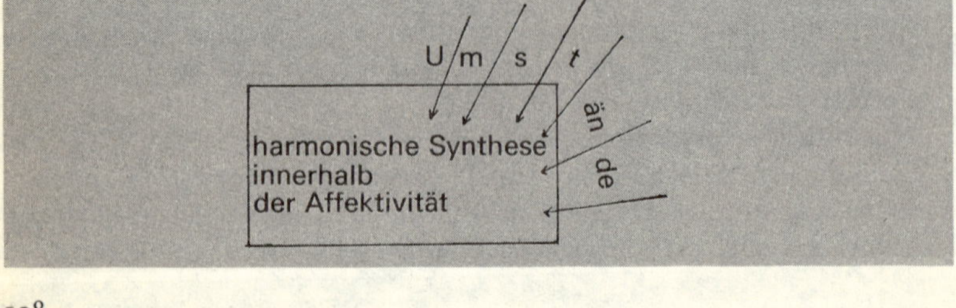

Was tut der abnormale Mensch? Bei ihm wird das Ereignis geistig nicht verdaut und vom Ich nicht assimiliert. Er bleibt ausserhalb dieses Ichs und arbeitet selbständig. Ausserhalb des «Affektivitätsreservoirs» bilden sich ein oder mehrere geistige Satelliten, die auf eine Art ihr eigenes Leben führen und sich ins gemeinsame Reservoir nicht integrieren können. Jeder dieser geistigen Satelliten ruft innere Spannungen hervor, und es entstehen Symptome wie bei einer Art «geistiger Verdauungsstörung», die Einheit des Ichs ist gestört. Dies ist der Fall bei Komplexen, Verdrängungen, nicht erledigten Emotionen usw., mit der endlosen Reihe aller Symptome, von der kleinen Störung bis hin zu den schlimmsten Besessenheiten.

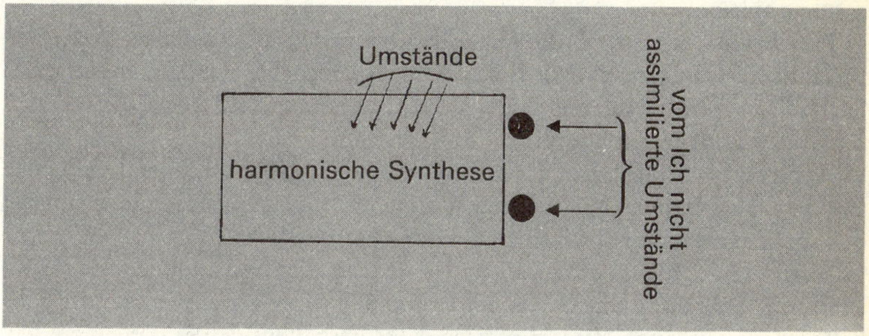

Was sagte Janet über das Bewusstsein? Kommen wir zum Vergleich des Reservoirs zurück: Wir sehen, dass das Bewusstsein eine Art Synthese bewerkstelligt, das heisst eine ausgewogene Zusammenstellung vieler verschiedener Umstände. Es vereint viele Ereignisse in ein einziges, neues Ereignis.

Zum Beispiel beim normalen Menschen in einer Gesellschaft: Sein Ich blieb unversehrt, aber er hat eine neue Erfahrung gesammelt, die sich in seine Persönlichkeit integrierte, und es entstand eine Synthese der Ereignisse.

Beim abnormalen Menschen hingegen blieb der Umstand ausserhalb des Ichs, das nun unter dem Einfluss der versäumten Handlung, dieses geistigen «Satelliten», Spannungen ausgesetzt ist.

Somit rührt jede psychologische Krankheit von einer Schwächung dieser Synthesefähigkeit her. Ein Ereignis präsentiert sich, kann aber nicht in das Ich integriert werden, die Einheit der Persönlichkeit wird beeinträchtigt, die Spannung lässt nach. Es heisst ja im Volksmund: «Das habe ich noch nicht schlucken können!», das heisst, das Ereignis ist ausserhalb des Ichs geblieben und wird zur Sorge oder gar Besessenheit.

Die Schwerpunkte in der Psychologie von Janet

Es steht ausser Zweifel, dass nicht alle Handlungen eines Menschen gleichwertig sind. Man kann sich bestimmten Umständen, die einer Gewohnheit entsprechen, leicht anpassen. Zum Beispiel stellt ein normales Büroleben dem normalen Menschen kaum Anpassungsprobleme. Anders verhält es sich aber, wenn dieses Büroleben abnormal ist (zum Beispiel diktatorischer Chef) oder wenn der Angestellte selbst abnormal (schüchtern, aggressiv, verkrampft usw.) ist. Alles hängt also davon ab, ob:

a) die Handlung aus Reflexgewohnheit erfolgt: keine Schwierigkeit, gute Anpassung,
b) die Handlung ein neues Verhalten erfordert: Die Anpassung findet statt... oder auch nicht.

Dies, weil die Anpassung schlicht und einfach vom physischen und geistigen Zustand abhängig ist.

Es gilt festzustellen, ob die Handlung ein neues, ungewohntes Verhalten verlangt. Dies ist oft der Fall: Emotionen, Ableben Verwandter, Verlobung, Sexualität, Heirat, Reisen, neue Verantwortungen, Zusammenleben mit unsympathischen Leuten usw.

Auch eine schöpferische, intelligente Handlung ist anstrengender als eine instinktive, gewohnte. Mit anderen Worten: Sie sind weniger müde, wenn Sie sich «gehen lassen», als wenn Sie sich «konzentrieren».

Es gibt also «Hochspannungs-» und «Niederspannungshandlungen», wobei die nötige Spannung direkt von der Komplexität der verlangten, neuen Verhaltensweise abhängt. Zudem müssen diese Verhaltensweisen von einem Ich assimiliert werden, das ungezwungen und ausgeglichen zu bleiben hat.

Janet geht noch weiter: «Offensichtlich kosten bestimmte Handlungen mehr Energie als andere, und man muss verstehen, dass edle Handlungen auf der Ebene der Überlegung noch eher zu Depressionen führen können...

Wo liegt denn die Weisheit?

Jeder weiss, dass der materielle Reichtum nicht bei allen gleich ist und dass auch das Energiekapital ungleichmässig verteilt wird. Doch während die Menschen ihr Geld gemäss dem vorhandenen Kapital ausgeben, tun das mit der Energie nur die wenigsten.

Wollen Sie intelligent-weise sein, so müssen Sie Ihr Kapital kennen! Kennen Sie die Grenzen Ihrer Energie, kennen Sie vor allem die Handlungen, die Sie Energie kosten. Eine einfache Reise, die den einen keine Energie kostet, kann für den anderen zu einer äusserst erschöpfenden Handlung werden. Man muss seine Grenzen kennen, und man tut am weisesten daran, sein Kapital so anzulegen, dass man von den Zinsen leben kann, die es trägt.

Die «nervösen» Leute neigen zu verminderten Handlungen. Sie können sich nur schwer und unter grosser Energieausgabe neuen Situationen anpassen. Zudem ist nicht nur die Arbeit, sondern vor allem die Emotion anstrengend, und wir dürfen nicht vergessen, dass «nervöse» Leute von einer Art Unfähigkeitswahn und Müdigkeitsangst verfolgt werden.

Man muss sein physisches und körperliches Arbeitskapital kennen, das nicht überschritten werden darf, das heisst, die Zinsen ausgeben, ohne das Kapital anzutasten! Ein gut eingespielter Arbeitsrhythmus ist wertvoll, aber noch wertvoller ist es, wenn man diese Arbeit unterbrechen kann, wenn die Müdigkeit eintritt. Die so wiedergewonnene Energie schlägt sich auf das Kapital, das wieder Zins trägt usw. Die menschliche Tätigkeit muss sich zwischen Aktivität und Ruhe teilen können, wobei ein Rhythmus einzuhalten ist. Man muss auf die Ermüdung achten, nicht um Angst davor zu haben, sondern um daraus Lehren und Erfahrungen zu ziehen, um den erwähnten Rhythmus zu erlernen, um diesen wertvollen Lebenstakt zu halten, genau so, wie der Buchhalter am Ende des Geschäftsjahres Bilanz zieht, um festzustellen, ob die Ausgaben das normale Mass nicht überschritten haben.

Der «nervöse» Mensch darf seiner Müdigkeit nie eine solche Bedeutung beimessen, dass er davon besessen ist, oder sich von seinem mangelhaften Gedächtnis entmutigen lassen. Im Gegenteil muss er daraus seine Grenzen feststellen, die er dann ausdehnen kann, um den Lebensrhythmus zu lernen und um in die Lage versetzt zu werden, jede Handlung mühelos zu assimilieren, bis er mit menschenwürdiger Leichtigkeit handeln und denken kann.

Die Handlungen, die zur Erschöpfung führen

Janet hat jene ermüdenden Handlungen sorgfältig untersucht, die zu einem «Spannungsabfall» führen können. Die wichtigsten sind die länger dauernde, emotionelle Müdigkeit (und vor allem diese!), die geistige Überanstrengung sowie alle depressiven Emotionen. Sehr oft bleibt bei den Deprimierten die Handlung nur ein Wunsch. Die Anstrengungen zersplittern sich ohne ein positives Ergebnis. Der deprimierte Mensch macht alles «nur halb», die Zersplitterung der Anstrengungen verstärkt sich, die Emotion und die unnütze Anstrengung kommen, man zögert, zweifelt, brütet und ist schliesslich mit sich selbst unzufrieden. Es kommt zur Erschöpfung.

Alles hängt natürlich von der jeweiligen Veranlagung ab. Noch einmal: Weise ist, wer seine eigenen, ermüdenden Handlungen kennt! Gewisse Handlungen jedoch sind deshalb anstrengend, weil sie auf einer Neurose basieren. In einem solchen Fall muss sich die Psychologie nicht mit der Handlung selbst, sondern mit der Neurose befassen, denn die Handlung ist bloss ein Symptom.

Auch ein einfaches Familienessen kann für gewisse Leute viel anstrengender sein als jede intensive Arbeit, weil es dabei zu Verkrampfungen, Verdrängungen und unterdrückten Feindschaften kommen kann. Damit kommen wir zu den «erschöpfenden Leuten». Das Zusammenleben mit solchen Menschen führt oft zu den schlimmsten Neurosen. Diese Leute könnte man auch Energiefresser nennen, wie wir im nächsten Kapitel sehen werden, und diese Energiefresser wüten meistens im Familienkreis, weil das Zusammenleben viele Jahre dauert und bestimmten Gesetzen und Verboten unterliegt (Respekt usw.). Es kann aber auch in einem Büro vorkommen, dass ein Chef an der Energie seines Angestellten zehrt, denn auch der Büroalltag ist eine Art Zusammenleben.

Die Energiefresser

Wer sind eigentlich diese Leute? Sie sind so zahlreich und tragen so viele verschiedene Masken, dass ich sie nicht Revue passieren lassen kann. Doch alle tragen ein gemeinsames Erkennungszeichen: Herrschsucht!

Darunter finden wir die ganze Reihe der autoritären, diktatorischen, übermässig anspruchsvollen, pedantischen, kleinlichen, eifersüchtigen, verdriesslichen, empfindlichen Leute.

Wie gesagt, tragen diese Leute verschiedene Masken. Bei vielen versteckt sich die Herrschsucht hinter einer unbewussten Maske übermässiger «Güte». Es handelt sich dabei um einen sehr geschickten Mechanismus. Ein Mitglied Ihrer Familie dominiert Sie, und Sie spüren eine mit Emotion beladene, innere Feindschaft. Wenn sich nun diese Person zu Ihnen gut und grosszügig zeigt, wie können Sie dann diese emotionelle Feindschaft zum Ausdruck bringen? Hier sehen wir die Verdrängung in ihrer vollen Pracht... Und wie viele Leute versuchen Mitleid zu erwecken, um zu ihren Zielen zu kommen? Wie viele Mütter hindern ihre Söhne unbewusst daran, Männer zu werden, und tun alles, damit sie kleine Kinder bleiben? Hier kann jedes Mittel angewandt werden, sei es reiner Autoritarismus oder die verschiedensten Masken, hinter denen er sich verstecken kann.

Wann zehren diese Leute an der Energie ihrer Angehörigen? In erster Linie dann, wenn keine Entladung der emotionellen Feindschaft möglich ist (Kind mit Eltern, Angestellter mit Chef usw.). Zudem ist jede stark herrschsüchtige Person neurotisch, weil dieses Herrschbedürfnis für sie nur einen inneren Sicherheitsmechanismus darstellt. Die Anpassung an solche Leute ist nicht nur sehr schwierig, sondern immer veränderlich und erneuerungsbedürftig. Bei ihnen gibt es keine Lebensgewohnheit, und man muss ständig verkrampft und gespannt auf der Lauer sein. «Man weiss nie, auf welchem Fuss man tanzen soll.» Vergessen dürfen wir aber nicht, dass ein solches Zusammenleben jahrelang, Stunde um Stunde, Minute um Minute dauert. Können Sie sich die Emotionen, Auflehnungen, verdrängten Wutanfälle überhaupt vorstellen, die solche Energiefresser auslösen können?

Und wie ergeht es nun den Leuten, die mit ihnen zusammenleben? Auch sie haben gemeinsame Merkmale: die Erschöpfung (immer), die Verminderung oder gar Zerstörung der Persönlichkeit, die Unmöglichkeit, sich selbst zu sein, die Unfähigkeit zu einer spontanen Handlung, die vorsichtige Überlegung der Handlungen, Frustrierung, Verantwortungslosigkeit usw.

Die Herrschsucht kann, wie bereits erwähnt, in reiner Form vorhanden sein oder verschiedene Masken tragen; im letzteren Fall richtet sie die schlimmsten Schäden an.

Die Herrschsucht in ihrer reinsten Form

Es besteht ein Riesenunterschied zwischen Autorität und Herrschsucht. Der Autorität ist das Kommando nur Mittel zum Zweck. Die Autorität ist das Bestreben, eine echte Tragweite zu erzielen, wobei sie die geführten Leute voll respektiert. Sie ist eine Art demokratische Führung in ihrer reinsten Form. Echte Autorität nimmt nicht, sondern gibt, weil sie Reichtum und Kraft ist.

Die Herrschsucht ist genau das Gegenteil. Für den Herrschsüchtigen ist das Kommandieren Selbstzweck, und es stellt für ihn gleichzeitig eine innere Sicherheit dar. Er akzeptiert keine Diskussion, er verlangt alles und gibt nichts. Er ist aggressiv, also schwach! Sein Befehl ist ein maskierter Angriff und verrät seine Angst, selbst angegriffen oder erniedrigt zu werden. Die Herrschsucht ist für den schwachen Menschen eine Kompensation erster Wahl, weil sie durch Erniedrigung der anderen die Illusion der Kraft und Überlegenheit gibt. Zudem haben die Schwachen dabei das Gefühl, eine Handlung zu vollbringen, ohne die nötige schöpferische Energie ausgeben zu müssen (was sie übrigens nicht können). Im Alltag wimmelt es leider von diesen Pseudochefs.

Auch im Alltag können sich solche Leute durch bestimmte Faktoren halten. Erstens durch Nutzfaktoren: beispielsweise ein Angestellter, der schweigt, um nicht entlassen zu werden. Zweitens infolge der ewigen Verwechslung zwischen Kraft und Aggressivität, während die Aggressivität, wie wir schon mehrmals festgestellt haben, genau das Gegenteil der Kraft ist.

Auch wird herrschsüchtige Härte oft mit Willensstärke verwechselt. Dabei scheint der Herrschsüchtige nur deshalb einen starken Willen zu haben, weil er eben überhaupt keinen echten Willen hat, das heisst keine geistige Kraft! Es wird oft beobachtet, dass er bei jeder Gelegenheit stur wird, weil ihn jede Opposition vor den Abgrund seiner Unsicherheit und Schwäche stellt. Wenn Sturheit Wille wäre, so müsste man jeden Maulesel um seine Willenskraft beneiden... Das Zusammenleben mit solchen Menschen führt zur Erschöpfung, besonders dann, wenn sie «tabu» sind und jede Auflehnung verboten ist.

Ein Fall von verhohlener Herrschsucht

Yves ist ein dreissigjähriger Mann, der in Neurose und Erschöpfung unterging, weil die Tante, die ihn erzog, ihm nie die geringste Handlung überlassen hat. Sie zwang ihm ihre Hilfe und ihre Empfehlungen auf. Sie war «immer dabei», um zu helfen, zu korrigieren, zu beraten...

«Nie konnte ich einfache Sachen tun», erzählte Yves, «ohne dass mir ihre Hilfe aufgezwungen wurde. Ich kann es nicht erklären... Es war unbeschreiblich erschöpfend. Dabei wurde ich verhätschelt und verwöhnt... Schauen Sie: Kohle holen? Etwas wirklich Dummes und Einfaches, nicht wahr? Und auch dann musste sie mir helfen... Nimm nicht zu viel... Es ist schwer... Ich helfe dir... Ich würde es so machen... usw. Ein Paket machen? Ein blödes Paket? (Die Hände von Yves zittern). Allein, unmöglich! Meine Tante war da, dicht neben mir, dicht neben dem Paket, und schaute mir bei der einfachsten Bewegung zu. Und das jeden Tag! Wenn ich einmal durch irgendeine brutale Antwort erreichte, dass sie mich allein liess, fühlte ich, dass sie mich beobachtete, ich kam mir vor wie ein Idiot oder wie ein dreijähriges Kind. Ich war in meiner jungen Männlichkeit verletzt, und das achtzehn Jahre lang. Mich auflehnen? Ja was! Sie war doch so gut zu mir und hätte überhaupt nichts verstanden. Sie glaubte, gut daran zu tun, und merkte nicht, dass sie furchtbar herrschsüchtig war. Sie war empfindlich und verdriesslich. Ich war bei jeder Bewegung so verkrampft, dass ich sie schliesslich allein walten liess, auch bei den schweren Arbeiten, auch wenn es darum ging, Nägel einzuschlagen... Und ich galt als arbeitsscheu! Sie können sich die verdrängte Wut vorstellen, die ich während dieser achtzehn Jahre spürte. Achtzehn Jahre, ohne das Gefühl zu haben, ein Mann zu sein und spontan zu handeln...»

Das Ergebnis? Yves kann überhaupt keine Verantwortung mehr übernehmen und ist homosexuell geworden. Das ist alles... Und tragisch.

Ein weiterer Fall

Jacques ist ein Jüngling, dessen Mutter scheinbar auch der Meinung ist, er bringe ohne sie nichts fertig. Eines Tages muss Jacques einen zerbrechlichen Gegenstand ins Wohnzimmer tragen und zum tausendsten Mal ruft die Mutter: «Pass auf... Das nehme ich lieber selber... Lass mich es doch einpacken... Pass auf, rutsch nicht aus... Mehr Sorgfalt bitte! Warte, ich werde es in eine Zeitung einpacken...»

Verzweifelt und erbost schreit der Jüngling: «Ich trage Gegenstände seit Jahren! Habe ich schon jemals was fallen lassen? Glaubst du eigentlich, ich sei noch ein kleines Kind?»

Nichts zu wollen. Die neurotische Mutter wird böse, oder sie behauptet, ihr Sohn habe «einen schlechten Charakter», oder sie fährt weiter: «Nein, nein, aber pass trotzdem auf!»

Rasend wirft der Jüngling den Gegenstand zu Boden und geht ohne ein Wort hinaus.

Diese Mutter hat mir diesen Zwischenfall erzählt mit der Bemerkung: «So ein undankbares Kind, und ich habe doch alles für ihn getan... Ach, die heutige Jugend!»

Ich habe versucht, dieser Dame klar zu machen, dass ihre herrschsüchtige Überwachung ihren Sohn unterdrückte und dass der zerbrochene Gegenstand bloss eine aufgelehnte Männlichkeit verriet. Sie hat mich beinahe bei der Gurgel gepackt...

Ein weiterer Fall

Wieder ein Fall versteckter Herrschsucht, wobei jedoch der Gehorsam nicht durch Befehle, sondern als Ausdruck der Liebe verlangt wird. Diese Erscheinung nennt Janet «manie de l'amour».

Was sagt der Neurotiker dieser Art? «Ich brauche ständig Liebe, dass man sich um mich kümmert, und ich ertrage es nicht, dass etwas ohne mich gemacht wird...»

Janet: «Was die ‹geliebt werden› nennen, heisst eigentlich, nie auf irgendeine Art angegriffen werden. Sie brauchen ständig schmeichelndes Lob und Ermutigung, um ihre psychologische Spannung wieder zu erhöhen.» Für solche Leute heisst lieben schlicht und einfach bekommen, ohne je irgend etwas zu geben – ausser Erschöpfung. Wer mit ihnen zusammenlebt, muss ständig auf der Hut sein, auf der Lauer nach ihren Wünschen und Schwächen, um weinerliche Vorwürfe zu vermeiden und ihre Empfindlichkeit nicht zu verletzen.

Die Eifersüchtigen

Die Eifersucht ist eine tödliche Wunde vieler Ehen. Sie kann einfacher oder eindeutig pathologischer Art sein. Die «geliebte» Person wird völlig in Anspruch genommen und wie gefangen gehalten. Eine ständige, kleinliche, wilde Feindschaft besteht gegen alles, was die «geliebte» Person zerstreuen kann: persönliche Studien, Arbeit, Bücher – ja sogar Gedanken! Der Eifersüchtige duldet nicht, dass geträumt oder überlegt wird, weil die «geliebte» Person damit diesem Gefängnis entfliehen könnte.

Ein Mann, der eine eifersüchtige Frau hat, sagt: «Ich bin erschöpft, erledigt. Ich habe Angst, nach Hause zu gehen, alles kann die Eifersucht auslösen: ein schöner Krawattenknopf, ein Lächeln, etwas Fröhlichkeit... Dann sagt sie: ‹Hast du denn eine andere Frau gesehen, dass du so lächelst? Ich weiss schon, ich bin dir nicht hübsch genug, aber ich will dich für mich allein!› Ich gebe keine Antwort, denn es nützt nichts. Eine richtige fixe Idee. Ich fühle mich in diesem Überwachungsnetz gefangen. Denke ich an nichts, wirft sie mir vor, nicht an sie zu denken. Schweige ich, wirft sie mir vor, gleichgültig zu sein. Auf der Strasse wird die Überwachung unerträglich. Ich muss stehen und gehen wie ein Besenstiel. Auf der Strasse gibt es natürlich Frauen... Ich muss alle meine

Freunde aufgeben. Ich getraue mich nicht einmal mehr zu lesen. Noch sechs Monate, und ich bin spitalreif. Es geht so weit, dass ich doch lieber im Büro bin, dabei hasse ich das Büro...»

Die Eifersucht ist ein totaler Exklusivismus und betrachtet den «geliebten» Menschen wie einen Gegenstand, der nicht spontan sein und persönlich leben darf. Die Eifersucht ist immer ein Symptom geistiger Schwäche und Armut. Der Eifersüchtige versucht, seine innere Leere zu füllen und seine Minderwertigkeitsgefühle auszugleichen. Wie kann er nun diesen Gegenstand für sich behalten? Durch geistige Gefangenschaft oder durch richtiges Einsperren... Was auch vorkommt! Etwas zu besitzen heisst auch, eine gewisse Arbeit leisten, um es zu behalten. Gerade dessen ist der eifersüchtige Mensch unfähig. Nur durch Diktatur kann er jede Flucht verhindern, die eine gewisse Wiedergewinnungsarbeit verlangen würde. Daher diese gewaltige Aggressivität gegen fremde Leute, die eine solche Rückgewinnungsarbeit erfordern könnten. So wird beispielsweise eine eifersüchtige Frau gegenüber den Freunden ihres Mannes aggressiv, weil sie ihr den Mann «stehlen» und sie angeblich zwingen, die Liebe ihres Mannes zurückzugewinnen.

Der eifersüchtige Mensch glaubt zu lieben, dabei sucht er bloss seine eigene, innere Sicherheit. Die Eifersucht ist immer Symptom einer psychologischen Insuffizienz. Bei diesen Leuten sind eben die geistigen Unsicherheiten derart stark und zahlreich, dass die kleinste Lapalie ein Tor zum affektiven Abgrund sein kann, zu einer Lücke, die seine Schwäche nicht zu füllen vermag. Unter diesen Umständen wird es verständlich, dass die diktatorische, polizeiliche Kraft für ihn die einzig mögliche Lösung darstellt. Die kleinste «Flucht» des «geliebten» Menschen führt zu Angstgefühlen, Besessenheit und oft unvorstellbarem Hass.

Die Eifersucht ist eine Form akuter Herrschsucht, die wiederum weitere Gleichgewichtsstörungen heraufbeschwören kann: Besessenheit, fixe Ideen, leidenschaftliche und impulsive Entladungen, geistiges Brüten usw., natürlich zum Nachteil des «Gefangenen». Ich betone nochmals, dass die Eifersucht immer Symptom einer affektiven Gleichgewichtsstörung ist.

Die Eifersucht bei den Kindern

Diese kann verschiedene Formen annehmen. Die einfachste besteht darin, dass der Ältere auf den Jüngeren eifersüchtig ist, weil er ihn verdächtigt, die ganze Liebe der Eltern für sich zu beanspruchen. Diese Art Eifersucht ist ziemlich normal und kann durch das Verhalten der Eltern beseitigt werden sowie durch die Verantwortung, die sie dem Älteren geben.

Später beneidet der Jüngere seinen älteren Bruder um die körperlichen und geistigen Vorteile, die ihm sein Alter gibt. Auch hier hängt alles von der Familienkonstellation ab.

Es gibt noch eine weitere Form der Eifersucht: die des Kindes auf den Elternteil gleichen Geschlechts. Es ist dies die wichtigste Form der Eifersucht, und wir werden beim Ödipuskomplex darauf zurückkommen. Die meisten dieser Gefühle (besonders der Ödipuskomplex) bleiben unbewusst – aber aktiv! Das Kind «entlädt» seine Eifersucht über eine oft gefährliche Aggressivität. Diese Entladung kann auch symbolisch erfolgen: Das Kind zerstört die Puppe seiner Nebenbuhlerin oder spielt mit einem Puppentheater, in dem eine gedemütigte Figur das andere Kind verkörpert. Das Kind kann auch in Zeichnungen seinen Nebenbuhler als von der Familie ausgestossen und beleidigt darstellen. Die Eifersucht führt bei Kindern oft zu nervlichen Symptomen, zum Beispiel Bettnässen usw.

Am gefährlichsten ist es, wenn das Kind aus Eifersucht «zurückbleibt», das «ganz kleine Kind» spielt, um die Aufmerksamkeit der Eltern auf sich zu ziehen. Diese Situation ist auf die Dauer gefährlich, weil sie zur Neurose wird. Später ist der Jüngling neurotisch, kindisch und zu nichts fähig als zu einem ewigen Scheitern. In anderen Fällen empfindet das Kind seine aggressive Eifersucht wie ein schlimmes Vergehen (dies ist beim Ödipuskomplex stets der Fall). Wird diese Situation nicht normal erledigt, hat der Erwachsene später eine ganze Reihe unbewusster Schuld- und Minderwertigkeitsgefühle und eine latente Homosexualität in sich.

Die projizierende Eifersucht

Der folgende, leider relativ häufige Fall zeigt seltsame Hintergründe der Eifersucht. Es handelt sich um eine viel schlimmere Situation, um eine sehr gefährliche Form der Eifersucht, die natürlich auch mehr oder weniger ausgeprägt sein kann. Sie wird zur fixen Idee am Rande des Verfolgungswahns.

Herr X. erklärt: «Meine Frau behauptet ständig, ich habe zahlreiche, ihr bekannte Freundinnen, dass ich ihren Bekannten und allen Frauen, die ich treffe, unanständige Anträge mache. Kaum bin ich zu Hause, fangen die Anschuldigungen an, und sie überprüft mich. In Gesellschaft ist es furchtbar, und es geht manchmal so weit, dass sie mir öffentlich eine Szene macht oder gar eine Frau ohrfeigt, die ich einfach und normal angeschaut habe! Ich hätte zahlreiche lasterhafte Verhältnisse und sei total verdorben. Es ist nicht auszuhalten. Dabei weiss meine Frau sehr genau, dass meine angeblichen Freundinnen überhaupt nicht ‹mein Typ› sind.»

Das lässt den Psychoanalytiker aufhorchen. Natürlich ist eine solche Eifersucht deutlich pathologischer Art. Doch es steckt noch mehr dahinter: Hat der Psychoanalytiker diese Frau vor sich, so stellt er sehr bald einen Mechanismus fest, der alles erklärt.

Die Frau dieses unglücklichen Mannes ist überzeugt, dass er sie mit bestimmten anderen Frauen betrügt, und zwar auf absolut lasterhafte, schändliche Art und Weise. Hier entdecken wir ein inneres, für den Laien recht seltsames, für den Psychoanalytiker aber fast alltägliches Spiel.

1. Der Typ der verdächtigen Frauen entspricht dem weiblichen Ideal des Mannes überhaupt nicht.
2. Derselbe Frauentyp entspricht jedoch genau dem weiblichen Ideal – der Ehefrau! Ist denn diese Frau lesbisch veranlagt? Ja, aber latent und unbewusst. Da sie unbewusst lesbisch ist, hat sie ebenso unbewusst das Bedürfnis, anderen Frauen Anträge zu machen. Warum tut sie es denn nicht? Weil ihre Veranlagung unbewusst ist und von unbewussten Zonen des Gehirns gemäss ihren moralischen Vorstellungen verdrängt wird. Wenn sie ihren Mann lasterhafter, schändlicher Orgien verdächtigt, verrät sie die Neigungen, die sie in ihrem Innersten spürt. Ob nun diese Impulse verdrängt werden oder nicht, sie bleiben auf jeden Fall aktiv, und es geschieht folgendes:

1. Sie wünscht unbewusst, anderen Frauen Anträge zu machen.
2. Sie kann es nicht, das heisst, sie ist dazu unfähig.
3. Wer macht normalerweise Anträge? Der Mann, also ihr Mann.
4. In diesem Moment überträgt die Frau ihre eigenen Tendenzen auf ihren Mann. Sie «wird» der Mann und ist überzeugt, dass er die Annäherungsversuche unternimmt, die sie selbst machen möchte.
5. Sie ist auf den Mann eifersüchtig, an dessen Stelle sie einerseits sein möchte. Andererseits kommt es zu furchtbaren Eifersuchtsszenen, die scheinbar nur auf ihrer Phantasie basieren, doch von starken, unbewussten Tendenzen abhängen.

In diesem Falle gibt es zwei Leidtragende: Einerseits leidet der Mann unter den Szenen seiner Frau, andererseits lebt die Frau ständig mit ihrem gewaltigen inneren Konflikt zwischen:

a) ihrer unbewussten Veranlagung,
b) dem was sie zu sein glaubt, das heisst eine Frau mit normaler Sexualität.

Der umgekehrte Fall kommt auch vor: Der geistesgestörte, unbewusst homosexuelle Mann überträgt seine Tendenzen auf seine Frau, der Männer, so glaubt er, Anträge machen, die er selbst bekommen möchte.

Wir sehen also, dass auch die Eifersucht viele verschiedene Formen annehmen kann. Die einfache Eifersucht ist nicht als eindeutig abnormal zu betrachten. Zum Beispiel wird die Eifersucht des Kindes erst dann abnormal, wenn sie lange dauert oder ein Zurückbleiben verursacht. Hingegen ist sie bei den Erwachsenen praktisch immer abnormal und ein Symptom der affektiven Insuffizienz, die psychologisch zu behandeln ist.

Die autoritäre Aufopferung

Paul erzählt: «Ich habe keine Eltern mehr und lebe seit zehn Jahren bei meiner Grossmutter. Dabei weiss ich nicht einmal, ob ich sie liebe oder hasse; wahrscheinlich beides. Meine Grossmutter macht alles für mich. Das ganz bestimmt! Sogar viel zu viel... Sie zwingt mir immer auf, was sie für mich für gut findet, sogar dann, wenn es überhaupt nicht meinem Wunsch entspricht. Mein persönlicher Geschmack? Meine eigene Meinung? Das interessiert sie alles nicht. Ich muss jeden Tag Rindfleisch essen. Rindfleisch ist gut, Rindfleisch ist gesund! Dabei ess' ich es nicht gern und habe es ihr schon tausendmal gesagt. Doch nichts zu wollen: Jeden Tag gibt's Rindfleisch. Und immer ist es so: Sie zwingt mir ihre Hilfe und Aufopferung auf, und ich muss alles schlucken, wenn ich sie nicht verletzen will. Sie umsorgt mich eher wie eine brummende Fliege... Sollte ich versuchen, ihr beizubringen, dass mein Geschmack und meine Meinung auch eine Rolle spielen? Ich könnte es ebenso einer Mauer erklären. Ich bin im höchsten Grade erschöpft und habe sehr oft beim Essen erbrechen müssen, so verkrampft war ich... Manchmal bricht mein innerlicher Zorn aus und ich werde furchtbar brutal. Ich werde wütend und alles explodiert, sie seufzt wie eine unverstandene Märtyrerin. Dann habe ich fürchterliche Gewissensbisse und weiss tagelang nicht, was ich tun soll, damit sie mir verzeiht. Ich spiele den schmeichelnden, kleinen Knaben. Seit drei Jahren versuche ich, ihr ein Kostgeld zu zahlen. Das wäre schliesslich normal, denn ich arbeite schon, und ich hätte somit das Gefühl, ein selbständiger Mann zu sein. Sie hat stets abgelehnt und wird böse, wenn ich darauf bestehe. Auch da zwingt sie mir ihre Hilfe und Aufopferung auf. Im Grunde genommen wünscht sie nur, dass ich schön brav und unterwürfig bleibe. Wenn ich ein Mann werden will, muss ich sie verlassen, doch ich kann mich nicht dazu entschliessen. Das gibt eine Tragödie! Sie kann sich nicht vorstellen, wie sie mir schadet, während sie mir das ganze Wohl der Welt zu geben glaubt...»

Auch hier geht es um versteckte Herrschsucht. Solche Leute opfern sich nicht auf, sondern zwingen ihre Aufopferung unter allen Umständen auf. Sie zwingen zur Annahme von Geschenken und tun alles allein. Sie machen den Eindruck, der andere sei absolut unfähig, irgend etwas Gelungenes zu leisten. Zudem haben sie einen starken Geltungsdrang und ein grosses Anerkennungsbedürfnis, denn diese Anerkennung verstärkt ihre innere Sicherheit. Äusserlich scheinen sie sehr grosszügig, doch es ist ihnen sehr daran gelegen, dass man es weiss und weiter sagt. Kein Wunder, dass die mit ihnen Zusammenlebenden bald verkrampft und erschöpft sind, mit allen möglichen Folgen wie Schüchternheit, Minderwertigkeitsgefühlen, Misserfolgen, Neurosen, Magengeschwüren usw.

Wie führen die Energiefresser ihre Angehörigen zur Erschöpfung und Neurose?

Es ist unvermeidlich, dass die herrschsüchtigen Leute mit und ohne Maske starke Auswirkungen auf ihre Umgebung haben. Die Reaktion der Angehörigen ist vor allem tiefenemotioneller Art. Wie wollen Sie denn vor einer Person reagieren, die für Sie überhaupt kein Gehör hat, die alles aufzwingt, alles überwacht und sich bis zur Besessenheit aufopfert? Es kommt zu emotioneller Auflehnung, zu Lampenfieber, Verkrampfung, Notlügen, innerer Wut, unterdrücktem Zorn, Gewissensbissen, Schuld- und Minderwertigkeitsgefühlen. Und in diesem Wirrwarr gilt es zu versuchen, die eigene Persönlichkeit zu retten. Die Emotion ohne Entladungsmöglichkeit wird dann zu einer Art schleichender Krankheit, und die psychosomatische Medizin zeigt die körperlichen und psychologischen Auswirkungen der Emotion.

Ich höre oft Bemerkungen wie: «Es ist eine schreckliche, tägliche Last... Das kann man unmöglich genau erklären... Magenkrämpfe, Übelkeit.. Ich weiss nie, wie ich es ihr (oder ihm) recht machen kann. Lieber hundert eindeutige Handlungen als diese tausend kleinen Reaktionen ohne Ergebnis. Ich muss immer auf der Hut sein, sie (oder er) tötet mich langsam, ohne es zu wissen und mit der grössten Gutartigkeit der Welt... Wie kann ich unter solchen Umständen ein Mann sein? Ich muss verbittert kämpfen, um allein handeln zu können...»

Die «Verdauung» zahlloser entgegenwirkender Gefühle wird schwierig oder unmöglich. Die Erschöpfung kommt, das Bewusstsein ist zur Synthese nicht mehr fähig. Wie könnte ein Jüngling, der mit einem Herrschsüchtigen zusammenlebt, gegensätzliche Gefühle assimilieren? Mal Liebe, mal Auflehnung und Hass, selbstverständlich verdrängt. Kein Wunder, dass seine Affektivität entgleist, nachdem sie so lange strapaziert wurde. Wie könnte er seine Persönlichkeit intakt halten, während man sie untergräbt und Stück um Stück sprengt?

Vor der «erschöpfenden Person» wird das Ich geteilt, zersplittert und von Satelliten umgeben. Erschreckend ist die Zahl der psychologischen Krankheiten, verfehlten Erziehungen, Homosexuellen und Versager, die auf das Konto der Herrschsucht gehen, und der Psychologe kennt den Saldo.

Die Hysterie

Wir kennen schon Janet als Direktor eines Laboratoriums für pathologische Psychologie. Damals war die Hysterie an der Tagesordnung. Was ist das eigentlich für eine unfassbare Krankheit? Im allgemeinen ist die Hysterie eine «hektische» Krankheit. Sie ist aber kein Produkt unserer hektischen Zeit! Jahrhundertelang war sie der Alptraum von Ärzten und Psychiatern, die vor ihren Erscheinungen, mal Zucken, mal Kopfschmerzen, stets machtlos waren. Nach den Krämpfen kam das Erbrechen, dann Lähmung... Oder die hysterische Person wurde plötzlich und ohne jede organische Ursache blind. War der Blindheitsanfall vorbei, kam Taubheit. Die Hysterie war auch von weiteren Erscheinungen begleitet, wie Besessenheit, Krisen, fixen Ideen, Schmerzen und oft furchtbaren Krämpfen.

Verständlich, dass die Vielzahl der Symptome die Ärzte in Angst und Schrecken versetzte. Natürlich hatte jeder von ihnen seine eigene Meinung, die ebenso endgültig war, wie es sich gehört. «Sie ist hysterisch», hat man schnell gesagt. Nervenzusammenbruch? Da wurde die Etikette aufgeklebt! Eine hypersexuelle Frau? Wieder die gleiche Überschrift! Das war natürlich sehr bequem, doch man war weit von der Wahrheit entfernt.

Viele sind der Meinung, es handle sich um eine ausschliessliche Frauenkrankheit. Ihr Name kommt übrigens von der alten Annahme einer Gebärmutterstörung (griechisch hystera = Gebärmutter). Doch dies trifft auch nicht zu. Wichtig ist vor allem zu wissen:

a) dass die Hysterie sowohl bei Männern als auch bei Frauen auftreten kann,
b) dass es nicht *eine* Hysterie gibt, sondern eine ganze Reihe hysterischer Erscheinungen, die harmlos und vorübergehender Art oder aber erblich und dauerhaft sein können.

Wie alt ist die Hysterie?

Sie ist zeitlos oder so alt wie die Menschheit. Das Altertum kannte sie schon recht gut, doch war man damals so galant, dass man den Frauen die Exklusivität überliess, aus männlicher Eitelkeit oder Unwissen... Später glaubte man (schliesslich musste man ja einen Schuldigen finden), der Satan selbst wüte im Körper der Hysterischen. Diese «Verdammten» waren allen erdenklichen Austreibungen ausgesetzt. Im 19. Jahrhundert wandten sich die Neurologen diesem heiklen Problem zu, mit ihrer ganzen Wissenschaft! Anfänglich konnte nicht viel erklärt werden, doch vollbrachten sie eine heilsame Klimaänderung. Der Teufel wurde in die Kulissen verdrängt, während die Neurologen ihren Auftritt machten. Die Hysterischen blieben auf der Bühne, mit dem Unfassbaren ihrer zahlreichen Gesichter. Die Wissenschaft kam langsam zur Erkenntnis, dass die Hysterischen nicht bewusst simulierten und auch nicht verdammt, sondern einfach krank waren.

Die Neugierde der Medizin ist unendlich, und der ganze Fächer der hysterischen Erscheinungen entfaltete sich vor ihr, aber das Geheimnis blieb ein Geheimnis, und der berühmte Lasègue nannte die Hysterie den «Papierkorb, in den man alles wirft, was sich nicht ablegen lässt».

Das 20. Jahrhundert kam auch und mit ihm die Tiefenpsychologen, während die psychosomatische Tendenz in der Medizin deutlicher wurde. Eine grundlegende Entwicklung zeichnete sich ab, und die Hysterie wurde immer mehr in den richtigen Rahmen gestellt.

Charcot hatte bewiesen, dass hysterische Erscheinungen durch Hypnose beliebig oft hervorgerufen oder zum Verschwinden gebracht werden können. Andererseits ist Hypnose gleichbedeutend mit mächtiger Suggestion, die von den unbewussten Nervenzentren sofort akzeptiert wird.

Janet stellte zwischen den hypnotischen und hysterischen Phänomenen eine frappante Ähnlichkeit fest. Seiner Ansicht nach setzen sich die Hysterischen einfach in den Kopf, dass sie gelähmt oder blind seien. Sie hätten damit eine fixe Idee als Folge einer unwiderstehlichen Selbstsuggestion. Woher kamen aber die fixe Idee und die «Macht» des Gehirns, eine Lähmung, eine Besessenheit oder Stummheit hervorzurufen? Immer deutlicher wurde die Kraft der Suggestion und Selbstsuggestion in den hysterischen Erscheinungen, während man den nervlichen Vorgang immer besser verstand. Die Psychologie suchte nach den tiefen Grundlagen. Heute sind die hysterischen Phänomene, wie jede psychologische Störung, heilbar.

Welches sind die grossen hysterischen Phänomene?

Die Krise ist eine völlig zusammenhanglose Aufregung, jedoch ohne Zungenbeissen und Urinverlust. Der Kranke redet sehr viel, heult, lacht, jammert, schreit, beleidigt. Das Bewusstsein bleibt aktiv. Wenn der Hysterische stolpert, so wählt er sich den Ort aus und er verletzt sich praktisch nie, weshalb viele glauben, seine Krise sei bloss simuliert...

Lähmungen kommen oft vor: Einseitige oder Querlähmung.

Blindheit, Stummheit, ohne organische Grundlage (erinnern wir uns an die von Mesmer behandelte junge Frau, die seit dem dritten Lebensjahr blind gewesen war).

Zuckungen, die zu Pseudo-Gehirnhaut- oder -Blinddarmentzündungen, manchmal auch zu Scheinschwangerschaften führen können.

Die bewusste Wahrnehmungsfähigkeit kann unterbrochen werden, und Hysterische können die schlimmsten Verbrennungen ohne jeden Schmerz aushalten. Wir wissen aber, dass die Hypnose Operationen ohne Schmerz gestattet, indem bestimmte Körperteile durch Suggestion unempfindlich gemacht werden. Auch hier stellen wir also einen engen Zusammenhang fest, doch eine Frage drängt sich auf: Warum wird der bestehende Schmerz vom Gehirn des hysterischen beziehungsweise hypnotisierten Patienten nicht bewusst empfunden? In beiden Fällen schläft das bewusste Gehirn, wobei dieser Schlaf bei der Hysterie spontan ist und in der Hypnose verursacht wird.

Hier müssen wir uns daran erinnern, dass die fixe Idee ein Schlummern derjenigen Gehirnteile hervorruft, die sie nicht betrifft. Diese inhibierten Gehirnteile können die Schmerzempfindung verhindern.

Der hysterisch Kranke kann auch das Gedächtnis verlieren und plötzlich weit von seinem Wohnort auftauchen. Wir kommen damit zu zwei seltsamen Fällen, die sich auf eine Art ergänzen: das Nachtwandeln und die Spaltung der Persönlichkeit.

Das Nachtwandeln gehört zu den interessantesten hysterischen Erscheinungen. Es handelt sich um eine richtige Handlung, die jedoch unbewusst bleibt.

Der Patient ist einzig für seinen inneren Traum wach. Er steht auf, geht, trinkt, isst, verrichtet verschiedene Handlungen. Er lebt seinen Traum und befolgt dessen Befehle blindlings. Dabei ist zu bemerken, dass der Nachtwandler kein echtes Bewusstsein besitzt und deshalb auch keine Angst kennt. Er kann ohne jede Furcht Handlungen ausführen, die ihm im normalen Zustand zu gefährlich wären. Wenn er wieder bewusst wird, kann er sich meist an seine abnormale Tätigkeit nicht mehr erinnern.

Die unbewusste Tätigkeit kann jedoch andauern, und wir kommen damit zur Spaltung der Persönlichkeit. In diesem Fall lebt der Kranke auf zwei «Ich», wobei jedes sein eigenes Leben führt! Das eine wird vom normalen Bewusstsein seiner Gehirnrinde geführt, während das zweite von einem Unbewussten gesteuert wird, das in den Nervenzentren des unbewussten Lebens mit seinen Gewohnheiten und Instinkten vorhanden ist.

Das Studium der psychosomatischen Medizin wird uns dies besser verstehen helfen. Alles sieht so aus, als ob der «Gespaltene» zwei Gehirne besässe, die kein Verhältnis zueinander haben. Bei der mehrere Jahre anhaltenden Spaltung der Persönlichkeit kann der Mensch arbeiten und eine schöpferische Tätigkeit ausüben sowie ein Liebes- und Berufsleben, dessen Abnormalität einem normalen Beobachter kaum auffallen würde.

Der hysterische Mensch wird in erster Linie durch eine hohe Suggestionsfähigkeit gekennzeichnet. Es scheint also, dass bei ihm die Gehirnrinde schlecht funktioniert, da er keinen Willen zeigt, der Suggestion zu begegnen. Deshalb ist die Hysterie eine so «ansteckende» Neurose! Denken wir an die Massenführer, an bestimmte jugendliche Krawalle unter dem Einfluss gewisser Künstler und an die einmütigen Reaktionen auf Emotionen, die sich wie ein geistiges Lauffeuer ausbreiten und jeden persönlichen Willen neutralisieren.

Ich muss gleich betonen, der echt Hysterische ist aufrichtig und ist aufrichtig krank. Charcot hat den Höhepunkt und den Wahn der Hysterie sehr treffend beschrieben, mit all ihren Verwünschungen, Schreien, Beleidigungen, Ekstasezuständen, erotischen Äusserungen und oft eigenartigen Hautausschlägen.

Die hysterischen Erscheinungen sind Symptome einer sehr tiefliegenden Störung des affektiven Gleichgewichts.

Wie wird die Hysterie behandelt?

Die eigentliche Medizin steht der Hysterie völlig machtlos gegenüber. Es ist, als ob der Hysterische die Symptome ständig wechseln würde, um die Heilwissenschaft irrezuführen und zu entmutigen... Was wollen Sie mit einem Gelähmten, Stummen oder Blinden anfangen, der im Grunde genommen weder gelähmt noch stumm, noch blind ist? Wo wollen Sie ansetzen, wenn keine sichtbare organische Grundlage besteht und wenn die festgestellten Erscheinungen in ein paar Tagen vielleicht verschwinden, um anderen Platz zu machen? In der Hypnose können hysterische Erscheinungen leicht durch Suggestion ausgelöst werden, und die Hysterie ist wahrscheinlich die Krankheit, in der ein Mensch am meisten und am besten für eine Suggestion empfänglich wird. Ferner verstecken sich die hysterischen Erscheinungen nicht. Im Gegenteil zwängt der Hysterische seine Symptome bewusst oder unbewusst seiner Umgebung auf, die oft glaubt, es handle sich schlicht und einfach um eine Komödie...

Hinter all dem gilt es, einen Sinn zu entdecken, eine Bedeutung, deren Hauptmotive gefunden werden müssen. Ein Hysterischer ist eine Art «aufrichtiger Heuchler», dessen geistige Unordnung in diesem Sinne zu behandeln ist.

Infolge der Anzahl Symptome und Erscheinungen schlugen viele Autoren vor, das Wort «Hysterie» aus dem Wörterbuch zu streichen und durch «hysterische Erscheinungen» zu ersetzen.

Alle diese Erscheinungen haben wohl Gemeinsamkeiten, doch sind ihre Grundlagen sehr verschieden. Auch bei gleichen Symptomen hat die Hysterie eines Greises nichts mit einer hysterischen Blindheit zu tun, die von einem Kriegsschock ausgelöst wurde. Dabei sind die Symptome zum Verwechseln gleich.

Was tun, wenn der Hysterische «eine Krise hat»?

Darunter verstehe ich eine Krise in Abwesenheit des Arztes. Die erste Folge ist die Verwirrung der Umgebung. Was macht nun der Arzt gleich bei seiner Ankunft? Er wird den Kranken von seiner Umgebung trennen, und sehr bald wird die Krise von der Kaltblütigkeit des Arztes gebremst. Die Aufregung der Umgebung hatte die Selbstsuggestion des Kranken nur verstärkt.

Weitere sofortige Mittel: Bespritzen mit Wasser, Ohrfeigen, Zusammendrücken der Augäpfel... Doch diese Methoden sind rein oberflächlicher Art und sollen nur die Krise beenden. Die hysterischen Erscheinungen sind bloss Symptome und nicht die Krankheit selbst. Diese liegt viel tiefer, und diese Tiefe gilt es zu erreichen und zu behandeln.

Aber wie? Man muss den Ursprung und die Motive entdecken, die oft sehr gut versteckt sind, und mit Hilfe der Psychologie die affektiven Konflikte finden.

Konversionserscheinungen

Die Konversion ist ein häufiger Vorgang, wobei bestimmte Konflikte am Körper zum Ausdruck kommen, das heisst die psychologischen Konflikte werden in physische Krankheiten umgewandelt oder «konvertiert». Ein klassisches Beispiel ist der Zorn. Die sofortige Entladung des Zorns besteht aus Beleidigungen, Gewalt, Schlägen usw. Doch der Zorn kann auch eine Konversion erfahren: Der konvertierte Zorn führt zum Stottern, wenn diese Konversion im Kehlkopf stattfindet. Es kann aber auch eine Lähmung entstehen, wenn die Konversion andere Organe berührt.

Wie jeder weiss, sind bestimmte Magengeschwüre bloss eine Konversion affektiver Konflikte. Es handelt sich also um ein höchst interessantes Phänomen, das sehr häufig ist. Die psychosomatische Medizin erklärt diese Erscheinung auf sehr interessante Weise.

Die Konversionserscheinungen können sehr verschiedener Art sein, und es ist nicht verwunderlich, dass das Verschwinden eines Symptoms, wie bei der Hysterie, das Auftauchen eines anderen ermöglicht. Folgern dürfen wir aber nicht, dass jede Konversion hysterischer Natur sein muss und dass jeder Mensch mit einem psychologisch bedingten Geschwür hysterisch ist... Das wäre absurd.

Bei der Hysterie sieht es genau so aus, als ob die psychologische Krankheit körperlich zum Ausdruck kommen müsste, und zwar auf irgendeine Art und Weise. Hier wird die Gefahr deutlich: Das hysterische, körperliche Symptom stellt eine notwendige Entladung dar. Dabei wissen wir, dass jeder verdrängte Zorn schädlich ist! Auf die Hysterie übertragen heisst dies, dass blosses Heilen einer hysterischen Konversion gefährlich sein kann, als würde man die Überdruckventile eines Heizkessels blockieren. Die Unmöglichkeit der affektiven Entladung hat schon viele zum Selbstmord geführt.

Es ist also unerlässlich, die tiefere Ursache zu suchen und die geistige Untersuchung gründlich zu führen. Jeder Fall von Hysterie erfordert eine andere Behandlung, die aber stets eine Tiefenbehandlung sein muss, mit allen ärztlichen und psychologischen Techniken.

Es darf nicht vergessen werden, dass die Hysterie eine ganze Reihe verschiedener Zustände aufweist. Zum Schluss ist noch zu bemerken, dass man ein Leben lang mit einem hysterischen Temperament ohne übermässige hysterische Erscheinungen leben kann. Die Veranlagung fällt also dem nicht spezialisierten Beobachter kaum auf, und die Person gilt höchstens als empfindlich, übermässig suggestionierbar und führt ein ruhiges Leben, das nie ausgesprochen abnormale Symptome auslösen kann.

Führen wir alle mehr oder weniger ein Doppelleben?

Haben wir, mit anderen Worten, mehrere Persönlichkeiten, wobei eine überwiegen kann? Haben wir mehrere «Ich». Die oft verblüffenden Fälle gespaltener Persönlichkeiten sind weder Phantasie noch Fiktion, sondern rein ärztliche Tatsache, die von Literatur und Kino oft verfälscht dargestellt wurde.

Wir wissen bereits, dass das Bewusstsein eine Art Reservoir ist, das alle Ereignisse des Lebens vermischt, um eine Synthese, eine einzige Wahrnehmung daraus zu machen. Das Leben wirft sozusagen in dieses Reservoir Äpfel,

Birnen und Trauben hinunter. Doch der erhaltene Saft ist weder Apfel-, Birnen- noch Traubensaft. Es ist ein neuer, homogener und geschmackvoller Saft.

So muss auch das Bewusstsein des Menschen sein: homogen und angenehm.

Rein wissenschaftlich ausgedrückt ist das Bewusstsein die Synthese, die ein Mensch zu einem bestimmten Zeitpunkt aus seinen Wahrnehmungs-, motorischen und psychischen Tätigkeiten macht, die deren elementaren Aspekt übertrifft und all diese Tätigkeiten in ein originelles Verhalten integriert. Dies entspricht der Vorstellung von Janet.

Wir haben gesehen, dass ein in das Bewusstsein nicht integriertes Ereignis zu einem Satelliten wird, der ausserhalb des Bewusstseins arbeitet und zu Spannungen führt.

Dies ist zum Beispiel bei allen Komplexen der Fall. Ein Komplex ist wie dieser Satellit; er arbeitet selbständig, ohne vom Bewusstsein absorbiert werden zu können. Der Mensch sieht oft die Symptome des Komplexes, doch selten den Komplex selbst. Damit hat er schon eine gespaltene Persönlichkeit: sein eigentliches Ich und das Ich seines Komplexes, das heisst, irgend etwas zwingt ihn, gegen seinen Willen zu handeln.

Was würde geschehen, wenn ein solcher isolierter, doch starker Satellit plötzlich Oberhand gewinnen würde? Was würde geschehen, wenn dieser Satellit Hauptbewusstsein würde und das ursprüngliche Bewusstsein neutralisieren könnte?

Nun sehen wir doch mal zu...

Ein seltsamer Fall

Plötzlich und ohne jedes Vorzeichen schläft ein Mädchen tief ein. Ein eigenartiger, ungewöhnlich langer Schlaf... Dann wacht das Mädchen auf, und man stellt fest, dass nichts mehr vorhanden ist von allem, was seine Persönlichkeit bildete. Es ist wie ein neugeborener, unwissender Mensch, der alles von seiner früheren Persönlichkeit vergessen hat.

Man musste dem Mädchen alles neu beibringen: Lesen, Schreiben... Sie lernte schnell. Als alles neu gelernt war, schlief sie wieder ein. Wieder dieser eigenartige, lange Schlaf. Als sie aufwachte, hatte sie wieder ihre erste Persönlichkeit und konnte sich an die Zeit zwischen den beiden Schlafperioden überhaupt nicht mehr erinnern.

Es dauerte vier Jahre mit diesen stetig abwechselnden Persönlichkeiten. Bei jeder dieser Persönlichkeiten war nichts mehr von der anderen vorhanden, nicht einmal eine Erinnerung. Dabei konnte das Mädchen in jedem der beiden Zustände handeln, lesen, studieren, arbeiten, denken! Angenommen, sie hätte eine strafbare Handlung ausgeführt, um dann wieder einzuschlafen und im anderen Zustand wach zu werden.... Wie könnte man sie dann verantwortlich machen? Wie würde die menschliche Gerechtigkeit reagieren? Wie könnte man sie einvernehmen, wenn ihr neues «Ich» sich überhaupt nicht mehr an das frühere «Ich» erinnert?

Wenn die Persönlichkeit rissig wird...

Mit achtzehn Jahren litt ein Mädchen abwechselnd unter Geistesabwesenheit, Taubheit und Blindheit. Nach einem «Schlafanfall» verschwand dann ebenfalls die erste Persönlichkeit, und das Mädchen musste das Lesen und Schreiben neu lernen. Man stellte fest, dass die neue Persönlichkeit ganz anders war als die erste. Nummer 1 war traurig und deprimiert, während Nummer 2 fröhlich und sorglos war. In diesem zweiten Zustand konnte nichts und niemand das Mädchen daran hindern, seinen Kopf durchzusetzen...

Nach einem neuen Schlaf erwachte sie wieder mit der Persönlichkeit Nummer 1 und ihren früheren Kenntnissen, bei völlig vergessener Persönlichkeit Nummer 2. Alles wiederholte sich mehrmals, bis sie mit sechsunddreissig Jahren in ihrer Persönlichkeit Nummer 2 und bei voller Erinnerung an alles, was diesen Zustand ausmachte, zum letztenmal aufwachte. Von da an und bis zu ihrem Tode blieb sie in ihrem zweiten Zustand.

Solche Fälle sind eher selten und versetzen die Menschen in Verblüffung. Kann es also in der angeblich einheitlichen, menschlichen Persönlichkeit Risse geben? Kann jedes Bruchstück für sich handeln, unabhängig davon, was ein anderes Stück macht? Solche Extremfälle sind natürlich auch hier eine Übertreibung des Normalen. Es steht ausser Zweifel, dass die meisten Leute ausserhalb ihres Bewussten integrierte «Satelliten» besitzen, die je nach der Situation zum Vorschein kommen. Die psychologische Analyse, die Hypnose und die Narkoanalyse können solche Satelliten entdecken.

Nehmen wir das bereits bekannte Beispiel des Schüchternen. In der Einsamkeit führt dieser mit seinem Hauptbewussten ein ausgeglichenes Leben. Er integriert und assimiliert die Umstände mühelos. Plötzlich ist er in der Öffentlichkeit, und seine Erregbarkeit schaltet um. Seine «Satelliten» (Ängste, Minderwertigkeitsgefühle, Komplexe usw.) werden wieder aktiv, sie arbeiten selbständig und assimilieren die entsprechenden Situationen. Wir haben hier also eine kleinere Form der Persönlichkeitsspaltung.

Ein weiteres Beispiel: Ein Mensch hat eine panische Angst vor Bazillen, speziell bevor er ins Bett geht. Den ganzen Tag lebt er mit seinem Hauptbewussten, und alles ist in Ordnung. Abends zwingt ihn aber sein geistiger «Satellit», sich die Hände zehnmal zu desinfizieren. Irgend etwas in ihm befiehlt diese Handlung.

Ich muss nochmals darauf hinweisen, dass ein genügend starkes Bruchstück des Ichs die ursprüngliche Persönlichkeit neutralisieren oder einschränken kann (Persönlichkeitsspaltung bzw. Angst, Komplexe, Besessenheit, fixe Idee). Nicht nur das Hauptbewusste, sondern auch die Bruchstücke beeinflussen die Sinne, und der Patient hat dann Halluzinationen, er hört wirklich Stimmen und sieht wirklich Sachen, die anderen verborgen sind. Er meint, diese Stimmen und Bilder kämen von aussen, obwohl sie aus dem Einfluss seines isolierten Bewusstseins entstehen, also innerlich. Dieses Phänomen führt in gewissen Fällen zu «Erscheinungen», Hören von «himmlischen Stimmen» usw. Die äusserste Vorsicht der katholischen Kirche wird also durch wissenschaftliche Erkenntnisse gerechtfertigt, denken wir nur an die Hautausschläge und Male, die die Hysterie verursachen kann. Das Bewusste besteht also aus einer Reihe Reaktionen, die in einer einzigen Empfindung kombiniert sind. Jeder Mensch besteht aus mehreren Persönlichkeiten, mindestens aus der bewussten und der unbewussten Persönlichkeit. Der Idealzustand entspricht der Vereinigung aller Persönlichkeiten, wovon die innere Ausgeglichenheit abhängt.

Immer deutlicher wird also die Bedeutung einer guten Erziehung. Der schädliche Einfluss bestimmter Familienkreise und ungeschickter Erziehung führt zwangsläufig zu Anomalien. Ausserhalb des Hauptbewussten beginnen Bruchstücke selbständig zu leben. Selbstverständlich besitzen sie noch zu wenig Kraft, um weitere «Ich» zu werden. Auf die Dauer werden sie aber von Affektivitätsstörungen, Inhibitionen, Verdrängungen und Ängsten verstärkt, vergrössert und aufgebauscht, bis sie zu echten Satelliten werden... Wie bei den grossen Komplexen. Und der Mensch hat mehrere entgegengesetzte Persönlichkeiten, seine vielen «Ich» teilen ihn oft bis zur schmerzhaften Neurose...

Die freie Assoziation

Wir kommen langsam zur Psychoanalyse. Doch bevor wir mit diesem Riesenstück anfangen, wollen wir uns einem interessanten Mittel der psychologischen Analyse zuwenden, der freien Assoziation.

Der Psychologe sagt ein Wort. Der Patient muss durch ein Wort, eine Idee oder eine Empfindung antworten, auf die ihn dieses Wort bringt.

Zum Beispiel sagt der Psychologe: Schnee.

Der Patient antwortet: weiss – oder Winter – oder Reinheit – oder Mädchen usw.

Die Begriffsassoziation zwischen Schnee und weiss, Winter ist elementarer Art.

Zwischen Schnee und Reinheit ist sie bereits allegorisch, zwischen Schnee und Mädchen symbolisch. Bei Schnee denkt man also an Unberührtheit, Reinheit, und der Schnee wird zum Symbol des Mädchens.

Das Symbol spielt im menschlichen Leben eine ausserordentlich wichtige Rolle. Es ist eine besondere Darstellung, mit affektiver und emotiver Bedeutung. Zum Beispiel kann ein Eisenbahnzug die Ferne, ein Fluss Kraft oder Ruhe, ein Berggipfel Ehrgeiz symbolisieren, usw.

WORTE	A Mann: 36 Jahre, verheiratet, sehr intelligent und ausgeglichen, Schriftsteller	B Mann: 50 Jahre, aggressiv, Betriebsleiter	C Mann: 40 Jahre, ledig, seit jeher mit autoritärer Mutter zusammen-lebend	D Frau: 22 Jahre, ledig, schüchtern, Lehrerin, normale Erregbarkeit	E Mann: 50 Jahre, sehr ungebildet
1. BAUM	Männlichkeit, ich denke an einen gesunden Mann	Axt	Kraft	blond	grün
2. KAKTUS	Vergewaltigung	Ich	Geschlecht	Bosheit	Es sticht
3. WALD	Menschliche Ewigkeit	Feind	Ich sehe Frauen, und ich habe das Gefühl, dass ich auf der Lauer bin	Ich denke an den Gott Pan	Bäume
4. PFAHL	Furchtbar, habe schon mal einen aufgespiessten Menschen gesehen	Dolch	–	Kraft	–

5. BLUME	Mädchen	–	Mädchen	Streicheln (Zögern) Zärtlichkeit	Duft
6. BRUNNEN	Mutter, Gedicht	Wasser	–	Ruhe, Abend	Wasser
7. SCHLAMM	Das Leben… manchmal	Ich nehme Schlamm und werfe ihn in die Luft	Hintergedanken	–	nass
8. WÄCHTER	Ich sehe einen lächelnden Wächter	Trinkgeld	Mutter	Baum	Mütze
9. BLÜTENBLÄTTER	Ich denke an einen See, an Unberührtheit	Ich sehe einen Strassenfeger	Blume	Streicheln	Rose
10. STURZBACH	Kraft	Handeln	Urin	Ruhe, Tod	Es fliesst halt

11. VASE	Mutter, Frau	Hammer	Parfüm	Füllen...Bekommen	Wasser
12. STEIGEN	Hoffnung, Licht	Überwinden	sich verbessern	Sonne	rauf
13. HINUNTERGEHEN	Ich denke an das Elternhaus, da ging der Weg abwärts	Hab ich noch nie gemacht!	(grinsend): wie ich...	Gleiten, Ewigkeit	runter
14. VATER	Baum	streng, ungerecht	Wenn ich einen gehabt hätte...	Furcht	Mutter
15. LIEBE	Selbstperfektion, Geben	Gibt es nicht!	Mutter	Warten	Lieben
16. TÜR	–	Einschlagen	Frau, Geheimnis	–	–
17. FRAU	Ich denke an die Verkehrstafel: «Achtung, Gefahr»!	Erobern	Mutter	bedürftig	Mann

Welches sind die Bedingungen der freien Assoziation?

Da sie die Affektivität analysieren will, muss sich diese zeigen können, das heisst, die Vernunft muss so wenig wie möglich intervenieren. Eine Entspannung und Vorbereitung ist unerlässlich, um das vernünftige Denken wie im Halbschlaf zu schwächen.

Der Patient antwortet mit allem, was ihm durch den Kopf geht, wobei überhaupt kein Absurditätsbegriff mitspielen darf, denn nur die Vernunft entscheidet, was absurd ist. Um dies besser zu verstehen, denken wir mal an unsere Träume. Im Moment scheinen sie uns überhaupt nicht absurd zu sein; erst beim Erwachen werden sie eben von unserer Vernunft als absurd erklärt.

Analyse der Assoziationen in der vorstehenden Tabelle

Das sind also die Antworten fünf verschiedener Personen auf die gleichen Worte. Selbstverständlich haben sie getrennt geantwortet. Sehen wir uns nun die interessanteren Antworten an. Die von E sind wirklich zu primitiv, um berücksichtigt zu werden!

1. Baum

A: Denkt an Männlichkeit, an eine gesunde Kraft, die der Baum für ihn symbolisiert.

B: Wie er später erklärte, stellt für ihn der Baum eine ruhige Kraft, die es zu schlagen gilt, dar. Vergessen wir nicht, dass B aggressiv ist, deshalb seine Antwort: Axt.

C: Denkt an die Kraft (wie A und B).

D: Antwortet «blond», was zunächst absurd erscheint. Später erklärt sie aber, dass sie dabei an einen starken Mann denkt und dass ihr Ideal ein starker, blonder Mann ist.

Für jeden war also der Baum ein Symbol der Kraft und Männlichkeit. Er kann auch ein allgemeines Sexualitätssymbol werden oder den Vater (Kraft) oder gar einen Feind (wie für B) darstellen.

2. Kaktus

A: Die Form des Kaktus erinnert ihn an den menschlichen Geschlechtsteil, aber die Stacheln verleihen ihm eine gewisse Aggressivität. A hat Sex und Aggressivität in Vergewaltigung kombiniert.

B: Ist aggressiv und identifiziert sich mit dem Kaktus.

C: Sexualsymbol wie für A.

3. Wald

Die Antwort von C verrät dessen Verdrängungen. Er lauert auf Frauen, ohne sich ihnen offen anzunähern.

6. Brunnen
A: Poetischer Vergleich.
D: Denkt an einen ruhigen Garten.

8. Wächter
Die Psychoanalyse wird uns zeigen, dass ein ungeheuer wichtiger Mechanismus der Zensur im Leben eine grosse Rolle spielt. Diese Zensur verbietet alles, was «unpassend» ist. Natürlich ist sie vor allem im Sexualleben wichtig und aktiv, wo doch die Verbote so zahlreich sind. Die von der Vernunft kommende Zensur setzt sich oft der instinktiven Affektivität entgegen.

Zum Beispiel wird ein sexuelles Gefühl eines Bruders gegenüber seiner Schwester als affektives Gefühl von der moralischen, religiösen, ärztlichen usw. Vernunft verboten und zensuriert.

Die Zensur kann von zahlreichen Personen, die die Autorität darstellen (Vater, Mutter, älterer Bruder, ältere Schwester, Polizist, Wächter usw.), symbolisiert werden.
C: Antwortet Mutter, was naheliegend ist, da er von einer herrschsüchtigen Mutter erzogen wurde, die alle Verbote verkörperte, daher die Assoziation.
D: Antwortet Baum, aus der Assoziation: Baum = Kraft und Wächter.

9. Blütenblätter
A: Denkt an die zerbrechliche, reine Keuschheit, und ein See stellt dieselbe Reinheit dar.
B: Hat angeblich an das Lied: «Les feuilles mortes» gedacht. Er habe das Laub mit Erinnerungen assoziiert und hasse Erinnerungen. «Alle meine Erinnerungen sind die eines Schüchternen, und ich bin damit furchtbar aggressiv geworden. Ich will all das wegfegen und nie mehr daran denken!»

10. Sturzbach
A: Antwortet Kraft, was normal ist.
B: Denkt an Handlung, das heisst eine aggressive Handlung, die wie der Sturzbach alles mitreisst.
C: Denkt an Urin, was zunächst auch absurd erscheint. Doch er erklärt: «Als Sie Sturzbach sagten, habe ich ihn gesehen, wie er aus einem Riesenberg zu Tal stürzte. Plötzlich wurde der Berg zu einer riesigen Frau, die urinierte! In meinen Träumen stelle ich mir oft vor, dass man auf mich uriniert, wahrscheinlich weil ich mir so minderwertig, feig und gedemütigt vorkomme.

12. Steigen
Ein sehr starkes Symbol der ganzen Menschlichkeit.
A: Hoffnung, Licht
B: Überwinden, also die gleiche positive Bedeutung wie für A, jedoch in aggressiver Form.
C: Perfektion, also ebenso positiv wie für A und B.

D: Sonne, auch eine positive Vorstellung.
Wir kommen auf diese schönen Symbole zurück.

13. Hinuntergehen
Im Gegensatz zu «Steigen» hat dieses Wort eine negative Bedeutung.
A: Elternhaus, das heisst, «hinunter» heisst für ihn «zurück in die Vergangenheit».
B: Gleichbedeutend; er lehnt es ab, hinunter-, also zurückzugehen.
C: Antwortet «wie ich», das heisst auch hier mit Rückschritt gleichbedeutend. Man muss nur an den alltäglichen Ausdruck denken: «Es geht bergab!»

14. Vater
A: Antwortete «Baum», das heisst Kraft und Männlichkeit (siehe 1.).
B: Streng, ungerecht... so wurde er also erzogen!

15. Liebe
A: Beweist seine Intelligenz und Ausgeglichenheit.
B: Wieder Aggressivität. Er kann sich einfach nicht gehenlassen...
C: Hängt an seiner Mutter.

17. Frau
Die Antwort von A kann der Leser selbst beurteilen.
B: Wieder aggressiv!
C: Auch hier hängt er an seiner Mutter. Er hat Angst vor Frauen (siehe 3., 8., 10., 17.). Da er sich minderwertig und verachtet fühlt, ist er für die Homosexualität eine leichte Beute – und allgemein zum Scheitern verurteilt.

Unter geeigneten Bedingungen sind solche freie Assoziationen sehr interessant. Sie erlauben es nicht nur zu analysieren, sondern auch oft einen ganzen affektiven Vorgang zu entdecken, der eine Angst oder eine Besessenheit ausgelöst hat.

Zum Beispiel antwortet Lydia, eine sechsundzwanzigjährige ledige Frau auf das Wort Sitzbank (nach fünfunddreissig Sekunden Zögern): Sitzen... Und sie fängt an zu zittern. Und sie erzählt weiter: «Bei Sitzbank dachte ich an Blut... Doch ich habe die Antwort unterdrückt. Mit sechzehn Jahren sass ich mit meinem Vetter auf einer Bank. Es war in einem dunklen Wald, und er hat die Situation ausgenützt... Ich war so angeekelt, dass ich seither nie auf einer öffentlichen Bank sitzen konnte. Ich mache alle möglichen Umwege, um keine zu sehen. Ich bin richtig besessen davon! Wenn ich eine Sitzbank sehe, sehe ich auch Blut, und mir wird schlecht!

Die Psychoanalyse

Sigmund Freud, der Inquisitor des Unbewussten (1856–1939)

Es war, als hätte eine Bombe eingeschlagen: Staunen, Verblüffung, Zorn... Und natürlich auch Spott! Es war sozusagen der Anfang des geistigen Surrealismus einer deformierten, unfassbaren und fast grotesken Welt! Nichts schien der Wirklichkeit zu entsprechen. Die Leute hatten Angst: War also ihr mächtiges, heiliges, vernünftiges Ich nichts anderes als das? Wie konnte sich dieser Freud wagen, der Welt solche Ohrfeigen zu geben? Wie konnte er behaupten, das Innerste im Menschen sei ein unerforschter Riesenozean mit zahllosen unbewussten Höhlen, und der vernünftige, bewusste Teil sei dagegen sehr, sehr klein?

Grinsende Menschen tasten sich ab, um angeblich dieses Unbewusste zu suchen, dessen Vorhandensein ihnen unbekannt war... An spöttischen Reaktionen fehlte es also nicht. Dieser Freud wollte sogar von Träumen eine genaue Erklärung geben und daraus kein absurdes Chaos, sondern eine logische Wirklichkeit machen!

Er behauptete, die inneren Kämpfe des Kindes bestünden im Erwachsenen weiter, wie die bereits erwähnten Satelliten, um bei jeder Gelegenheit wieder wirksam zu werden. Der Mensch, der sich bisher selbst zu beherrschen dachte, wurde plötzlich von seinem Unbewussten gesteuert, das über die meisten seiner Handlungen entschied.

Und das war die Höhe: Für diesen Freud war die Sexualität allgegenwärtig. Freud öffnete die Tore zu einem verbotenen, versteckten, zensurierten Reich, das so tabu war, dass man nur selten und ganz leise darüber sprach. Aus diesem moralischen «Ding» wollte er eine wissenschaftliche Tatsache machen! Die Menschen waren entsetzt... Kein Wunder! Sie mussten auf alte Traditionen verzichten und umdenken... Sie wurden in ihrer Eitelkeit ebenso verletzt wie damals, als sie erfuhren, dass die Erde nicht das Zentrum des Weltalls ist, und wieder war der Spott ihre Abwehr. Doch Freud war dies gleichgültig. Seither hat die Psychoanalyse die Psychologie, die Erziehung, die Literatur, das Theater, die Spitäler, die Schulen und die Kunst erobert. Psychoanalytische Arbeiten werden pausenlos fortgesetzt. Der Mensch träumt davon, das Geistige bis in seine kleinsten Verstecke zu erkunden.

Die psychoanalytische Terminologie

Die Freudsche Psychoanalyse ist in erster Linie eine besondere Methode psychologischer Analyse und Behandlung, die in die Psychotherapie einzugliedern ist. Hier sind die zum Teil recht komischen, doch streng logischen Ausdrücke, denen wir in der Psychoanalyse begegnen werden:

- das Unbewusste
- das «Es» und das Unbewusste
- die Impulse
- das Ich
- die Zensur
- das Über-Ich
- die Verdrängungen
- die Komplexe
- die Träume
- die Abreaktion

Sehen wir uns zuerst das Schema des psychoanalytischen Konzeptes an.

An der Oberfläche eines Sees rudert ein Mensch. Dieser stellt den bewussten Menschen dar, der die Synthese seiner verschiedenen Wahrnehmungen macht. Nehmen wir an, dieser Ruderer wäre nie getaucht oder hätte keine Gelegenheit gehabt zu erfahren, dass der See eine Tiefe und einen Grund hat. Für ihn gibt es ausserhalb der Oberfläche nichts. Er ist wie ein Mensch, der nicht weiss, dass es etwas anderes gibt als ein bewusstes Leben. Wann wird er vermuten, dass der

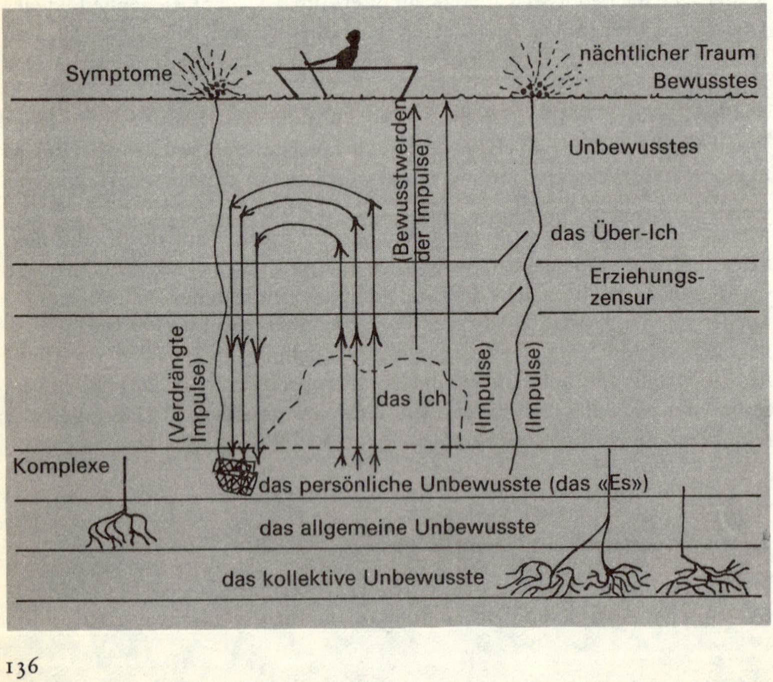

See einen Grund hat? Wenn er eine Blase beobachtet, die an der Oberfläche platzt, oder wenn sogar eine sehr grosse Luftblase seinen Kahn zum Schwanken bringt ... Erst dann bemerkt der Ruderer, dass es etwas Unsichtbares gibt, das Auswirkungen haben kann und das nur durch Tauchen zu untersuchen ist. Dieser unsichtbare Teil ist:

Das Unbewusste

Ein unbewusster Mensch ist einer, der seine psychologischen und physiologischen Verhältnisse nicht kennt. Beim normalen Menschen ist dies bloss ein vorübergehender Zustand, denn die meisten unbewussten Umstände können nach Bedarf bewusst werden.

Beispiele:
Ich bin mir nicht bewusst, dass mein Herz schlägt, doch diese Schläge werden bewusst wahrgenommen, sobald ich meine Aufmerksamkeit darauf lenke.

Ich schreibe einen Brief, und diese Handlung ist bewusst. Im Moment denke ich nicht an meinen Freund X., doch dessen Erinnerung ist in meinem Gedächtnis. Plötzlich schaue ich auf die Uhr, die mich an meine Verabredung mit X. erinnert. In diesem Moment kommt X. in mein bewusstes Feld.

Das ist natürlich sehr einfach und klar.

Die Erinnerungen

Diese gehören in die unbewusste Zone des Menschen. Ihre Anzahl ist unübersehbar; einige sind mit angenehmen oder unangenehmen Emotionen «geladen» und spielen in der Psychoanalyse eine wichtige Rolle.

Viele Erinnerungen bleiben hier lange Zeit vergraben («vergessen»), oft ein ganzes Leben lang. Trotzdem sind sie im Gedächtnis vorhanden, und man kann sich leicht vorstellen, dass sie bestimmte Auswirkungen haben können, ohne bemerkt zu werden! In bestimmten Fällen können solche «vergessenen» Erinnerungen wieder ins Bewusste steigen: Hypnose, Traum, Schock, Schädelverletzungen, Narkoanalyse, Narkose ...

Die Gewohnheiten

Diese bilden ebenfalls einen Teil des Unbewussten. Eine Gewohnheit ist eine Art «normale Zuckung», die momentan bewusst werden kann.

Zu den Gewohnheiten gehören die meisten motorischen Handlungen, viele Meinungen und Vorurteile. Die Presse, die Werbung usw. spielen hier eine grosse Rolle. Während aber die Wirkung einer Gewohnheit oft bewusst ist, sind die geheimen Motive meist unbewusst. Die Gewohnheiten sind in der Psychologie von grosser Bedeutung, denn sie können eine gestörte Affektivität zutage bringen. Die wichtigsten sind: Stirnrunzeln, Augen aufsperren, Schnüffeln, Nasenrümpfen, Lippen befeuchten, Murmeln, Achselzucken, Hals strecken usw. All diese nervösen Ticks werden blitzartig ausgeführt. Es sind einfache Ticks, doch es gibt kompliziertere: Man richtet die Krawatte, lutscht am Daumen, nagt an den Fingernägeln, reibt sich die Nase usw. Solche Gewohnheiten sind oft Symptome eines vorübergehenden Affektivzustandes. Während viele Leute «Gewohnheitsticks» haben, hängen vorübergehende Zuckungen von einem emotionellen Zustand ab, zum Beispiel in einem schwierigen Moment, und verschwinden, sobald die Entspannung kommt.

Es gibt ferner zahlreiche Redeticks (fixfertige Ausdrücke, Wortspiele, die bis zehnmal wiederholt werden, usw.) die ebenfalls mit der Entspannung verschwinden.

Schliesslich gibt es den echt pathologischen Tick, der eine affektive oder physiologische Situation verrät. Seine Untersuchung zeigt oft einen unbewussten, affektiven Konflikt, wobei bestimmte nervliche Faktoren oft mit eine Rolle spielen.

Nun zurück zum Schema auf Seite 136. Unten sehen wir das physiologische und psychologische Unbewusste, das sehr zahlreiche Elemente aufweist. Es ist gleich dem Grund eines Sees mit Schlamm, Gold, Perlen und Erde sowie mit Wurzeln, die in einen noch viel grösseren Grund vordringen: die ganze Erde, zu der er gehört.

Dasselbe gilt für unser Unbewusstes: Es besteht sowohl aus psychologischen Elementen als auch aus den Ausscheidungsprodukten unserer endokrinen Drüsen und aus der Funktion unserer Organe. Es umfasst sowohl Erbfaktoren wie die Blutzusammensetzung und hat überall seine Wurzeln: Die Nation, der man angehört, beeinflusst es schon vor der Geburt, wie das religiöse, soziale und geographische Klima. Die allgemeine Gesundheit des Individuums entscheidet über seine Art und Tragweite. Dieses Unbewusste umfasst ferner die gemeinsamen Tendenzen aller Mitglieder der gleichen Gesellschaftsgruppe. Bei der Geburt ist das Unbewusste eines Chinesen anders als das Unbewusste eines Franzosen.

Das immense Unbewusste ist nicht so leicht zu erkunden. Man müsste die kleinste Nervenfaser des Menschen analysieren können und die tiefen Spuren kennen, die Milliarden von menschlichen Empfindungen vor ihm hinterlassen haben.

Dieses riesige Unbewusste liegt «unten», es ist untergeordnet, primitiv, tierisch und scheinbar ohne jede Geistigkeit. Wenn wir C. G. Jung studieren, können wir uns fragen, ob es nicht auch ein überlegenes Unbewusstes gibt, das den Menschen mit einem geistigen Universum in Verbindung setzt. Diese Vorstellung bildete seit eh und je die Grundlage der orientalischen Psychologie, die die

Freudsche Psychoanalyse wunderbar ergänzt. Doch vorläufig wollen wir bei Freud bleiben.

Laut Freud kommt dieses Unbewusste nicht immer an die Oberfläche des Bewussten. Es bedurfte also einer Art «Zwischenbewusstes», das gelegentlich bewusst werden konnte, und dieses heisst:

Das «Es»

Dieser Ausdruck tönt zwar etwas sprachwidrig, hat aber eine bestechende Logik. Wir alle haben uns schon einmal überlegt: «Es ist stärker als ich, ich kann nichts dafür.» «Es ist stärker als ich» lässt sich etwa wie folgt übersetzen: Irgend etwas in meinem Inneren drängt mich dazu, bestimmte Handlungen auszuführen, ohne dass ich ein bewusstes Verlangen danach hätte. Denken wir wieder an das banale Beispiel einer Person, die sich zehnmal versichern muss, dass der Gashahn tatsächlich zugedreht ist. Sie hat zwar kein bewusstes Verlangen, es zu tun, aber ein unbewusster Drang verpflichtet sie dazu, und sie wird sagen, «es» sei stärker als sie.

Das «Es» wird auch Unterbewusstes genannt und ist eine Bezeichnung für die Gesamtheit der Tendenzen, die bestimmte unserer Aktivitäten steuern. Das Unbewusste und das «Es» stehen in engen Beziehungen zueinander. Das ist normal, da ja beide zusammen das dunkle Reservoir der Instinkte, der Gewohnheiten, der Erinnerungen usw. bilden. Die Wurzeln des «Es» (Unterbewussten) reichen bis ins allgemeine Unbewusste. Ihre gegenseitige Beeinflussung ist von ungeheurem Ausmass. Das «Es» umfasst also alle psychologischen Gegebenheiten, die unserem Bewusstsein im jeweiligen Augenblick entgehen. Damit sie wieder an die «Oberfläche» aufsteigen können, sind gewisse besondere Zustände notwendig (zum Beispiel im nächtlichen Traum, in der Hypnose, der Psychoanalyse usw.). Im «Es» befinden sich viele Erinnerungen und «vergessene» Empfindungen. Viele dieser Erinnerungen behalten aber ihr emotionelles Gewicht und stellen eine Art auf unserem Innersten stagnierende «Magnete» dar; sie ziehen alles zu sich hin, was irgendeinen Bezugspunkt zu ihnen hat.

Wie kann das Vorhandensein unbewusster «Satelliten» nachgewiesen werden? Wenn Symptome an die Oberfläche des Bewusstseins aufsteigen.

Zum Beispiel leidet eine Person unter Angstzuständen. Diese Angst ist nicht die Krankheit selbst, sondern ein Symptom einer Krankheit, die sich noch im «Es» (= Unterbewusstes) befindet.

Zusammenfassung

a) Der Ruderer an der Oberfläche stellt den bewussten Menschen dar.
b) Der unsichtbare Grund des Sees repräsentiert das «Es» (Unterbewusstes).

c) Von Zeit zu Zeit gibt dieser Grund Blasen (Symptome) ab, die dann erst an der Oberfläche platzen und anzeigen, dass auf dem Grund «etwas» geschieht. Wenn diese Blasen kraftvoll sind, können sie das Boot unter Umständen aus dem Gleichgewicht bringen. Das wäre bereits die *Neurose*.

Das Unbewusste und das «Es» treten durch Vermittlung bestimmter Nervenzentren in Aktion. Das menschliche Unbewusste kann eine unglaubliche Kraft entwickeln und eine erschreckende Macht besitzen. Man nimmt es wahr, wenn es sich frei macht, ohne dass ihm eine bewusste Kontrolle und Bremse entgegengesetzt wird; man sieht es bei den Komplexen, Zwängen, Neurosen, Spaltungen der Persönlichkeit usw.

Es gibt aber auch Geisteskrankheiten, bei denen sich die unbewussten Kräfte vollkommen loslösen, zum Beispiel beim manisch-depressiven Irresein. Die Verselbständigung der Instinkte kennt in diesem Falle weder Moral noch Zensur, noch Tabus. Alle Anstandsregeln, die während Jahrtausenden von der Gesellschaft festgelegt wurden, werden weggewischt wie faule Blätter …

Ist das Unterbewusste moralisch oder unmoralisch?

Diese Frage ist grundlegend: Das Unterbewusste ist weder moralisch noch unmoralisch. Es umfasst alle unsere Tendenzen, Wünsche und Instinkte. Die Frage, ob ein zwei Monate altes Kind moralisch oder unmoralisch sei, hat nicht mehr Sinn, da ja dieses Kind einzig und allein nach seinen tiefen Instinkten lebt.

Das Unterbewusste steht also ausserhalb der Moral und weiss ganz einfach nichts von deren Existenz. Es kennt keine sozialen, familiären, moralischen, ethischen und sexuellen Regeln. Das Unterbewusste ist bestrebt, so rasch wie möglich seine organischen und psychologischen Bedürfnisse zu befriedigen, ganz egoistisch wie beim Tier und dem Kleinkind. Diese Bedürfnisse nennt man Triebe.

Das Unterbewusste (das Es) ist das allgemeine Reservoir der Instinkte. Die Triebe sind Tendenzen, die aus dem Unterbewussten stammen, aber nach Befriedigung eines bestimmten Bedürfnisses verlangen.

Beispiel: Wenn ein Mann sich sexuell von einer Frau angezogen fühlt, so ist das «Es» der allgemeine, sexuelle Instinkt, während der «Trieb» die Kanalisation dieses Instinktes gegenüber dieser Frau ist.

Das «Ich»

Es ist uns klar, dass unser «Ich» nicht das «Ich» der anderen ist. Das «Ich» ist also die Persönlichkeit eines Individuums. Wenn man sagt: «Ich» tue dies, lässt dies schliessen, dass wir uns bewusst sind, dass wir es persönlich und willentlich tun. Weshalb ist das «Ich» in der Zeichnung in der unterbewussten Schicht dargestellt?

1. Das Kind lebt in erster Linie nach seinem instinktiven Unterbewussten (seinem «Es»). Es weiss noch nichts von seinem «Ich» und sagt nicht «ich», sondern spricht von sich in der dritten Person.
2. Was geschieht dann? Die äusseren Umstände beginnen das Unterbewusste des Kindes zu «bombardieren».
3. In der Folge dieses «Bombardements» mit Situationen beginnt das Kind sein «Ich» zu empfinden und sich seiner eigenen Persönlichkeit bewusst zu werden. Es wird ihm bewusst, dass alles ihm zustösst und nicht einem anderen. Dann fängt es an in der Ich-Form zu reden.

Damit ist das «Ich» in Erscheinung getreten, das heisst, es wird zu einem Teil des «Es», das durch die äusseren Umstände umgeformt wurde. Vergleicht man das «Es» mit einem gärenden Teig, so ist das «Ich» eine Anschwellung an der Oberfläche dieses Teigs; mit anderen Worten: unser «Ich» bleibt in sehr engem Kontakt mit unseren tiefen Instinkten.

Ein sehr grosser Teil unseres «Ichs» bleibt also unterbewusst, und es bedarf besonderer Umstände, damit es an die Oberfläche des Bewusstseins gelangen kann.

Die Zensur

Wie jeder weiss, sind viele unserer instinktiven Triebe grob, schockierend und primitiv. Denkt man nur an Aggressivität, an den Hass, an bestimmte Reaktionen auf alles, was sich unseren Wünschen entgegensetzt, an bestimmte heftige oder geradezu tierische sexuelle Triebe, an Brutalität, Rache usw., die alle dem «Es» entspringen.

Sozial gesehen, ist es also unerlässlich, dieses Dschungelleben des Unterbewussten zu bremsen, wobei nochmals darauf hingewiesen sei, dass dieser Dschungel weder moralisch noch unmoralisch ist. Der Wolf, der ein Lamm zerfleischt, ist weder unmoralisch noch grausam. «Grausamkeit» ist unsere subjektive, moralische Übersetzung für seine Handlung. Dabei handelt der Wolf bloss wie ein Wolf, und das ist alles. Er steht ausserhalb aller physiologischen oder moralischen Betrachtungen, die er nicht kennen kann.

Das «Es» handelt ähnlich und ohne Rücksicht auf die Folgen! Der Mensch muss aber in der Gesellschaft leben, und die meisten Triebe aus seinem Unterbewussten müssen entweder gestoppt oder zu positiven, im Gemeinschaftsleben annehmbaren Handlungen kanalisiert werden. Auf das Unterbewusste des Menschen regnet es also Verbote und Zensuren. Das ist alles unentbehrlich, doch ein «goldener Mittelweg» muss gefunden werden.

Wer wird denn diese Zensur übernehmen?... Die Erziehung!

Die Erziehung lauert auf diese Triebe und Impulse und prüft sie alle auf Herz und Nieren, schneidet die einen ab, lässt die anderen durch oder gibt ihnen eine gesellschaftswürdige Maske. Die Zensur kommt aus der Erziehung und hindert einen Trieb daran, sich zu realisieren, oder formt ihn um.

Zum Beispiel findet ein Kleinkind Vergnügen daran, bestimmte Teile seines Körpers zu betrachten. Ich betone nochmals, dass es ausserhalb einer Moral steht, an die es gar nicht denken kann. Es befolgt bloss die Befehle seines instinktiven «Es». Die Erwachsenen wachen aber. Was tun sie nun?

a) Entweder verbieten sie schlicht und einfach diese Handlung unter Androhung von Strafe. Das Kind versteht natürlich nichts, gehorcht aber aus einem konditionierten Reflex vor der Drohung, genau so wie ein Tier, das Angst vor der Peitsche hat.
b) Oder die Erwachsenen zeigen dem Kind moralische Werte: Bescheidenheit, Scham, Züchtigkeit, Zurückhaltung, die aus dem instinktiven «Es» und «Ich» des Kindes ein soziales Ich machen.

Ein weiteres Beispiel: Kinder interessieren sich für ihre Darmfunktionen. Die Erziehung entwickelt Ekel, Scham vor der Gesellschaft usw.

Hier geschieht etwas, was in der Psychoanalyse von grundlegender Bedeutung ist.

Das unterbewusste, instinktive «Es» wird zu einem sozialen, höflichen, gesellschaftsorientierten «Ich», das die anderen sowie deren Wünsche und Bedürfnisse berücksichtigt und die Reaktionen der anderen in Betracht zieht, statt sich nur auf sein eigenes Vergnügen zu konzentrieren. Dieses nennt man:

Das «Über-Ich»

Dieser Ausdruck definiert sich selbst: Er umfasst alles, was oberhalb des «Ichs» ist. Für Freud ist aber das Über-Ich moralisch gesehen nicht dem «Ich» überlegen, denn das Über-Ich wurde durch eine von den anderen aufgezwungene, sozial-moralische Umformung gebildet, das heisst, das Über-Ich ist ein von der Erziehung «inhibiertes Ich». Ein dressiertes «Ich» also, das nichts Spontanes hat, jedoch ein gemeinsames Leben ermöglicht. Das Über-Ich entsteht also aus dem gesellschaftlichen Druck, der das Ich zwingt, sich an die geltenden Anstandsregeln zu halten.

Das egoistische «Ich» und «Es» werden von der Erziehung zensuriert, und jeder Teil des Über-Ichs wird zu einem von den Erziehern geformten Teil des Ichs: «Du darfst dieses, du darfst jenes nicht, dieses ist gut, jenes ist schlecht, dieses ist moralisch, jenes nicht.» Jeder geformte Teil des Ichs wird von Verboten und Geboten geprägt (wobei die Verbote überwiegen!). Sobald das Über-Ich in Aktion tritt, kommen alle ihm anhaftenden Verbote automatisch zum Einsatz. Während das Ich und das Es von der Erziehung zensuriert wurden, besitzt das Über-Ich seine eigene Zensur. Das Über-Ich ist wie ein mit Rosinen gemischter Teig. Geht der Teig (Über-Ich) auf, so werden die Rosinen (Zensur) ebenfalls in Bewegung gesetzt.

Das Über-Ich wird zum unabhängigen, unterbewussten Zoll- oder Polizeiorgan des Individuums. Es liegt auf der Hand, dass diese Über-Ich-Polizei oft mit den Trieben des «Es» in gewaltige Konflikte geraten kann! Dieser Vorgang löst zahlreiche Neurosen aus.

Nehmen wir nun an, dass das Ich aus den Instinkten einen sozial oder moralisch schlechten Trieb auslöst. Dieser Trieb stösst auf des Über-Ich und seine «Polizei». Wir sind an die Grenze angelangt, und die klassische Frage wird gestellt:

- Über-Ich: «Haben Sie etwas zu verzollen?»
- Ich: «Ja, einen Trieb.»
- Über-Ich: «Ist dieser Trieb moralisch annehmbar?»
- Ich: «Ich weiss es nicht, denn ich bin ausserhalb der Moral. Ich komme aus dem Es, diesem Riesengebiet, wo die Instinkte herrschen.»
- Über-Ich: «Ich muss die Triebe prüfen. Ich werde die annehmbaren durchlassen und die anderen in das Unterbewusste zurückweisen, wo sie herkommen.»

Zurückweisen, das heisst verdrängen.

Die Verdrängung

Sie ist ein unbewusster Vorgang, bei dem die vom Über-Ich verbotenen Triebe in das Reservoir des «Es» zurückgewiesen werden. Es besteht ein grosser Unterschied zwischen Unterdrückung und Verdrängung.

1. Die Unterdrückung

Sie ist ein bewusster Vorgang. Der Mensch verzichtet bewusst und willentlich auf einen Wunsch, der seiner Überzeugung nicht entspricht. Dieser Wunsch ist ein bewusst gewordener Trieb.

Beispiel: Ein sexueller Trieb gegenüber der eigenen Schwester: Das allgemeine «Es» sendet einen Trieb ins Bewusste des Bruders, der ihn willentlich unterdrückt (aus moralischer, religiöser oder ethischer Überzeugung).

2. Die Verdrängung

Diese ist ein unterbewusster Vorgang, der auf den Trieb selbst wirkt. Der Trieb wird verdrängt, bevor er das Bewusste erreicht hat, das heisst, wir wissen nie, ob wir gerade etwas verdrängen. Wann kann man also wissen, ob man einen Trieb verdrängt hat? Sobald ein Symptom an der Oberfläche erscheint und damit das Vorhandensein einer Verdrängung anzeigt. Natürlich können solche Symptome unendlich verschieden sein: von bestimmten Träumen über verschiedene physiologische oder psychologische Krankheiten bis zu furchtbaren fixen Ideen. Im letzten Beispiel könnte auch das «Es» des Bruders einen Trieb aussenden, der bereits im Unterbewussten auf das Über-Ich stösst, von ihm gestoppt und zurückgewiesen wird. Der Bruder weiss nichts von der Verdrängung, die in ihm stattgefunden hat.

Gibt es bei Verdrängungen immer Symptome? Alles hängt von der Grösse und Dauer ab. Kleine, vorübergehende Verdrängungen bleiben ohne Folgen oder werden höchstens durch einen einfachen Traum verraten. Andere, längerdauernde, müssen nicht unbedingt ein genau definiertes Symptom auslösen und sind trotzdem sofort, zum Beispiel am Benehmen, erkennbar.

Es darf nicht vergessen werden, dass eine Verdrängung aus dem Kampf zwischen zwei unterbewussten Kräften entsteht: Zwischen dem «Es» und dem «Über-Ich». Dieser Kampf kann zu den schlimmsten inneren Konflikten führen, während der Mensch zwischen zahlreichen Tendenzen geteilt wird, ohne zu wissen, was in ihm geschieht.

Nun darf man sich aber fragen, warum bei der Unterdrückung der Trieb den Zoll des Über-Ichs passieren konnte, während es ihm bei der Verdrängung nicht möglich war.

Erziehung und Verdrängung

Sind die Erzieher ausgeglichen und ist ihre Erziehung richtig, dann wird das Über-Ich zu einem Filter statt zu einer alles zerstörenden Kraftpresse oder zu einem Eisentor. Viele Leute, die als «gehemmt» gelten, haben eben solch ein Eisentor zwischen ihren Trieben und ihrem Bewussten. Alles wird gestoppt, nichts wird durchgelassen, und solche Leute sind gleich einem Kraftwagen mit verstopftem Ölfilter.

Sie verdrängen die banalen wie die grossen Triebe, und die Verdrängung ist bei ihnen zu einem einheitlichen Reflexvorgang geworden. Sie «leben» auf einem verschwindend kleinen Bewusstseinsteil, ohne jede Spontaneität. Sie glauben zu leben und schlafen im wachen Zustand. Es ist klar, dass sie ihre Verdrängungen wiederum auf ihre Kinder übertragen werden, deren «Es» sie mit ihren eigenen Hemmungen stopfen werden.

Beim ausgeglichenen Menschen geht jeder Trieb durch, um bewusst festgestellt, akzeptiert oder abgelehnt zu werden. Alles geschieht am hellichten, bewussten Tag. Es ist dies das «kenne dich selbst!» des ausgeglichenen Menschen, der über ein umfassendes Bewusstsein verfügt, das Gute und das Schlechte ohne krankhafte Angst akzeptiert und den goldenen Mittelweg einschlägt, weil er weiss, dass alles einen Sinn hat, weil er sein Unterbewusstsein unvoreingenommen beobachtet, ohne sich von ihm unterdrücken zu lassen, jedoch ohne dessen Macht zu vergessen ...

Nun zurück zur Verdrängung.

Nehmen wir nun an, ein Trieb aus dem «Es» kommt an den unterbewussten Zoll des Über-Ichs.

1. Dieser Trieb kann ohne weiteres akzeptiert werden, wenn er anständig erscheint und dem Gesetz des Über-Ichs entspricht. Dann steigt er unverändert in das Bewusste.

Zum Beispiel wird das Über-Ich freundliche, schöpferische und freudige Triebe durchlassen usw.

2. Er kann aber auch unter der Bedingung durchgelassen werden, dass er sich «umzieht». Er steigt dann zum Bewussten, jedoch mit einer Maske, wie ein Bettler mit einem schicken Anzug! Im alltäglichen Leben gibt es Millionen solcher Fälle.

Zum Beispiel geht eine junge Frau an einer Männergruppe vorbei. Diese «pfeifen vor Bewunderung». Was geschieht wirklich?

a) Die Grundlage dieses Pfeifens ist natürlich sexueller Art.
b) Das Unterbewusste dieser Männer sendet einen auf die Frau gerichteten sexuellen Trieb, was natürlich und instinktiv ist.

Nehmen wir nun an, diese Männer wären völlig primitive Wesen, die nie von Moral, Religion, Gesellschaftsleben und menschlichem Respekt gehört hätten und sich wie die Affen benähmen. Wie würden sie dann unter dem Einfluss ihres «Es» reagieren? Sie würden die Frau angreifen oder äusserst obszöne Witze machen, wie das in bestimmten Fällen schwerer Psychose vorkommt, da der Instinkt ohne jede Bremse freigelassen wird.

c) Dieser rein sexuelle Trieb wird vom Zoll des Über-Ichs aufgehalten.
d) Wenn diese Männer geistig gesund sind, findet keine Verdrängung statt. Der Trieb wird gefiltert und «verkleidet», bevor er ins Bewusste gelangt: Der brutale Trieb wird zu einem bewundernden Pfeifen.
e) Diese Männer haben also bewusst einen Trieb gehabt und gepfiffen, doch dieses «Filtern» bleibt unbewusst.

Der Scherz

Die meisten Witze haben die gleiche Ursache. Das Gebiet der Sexualität ist tabu wie kein anderes, deshalb natürlich die meisten Verbote – das heisst Verdrängungen. Von hundert Witzen sind neunzig sexueller Art. Ob sie wirklich witzig oder nur grob sind, ändert nichts an der Tatsache, dass sie aus einer Verformung des primitiven sexuellen Triebes entstehen, der durch die Zensur des Über-Ichs gefiltert wurde.

Auch hier macht eine schlecht durchgeführte Erziehung aus der Sexualität einen Nährboden für Neurosen, weil sie aus dem sexuellen Es ein schandhaftes Gebiet macht. Das Über-Ich ist kein Filter mehr, sondern eine Betonplatte, die sogar durchaus akzeptable sexuelle Triebe verdrängt, und es beginnt ein unerbittlicher, endloser innerer Kampf zwischen dem Es und dem Über-Ich – bis zum Komplex und bis zur Neurose.

Wäre es nicht besser, einen sexuellen Trieb bewusst festzustellen, auch wenn er moralisch verboten ist, und ihn willentlich abzulehnen, statt ihn unbewusst zu verdrängen mit allen Konflikten und Schäden, die aus solchen Verdrängungen entstehen können?

Der Komplex

In der Tat ein alltägliches Wort! Die Leute plaudern über ihre Komplexe wie über ihre täglichen Einkäufe. Der kleine Bruder behauptet, seine Schwester habe einen Minderwertigkeitskomplex. Eine Dame «kriegt Komplexe», wenn ihre Frisur nicht in Ordnung ist, usw. Das Wort ist uns so geläufig, dass jeder fest überzeugt ist, dessen Bedeutung zu kennen. Und doch, was für Dummheiten werden da erzählt!

Bei Janet haben wir bereits gesehen, dass nicht integrierte Bruchstücke im Unbewussten stagnieren können wie Satelliten oder Schmarotzer, die ein eigenes Leben führen.

Ein Komplex ist eine Reihe von Fragmenten mit starkem emotionellem Gewicht, die sich in einem Teil der unbewussten Zone verstecken. Sie steuern ohne Wissen des Individuums gewisse seiner Handlungen.

Der Komplex ist eine Art kleines, aber mächtiges Reservoir, in dem sich Gefühle und Emotionen ansammeln. Dieses Reservoir bleibt unbewusst, befiehlt aber zahlreiche Reaktionen.

Der Psychologe stellt oft fest, dass der Patient die Symptome mit dem eigentlichen Komplex verwechselt, als würde er glauben, die an der Oberfläche platzenden Blasen wären der Seegrund!

Wer erklärt: «Ich habe einen Minderwertigkeitskomplex», weiss nicht, wovon er spricht. Er sollte sagen: «Ich habe Minderwertigkeitsgefühle, als Symptom eines Komplexes, der in meinem Unterbewussten liegt (und womöglich mit Minderwertigkeit nichts zu tun hat).» Statt zu behaupten: «Ich habe einen Angstkomplex», sollte man sagen: «Ich habe Angstgefühle als Symptom eines unterbewussten Komplexes.»

Wie entsteht ein Komplex?

Ein Komplex entsteht aus mehreren Elementen. Wenn sich mehrere unbewusste Triebe auf das gleiche Thema beziehen und einer nach dem anderen verdrängt wird, und zwar jahrelang, entsteht ein Komplex. Die Anzahl der verdrängten «Fragmente» wird immer grösser, bis sie zu einem Block werden: Der Komplex ist stets von schmerzhaften Emotionen geladen! Es ist der innere Kampf zwischen dem Über-Ich und dem «Es». Dieser Kampf ist um so schmerzhafter, als der Mensch dessen Elemente gar nicht kennt, sondern nur die Blasen sieht, die an der Oberfläche platzen, das heisst die Symptome.

Einige Komplexe entstehen automatisch in der Kindheit und entsprechen bestimmten Anpassungsschwierigkeiten. Sie können sich rasch auflösen oder im Unterbewussten ihre Wurzeln schlagen. Jede Wurzel beginnt zu leben und bestimmt weitere Emotionen, die weitere Wurzeln schaffen, usw...

Wird der Mensch in dieser Situation stark beansprucht, zum Beispiel in gewissen Situationen, denen er sich anpassen muss, so wird seine gesamte Persönlichkeit in Bewegung gesetzt... Auch der Komplex! Der ganze Seegrund bewegt sich, und die Symptome steigen zur Oberfläche: Minderwertigkeitsgefühle, fixe Ideen, Angstzustände und vor allem Ängste jeder Art und Grösse.

So entdeckte Freud die Psychoanalyse

Wir wissen, dass Freud mit Charcot und Bernheim zusammenarbeitete. Anlässlich grosser hypnotischer Experimente stellte er folgendes fest: Der Hypnotiseur suggerierte eine Idee, die in das Unbewusste abstieg und dort einen getrennten Kern bildete (vergleichbar dem «Es», in dem ein Komplex entsteht). Als der Patient wach wurde, erschien nicht die Idee, sondern das Symptom.

Zum Beispiel wurde unter Hypnose suggeriert: «Um zehn Uhr gehen Sie aus und nehmen Ihren Schirm mit.» Dann wurde der Patient geweckt, und um zehn Uhr stand er auf und nahm seinen Regenschirm. Der Hypnotiseur fragte ihn nach dem Grund, worauf der Patient hätte antworten sollen: «Ich stehe auf und nehme meinen Schirm, weil Sie es mir befohlen haben.» Doch die Antwort lautete ganz anders: «Ich stehe auf, weil ich hinaus will. – Der Regenschirm? Es könnte ja regnen.»

Ein weiteres Beispiel: Es wird dem Patienten suggeriert, er habe sich den Arm verbrannt. Nach dem Aufwachen entstehen Blasen an diesem Arm. Auf die entsprechende Frage antwortet der Patient ganz etwas anderes, spricht weder von der Suggestion noch von der Brandwunde, sondern zum Beispiel von einer Hautkrankheit.

Er spricht also nur vom Symptom, dessen Ursache ihm völlig unbekannt ist.

Für Freud war das die Lösung! Er verstand, dass man die Erklärungen des Patienten nicht berücksichtigen darf, weil sich diese bloss auf die sichtbaren Symptome beziehen, während der Komplex im Unterbewussten versteckt bleibt.

Bei der Hypnose wird eine Idee suggeriert, und ein Symptom entsteht.

In der Psychoanalyse geht es umgekehrt vor sich: Die unterbewusste Idee wird herausgeschnitten, und das Symptom verschwindet.

Diese Idee muss man eben erst herausnehmen können... Das gehört zur eigentlichen psychoanalytischen Technik.

Wie zeigen sich die unterbewussten Phantome?

Durch Symptome, wie wir bereits gesehen haben. Und was noch? Wir wissen, dass der «Zoll» des Über-Ichs bestimmte Triebe nicht durchlässt. Wann kommen denn diese Triebe durch? Sobald die Zöllner nicht mehr wachen, das heisst, wenn das Über-Ich seine Überwachung einstellt: im Schlaf, der als eine Änderung der Nervenzentrenfunktion erscheint. Es ist Nacht und der Mensch schläft. Sein Bewusstsein verschwindet, sein Über-Ich verschwimmt, die Zensur wird locker. Der schlafende Mensch geht zu seinen instinktiven Quellen zurück. Die Triebe des Unterbewussten kommen am Zoll des Über-Ichs vor, aber die Zöllner sind nicht mehr da, und die Polizisten spielen Karten! Leise dringen die Triebe vor, und im Gehirn beginnen Bilder zu defilieren. Der schlafende Mensch schaut zu.

Der Traum

Der Traum ist eine Reihe von Symptomen aus dem Unterbewussten. Für Freud war der Traum der Weg ins Unbewusste. Es muss festgehalten werden, dass die psychoanalytische Interpretation von Träumen mit landläufiger Traumdeutung nichts zu tun hat. Früher galten die Träume als Warnungen oder Ratschläge der Götter, und es ist manchmal auch heute noch so. Möglich, dass es so etwas wie präkognitive Träume gibt. Möglich, dass eine bereits festgelegte Zukunft unter gewissen Bedingungen bestimmten Leuten gezeigt wird. Doch diese Betrachtungen gehören in ein anderes Gebiet, und ich muss sie hier vergessen, so interessant sie auch sein mögen.

Der Traum nimmt oft die Form eines Symbols an.

Evas Traum

Hier ein sehr einfacher Traum einer Person, die ihre Schwester hasste. Wenn man weitergeht, liegt es auf der Hand, dass Evas Hass bis zum (bewussten oder unbewussten) Wunsch ging, die Schwester eliminiert, also tot, zu sehen. Die Analyse von Eva zeigte, dass der Hass wohl bewusst war, der Wunsch nach dem Tod der Schwester aber im Unbewussten verdrängt wurde, weil ihn die Moral nicht zuliess.

In ihrem Traum befindet sich Eva in einem Raum, und auf dem Tisch steht ein offener Sarg. Die Schwester tritt in den Raum, begibt sich zum Sarg, schaut Eva lange Zeit an, spuckt auf den Boden und legt sich in den Sarg, starr wie eine Leiche. Eva fängt an zu lachen – und wacht erschrocken auf.

Dieser Traum ist sehr einfach. Die Schwester schaut Eva an und spuckt. Dieses Spucken ist Symbol ihrer Verachtung. Sie legt sich in den Sarg, und Eva lacht vor Genugtuung, bis sie aufwacht. Warum ist sie erschrocken? Weil sie ihren unterbewussten, tödlichen Wunsch nun bewusst wahrnimmt, diesen Wunsch, den sie bisher stets verdrängt hatte, der sich aber während des Schlafes zeigen konnte.

Peters Traum

Nehmen wir nun an, ein junger Mann hätte wegen seiner jüngeren Schwester sein Studium aufgeben müssen. Aus finanziellen Gründen kann sich die

Familie dieses Studium, das Peter so sehr am Herzen lag, nicht mehr leisten. Der Bruder liebt seine Schwester bewusst. Doch es ist verständlich, dass er gleichzeitig die Aufgabe seiner Karriere bedauert. Jahre verstreichen... Und Peter träumt:

Ein Sarg (schon wieder). In diesem Sarg liegt sein Vater, der aber viel jünger aussieht. Peter nähert sich und hört seinen Vater sagen: «Ich bin achtundzwanzig Jahre und tot.»

Dieser Traum ist einfach, wenn man weiss, dass der Vater neunundzwanzig Jahre alt war, als die Schwester geboren wurde. Es heisst also: «Wäre mein Vater mit achtundzwanzig Jahren gestorben, so wäre meine Schwester nicht zur Welt gekommen und ich hätte mein Studium fortsetzen können...». Diese Überlegung ist absolut logisch, obwohl sie im Traum gemacht wurde. Selbstverständlich wäre Peter dieser Gedanke im wachen Zustand nie gekommen, weil ihn sein Über-Ich sofort verdrängt hätte.

Jeans Traum

Die Mutter von Jean ist autoritär. Jean selbst ist sehr schüchtern und schämt sich seines Körpers. Er ist natürlich auch frauenscheu. Hier ist sein Traum:

Er steht in einer Waldlichtung, er fühlt sein Gewand und zieht noch daran, um seinen Körper völlig zu verstecken. Wenige Schritte von ihm entfernt steht ein grosser Baum, hinter dem eine grosse, weisse Lilie wächst. Jean schluchzt immer mehr, hüllt sich immer mehr in sein Gewand und schaut die weisse Lilie an. In diesem Moment erscheint seine Mutter, die auf dem Kopf einen schwarzen Schal trägt. Auch sie weint. Plötzlich steht Jean nackt da. Er zeigt der Mutter die Faust, diese nimmt einen Dolch, zeigt Jean den Baum und nimmt sich das Leben. Jean geht in den Baum hinein. Als er wieder herauskommt, ist er als Ritter gekleidet und trägt an der Seite ein glänzendes Schwert. Er geht zur Lilie, die er mit dem Schwert abschneidet. In diesem Moment wird die Lilie rot, und Jean empfindet eine sexuelle Befriedigung, die ihn weckt.

Hier sind die Symbole:

Der Baum: Kraft, Männlichkeit, Sexualität (siehe Tabelle der Assoziationen). Niemand würde auf die Idee kommen, den Baum als ein Symbol der Schwäche oder der Feigheit darzustellen. Der Baum ist ein Universalsymbol.

Die weisse Lilie: Symbol der Reinheit natürlich. Hier Symbol eines Mädchens.

Der schwarze Schal: Symbol der Reue, Demut und Kummer.

Vor der weissen Lilie (Mädchen) schämt sich Jean seines Körpers (er hüllt sich in sein Gewand). Er schluchzt (Scham und Wut vor dieser weissen Lilie, an die er sich nicht heran traut). Seine Mutter erscheint mit einem schwarzen Schal (Reue, dass ihre Herrschsucht ihren Sohn so weit getrieben hat). Sie weint (gleiche Bedeutung), zieht einen Dolch heraus und nimmt sich das Leben (gleiche Bedeutung oder Wunsch von Jean, sie sterben zu sehen). Sie hat Jean den Weg zum Baum gezeigt (Weg der Männlichkeit). Jean geht in den Baum und kommt als Ritter gekleidet heraus (Kraft, Zwanglosigkeit), mit einem Schwert (Kraft, Eleganz, gewappnet für das Leben). Er nähert sich der Lilie (Mädchen).

Hier erscheint eine Aggressivität: Jean befreit sich schlagartig von seiner Scham und schneidet die Lilie brutal ab (sein Schwert symbolisiert den Sex, der das Mädchen entjungfert). Die Lilie wird rot (Blut) und die sexuelle Handlung ist eindeutig, denn Jean empfindet eine erotische Befriedigung, die ihn weckt.

In Kürze

Eine richtige Traumanalyse stellt zwei Bedingungen:

a) umfassende psychoanalytische Kenntnisse,
b) eine sehr reiche Erfahrung.

Der Psychoanalytiker gleicht einem geistigen Detektiv. Er sieht Spuren und sucht nach dem Täter. Es geht nicht an, die erstbeste Erklärung zu akzeptieren. Das Entdecken eines blonden Haares will nicht heissen, dass die Person flache Absätze trägt. Eine ernsthafte Analyse muss über mehrere Träume gemacht werden. In einem präzisen Zusammenhang. Der Patient arbeitet mit. Ein Traum kann Punkt für Punkt wieder aufgenommen werden und der Patient wird gebeten, aufgrund seiner Traummaterie freie Assoziationen zu machen.

Ich habe von Symbolen gesprochen. Einige unter ihnen können für uns alle die gleiche tiefere Bedeutung besitzen, doch sie können je nach Temperament und jeweiliger Mentalität variieren.

Ziehen wir nun Bilanz

Wir sehen, dass die Deutung von Träumen in der Psychoanalyse eine ausserordentlich wichtige Rolle spielen kann. Für Freud sind Träume nur anscheinend absurd oder zusammenhanglos; sie haben oft einen genauen Sinn, wenn auch die «Darsteller» etwas verkleidet sind. Ein Traum kann zudem gewisse verdrängte Wünsche ausdrücken, wie wir bei Eva und Peter gesehen haben. Wenn wir nun Peters Traum nochmals zusammenfassen, stellen wir folgendes fest:

a) Die Existenz der Schwester zwingt Peter, sein Studium aufzugeben.
b) Wenn es keine Schwester gäbe, hätte Peter sein Studium fortsetzen können.
c) Keine Schwester, das heisst: «Wenn meine Schwester nicht geboren wäre.»
d) Was wiederum heisst: «Wenn mein Vater gestorben wäre, bevor er sie zeugte.»

Dabei ist:

a) rationell und bewusst.

b) auch rationell, und Peter kann es feststellen, ohne dass seine Moral daran Anstoss nimmt.
c) wird bereits unterbewusst, kann jedoch nicht im Zorn zum Ausdruck kommen: «Wenn die wenigstens nicht da wäre, könnte ich heute Ingenieur sein!» Worauf das Bewusste wie folgt reagiert: «Was ist denn los mit mir, ich rede einen Blödsinn.»
d) kommt vom «Es». Dieser Trieb kam blitzartig und wurde sofort verdrängt.

Auf jeden Fall ist aber der Trieb (d) erfolgt und hat sich anschliessend wieder ins «Es» zurückgezogen, um dann als Traum wieder zu erscheinen.

Peters Traum zeigt doch einen unbewussten, jedoch streng logischen Wunsch.

Die tugendhafte Empörung

Natürlich können sich gewisse Gefühle vor der Psychoanalyse zur Wehr setzen, und das ist sehr oft der Fall gewesen! Man kann sich vorstellen, welchen Sarkasmen und Beleidigungen Freud lange Zeit ausgesetzt war. Barg denn der Mensch so viel Schlamm in sich? Doch eines wurde immer vergessen: Wer «Schlamm» sagt, sagt moralisches Urteil. Noch einmal: Wird der Wolf, der das Lamm zerfetzt, moralisch verurteilt? Wird das Lamm, das dem Wolf entkommt, moralisch bewundert? Beide spielen ihre natürlichen Rollen, und das ist alles. Es hätte keinen Sinn, zu behaupten, der Tiger sei böse. Der Tiger ist ganz einfach ein Tiger.

Dasselbe gilt für das «Es», das nichts als das «Es» ist, und jede moralische Beurteilung ist sinnlos. Man muss das «Es» kennen und nicht aburteilen.

Ist es nicht schön, dass der Mensch, dieses «Tier plus etwas», sich langsam von diesem reinen Egoismus loslösen konnte, um ein moralisches Bewusstsein und die Wahrnehmungsfähigkeit zu erwerben, die es ihm erlauben, sich selbst zu kennen?

Die Psychoanalyse versetzt den Menschen in die Lage, sich so zu sehen, wie er ist, das heisst mit allem, was an ihm schön oder hässlich ist. Der Mensch kann sich ohne Verachtung sehen und alles einfach feststellen. Ist es nicht besser, sich so genau zu kennen, um zu wissen, wie man sich vom Tiersein befreien kann? Die Psychoanalyse ist nicht nur für Kranke bestimmt! Sie schockiert nur Leute, die sich fürchten, den Menschen als Tier zu sehen, und oft aus Angst es ablehnen, die tierische Natur mit der geistigen zu verschmelzen. Wie seinerzeit Galileo, versetzt die Psychoanalyse der menschlichen Eitelkeit einen direkten Schlag, dieser Eitelkeit, die aus Ignoranz und Angst entsteht. Bei näherem Studium sieht man aber, wie die Psychoanalyse viele psychologische Fakten ans Tageslicht bringt, bis sie, von allen Übertreibungen befreit, das wird, was sie zu sein hat: eine reine Wissenschaft neben den grossen Philosophien.

Die Abreaktion

Diese findet statt, wenn sich ein Mensch von einer Verdrängung befreit, indem er sie exteriorisiert. Zum Beispiel ist das Anvertrauen eines grossen Geheimnisses eine einfache Abreaktion, eine Art affektives «Überdruckventil». Wir wissen bereits, dass Verdrängungen oft zu schmerzhaften Symptomen führen können. Manchmal verstecken sich jedoch diese Verdrängungen hinter einem anscheinend normalen Benehmen.

Gewaltige Verdrängungen fanden während des Krieges statt und führten bei den Kämpfenden zu hysterischen Erscheinungen: Lähmungen, Stummheit, Blindheit ohne jede organische Grundlage. Auch hier handelt es sich um Abreaktion.

Wie wird die Abreaktion ausgelöst?

1. Sie kann spontan ausbrechen: Ein gewaltiger Zornanfall kann von verdrängten Vorwürfen befreien.
2. Sie kann auch ausgelöst werden: Nach einem Elektroschock kommt es manchmal vor, dass ein Patient seine unterbewussten Konflikte exteriorisiert. Nicht mehr das Symptom, wofür er in Behandlung war, sondern der Komplex selbst erscheint.
3. Die Psychoanalyse löst die Abreaktion aus, indem sie die Tore des Unterbewussten öffnet.
4. Auch gewisse chemische Mittel werden angewandt, um den Zugang zur unterbewussten Schicht (zum «Es») zu öffnen: Es ist dies die Narkoanalyse.

Der Sexualtrieb

Die Sexualität gehört zu den Grundlagen der Psychoanalyse. Es muss dringend davor gewarnt werden, Sexualität und Zeugungstrieb zu verwechseln, das heisst, der Sexualtrieb darf nicht mit dem Kopulationswunsch verwechselt werden. Der allgemeine Sexualtrieb ist wie jeder Trieb schon bei der Geburt vorhanden.

Diese gewagte Behauptung brachte Freud einigen Hohn ein. Dass ein einjähriges Kind einen Sexualtrieb haben könnte, schien lächerlich und schockierend. Dabei dachte man gar nicht, dass es ebenso lächerlich war, zu behaupten, dieser Trieb erscheine erst bei der Pubertät. Übrigens: Warum soll der Mensch ausserhalb der Naturgesetze stehen?

Es ist heute bekannt, dass der Sexualtrieb in vielen Belangen erscheint, wo sein Mitspielen überhaupt nicht vermutet wird. Es gibt einen allgemeinen Sexualtrieb als Gesetz der ganzen Natur, doch es besteht kein Anlass zu irgendwelchen Bedenken, wenn er als ein gesunder Instinkt betrachtet wird, ohne Tabus und ohne Vorurteile.

Wir werden später auf die Sexualität zurückkommen, doch möchte ich auf einen Punkt kommen, der viele Eltern erschreckt: die einsame Onanie.

Wenn ein Kind onaniert...

Auf keinen Fall dürfen es die Erzieher blamieren oder blossstellen. Die Onanie des Kindes führt oft zu Katastrophen beim Erwachsenen. Wegen der Onanie selbst? Nein, niemals! Sondern wegen des sie begleitenden moralischen Klimas.

Diese Onanie ist in neun von zehn Fällen eine normale Erscheinung, und die Eltern sind für gesundes Verständnis verantwortlich.

Und wie reagieren viele Eltern? «Du wirst nie gross.» – «Du wirst bucklig.» – «Du verblödest.» – «Wenn du so weitermachst, verlierst du deinen...» (hier folgt ein niedliches Wort, das sein Geschlecht bezeichnet) – «Der Teufel sieht dich, und du kommst in die Hölle...» usw.! Oder (was noch viel schlimmer ist) das sogenannte «Laster» des Kindes wird publik gemacht! Dieses Vorgehen ist absolut unwürdig, und alle diese Reaktionen sind um jeden Preis zu vermeiden! Wenn nämlich das Kind weiterhin onaniert, kann man sich vorstellen, was für Ängste, Scham, Emotionen es plagen werden, und viele furchtbare Neurosen sind so entstanden.

Nicht die Angst, sondern die Aufrichtigkeit kann helfen. Sorgt man dafür, dass der Geist des Kindes nicht getrübt wird, so ist nichts zu befürchten.

Das ertappte Kind ist zu beruhigen und davon zu überzeugen, dass sein Vorgehen natürlich ist und keine Störungen verursachen kann. In vielen Fällen hört dann die Onanie auf, und man muss nur die unbeschreibliche Erleichterung eines Knaben sehen, der soeben vernommen hat, dass er kein Monstrum ist und dass er nicht der einzige auf der Welt mit diesem «beschämenden Laster» ist!

Die kindliche Onanie kann aus einem schädlichen Familienklima entstehen. Das unglückliche Kind lebt in einem Zustand der Unsicherheit und sucht dann bei sich selbst das Vergnügen und das Glück, das es anderswo nicht findet. In diesem Fall hört die Onanie auf, sobald sich das Familienklima wieder normalisiert und das Kind damit seine Sicherheit findet.

Die Onanie entspricht in gewissen Fällen auch einer Auflehnung gegen das Familienklima. Sie erfolgt dann ungefähr im gleichen Sinn und Geist wie das heimliche Lutschen gestohlener Süssigkeiten...

Das Problem ist also mit gesundem Menschenverstand zu behandeln. Dazu ist es notwendig, dass die Eltern das Sexualproblem mit Kaltblütigkeit und Weisheit betrachten und, falls notwendig, ihre eigenen Verdrängungen, Hemmungen und ihre Scham vor der Sexualität zu eliminieren suchen.

Die grossen Komplexe

Der Kastrationskomplex

Die körperliche Kastrierung ist die Entfernung der männlichen Geschlechtsteile. Sie kann aufgrund eines Unfalles oder eines Verbrechens erfolgen oder als chirurgischer Eingriff vorgenommen werden. Ihre Auswirkung auf den körperlich-seelischen Zustand ist oft beträchtlich.

Viele Leute empfinden bereits eine stärkere Emotion, wenn sie sich eine Kastrierung bloss vorstellen! Bei gewissen Kindern besteht die Angst, kastriert oder verstümmelt zu werden. Diese Angst erscheint als Folge bestimmter Umstände, für die in vielen Fällen die Erzieher verantwortlich sind. Solche Kinder zeigen begreiflicherweise starke emotionelle Reaktionen, wobei ihre Angst bewusst oder unbewusst sein kann. Man kann oft Kinder dabei beobachten, wie sie beim Laufen ihre Geschlechtsteile mit der Hand schützen.

Oft stellen Eltern fest, dass ihr kleiner Sohn dazu neigt, seine Geschlechtsteile zu berühren oder zu zeigen. Obwohl diese Neigung normal und natürlich ist, reagieren sie auf ungeschickte, gefährliche Weise: «Das nächstemal verlierst du ihn.» – «Wenn du's nochmal machst, wird er dir weggenommen und du wirst ein kleines Mädchen.» – «Das darfst du nicht machen, das ist dreckig» (!!) – «Wenn du weiter machst, wird er dir gestohlen.» Oder (das ist ja die Höhe!): «Wenn ich dich nochmals erwische, schneide ich's dir weg, verstanden?» Harmlos? Warten Sie doch, bis wir uns mit dem Fall des kleinen Jean mit all seinen möglichen Konsequenzen befasst haben.

Der Fall eines neunjährigen Knaben

Jean ist ein leicht erregbarer Knabe, der beim Wort«Förster» blass wird, wie übrigens auch bei «Axt» und «Messer». Man bat Jean, irgendetwas zu zeichnen. Er stellte einen Baum dar, auf den ein Förster mit seiner Axt haut. Aus dem Baum fliesst eine Flüssigkeit, und ein Knabe rennt davon, während ihm ein Mann nachläuft. Jean übergab seine Zeichnung mit dem Kommentar: «Das ist mein Vater!» (er zeigt den Mann). «Das weiss ich nicht, was es ist, aber es tut ihm weh (er zeigt den Baum), und der da (der Förster), weil ich nicht brav bin. Das ist Blut.» Gleichzeitig griff er zu seinen Geschlechtsteilen, als wollte er sie schützen, und er begann zu zittern.

Alles wurde somit klar, und ein Gespräch mit dem Vater, einem autoritären, herrschsüchtigen Mann, gab die Bestätigung.

Der Vater gab zu, seinen Sohn ständig auf absurde Art und Weise zu bedrohen: «Wenn du nicht brav bist, kommt man während der Nacht, um deinen ... abzuschneiden, worauf du so stolz bist, verstanden?» Kein Zweifel also: Die Axt war das Instrument der vom Kind so befürchteten Kastrierung. Der Baum (wieder als Männlichkeitssymbol) stellte den Knaben selbst dar, und der Förster war nichts anderes als der Vater, der die Kastrierung vornahm. Die letzte Bewegung des Knaben war aussagekräftiger als jede weitere Erklärung!

Was hätte geschehen können?

In diesem Falle ist bedeutend mehr als eine blosse Emotion zu sehen! Nehmen wir an, Jean hätte in dieser Gemütsverfassung und ohne die Hilfe eines Psychologen weitergelebt. Was wäre aller Voraussicht nach geschehen?

Zuerst hätte Jean inmitten zahlloser Angstgefühle gelebt, wie das bereits der Fall war. Dabei gibt es nichts Schädlicheres als wiederholte Emotionen. Diese Emotionen erschienen jedesmal, wenn Jean «nicht brav» zu sein glaubte. «Man» würde ihn kastrieren. Stellen Sie sich doch einmal die schlaflosen Nächte vor! «Man» lauerte irgendwo und wollte ihm seine Geschlechtsteile wegnehmen. Was war zu tun? Alles unternehmen, um die geringste schlechte Tat zu verhindern. Wenn es so weitergegangen wäre, hätte Jean alles getan, um sich nicht schuldig zu fühlen, um jeden Vorwurf zu vermeiden. Vor seinem Vater und den anderen hätte sich Jean gedemütigt, um jedem Vorwurf auszuweichen. Er hätte auf eine Art die Schwäche eingeübt, um ein «braver, artiger Knabe» zu sein. Er hätte jedes männliche Verhalten vermieden, um nicht in Konflikt mit den anderen zu geraten, und dabei seine Entwicklung gebremst. Er hätte sich geistig kastriert, um es nicht körperlich zu werden. Mit dem Alter hätte er langsam festgestellt, dass seine Angst unbegründet ist, doch der Komplex hätte sich schon eingenistet und um diesen hätte sich sein ganzes Leben organisiert. Verweichlicht, schüchtern und ängstlich wäre der Erwachsene geworden, nie wäre ihm eine männliche Handlung gelungen, weder im Beruf noch in der Ehe. Er wäre ein Mann ohne männliches Durchsetzungsvermögen gewesen und alles als Folge starker Emotionen, die von einem einsichtslosen Elternteil ausgelöst wurden.

Was noch oft vorkommt

Manchmal steckt noch mehr hinter diesem Komplex. Sobald der Knabe den Unterschied zwischen den Geschlechtern feststellt, glaubt er, das Mädchen sei ein unvollständiger Mensch, weil sie keine äusseren Geschlechtsteile hat. Und die kindliche Logik geht weiter: «Wenn sie keine hat, hat man sie ihr weggenommen!» Er befürchtet, dass ihm das gleiche Schicksal beschieden ist. Warum? Hat er Angst, seine eigentlichen Geschlechtsteile zu verlieren? Nein, er befürchtet nur den Verlust der Überlegenheit, die sie für ihn darstellen. Er hat Angst, «unvollständig» wie das Mädchen, frustriert und gedemütigt zu werden. Dieser Punkt ist sehr wichtig.

Wenn die Eltern mit einem solchen Schicksal drohen, lösen sie beim Knaben eine starke Angst aus. Man muss also verhindern, dass die Kastrationsangst zum Komplex wird. Nehmen wir zum Beispiel an, diese Angst sei mit Onanie verbunden (infolge von Drohungen seitens der Erzieher). Auch hier kann man die unbeschreibliche, geballte Angst des Kindes und ihre Folgen nur ahnen. Zuerst gibt es für das Kind einen Zusammenhang zwischen Onanie und Kastrationsangst. Später wird die Sexualität selbst gleichbedeutend mit Kastrierung, das heisst: geistige Verstümmelung, Demütigung, Frustrierung, Verweichlichung, fehlende Männlichkeit, Impotenz. Diese Symptome erstrekken sich auf alle Gebiete des Lebens, der Mann verliert, was ihn zum Mann macht, und zieht sich in sich selbst zurück. Der Mann benimmt sich dann wie der Knabe, der seine Geschlechtsteile mit der Hand schützt und flüchtet. Er schützt sich vor jeder seelischen Verstümmelung, vor jedem Vorwurf, vor jedem Kampf, indem er sich versteckt und die Flucht ergreift. Um verschont zu werden, kämpft er nicht. Er meidet jede Handlung, die Männlichkeit voraussetzt, damit diese nicht beansprucht wird. Er ist im voraus geschlagen und demütigt sich, um nicht gedemütigt zu werden. Die Folgen sind gescheitertes Sexualleben, Depression, Angstgefühle und die Scheu vor Frauen, die oft als «Verachtung» gilt. Oder aber, es stellt sich ein Kompensationsvorgang ein: Der Mann braucht sexuelle Aggressivität, um seine Männlichkeit durchzusetzen. Diese kann bis zum Sadismus in all seinen Formen führen.

Dieser Komplex ist ohne grosse psychoanalytische Erfahrung schwer greifbar. Man muss jedoch nur gewisse Jünglinge hören, deren Äusserungen keinen Zweifel zulassen ...

Der Ödipuskomplex

Dieser äusserst häufige Komplex besteht im wesentlichen aus den Beziehungen zwischen Eltern und Kindern und ist deshalb für den Erzieher besonders interessant. Ich möchte allen Eltern empfehlen, ihn sehr sorgfältig zu studieren, denn die Kenntnis dieses ziemlich subtilen Vorganges ist oft notwendig, um Komplikationen vorzubeugen.

Die Psychologen wissen, wieviel psychologische Krankheiten daraus entstehen können. Ein ganzes Leben kann durch diesen Komplex verdorben werden. Er kann zur Verweichlichung, Feigheit und Angst des Mannes, zu einer männlichen Art der Frau führen. Zu den häufigsten Folgen gehören: gescheitertes Sexualleben, teilweise oder völlige Impotenz, Frigidität, Schüchternheit, innere Feindseligkeit, ständige Angst, missverstanden zu werden, Minderwertigkeitskomplexe, anscheinend unbegründete Schuldgefühle, das Gefühl, überall «bloss toleriert» zu werden oder für das Leben nicht gewappnet zu sein, die Aggressivität und schliesslich die Homosexualität.

Wichtig: Dieser Komplex kann in der Kindheit normal sein. Er muss aber verschwinden, sobald das Gleichgewicht zwischen Eltern und Kindern erreicht wird. Sonst besteht er bis ins Erwachsenenalter weiter.

Bevor wir auf den eigentlichen Ödipuskomplex eingehen, weise ich nochmals darauf hin, dass die Familienkonstellation für das Kind von ausschlaggebender Bedeutung ist. Man kann sie als Waage hinstellen:

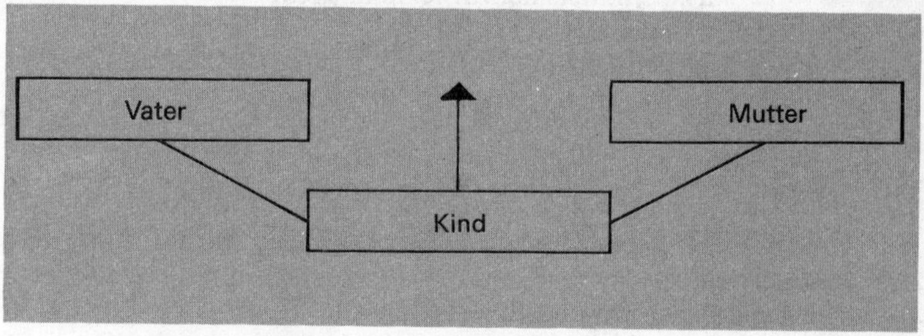

Die Familienkonstellation ist perfekt, wenn alle drei Elemente perfekt sind. Selten wird jedoch das ideale Gleichgewicht erreicht. Jede Unausgeglichenheit eines einzelnen Elementes lässt die Waage schwanken. Schliesslich ist das Kind das Leidtragende.

Zum Beispiel:
Vater: zu herrschsüchtig, zu streng, zu schwach usw.
Mutter: zu schwach, weinerlich, aggressiv, autoritär usw.
Kind: körperliche oder seelische Schwäche usw.

Sehen wir zuerst, was geschieht, wenn das Gleichgewicht besteht und die Familie als psychologisch gesund zu betrachten ist.

Ödipus und die Psychoanalyse

Was erzählt die Mythologie? Ödipus heiratete seine Mutter, tötete seinen Vater Laios, stach sich die Augen aus, um sich selbst zu strafen, und flüchtete aus Theben, geführt von seiner Tochter Antigone. Was hat diese Sage mit der Psychoanalyse zu tun? Wenn man sie überträgt, würde der Knabe seine Mutter «heiraten» und seinen Vater «töten», was absurd erscheint. Übertragen wir also auf eine andere Ebene. Nehmen wir an, der Knabe will seine Mutter «für sich allein» (wie das oft vorkommt). Doch es gibt ein Hindernis, einen Nebenbuhler: den Vater. Das Kind wird auf seinen Vater eifersüchtig und wünscht (bewusst oder nicht), dass sein Vater ihm seine Mutter überlässt, indem er verschwindet oder stirbt.

Es sieht folgendermassen aus:

Der Knabe:	liebt seine Mutter und will sie für sich allein, wird eifersüchtig auf seinen Vater und will ihn eliminieren, hat Gewissensbisse, fühlt sich schuldig.
Die Tochter:	liebt ihren Vater und will ihn für sich allein, wird eifersüchtig auf ihre Mutter und will sie eliminieren, hat Gewissensbisse, fühlt sich schuldig.

Kinder erzählen

Gewisse Kinderzeichnungen sind in dieser Beziehung sehr aufschlussreich. Man sieht zum Beispiel:

a) den Knaben mit seiner Mutter in einer Kirche,

b) auf der Seite eine geschlossene Tür, hinter der der Vater steht.

Auch hier «heiratet» der Knabe seine Mutter und eliminiert den Vater, indem er ihn hinter die Türe stellt.

Entsprechende Äusserungen kommen bei Kindern oft vor:

– Mami, wenn ich gross bin, werde ich dich heiraten.

– Was wird denn Papa sagen?

– Ja, vielleicht ist er tot.

Oder bei einem Mädchen:

– Papa, wenn ich gross bin, will ich dich heiraten.

– Ja, was wird denn da deine Mutter sagen?

– Bis dann ist sie nicht mehr da.

Usw., usw.

Bei solchen Zeichnungen und Sprüchen lachen die Verwandten. Dabei sind es die Ausdrücke des Ödipuskomplexes in seiner typischen Form. Noch einmal: Dieser Komplex ist beim Kind normal, muss aber in der Folge verschwinden.

Die normale Erscheinung des Ödipuskomplexes, seine natürliche Entwicklung und sein Ende seien anhand nachstehender Tabelle erläutert. Der Ödipuskomplex umfasst das Verhalten des Kindes gegenüber dem Elternteil des gleichen und des anderen Geschlechts.

Der normale Weg ist anhand dieser beiden Tabellen dargestellt; er erstreckt sich in der Regel über fünfzehn bis achtzehn Jahre. Bevor wir uns den abnormalen Wegen zuwenden, möchte ich noch einiges in Erinnerung rufen (Seiten 154 ff.).

Die normale Entwicklung des Knaben

Der Mutter gegenüber:	*Dem Vater gegenüber:*
Das Kind hängt organisch und psychologisch an seiner Mutter (Pflege, Aufmerksamkeit, Zärtlichkeit)	
Der Knabe will seine Mutter ganz für sich, damit sie sich um seine Bedürfnisse kümmert.	Er entdeckt langsam die Bedeutung seines Vaters und merkt, dass er nicht der einzige ist, der seine Mutter liebt. Der Vater wird zum Rivalen.
Das Kind will seine Mutter «heiraten», das heisst, der Wunsch, sie ganz für sich zu behalten, konkretisiert sich.	Er wird eifersüchtig auf seinen Vater, doch dieser ist natürlich ein starker Rivale, den er nicht eliminieren kann. In dieser Phase lehnt er den Vater aggressiv ab. Er wird ungehorsam, zynisch, höhnisch usw.
Der Knabe liebt nun seine Mutter auf andere Weise: Er will sie nicht mehr besitzen, sondern eher beschützen.	Er steht weiterhin im Wettbewerb mit seinem Vater, den er aber wegen seiner Kraft bewundert. Er imitiert ihn und möchte ihn sogar übertreffen. Er «spielt den Mann».
Wenn der Knabe erwachsen wird:	
Er wird unabhängig, löst sich geistig von seiner Mutter. Seine männliche Persönlichkeit bestätigt sich.	Er wird unabhängig, rivalisiert nicht mehr mit seinem Vater.
Er geht zu den anderen Frauen.	Seine normale Männlichkeit ist vollendet.
Er heiratet normal.	

Die normale Entwicklung des Mädchens

Der Mutter gegenüber:	*Dem Vater gegenüber:*
Das Kind hängt organisch und psychologisch an seiner Mutter, die es ganz für sich will, da sie ihm Sicherheit und Wohlbehagen bietet.	Der Vater ist ein Rivale, der ebenfalls von der Mutter Zärtlichkeit und Aufmerksamkeit erhält. Das Kind ist eifersüchtig auf seinen Vater.
Hier ändert sich die Situation:	
Die Mutter wird zur Rivalin, weil sie vom Vater auch geliebt und beschützt wird. Das Mädchen lehnt seine Mutter aggressiv ab.	Der Vater erscheint wie eine Macht, wie ein Führer mit männlicher Ausstrahlung. Das Mädchen will seinen Vater «heiraten».
Wettbewerb mit der Mutter um den Besitz des Vaters. Doch das Mädchen neigt dazu, seine Mutter zu imitieren. Es versucht, viel verführerischer zu sein als sie: In dieser Zeit lacht das Mädchen seine Mutter aus und versucht sie vor den Augen des Vaters und der anderen zu demütigen.	Das Mädchen stellt den Vater auf ein Podest und neigt manchmal dazu, ihn zu vergöttern.
Das Mädchen versucht, die Mutter zu überflügeln.	Es «spielt die Frau» gegenüber dem Vater und den anderen Männern.
Wenn das Mädchen erwachsen wird:	
Das Mädchen rivalisiert nicht mehr mit der Mutter, sondern wird unabhängig und betrachtet die Mutter als Freundin.	Auch der Vater kommt in ein anderes Licht, er wird wieder zum geliebten Vater und ist nicht mehr der Inbegriff des Mannes.
Die Weiblichkeit ist vollendet.	Das Mädchen verlässt seinen Vater geistig und interessiert sich für andere Männer.
	Es heiratet normal.

Die Sexualität

Wie wir bereits gesehen haben, ist die Sexualität (der Sexualtrieb) ein Instinkt wie ein anderer, der schon bei der Geburt vorhanden ist. Es besteht kein Anlass, sich zu wundern, dass ein einjähriges Kind einen Sexualtrieb hat, genau so, wie es auch einen Selbsterhaltungstrieb hat. Es muss nochmals darauf hingewiesen werden, dass der Sexualtrieb (der in der Kindheit diffus ist), nicht mit dem bewussten, sexuellen Verlangen zu verwechseln ist, das erst bei der Pubertät erscheint. Die diffuse, unbewusste Sexualität besteht, sobald sich zwei Geschlechter gegenüberstehen. Wir wissen bereits, dass das «Es» ausserhalb der Moral steht. Das sexuelle «Es» kennt nur instinktive Impulse und Triebe, die ebenso natürlich sind, wie das Verlangen nach Speise und Trank. Diese diffuse Sexualität innerhalb der Familie wird uns helfen, die abnormalen Wege zu verstehen. Diese sind ebenso zahlreich wie die menschlichen Gefühle! Bevor wir uns dem eigentlichen Ödipuskomplex zuwenden, wollen wir noch drei sehr häufige Fälle erwähnen:

a) Ein Mann liebt seine Frau, kann aber mit ihr keine sexuellen Beziehungen aufnehmen. Er ist aber bei Frauen niedrigen Standes potent.
b) Ein Mann ist bei seiner Frau impotent. Eines Tages nimmt sich diese einen Liebhaber. Von einem Tag auf den anderen wird der Ehemann wieder normal potent.
c) Ein junger Mann hat schon einige Verlobungen hinter sich. Jede offizielle Verlobung löst bei ihm solche Angstgefühle aus, dass er alles unternimmt, um eine Entlobung herbeizuführen. Zwischendurch geht aber auch er zu den «leichten Mädchen» – mit vollem, sexuellem Erfolg!
Was ist geschehen?

Wir wissen, dass ein Kind die natürliche Tendenz hat, sich dem Elternteil des anderen Geschlechts zuzuwenden:

Knabe → Mutter
Mädchen → Vater

Dauert diese Tendenz im Jünglingsalter zu lange an, entsteht eine Fixierung:

Der Sohn
«hängt» an seiner Mutter,
identifiziert sich mit ihr,
wird wie sie → wird weiblich.

Die Tochter
hängt an ihrem Vater,
identifiziert sich mit ihm,
wird wie er → wird männlich.

Wie entstehen solche Fixierungen? Sobald ein Element der Waage fehlt. Sehen wir zuerst den weit häufigeren Fall des Knaben.

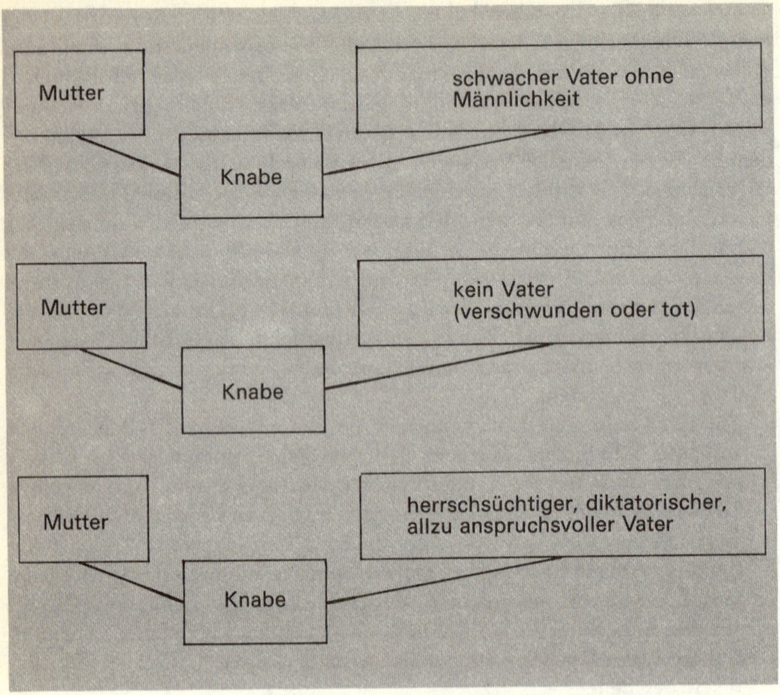

Die ersten zwei Möglichkeiten sind sehr ähnlich, denn in beiden Fällen fehlt die normale Rolle des Vaters, und ich betrachte hier den Knaben als von seiner Mutter erzogen. Eine solche Erziehung zu zweit verlangt unvorstellbare Leistungen in bezug auf Gleichgewicht und Verständnis, wenn sie gelingen soll!

Wir wissen bereits, dass der Knabe mit seinem Vater in einem männlichen Wettbewerb stehen muss. Das ist für seine männliche Entwicklung unerlässlich. Der Vater muss für den Knaben ein Muster sein, das es zu imitieren oder zu übertreffen gilt. In den ersten beiden Fällen ist jedoch dieser Wettbewerb unmöglich, denn die väterliche Männlichkeit ist nicht vorhanden.

Der Vater ist für den Knaben kein Rivale, um Männlichkeit zu «trainieren». Zudem kanalisiert die enttäuschte Mutter ihre ganze Liebe und Aufmerksamkeit auf den Knaben. Sie hängt buchstäblich an ihm und verhätschelt ihn. Es ist dies der typische Fall des Knaben, der «an den Rockfalten seiner Mutter» erzogen wird.

Dabei sucht der Knabe eine Sicherheit und eine Führung. Die Mutter wird zu dieser einzigen Sicherheit, und es entsteht ein doppeltes Abhängigkeitsverhältnis, das für die zukünftige Männlichkeit des Sohnes stets gefährlich ist. Die Mutter wird zum Inbegriff der «absoluten» Frau, zum Menschen, den man liebt und zugleich respektiert. Bis der junge Mann diese liebende Ehrfurcht auf alle Frauen überträgt.

Als Erwachsener versucht er, sich für andere Frauen zu interessieren, doch er empfindet nur die respektvolle Liebe, die er bisher gekannt hat; er wird unfähig, die Synthese zwischen Liebe und sexueller Handlung zu machen. Jede Liebe, die er empfindet, wird zur Ehrfurcht, die jede Sexualität verbietet.

Anhand dieser Überlegungen kann man die vorhin erwähnten drei «Impotenzfälle» besser verstehen:

a) Dieser bei seiner Frau impotente Mann besitzt bei den Frauen niedrigen Standes eine völlig normale Sexualität, weil er sie nicht respektieren muss. Bei ihnen kann er seinen sexuellen Trieben freien Lauf lassen, ohne dass die Liebe ihn an den Respekt erinnert.

b) Nachdem sich die Frau einen Liebhaber genommen hat, wird der Ehemann wieder potent, weil die Frau durch ihr Verhalten aufgehört hat, «respektwürdig» zu sein.

c) Die offiziellen Verlobungen stellen den jungen Mann vor sein zukünftiges Sexualproblem. Da er den Mechanismus: Respekt = Nichtmännlichkeit spürt, kommt die Angst, und er sucht eine passende Gelegenheit, um die Verlobung wieder zu lösen.

   Er versucht es aber immer wieder, nur um sich selbst zu beweisen, dass er fähig ist, eine Frau zu erobern. Und nach jeder Eroberung löst die Vorahnung der zukünftigen Impotenz eine neue Flucht aus... Genau der Typ des Don Juans! Aus den gleichen Gründen wie a) ist er jedoch bei «leichten Mädchen» erfolgreich. Solche jungen Männer haben es übrigens oft leicht, Mädchen zu erobern, denn sie sind durch ihre verweiblichte Art übermässig lieb, aufmerksam usw. Diese Aufmerksamkeit löst bei den Mädchen den mütterlichen Instinkt aus, was dem jungen Mann nur gefallen kann, da er bei allen anderen Frauen schliesslich «die Mutter» sucht... Bis die Rollen ausgetauscht werden sollen!

Wenn der Vater ein Diktator ist

Zuerst möchte ich nochmals betonen, dass ein herrschsüchtiger Mensch schwach ist, die Diktatur ist für ihn Ausgleich seiner Schwäche. Auch hier ist der Wettbewerb zwischen dem Knaben und seinem Vater unmöglich. Entweder hat der Sohn so sehr Angst vor seinem Vater und sucht Zuflucht bei der Mutter oder er spürt die Schwäche des Vaters, und die Mutter wird zur einzigen Sicherheit.

Dieses «Anhängen» kann ebenfalls bei der Mutter vorkommen, weil sich ihre Liebe nicht mehr zwischen ihrem Mann und ihrem Kind teilen lässt und ganz auf das Kind konzentriert wird. Somit wird dieses wahrscheinlich mit einer gebrochenen Männlichkeit zwanzig werden. Die Situation ist schliesslich ähnlich wie bei den vorangegangenen Fällen.

Glauben Sie bitte nicht, solche Situationen wären etwas Aussergewöhnliches! Sie sind im Gegenteil ebensohäufig wie die versäumten Erziehungen, und in der psychologischen Praxis sind bereits Tausende von Klagen und Beichten gehört worden. Eine solche Erziehung, bei der der Vater fehlt oder schwach ist, erfordert enorm viel Feinfühligkeit. Die Mutter muss ihren Sohn lieben, ohne sich an ihn anzuhängen, was begreiflicherweise sehr schwierig ist, weil ihm ihre ganze Liebe gilt! Ein weiterer, unbewusster Vorgang spielt manchmal mit: Der Sohn stellt für die Mutter eine Art «Sicherheit» dar. Solange der Sohn ein «kleiner Bub» ist, ist alles in Ordnung, und die Mutter kann unbewusst wünschen, dass er so lange wie möglich dieser «kleine Bub» bleibt. Sie wird versuchen, ihn wie ein Mädchen zu erziehen, damit er geistig bei ihr bleibt. Und da der Sohn keinen Vater hat, kommt es oft vor, dass ihr dieses Spiel gelingt, weil:

a) der Knabe kein männliches Beispiel imitieren und übertreffen kann,
b) die Mutter für ihn alles macht, was zur «idealen» Lösung, zum Weg des geringeren Widerstandes werden kann.

Warum sollte er versuchen, ein Mann zu werden, wenn es ihm an den «Rockfalten» so gut geht? Wenn die Mutter zudem herrschsüchtig ist, kann das noch weitere Folgen haben (siehe das Kapitel über die Energiefresser, Seite 112).

Damit wird ersichtlich, dass das Verständnis bestimmter psychologischer Vorgänge unerlässlich ist. Der Kahn des Lebens lässt sich schon mit zwei Rudern schwer führen; mit einem Ruder ist es eine fast übermenschliche Leistung.

Eine Witwe, die ihren Sohn allein erziehen muss, steht vor einer der schwierigsten Aufgaben, die es gibt, denn sie muss gleichzeitig Mutter sein und den Vater ersetzen. Wenn es dieser Frau gelingt, sowohl das «Anhängen» als auch die «Diktatur» zu vermeiden, verdient sie sicherlich Lob und Anerkennung...

Der eigentliche Ödipuskomplex

Jeder Moment der Entwicklung eines Kindes gegenüber seinen Eltern kann zu einer Fehlanpassung Anlass geben, wobei die Ursachen äusserst verschieden sein können: äussere Umstände, Verhalten der Eltern, psychologische «Zerbrechlichkeit» des Kindes usw.

Der Mechanismus des Ödipuskomplexes ist äusserst subtil, aber auch streng logisch: Der Sohn will seine Mutter ganz für sich, er wird auf seinen Vater eifersüchtig und möchte ihn eliminieren, was bei ihm Aggressivität auslöst.

Hier wird der Weg abnormal

Einerseits bewundert der Knabe seinen Vater, andererseits empfindet er Eifersucht und Aggressivität. Aus diesem Konflikt entstehen Gewissensbisse und Angstgefühle. Der Knabe fühlt sich seinem Vater gegenüber schuldig, weiss jedoch nicht weshalb (wobei alle diese Vorgänge unbewusst und verdrängt bleiben).

Da er sich schuldig fühlt, wird der Knabe versuchen, die Verzeihung des Vaters zu erhalten. Dabei weiss er nicht einmal, warum er sich diese Verzeihung herbeisehnt. Er wird also irgend etwas finden müssen!

Der Knabe versucht, seine Aggressivität zu vermindern, indem er seinem Vater gefällt und sich seine Zustimmung, seine Bewunderung, seine Grosszügigkeit sichert. Das wird er aber nicht tun, indem er seine eigene Männlichkeit spielen lässt, denn gerade dieser männliche Konflikt hat die Angstgefühle und Gewissensbisse ausgelöst. Im Gegenteil, er wird sich demütigen, den «kleinen, braven Buben» statt den Mann zu spielen. Jede verständnisvolle Reaktion des Vaters ist ein Ausgleich für seine Angst, und dieses Spiel wiederholt sich zehn, fünfzehn, zwanzig Jahre lang. Und da der Knabe immer «weiblicher» wird, fixiert er sich immer mehr auf seine Mutter, was den Mechanismus noch verstärkt. Dieser Vorgang sei ebenfalls anhand einer Tabelle dargestellt:

Der Knabe

Der Mutter gegenüber:	*Dem Vater gegenüber:*
Die normale Entwicklung	
Er will seine Mutter ganz für sich.	Der Vater wird zum Rivalen, den er aggressiv ablehnt. Der Knabe wird unfolgsam, zynisch, höhnisch, doch er bewundert seinen Vater.
Die abnormale Entwicklung	
Will immer noch seine Mutter ganz für sich.	Lehnt den Vater unbewusst ab. Gewissensbisse und Angstgefühle stellen sich ein. Der Knabe fühlt sich seinem Vater gegenüber schuldig, ohne zu wissen weshalb, und möchte, dass er ihm verzeiht.

«Anhängen» an die Mutter.	Er muss den männlichen Konflikt vermeiden, demütigt sich, stellt sich unter den Vater, schmeichelt ihm, um ihn duldsam zu stimmen.

Im erwachsenen Alter

Als Erwachsener «überträgt» der junge Mann seinen Vater auf alle Männer, die er für ihm überlegen hält. Er fühlt sich minderwertig und verweichlicht, auch dann, wenn eine ausgleichende Aggressivität den Komplex deckt. Er stellt sich automatisch unter den Mann. Für alle Erwachsenen, die unter diesem Komplex leiden, stellt jeder Vorgesetzte den Vater dar: der Bürochef, der Korporal, der General, die Lehrer usw. Und diese Übertragung wird von einem Schuldgefühl begleitet, das sie nie los werden.

Solche Fälle sind ausserordentlich häufig und verschieden. Und tausend kleine Erscheinungen zeigen diesen unbewussten Komplex, wovon nur Symptome zu sehen sind. Viele dieser Leute tun alles, um zu gefallen. Im Grunde genommen aber nicht wirklich um zu gefallen, sondern um die Zustimmung und das Verständnis ihrer Mitmenschen zu geniessen. Sie wollen gefallen, um nicht zu missfallen, und ihre Schuldgefühle verschwinden erst, wenn sie sich beliebt fühlen.

Zum Beispiel:

X. stellt seinen Vorgesetzten oft Fragen, deren Antworten ihm bereits bekannt sind. Warum? Nur um als jemand zu gelten, der sich für die Meinung der Vorgesetzten interessiert und diese als Führer betrachtet, um zu beweisen, dass er ihnen traut. Nichts wäre ihm unangenehmer als deren Missbilligung oder Gleichgültigkeit.

Y. wird unbewusst glücklich, wenn er einen Verweis erhält. Sein Chef erklärt: «Nach jedem Verweis ist er wie ein neuer Mensch. Ich verstehe das nicht, es sieht aus, als würde er ihn suchen. Nie arbeitet er so gut, als wenn ich ihm eine Rüge erteilt habe.» Natürlich: Diese Rüge stellt für ihn die Strenge des Vaters dar. Und seine wieder tadellos gewordene Arbeit bringt ihm Verständnis und vor allem Verzeihung ein. Und diese Verzeihung macht ihn glücklich.

Z., ein fünfzigjähriger, sehr intelligenter Mann, erzählte mir: «Es scheint absurd, und ich verstehe es nicht: Sie wissen doch, dass ich es mit den Strassenverkehrsregeln nicht so genau nehme? Wenn ich aber an einer Kreuzung einen Polizisten stehen sehe, bin ich diszipliniert wie kein anderer. Was mich aber treibt ist nicht der Wunsch, die Regeln einzuhalten, oder die Angst vor einer Strafe. Es ist etwas anderes, was viel tiefer liegt. Es ist, als möchte ich, dass der

Polizist weiss, dass ich die Regeln einhalte. Dabei kenn' ich ihn nicht einmal und werde ihn vielleicht auch nie wiedersehen. Ich habe dann das Gefühl, ein kleiner Bub zu sein, den sein Vater beobachtet.»

Bemerkenswert ist hier die Einsicht von Z., dem eine so tiefgreifende Selbsterkenntnis gelang. Nachdem mir Z. sein Leben erzählt hatte, wurde klar, dass der Ödipuskomplex mitspielte: Der Polizist stellte für Z. die Autorität, also den Vater dar. Und das tadellose Verhalten am Steuer hat mit der Angst vor der Strafe nichts zu tun, sondern bezweckt nur die Verzeihung.

Der Ödipuskomplex und das Leiden

Die Auswirkungen dieses Komplexes sind immens verschieden und immer sehr peinlich. Im Alltag zeigen sie hundert verschiedene Verhaltensweisen, die unbewusst bleiben und sich als eine sehr diffuse Empfindung zeigen. Die Auswirkungen sind oft sehr weitreichend: Ganze Leben werden verpasst, viele gescheiterte Ehen ... Ein Mensch, der unter diesem Komplex leidet, ist wie geistig verstümmelt. Beim Mann heisst das allgemein Verweichlichung. Wer sich stets gedemütigt hat, fühlt sich keiner Situation gewachsen, machtlos und unfähig, Verantwortungen zu übernehmen und Entscheidungen zu treffen. Er fühlt sich immer schuldig und überall bloss «toleriert». Missbilligung und Gleichgültigkeit lösen bei ihm Angstgefühle aus. All dies ist nie ganz bewusst, aber die Psychoanalyse bringt solche Gefühle scharenweise zutage. Stellt sich ein Kompensationsmechanismus ein, wird der Mann herrschsüchtig, angeberisch. Wird ihm ein verantwortungsvoller Posten angeboten, den er sich schon lange gewünscht hat, kann ein «Nervenzusammenbruch» die Folge sein! Dieser wird jedoch auf das Konto des «Stress» gebucht ... Jeder Vorgesetzte stellt für ihn den Vater dar (eventuell auch die Mutter, falls er von einer alleinstehenden, diktatorischen Mutter erzogen wurde). Sein ganzes Leben besteht aus Angst und innerem Scheitern, und der Erwachsene ist im Grunde genommen ein ängstliches Kind geblieben. Es gibt Millionen solcher Leute ... Für sie gibt es nichts Schlimmeres als die Missbilligung durch ihre Mitmenschen. In diesem Falle unternehmen sie alles, um sich wieder beliebt zu machen. Diese «Entmännlichung» berührt ebenfalls das Sexualleben, und die Folgen sind: Impotenz, Homosexualität usw.

Derselbe abnormale Mechanismus kommt auch, wenn auch weniger häufig, beim Mädchen vor. Auch hier haben wir die ganze Reihe der Minderwertigkeits- und Schuldgefühle. Das Mädchen hat Angst vor der Liebe und den Männern, Angst, Mutter zu werden und Verantwortung zu übernehmen. In ihrer Ehe ist sie oft frigid, sie steht unbewusst in einem aggressiven Wettbewerb mit ihrem Mann ... Oder sie bleibt ein Kind.

Das Mädchen

Der Mutter gegenüber:	*Dem Vater gegenüber:*
Die Mutter wird zur Rivalin, die das Mädchen aggressiv ablehnt, wie übrigens auch beim normalen Vorgang.	Der Vater erscheint wie eine führende Kraft.
Das Mädchen lehnt unbewusst die Gegenwart der Mutter ab. Gewissensbisse und Angstgefühle stellen sich ein.	Wünscht seinen Vater ganz für sich und stellt ihn auf ein Podest.
Fühlt sich der Mutter gegenüber schuldig, ohne zu wissen weshalb. Sie möchte, dass sie ihr verzeiht.	«Anhängen» an den Vater.
Sie stellt sich «unterhalb» der Mutter und wird «männlich», um den weiblichen Konflikt zu vermeiden. Oder: Um Verzeihung und Verständnis auszulösen, wird sie wieder zum «kleinen Mädchen».	Sie versucht, den Vater zu imitieren, um seine Bewunderung auszulösen; sie vermännlicht sich. Oder: Sie wird übermässig weiblich, um den absoluten Schutz des Vaters zu geniessen.
Als Erwachsene:	
Vermännlicht versucht sie, die anderen Frauen zu dominieren, obwohl sie sich ihnen unterlegen fühlt.	Vermännlicht wie sie ist, fühlt sie sich vom normalen Mann mehr oder weniger abgestossen. Dies ist bei bestimmten «kalten» Frauen der Fall. Oder: Als «kindische Frau» sucht sie Zärtlichkeit und Schutz, jedoch nicht die eigentliche Liebe, die ihr unmöglich ist.

Dieser Komplex wird also pathologisch, sobald eine Fixierung auf den Elternteil anderen Geschlechts erscheint und von Schuldgefühlen gegenüber dem gleichgeschlechtlichen Elternteil begleitet wird. Pathologischer wird es noch, wenn das Schuldgefühl verallgemeinert wird, wie beim Mann, der nicht nur in seiner Kindheit Schuldgefühle hatte, sondern sie heute noch gegenüber jedem Vorgesetzten empfindet.

Hier zeigt sich noch einmal die grosse Bedeutung eines normalen Familienkreises mit natürlicher Männlichkeit des Vaters und Weiblichkeit ohne «Anhängen» an die Mutter. Der Ödipuskomplex erscheint als natürliches Gesetz in allen Fällen, wird jedoch weniger oft erledigt, als man dies gemeinhin glaubt. Von zehn Personen tragen acht mehr oder weniger starke Spuren davon.

Der Dianakomplex

Wer kennt nicht Diana, die Jagdgöttin, dieses typische Mannweib – das übrigens im psychologischen Alltag eine Rolle spielt!?

Die masslose Vermännlichung der Frau kann verschiedene Ursachen haben. Eine davon ist der Ödipuskomplex, den wir soeben betrachtet haben. Hier sind zwei weitere häufige Ursachen.

I

Beim Kastrationskomplex haben wir festgestellt, dass der Knabe auf die «Überlegenheit», die seine äusseren Geschlechtsteile darstellen, enorm stolz sein kann. Dies ist nicht verwunderlich, denn der Phallus (= männliches Glied) ist ein Universalsymbol des Lebens, und die primitiven Religionen sind oft phallischer Art.

Beim kleinen Mädchen stellt sich oft der umgekehrte Vorgang ein. Sie glaubt, «es fehle ihr irgendwas», sie sei um etwas betrogen worden! Manchmal glaubt sie auch, es «wachse» nach. Nachdem aber nichts passiert, fühlt sie sich immer mehr minderwertig.

Auch hier spielt die Erziehung eine entscheidende Rolle. Leider erzählen viele «Erzieher» hier Blödsinn: «Es wächst nicht, weil du darauf geschaut oder es berührt hast...» Oder man erklärt dem Mädchen, es sei eine Strafe. Natürlich sind solche Erklärungen völlig verantwortungslos, aber die Auswirkungen sieht man in den Kinderzeichnungen. Sehr oft hört ein Mädchen seine Eltern sagen: «Wir hätten so gerne einen Buben gehabt, aber es war *nur* ein Mädchen. Schade...». Darauf reagiert das Mädchen, indem es das männliche Geschlecht mit Verbitterung beneidet. Wie beim Kastrationskomplex entsteht eine Frustrierung, der sich das Kind anpasst – oder nicht. Findet keine Anpassung statt, verachtet das Mädchen sein eigenes Geschlecht, das es für minderwertig hält, und wird auf den in seinen Augen überlegenen Knaben eifersüchtig. Es wünscht also einen Ausgleich für seine Minderwertigkeit und wird männlich. So entstehen Chefinnen, die besonders gerne bei Männern herumkommandieren. Eine solche Frau versucht meistens auch die anderen Frauen gegen den Mann aufzuhetzen, wird aggressiv und herrschsüchtig, verachtet jede Weiblichkeit und hasst die Männer im allgemeinen. Sie ist weder Frau noch Mann und kann schwer darunter leiden. Falls sie heiratet, ist diese «Diana» oft frigid, denn sie verachtet die eigene Weiblichkeit. Überall versucht sie, ihre «echt männliche» Überlegenheit zur Schau zu stellen. Sie lehnt jede typisch weibliche Tätigkeit ab (z. B. Haushalt usw.) und lehnt sich gegen die «unverschämte Tyrannei der Männer» auf. Diese Frauen sind stets unzufrieden. Eines kann sie jedoch retten. Die Mutterschaft, besonders wenn das Kind ein Knabe ist. Ganz einfach, weil die Geburt eines männlichen Kindes ihnen das Gefühl gibt, dem Mann ebenbürtig zu sein. Doch oft bleiben sie tyrannische Mütter, die weiterhin die eigene Weiblichkeit ablehnen, und die Erziehung, die sie dann erteilen, führt wahrscheinlich zu einer Katastrophe.

2

Die folgende Situation ist oft anzutreffen:

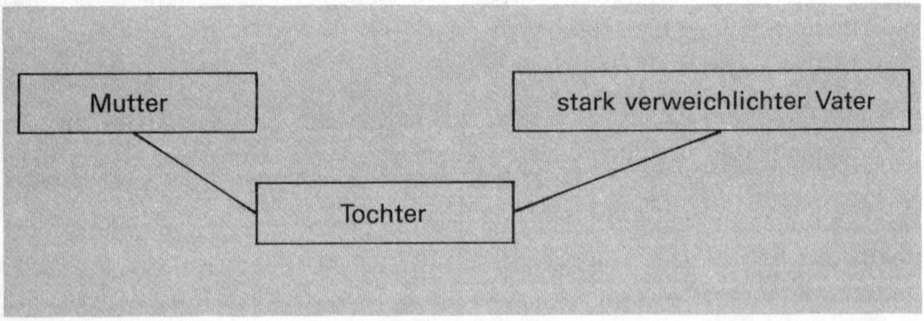

Nehmen wir an, der Vater sei als Folge des Ödipuskomplexes verweichlicht. Er glaubt, die Frauen zu hassen, während er sie fürchtet. Er hat Angst, weil er sich ihnen unterlegen und männlichkeitsunfähig fühlt. In vielen Fällen überträgt er seinen angeblichen «Weiberhass» auf die eigene Tochter. Er sorgt unbewusst dafür, dass sie nicht zur Frau wird, indem er versucht, sie zu vermännlichen: Er bewundert jede knabenhafte Handlung der Tochter, ihre Kraft, ihre Sportlichkeit, ihre Muskeln, und ist selig, wenn sie «wie ein Mann schuftet»!

Das so erzogene Mädchen wird geistig zum Knaben, und die Erscheinung ihrer Weiblichkeit erfüllt sie mit Angst. Es geht manchmal so weit, dass die Menstruation aufhört. Es fällt nicht schwer, sich die ständige Angst vorzustellen, die aus den beiden entgegengesetzten Tendenzen entsteht:

a) Tieferer Wunsch nach Weiblichkeit.
b) Ablehnung der Weiblichkeit, als Folge der Erziehung.

Später wird die erwachsene Frau diesen Konflikt teuer entgelten, zuerst sich selbst (Angstgefühle, Krankheiten, Neurosen), später ihrer Umgebung. Hinter ihrem männlichen Selbstvertrauen versteckt sich jedoch ein grosses Minderwertigkeitsgefühl, das sie nie verlässt...

Es gibt natürlich weitere Ursachen, die zur Vermännlichung des Mädchens führen können, zum Beispiel ein äusserst tyrannischer Vater, der seine Tochter stets demütigt und frustriert, bis bei ihr der Hass allgemein auf alle Männer übertragen wird.

a) Entweder weigert sie sich, sich den Männern zu «unterstellen», die sie verachtet. Sie lehnt jede Weiblichkeit ab und steht dauernd in einem aggressiven Wettbewerb mit den Männern. In der Ehe wird sie frigid. Hat sie einen Sohn, wird sie versuchen, ihn zu verweiblichen.
b) Oder sie bleibt weiblich, lehnt aber trotzdem die Männer ab und akzeptiert nur männliche Frauen: Sie wird lesbisch.

Ich habe nur einige Situationen erwähnt, die häufig vorkommen. Es gibt deren aber noch viele, und man muss das unbeschreibliche Leiden bedenken, das daraus entstehen kann. Wie könnte man da noch ein «Urteil» abgeben, wenn man die Macht der unterbewussten Vorgänge kennt?

Der Kainkomplex

Es ist dies der einfachste und häufigste aller Komplexe. Er entsteht, wenn das Kind glaubt, sein «Monopol» der Elternliebe zu verlieren, also bei der Geburt des zweiten Kindes. Oft reagiert das Kind mit gewaltigem Hass gegenüber dem Jüngeren, doch alles hängt selbstverständlich von den Umständen und vor allem dem Verhalten der Eltern ab. Dieser Komplex ist völlig normal, vorausgesetzt, er lässt sich beseitigen. Er zeigt sich oft in den Träumen oder Zeichnungen der Kinder.

Der Traum eines Zehnjährigen

Jacques spaziert mit seinen Eltern in einer riesigen Ebene. Die Sonne scheint. Plötzlich erscheint ein Fluss, die Mutter bückt sich und zieht eine Puppe aus dem Wasser. Jacques wird dann von der Mutter vertrieben, stürzt sich jedoch auf die Puppe, die er der Mutter entreisst und wieder ins Wasser wirft.

Dieser Traum ist sehr einfach. Die Puppe stellt natürlich den kleinen Bruder von Jacques dar, der dadurch reagiert, dass er ihn «tötet» (ins Wasser wirft). Im Traum vertreibt die Mutter Jacques, dabei ist sie eine kluge Person, die Jacques niemals vor seinem Bruder frustriert hat. Der Traum ist also eine unterbewusste Reaktion, die keineswegs das Verhalten der Mutter widerspiegelt.

Diesen Komplex erklärt also sein Name. Für den Älteren stellt der Jüngere unbewusst einen Nebenbuhler dar, den es logischerweise zu eliminieren gilt.

Oberflächlich verwandelt sich der Komplex in Aggressivität, Hohn («und Eliminierung» durch Demütigung), Rivalität, Streit und manchmal Hass.

Dieser Komplex lässt sich liquidieren, oder er wird zur Neurose mit Minderwertigkeits- und Schuldgefühlen, Feindseligkeit usw.

Die Liquidation hängt weitgehend von den Eltern des Kindes und seiner Veranlagung ab. Er kann auch anders erscheinen: wenn der Ältere den Jüngeren beschützt und damit seine Hauptrolle gegenüber den Eltern behält. Und das Spiel geht weiter... Denn es geht vor allem darum, Demütigungs- und Minderwertigkeitsgefühle, diesmal aber beim Jüngeren, zu vermeiden.

Die drei grossen Komplexe, die wir gesehen haben, müssen bei ihrer Erscheinung als normal betrachtet werden, und ihre Entwicklung hängt weitgehend vom Familienklima ab. Zum Beispiel lässt sich der Ödipuskomplex leicht liquidieren, wenn der Sohn zwischen einem normal männlichen Vater und einer normal weiblichen Mutter aufwächst. Diese Liquidierung findet jedoch wahrscheinlich nicht statt, wenn der Vater schwach oder die Mutter zu «anhänglich» ist. Die grossen Komplexe führen auch zu Verdrängungen: Ein Knabe mit äusserst aggressiven Impulsen gegenüber seinem jüngeren Bruder wird seine Triebe verdrängen. Je nach den Umständen kann diese Verdrängung normal sein oder zur Neurose werden. Die Reifung wird beeinträchtigt, Schüchternheit, Aggressivität und Angstgefühle kommen zum Vorschein, gewisse Charakterstörungen führen bis zur Kriminalität.

Kurz: Die ganze Zukunft des Kindes hängt von der Lösung ab, die diesen an sich normalen Komplexen gegeben wird.

Die psychoanalytische Behandlung

In der Regel liegt der Patient auf einer Couch, in einem Zustand grösstmöglicher Entspannung. Der Psychoanalytiker sitzt hinter ihm, um ihn nicht abzulenken. Der Patient wird dann gebeten, seinen Gedanken freien Lauf zu lassen und alles zu erzählen, was ihm gerade einfällt. Er darf auf keinen Fall versuchen, seine Gedanken zu ordnen oder logisch zu verketten. Alles muss in dem Moment gesagt werden, da es ihm einfällt... Eine Art «geistiger Surrealismus»! Verständlich, dass am Anfang Schweigen und Zögern nicht zu vermeiden sind, denn die Person kämpft vielfach zwischen den Gedanken und ihrer persönlichen Moral. Sie muss aber wissen, dass der Psychoanalytiker völlig neutral ist und sich niemals schockieren lässt, denn für ihn ist alles ebenso natürlich wie essen und trinken. Der Psychoanalytiker gibt nie ein moralisches Urteil ab, sonst wäre er wie ein Chirurg, den der Anblick einer Wunde erblassen lässt...

Nach und nach wird der Sinn der zusammenhanglosen Worte erkennbar: Die Geschichte der Krankheit, die Kindheit, die Eltern, Verdrängungen, Triebe, peinliche Erlebnisse... Alles vermischt mit zahlreichen Bemerkungen aller Art, Aggressivitäten, Zögern, Schweigen...

Zu gegebener Zeit greift der Psychoanalytiker ein, und die eigentliche Interpretation beginnt. Selbstverständlich muss der Psychoanalytiker ein im Umgang mit Menschen äusserst erfahrener Psychologe sein. Die Psychoanalyse ist für den Patienten oft unangenehm: Der ganze Seegrund kommt an die Oberfläche, und der Umgang mit einem ängstlichen oder empörten Patienten erfordert viel menschliche Wärme und absolute Objektivität.

Die psychoanalytische Behandlung stellt jedoch gewisse Bedingungen:

Das Alter: Das Idealalter liegt zwischen fünfzehn und fünfundvierzig Jahren, da die Persönlichkeit in diesem Lebensabschnitt eine bestimmte Flexibilität aufweist, die für die Behandlung unerlässlich ist. Das Alter darf jedoch nicht als absolute Kontraindikation angesehen werden, denn auch mit älteren intelligenten Leuten sind sehr schöne Resultate erzielt worden.

Die Intelligenz: Der Patient muss zumindest durchschnittlich intelligent sein. Er muss vor allem ein vernünftiges Ich besitzen, um die Behandlung zu verstehen und daran mitarbeiten zu können.

Die Dauer: Die Psychoanalyse ist nicht für Fälle bestimmt, wo eine psychologische Behandlung dringend benötigt wird. Nach einer dringlichen Behandlung (z. B. Narkoanalyse, elektrischer Schock usw.) kann die Psychoanalyse mit grossem Nutzen angewandt werden.

Dauer der Neurose: Je älter die Neurose, desto tiefer muss der Psychoanalytiker in das Unterbewusste eindringen. Tausende von Reflexen haben sich um die anfängliche Krankheit organisiert, und das ganze Leben des Patienten dreht sich um unterbewusste Komplexe: seine Gedanken, seine Ideen, sein Verhalten, sein Beruf, seine Ehe, seine Art, Kinder zu erziehen, usw. Es wird begreiflich, dass der Psychoanalytiker auf diesem Gebiet mit grösster Vorsicht operiert. Die unterbewussten Fragmente steigen an die Oberfläche des Bewussten und zeigen dem Patienten vielfach, dass er nicht das ist, was er zu sein glaubt. Es gilt, ihn zu heilen, ohne sein Leben (und das Leben seiner Angehörigen) aus dem Gleichgewicht zu bringen. Und der Psychoanalytiker muss nicht nur den Patienten selbst, sondern auch stets alle Menschen, mit denen dieser in Verbindung steht, berücksichtigen. Wenn zum Beispiel der Patient seine Ehe auf einem unbewussten Komplex aufgebaut hat, gilt es nun, den Komplex herauszuoperieren, ohne die Ehe zu zerstören! Die Verantwortung des Psychoanalytikers ist enorm. Zudem muss ich nochmals betonen, dass die Psychoanalyse auch für ausgeglichene Menschen bestimmt ist; sie ist eine grosse menschliche Schule des Verständnisses und der Wahrnehmungsfähigkeit. *Das einfache theoretische Erlernen einiger psychoanalytischer Grundsätze versetzte schon viele Eltern in die Lage, ein gestörtes Familienklima zu verstehen und zu verbessern.* In vielen Fällen ist es übrigens nicht notwendig, alle Möglichkeiten der Psychoanalyse voll auszuschöpfen.

Die Psychoanalyse ermöglicht jedem, einen riesigen menschlichen Mechanismus zu verstehen, der tagtäglich unser Leben steuert, sowie die Mitmenschen zu akzeptieren und zu lieben.

Die Machtlosigkeit als Grundlage der Macht

Alfred Adler (1870–1937)

Adler gehörte zu den ersten Schülern Freuds und wurde mit fünfundzwanzig Jahren Arzt. 1907 veröffentlichte er eine Studie über organische Insuffizienzen und ihre psychischen Auswirkungen. Seine Anschauungen wichen von denen Freuds ab. 1911 gründete er eine Schule für individuelle Psychologie und befasste sich in der Folge eingehend mit der Erziehung schwieriger Kinder. 1932 erhielt er in New York einen Lehrstuhl für medizinische Psychologie.

Das Minderwertigkeitsgefühl

Die Grösse des Menschen beginnt,
wenn er sich so zu sehen beginnt, wie er ist.

Während Freud sein Reich auf dem Unbewussten und der Sexualität aufbaute, basiert das von Adler auf dem Minderwertigkeitsgefühl. Für ihn rührt jede Neurose von einem Minderwertigkeitsgefühl her, das heisst, die Neurose wäre eine Art hartnäckiges Minderwertigkeitsgefühl.

Was ist normal?

Ein junger Student fühlt sich seinem Professor in bezug auf Kenntnisse und Erfahrung unterlegen, was normal und vorübergehend ist. Ein Kind fühlt sich seinem Vater, der Mensch den Naturkräften unterlegen, wie auch ein Anfänger gegenüber dem Meister usw.

Wann wird es krankhaft?

Ist ein junger Pianist einem grossen Konzertvirtuosen unterlegen? Ja, bestimmt, doch diese Unterlegenheit beschränkt sich auf das Klavierspiel. Zudem ruft bei ihm diese natürliche «Minderwertigkeit» weder Aggressivität noch Demütigung hervor. Als normaler Mensch hat der junge Pianist das Gefühl, weniger zu wissen und zu können als der andere, keineswegs aber das Gefühl, weniger zu sein als er. Das wäre das echte Minderwertigkeitsgefühl:

eine Krankheit des Wesens, die zur Neurose wird, wenn sie zu Gefühlen wie Schüchternheit, Angst, Feindseligkeit, Aggressivität, Geltungsdrang, Herrschsucht führt, zum Bedürfnis, die anderen zu demütigen und zu überflügeln, usw. Das Minderwertigkeitsgefühl wird zu einer Reaktion der gesamten Persönlichkeit vor jedem Menschen und jeder Situation, zu einem «geistigen Verhalten», das manchmal bewusst, sehr oft unterbewusst ist, aber alle Handlungen des Erkrankten steuert.

Wie sieht die Lösung aus?

Der Mensch meidet das Leiden und sucht geistigen Frieden. Leute mit Minderwertigkeitsgefühlen leiden; sie sind äusserst unsicher und ängstlich. Da sie leiden, suchen sie logischerweise eine Lösung, das heisst etwas, das das Leiden eliminiert. Was macht der Schüchterne, wenn er Angst hat? Er wird aggressiv! Wer sich unterlegen oder minderwertig glaubt, sucht die Überlegenheit. Wer sich machtlos fühlt, sucht die Macht, usw. Allgemein wird ein Ausgleich, eine Kompensation gesucht. Geistig gesehen kann man sagen, dass diese Kompensation den Neurotikern das Leben rettet und es ihnen ermöglicht, auf Kompromisslösungen zu leben. Sie eliminieren das Minderwertigkeitsgefühl aber keineswegs, sondern verstecken es bloss hinter einer Menge von Illusionen.

Im Leben erbringen viele Leute grosse Leistungen, gerade aufgrund ihrer Minderwertigkeitsgefühle, so dass man glauben könnte, sie hätten diese Gefühle überwunden. In Wirklichkeit hat das Minderwertigkeitsgefühl ihr Streben nach Überlegenheit ausgelöst. Alle herrschsüchtigen, autoritären, aggressiven Leute handeln (unbewusst) genau so. Herrschsucht und das Bedürfnis nach Überlegenheit sind stets neurotischer Natur.

Um besser zu verstehen ...

Beim Lesen der folgenden Beispiele werden sich viele fragen: «Und ich? Bin ich eigentlich neurotisch?»

Erstes Beispiel: Ein bekannter Schriftsteller erklärt mir: «Wenn man mich bewundert, lässt mich das völlig gleichgültig!» Ich werde nun drei mögliche Ursachen dieses Verhaltens aufzeigen.

1

Diese Gleichgültigkeit ist sowohl an der Oberfläche als auch in der Tiefe echt, wenn dieser Schriftsteller ausgeglichen und intelligent genug ist. In diesem Falle braucht er nicht die Bewunderung der anderen, um an sich selbst zu glauben. Seine Bemerkung ist also normal und entspricht der Tatsache.

2

Ich nehme nun an, dieser Schriftsteller hat Minderwertigkeitsgefühle. Trotz seinem Talent hat er Angst, im Blickpunkt zu stehen. Er hat Angst, nicht zu leisten, was die anderen von ihm erwarten. Er ergreift die Flucht und «spielt» Gleichgültigkeit. Um sich dieser Angst und dieser Flucht nicht bewusst zu werden, gibt er sich beruhigende Gründe, an die er glaubt. Seine Gleichgültigkeit ist also eine Kompensation, seine Bemerkung abnormal.

3

Infolge eines Minderwertigkeitsgefühls hat er vielleicht das Bedürfnis, «perfekt und vollkommen» zu erscheinen und «nicht auf den ganzen Blödsinn angewiesen» zu sein! Damit verstärkt er die Bewunderung der anderen «durch seine Bescheidenheit», diese Bewunderung, die er so sehr braucht, um sich in Sicherheit zu fühlen: Die Reaktion ist abnormal! Er gibt sich gute Gründe, die keineswegs der Tatsache entsprechen. Er ist ein Perfektionist, also neurotisch.

Der Unterschied zwischen normaler und neurotischer Reaktion wird deutlich: Die normale Reaktion ist echt, die neurotische entspricht nicht der inneren Wirklichkeit. Sie ist eine Kruste, die die Wunde bedeckt und am Eitern hindert.

Ein paar Beispiele unter tausend

Eine höfliche Handlung kann (Gott sei Dank!) echt sein, ist aber manchmal Symptom einer Neurose. Jemand, der Angstgefühle bekommt, wenn ihm die anderen unfreundlich gestimmt sind, wird höflich und aufmerksam, um jede Feindseligkeit zu vermeiden.

Die Gelassenheit kann normal sein und auf einer inneren Kraft beruhen. Sie ist aber neurotisch, wenn sie «gespielt» wird, was meistens unbewusst ist, mit dem Zweck, der Angst, die die Minderwertigkeitsgefühle verursacht, zu entkommen.

Ein sehr breites Wissen ist an sich natürlich, wird jedoch zum neurotischen Symptom, wenn es zum Beispiel dem Ausgleich einer grossen Demütigung dient. Erinnern wir uns dabei an Jacqueline, die als Ausgleich für ihre körperliche Insuffizienz eine fast unglaubliche Kultur erlangt hatte.

Ehrlichkeit ist etwas Schönes. Sie kann aber auch neurotisch bedingt sein, zum Beispiel dann, wenn jemand ehrlich ist mit dem Wunsch, dass man es weiss! Er «manövriert», damit die anderen seine Ehrlichkeit merken und ihm Geheimnisse oder Geld anvertrauen, die er übrigens einwandfrei hütet, um die Bewunderung und das Vertrauen zu ernten, die er so sehr benötigt.

Ein «grosser Mensch» zu sein ist normal, wenn auch ziemlich selten. Es kann aber auch ein Minderwertigkeitsausgleich sein, der ein Machtgefühl vermittelt.

Damit sehen wir, dass es nur durch Analyse möglich ist, festzustellen, ob ein Gefühl oder eine Handlung neurotisch oder echt ist. Ein Neurotiker aus Minderwertigkeitsgefühlen dreht sich immer um sein Bedürfnis nach Macht, Überlegenheit, Kraft, Bewunderung..., das aus seiner Schwäche entsteht.

Dieser Neurotiker vermeidet alles, was ihn an diese Schwäche erinnert, zum Beispiel:

- Er lehnt jeden Rat ab.
- Sein ständiges Widersprechen ist wie ein Tick.
- Er lehnt jede Hilfe «stolz» ab.
- Er will leben, ohne auf die anderen angewiesen zu sein.
- Er will nie unrecht haben.
- Er akzeptiert keine Kritik usw.

Was er alles ablehnt, wäre doch ganz normal, ist für ihn aber gleichbedeutend mit Schwäche. Was sagt dieser Neurotiker?...«Ich bin nicht so schwach, dass ich Ratschläge annehmen müsste», dabei sollte er sagen: «Da ich schwach bin, kann ich nicht einsehen, dass ein anderer erfahrener oder stärker ist als ich.»

Solche Neurotiker wollen unbewusst, dass sich die Welt ihrem Wunschbild anpasst, was bei Eltern gegenüber den Kindern besonders tragisch ist. Sie geben innerlich nie nach und fordern unter allen Umständen, dass die anderen nachgeben (denken wir dabei an die «erschöpfenden» Leute). Ihre ehrgeizige Feindseligkeit bricht wegen einer Kleinigkeit aus, zum Beispiel wenn man sie warten lässt...» «Ich gehöre nicht zu den Leuten, die man warten lässt, man sollte mehr Rücksicht auf mich nehmen.»

Die Neurose und ihre Kompensation

Die Kompensationen haben oft Leistungen zur Folge, die sozial sehr nützlich sein können. Zum Beispiel sucht ein lange Zeit gedemütigtes Kind eine Kompensation, um sich zu rächen und sich überlegen zu fühlen. Es kann ein guter Ingenieur, Arzt oder Anwalt usw. werden. Im Grunde genommen bleibt es jedoch unglücklich, denn die Kompensation hat das Minderwertigkeitsgefühl keineswegs eliminiert. Trotz allem spürt es, dass es sein Ziel innerlich nicht erreicht hat.

Die Kompensationen nehmen oft die Form einer verhohlenen Herrschsucht an, zum Beispiel:

- Die Neurotiker erteilen gerne Ratschläge und haben das Bedürfnis, Weisungen zu geben, um ein Macht- und Ehrlichkeitsgefühl zu haben. Sie kommen sich vor wie «Chefs», die man bewundert und respektiert.
- Sie haben das Bedürfnis, Unterricht zu erteilen (aus dem gleichen Grunde).
- Sie haben das Bedürfnis, zu führen.
- Sie haben also das Bedürfnis, den anderen zu helfen und sie zu unterstützen. Sie fühlen sich gedemütigt und aggressiv, wenn man nicht auf sie angewiesen ist.

All diese Verhaltensweisen sind eindeutig abnormal, denn sie dienen nur dem Erreichen einer Sicherheit gegen die innere Unterlegenheit. Die Neurotiker können es nicht akzeptieren, jemandem gleich zu sein: Entweder sie fühlen sich unterlegen oder sie glauben sich überlegen. Ein «kompensierter» Neurotiker unternimmt alles, um bewundert zu werden, sei es wegen seiner Kenntnisse, seiner Intelligenz, seiner Aufmerksamkeit, seiner «menschlichen Wärme» usw. Sie haben natürlich einen ausgeprägten Geltungsdrang! Eine neurotische Frau sagte zu mir über ihre eigenen, sehr eingehenden soziologischen Studien: «Ich weiss nun sehr viel, aber dieses Studium hat mich wie ausgetrocknet...» Diese Feststellung wäre bei einem normalen Menschen natürlich. Was geschieht aber bei dieser Frau? Sie hat diese wenig alltägliche Sache eingehend studiert (daher Überlegenheitsgelfühl), sie ist «ausgetrocknet» (Selbstabwertung, um Bewunderung auszulösen... Eine Art Märtyrer der Wissenschaft).

Ein weiterer Fall: ein aus Minderwertigkeitsgefühlen neurotisch gewordener Mensch will, dass ihm alles auf Anhieb gelingt. Er will sofort wie Beethoven komponieren oder wie Molière schreiben und spielen! Sein Erstlingswerk muss ein Meisterwerk sein! Sagt man zu ihm: «Sehr gut, aber sie müssen noch arbeiten», so fühlt er sich niedergeschlagen. Sein grenzenloser Ehrgeiz kommt nicht vom Selbstvertrauen (obwohl er manchmal daran glaubt), sondern von einem tiefen Machtlosigkeitsgefühl.

Es gibt auch Neurotiker, die vor einem Kampf zurückschrecken mit der Bemerkung, dass sie kein Interesse haben oder darüber erhaben sind... Gleich werden wir auch den Automobilisten unter diesem Gesichtspunkt betrachten.

Der Untergrund der Neurose

Neurotische Leute haben immer komplizierte Reaktionen. Kein Wunder, denn sie bestehen immer aus einer Mischung von Über- und Unterlegenheit! Ein Neurotiker, der beispielsweise ein starkes Unabhängigkeitsbedürfnis hat, braucht gleichzeitig Schutz und Unterstützung. Seine Reaktionen werden widersprüchlich, und deren Analyse ist nicht immer einfach.

Das Autofahren und die Neurose

Neurotiker suchen stets die äusseren Merkmale einer erbärmlichen Überlegenheit: Geld, Stellung, Autos, Kleidung usw. Das Auto scheint diese krankhaften Gefühle zu konkretisieren. Millionen von Fahrern können sich einfach nicht überholen lassen – eine rein neurotische Reaktion! Wer überholt wird, fühlt sich minderwertig, weil er sich mit seinem Wagen identifiziert, das heisst, die Leistung seines Wagens wird zu seiner eigenen! Es braucht schon starke Minderwertigkeitsgefühle, bis man so weit ist...

Diese Neurotiker denken nicht: «Mein Wagen wurde von einem anderen Wagen überholt», sondern: «Der andere hat mich überholt!» Das Beobachten eines von Minderwertigkeitsgefühlen geprägten Automobilisten ist übrigens interessant, denn dieser befindet sich ständig in einem Zustand krankhaften Wettbewerbs und krankhafter Feindseligkeit. Er reagiert entweder mit

Aggressivität oder durch Flucht. Die aggressive Neurose ist bei Autofahrern weit verbreitet: Beleidigungen, verdrängte Wut, rassig-zorniges Überholen usw. Die Flucht kann verschiedene Formen annehmen: falsche Gelassenheit, angebliche Schonung des Motors usw.

Der überholte Fahrer sagt zum Beispiel: «Ich will doch meinen Wagen nicht kaputtmachen… Geld verschleudern, um zwei Sekunden zu gewinnen? Ich bin doch nicht so dumm!» Er glaubt selber nicht daran, versucht aber, seine «Minderwertigkeit» in den Augen der anderen zu rechtfertigen. Hat er keinen schnellen Wagen, behauptet er, sein Tachometer zeige ab 80 km/h falsch an und sollte repariert werden. Glaubt er sich «geschlagen», erklärt er, er habe es nicht eilig, um nicht ausgelacht zu werden, usw. Manchmal fährt er auch einhändig, mit einer scheinbaren Gelassenheit, und pfeift vor sich hin…

All diese Reaktionen geben eine innere Sicherheit. Der Neurotiker versucht, sich gelassen und ruhig zu fühlen, und verachtet den «blöden Wettbewerb». Seine Behauptungen entsprechen natürlich keineswegs seiner Gemütsverfassung. Die Leistung des Wagens, seines Wagens, wird mit seiner eigenen Leistung verwechselt! Könnte man bei allen Automobilisten die Minderwertigkeitsgefühle eliminieren, würde die Unfallrate um fünfzig Prozent sinken! Damit verschwände nämlich der feindliche Wettbewerb zwischen Neurotikern, die ihre Machtlosigkeit nie akzeptieren…

Erziehung und Minderwertigkeitsgefühle

Die Minderwertigkeitsgefühle erscheinen bereits in den ersten Lebensjahren. Sie sind völlig normal: Jedes Kind fühlt sich vor den Kräften, die es umgeben, macht- und ratlos. Es fühlt sich klein und schwach, hat von der Welt nur eine vage Ahnung. Alles, was es sieht, erscheint riesengross. Deshalb sucht jedes Kind in erster Linie Sicherheit, Unterstützung und Hilfe; es will nicht wie ein Gegenstand behandelt werden. Nach und nach setzt sich seine Persönlichkeit durch. Sein «Ich» bildet sich, und das Kind beginnt, die Sicherheit in sich selbst zu suchen. Es wird spontan. Die Erziehung muss es ihm ermöglichen, so rasch wie möglich Selbstvertrauen zu erlangen. Die ideale Erziehung besteht darin, dass die Minderwertigkeitsgefühle so rasch wie möglich erledigt werden und das Kind zur Sicherheit seines eigenen Wertes geführt wird. Der Kern der Neurose bildet sich jedoch, wenn das Minderwertigkeitsgefühl gleichbleibt und im Laufe der Jahre die gesamte Persönlichkeit erobert. Der Komplex reift wie ein giftiger Pilz, unterdrückt die echte Persönlichkeit und steuert die meisten Handlungen und Gedanken.

Die Wirklichkeit sieht düster aus! Alles, was den persönlichen Willen des Kindes bricht, ist ein Neurosenfaktor, so wie alles, was seine Spontaneität bremst. Selbstverständlich hängt alles vom Geist, in dem die Erziehung erfolgt, ab.

Leider verstärken viele Erzieher die Minderwertigkeitsgefühle des Kindes. Man denke nur an die enorme Zahl der herrschsüchtigen, also neurotischen Leute, die den «Schlüssel» zu zahllosen Neurosen Erwachsener bilden. Neurotisch erzogene Kinder werden selbst zu neurotischen Erziehern. Ein Herrschsüchtiger verstärkt auch beim gesündesten Kind die Minderwertigkeitsgefühle (siehe: Die Energiefresser, Seite 112).

Eltern, die Minderwertigkeitsgefühle haben, brauchen die Unterlegenheit des Kindes. Für sie ist es notwendig, dass das Kind kein spontanes, persönliches Leben führt. Sie brauchen die Schwäche des Kindes, um selbst das Gefühl der Macht zu haben.

Jeder Psychologe kennt diesen häufigen Grund der Neurose beim Erwachsenen: Zu viele Eltern beherrschen ihr Kind. Der gefährlichste Fall ist der einer herrschsüchtigen (neurotischen) Mutter mit ihrem Sohn. Aus Herrschsucht muss diese Mutter verhindern, dass ihr Sohn zu einer männlichen, spontanen Persönlichkeit kommt; sie braucht die Schwäche ihres Sohnes. Da sich aber diese Herrschsucht oft hinter einer Scheinperfektion versteckt, gibt es da kaum einen Ausweg. Hier muss der Psychologe eingreifen, denn diese Mutter ist sich ihrer Kompensationen überhaupt nicht bewusst, die so viel Schaden anrichten!

Ein weiteres Beispiel: Ein neurotischer Vater ist frauenscheu. Er glaubt, die Frauen zu verachten und zu hassen. Was geschieht nun, wenn er eine Tochter hat? Er wird seinen «Hass» auf die Tochter übertragen, diese frustrieren und demütigen. Doch jetzt möchte ich in erster Linie die Kompensation betrachten, die sich als Perfektion verkleidet. Da dieser Vater die Frau «verachtet», tut er alles, um seine Tochter daran zu hindern, eine Frau zu werden, jedoch unbewusst. Er wird dafür sorgen, dass die Frisur, die Kleider usw. der Tochter nicht zu weiblich sind und dass sich das Mädchen sportlich betätigt. Dabei gibt er bewusst ganz andere Gründe an: Er sei «für das Wohl seiner Tochter»; «Damit sie im Leben nicht auf die Männer angewiesen ist»; «Mit starken Nerven und Muskeln kann sie einen Beruf erlernen und ist nicht mehr den Männern ausgeliefert» usw., usw.

Dieser Mann gilt als guter, grosszügiger Vater, mit guten, edlen Absichten. In Wirklichkeit sieht es ganz anders aus!

Der Mangel an Zärtlichkeit

Mangelnde Zärtlichkeit löst beim Kind Minderwertigkeitsgefühle aus, wie übrigens auch beim Jugendlichen. Dies ist der Fall, grob ausgedrückt, wenn ein Elternteil sein Kind sichtbar und absichtlich demütigt, dominiert oder frustriert. In diesem Fall ist die Situation auch für das Kind klar. Es gibt aber wesentlich ernsthaftere, gefährlichere Fälle, wie zum Beispiel der Vater, der eben seine Tochter «vermännlichte»; äusserlich gab er ihr alle Zeichen der Aufmerksamkeit und Zärtlichkeit, doch diese sichtbaren Zeichen entsprechen keiner innigen Liebe, denn seine wichtigste Tendenz ist Frauenhass und -scheu, Tochter inbegriffen!

Die herrschsüchtige Mutter verhätschelt ihr Kind und zeigt sich wunderbar grosszügig. Diese Güte treibt sie sogar so weit, dass sie ihrem Sohne jede banale Handlung verbietet beziehungsweise ihm diese abnimmt. Sie übernimmt jede Verantwortung an seiner Stelle. Soweit sichtbar, überhäuft sie das Kind mit Zärtlichkeit und ist überzeugt, in seinem Interesse zu handeln. Ist aber diese Zärtlichkeit echt? Bestimmt nicht, denn diese Mutter glaubt, ihr Kind seinetwegen zu lieben. Dabei sucht sie, weil neurotisch, nur ihr eigenes Wohl, das heisst das Unfehlbarkeits- und Machtgefühl, das sie in dieser Herrschaft findet. Kinder und Jugendliche lassen sich von dieser Scheinzärtlichkeit nie trügen. Sie spüren deutlich, dass «irgend etwas nicht stimmt», und reagieren mit gewaltiger innerer Feindseligkeit, aber leider auch durch ein Dauergefühl der Minderwertigkeit und Unsicherheit.

Der psychologische Vorgang setzt langsam ein, die Gefühle werden immer tiefer, und das Kind wird unweigerlich in die Neurose getrieben.

Führen Frustrationen zu Minderwertigkeitsgefühlen?

Diese Frage sollte man so stellen: Welches Ziel haben die Erzieher? Ich meine: Welches tiefe Ziel? Das Ziel eines gesunden Erziehers ist das Kind selbst. Der gesunde, gerechte Erzieher ist fähig, das Wohl des Kindes zu sehen und sich selbst zu vergessen. Ein Neurotiker kann sich nicht vergessen, auch wenn er es glaubt, denn seine Neurose zwingt ihn, sich stets nur mit sich selbst zu beschäftigen und eine Kompensation zu suchen, die ihn erst lebensfähig macht. Bei den herrschsüchtigen Neurotischen ist diese Kompensation das Kind selbst. Alles, was den persönlichen Willen des Kindes bricht, führt zu einem Minderwertigkeitsgefühl, wenn das Kind den Eindruck erhält, eine Werteinbusse erlitten zu haben. Bestraft ein gesunder Erzieher sein Kind auf gerechte Art und Weise, so ist nichts zu befürchten. Das Kind sagt sich: «Das Gesetz ist eben das Gesetz», und wird nicht an Demütigung denken. Beim Kind des Neurotikers hingegen trägt alles dazu bei, das Gefühl des Selbstwertes zu unterdrücken.

Weitere Ursachen

Es gibt eine ganze Reihe möglicher Frustrationen. Neben herrschsüchtigen Eltern gibt es noch solche, die dem Kind ihre Ängste übertragen, zum Beispiel ständig wiederholte Empfehlungen gegen Unfälle, Insekten, Bazillen ... «Zieh dich warm an, du bist nicht so gesund ...» «Pass auf, fall nicht hin, hüte dich vor den anderen. Achtung, deine Augen, deine Hände ...» Oder diese Mutter, die ihren Sohn zwang, Sommer und Winter lange Unterhosen zu tragen ... und das bis ins Alter von dreiundzwanzig Jahren! Auch hier eine «liebevoll

Herrschsüchtige», bei der jede Auflehnung auf eisernen Widerstand stiess... Die Verlobte staunte nicht schlecht!

Das sind nur einige kleine Beispiele. Aus solchen ständig wiederholten Empfehlungen entsteht ein Netzwerk von konditionierten Reflexen, und das Selbstvertrauen des Kindes wird gebrochen. Wenn diese «Ratschläge» nie aufhören und aus einer panischen Angst entstehen, ist es dem Kind unmöglich, seine eigene Kraft zu entwickeln, um selbst keine Angst zu haben.

Wie schon gesagt, entsteht aus Eifersucht zwischen Geschwistern gewaltiger Hass. Viel zu oft wird der Wert eines Kindes dem eines anderen gegenübergestellt. Zum Beispiel: «Nimm dir mal ein Beispiel an deinem Bruder! Der ist gescheiter als du!» Oder man zeigt dem Kind, dass man das andere vorzieht oder dass es kein Wunschkind war! Selbstverständlich können diese Minderwertigkeitsgefühle bis ins erwachsene Alter weiterbestehen. Und das Mädchen, dem man offen sagt, man hätte «lieber einen Buben gehabt, aber eben!» Diese absurde Art unserer Zivilisation, die Frauen (warum eigentlich?) als unterlegen zu betrachten, verurteilte die Hälfte der Menschheit zu Minderwertigkeitsgefühlen.

Frauen und Minderwertigkeitskomplexe

Die meisten Frauen entwickeln gewaltige Minderwertigkeitsgefühle aus der Tatsache, dass sie keine Männer sind! Unsere ganze Kultur basiert auf Männlichkeit und sogenannter männlicher Überlegenheit. Der Mann ist zu einer Art Kaiser der Erde geworden, und es fehlt nicht viel, dass er selbst daran glaubt! Während Jahrhunderten wurde der Frau jede grössere Verantwortung verweigert und nur ihre private Affektivität als einziges Gebiet gelassen. Natürlich macht die Emanzipation der Frau Fortschritte, doch eine jahrtausendealte Überlieferung wird nicht von heute auf morgen abgeschafft. In unserer Zivilisationsart nimmt die Frau eine absurd enge Stellung ein. Eltern, die bei der Geburt einer Tochter sagen: «Nur ein Mädchen!», beweisen nur ihren starken Egoismus, denn sie wünschen ein Kind bloss, um ihre eigenen inneren Bedürfnisse zu befriedigen. Und dieses «nur ein Mädchen!» wird unweigerlich dem Kind zu merken gegeben, ob absichtlich oder nicht. Die weibliche Unterlegenheit ist Teil einer lächerlichen Geisteshaltung, die leider tief verankert ist. So ist es nicht verwunderlich, dass die Frauen den Eindruck haben, weniger zu sein als die Männer.

Verschwinden die Minderwertigkeitsgefühle, wenn die Frau reif wird? Ja, unter der Voraussetzung, dass diese Frau völlig ausgeglichen ist und ihre weibliche Rolle mit Freude und Offenheit übernehmen kann. Leider ist die völlige Liquidierung von Minderwertigkeitsgefühlen bei der Frau äusserst selten. Alles ist gegen sie: viele Männer, alle Gesetze... Und oft sagen Frauen, sie wären lieber Männer gewesen.

Das bedeutet, dass sie die grossen Privilegien geniessen möchten, die man sonst dem «starken» Geschlecht vorbehält, und auch die Eigenschaften haben möchten, die angeblich rein männlich sind: Mut, Kraft, Unabhängigkeit und die Freiheit, zu wählen. Bei ihren Minderwertigkeitsgefühlen ist es kein Wunder, dass die Frau «protestiert» und einen Ausgleich sucht. Logisch, dass sie ihre Rolle als Frau ablehnt und sich der männlichen Rolle zuwendet. Die Folgen dieses Protestes sind: unterentwickelter Busen, männliche Gangart und Kleidung, männlicher Haarschnitt, sportlicher Wettbewerb, Forderungen der Frauen usw., usw. Die Frau tritt somit in einen aggressiven Wettbewerb mit dem Mann.

All das wäre zum Lachen, wenn es nicht so traurig wäre. Doch man hat alles getan, um es zu entwickeln. Den von solchen Minderwertigkeitsgefühlen geplagten Frauen bieten sich zwei Möglichkeiten an:

a) das Gefühl der Ohnmacht und der Resignation,
b) der «Protest», die Kompensationen und der Wettbewerb.

Das Ergebnis? Der Mann denkt: «Ich lasse mir von einer Frau nichts bieten oder befehlen!» Und die Frau denkt: «Ach, so ist das! Denen werde ich's zeigen. Ich werde beweisen, dass ich ihnen ebenbürtig bin!» Das weibliche Minderwertigkeitsgefühl entspricht einer allgemeinen Gesinnung. Wie viele Väter wünschen sich einen «Stammhalter», der den Namen, den Beruf weiterführt!

Schöner Egoismus! «Stammhalter» heisst «Knaben», und diese Väter sind furchtbar enttäuscht, wenn es «nur» ein Mädchen ist. Sie versuchen, sie zu vermännlichen, bringen ihnen verschiedene Sportarten bei und zwingen sie, männliche Leistungen zu vollbringen. Was wird das Mädchen denken? Dass alles Männliche gut und alles Weibliche schwach und zu verachten ist. Es gelangt zur Gewissheit, unterlegen zu sein, und es bedarf einer phantastischen Kraft, um es dem Mädchen zu ermöglichen, seine Rolle als Frau wiederzufinden.

Wer ist überlegen?

Die beiden Geschlechter «vergleichen» zu wollen ist lächerlich, denn dieser Vergleich wird immer nur anhand von männlichen Kriterien angestellt und von vornherein gefälscht. Viele Leute sind der Meinung, Frauen seien keine Genies. Aber wer behauptet das? Natürlich die Männer, aber auch die Frauen, aus Minderwertigkeitsgefühl! Der Begriff des Genies wird immer von den Männern definiert, die besser sagen würden, die Frauen hätten ganz einfach eine andere Genieart als sie, was bereits näher bei der Wahrheit liegen würde. Jedem seine Begabung, und die Rollen werden richtig gespielt. Während der Mann für das Abstrakte und die logische Überlegung (ab und zu) begabt ist, hat die Frau fast immer die natürliche Veranlagung, die es ermöglicht, die Wirklichkeit in ihrem tieferen Wesen wahrzunehmen, das heisst, die «weibliche

Intuition». Ist diese tiefere Affektivität auch dem Mann gegeben? Nur selten, denn dieser hat seine Wahrnehmungsfähigkeit oft mit einer dicken Schicht von Vernunft und Logik zugedeckt.

Daraus folgert man gern, die Frau sei weniger «gescheit» als der Mann. Aber wer sagt das? Eben der Mann, nach dessen Kriterien die Intelligenz auch definiert wird. In Wirklichkeit haben die Frauen nicht die gleiche Intelligenzart wie die Männer.

Dabei weist die Intelligenz der Frau eine wichtige Eigenschaft auf: Sie «erfasst» die Menschen und die Dinge sozusagen innerlich. Die Frau ist zutiefst affektiv veranlagt, was ihr oft eine bessere Urteilssicherheit verleiht, wo die intelligentesten Männer erheblich stottern. Die beiden Geschlechter ergänzen sich also in wunderbarer Weise: Der Mann entwickelt sich zum Abstrakten und Logischen, während die Frau sich in einer innerlichen Tiefe entfaltet.

Der Familienkreis und das Minderwertigkeitsgefühl

Faustregel für Erzieher: «Ich muss dafür sorgen, dass die Selbsteinschätzung meines Kindes ausgeglichen ist und dass sie nie nachlässt.»

Bisher haben wir, so glaube ich, klar genug gesehen, wie einfach es ist, ein Kind zu erniedrigen und zu demütigen. Wir haben mit herrschsüchtigen, «erschöpfenden» Leuten zu tun gehabt, diesem idealen Nährboden für Minderwertigkeits- und Frustrationsgefühle. Bestimmte Formen des elterlichen Egoismus tragen ebenfalls dazu bei. Zu viele Eltern möchten die Kinder nach ihren eigenen Vorstellungen «formen», möchten, dass das Verhalten des Kindes ihrem eigenen Willen entspricht. In diesem überaus häufigen Fall wird die eigene Persönlichkeit und Spontaneität des Kindes überhaupt nicht berücksichtigt: Sie wird wie ein Holzstab entzweigebrochen.

Erziehen heisst Kraft und Ausgeglichenheit übertragen. Geben kann man nur, was man besitzt, und ein besonderes Lob gebührt den Eltern, die sich nicht als absolute Herrscher über ihre Kinder betrachten, sondern in erster Linie versuchen, sich selbst zu kennen. Wer unterrichten will, muss zuerst selbst in die Schule ...

Das Schulleben

Das Schulleben ist für das Kind ebenfalls von ausschlaggebender Bedeutung. Auch hier dreht sich unsere Kultur oft nur um soziale und finanzielle Überlegenheit. Von Anfang an werden Klassen gebildet, die Schwachen abgelehnt, die Armen verachtet. Die kleinen Reichen werden bewundert und respektiert. Nicht nur einzelne Menschen, auch ganze Schulen können neurotisch sein, ein besonderes Schulklima, das für bestimmte Institute charakteristisch ist. Ich habe viele erwachsene Männer und Frauen gehört, die die furchtbaren Demütigungen nie vergessen konnten, die ihnen in solchen Schulen zuteil wurden, die man besser «neurotisch» als «snobistisch» bezeichnen würde. Dort werden die Armen zu Dienern der Reichen. Die nichtzahlenden Armen servieren am Tisch der zahlenden, reichen Schüler. Entsetzlich, wie die falsche Überlegenheit des Geldes sich hier ausgebreitet hat. Die armen Schüler sinken langsam in den Abgrund der Minderwertigkeitsgefühle und kommen als Erwachsene mit einer Reihe von Kompensationen wieder heraus. Das Resultat dieser Kompensationen ist entweder ein grosser Mensch oder ein grosser Verbrecher, und die Strafgerichte bringen die Ergebnisse dieser Demütigungen oft ans Tageslicht. Unsere Sozialkultur erntet schlicht und einfach den Hass, den sie gesät hat. Viele «Erzieher» solcher neurotischer Schulen machen sich lustig über die Armut bestimmter Kinder, den Beruf ihrer Väter, ihre Schüchternheit, ihren Akzent ... Und das vor einer ganzen lachenden Klasse. Solche Erzieher sind natürlich krank, wie auch andere, die das Onanieren des Kindes publik machen. Das frustrierte Kind, das ohne Liebe und Selbstvertrauen aufwächst, stellt eines der schlimmsten Probleme dar. Schlimm zuerst in der Kindheit, später für den Erwachsenen. Das gedemütigte, frustrierte Kind wird wahrscheinlich ein neurotischer Erwachsener, der dann Machtkompensationen sucht, um sein innerliches Unglück nicht zu sehen. Er wird selbst Elternteil oder Erzieher, und der Teufelskreis geht weiter.

Die Psychologie und die Minderwertigkeitsgefühle

Die Minderwertigkeitsgefühle und das Überlegenheitsbedürfnis zeigen sich durch tausend subtile Kleinigkeiten, die zusammen ein ganzes Bild ergeben. Ab und zu merkt der Neurotiker blitzartig, dass eine Reaktion nicht echt ist, doch diese Empfindung wird sofort zurückgewiesen, besonders dann, wenn es Handlungen betrifft, die das Gefühl der Macht und der Perfektion geben. Dann hätte nämlich der Neurotiker die Möglichkeit, sich so zu sehen, wie er ist, auf die Gefahr hin, sich selbst zu verachten und zu hassen. Dabei hätte er ja keinen Grund dazu, denn er ist gar nicht schuld daran. An seiner Stelle hätte jeder Kompensationen gesucht! Auf jeden Fall kann das Bewusstwerden dieser Kompensationen für den Neurotiker erschreckend sein. Vollbringt er zum Beispiel höfliche, gute, bewundernswerte Leistungen, gilt er als grosszügig und uneigennützig usw., so glaubt er selbst an diese Qualitäten, hinter denen tiefe Wunden versteckt sind! Für ihn sind sie Massivgold. Was geschieht nun, wenn er plötzlich feststellt, dass dieses Gold nur «plattiert» ist? Wenn er eindeutig und ohne Vorbereitung einsieht, dass seine Qualitäten gewaltige Minderwertigkeits-, Angst- und Schwächegefühle decken? Er glaubte sich stark, gut, liebevoll, grosszügig; nun steht er plötzlich vor den Ruinen der eigenen Persönlichkeit! Der ganze Sicherheitsmechanismus fällt in sich zusammen.

Deshalb ist ein Neurotiker zumindest anfänglich nicht in der Lage, zur Selbsthilfe zu greifen, und der Psychologe muss intervenieren. Die Behandlung ist manchmal schmerzhaft, aber unerlässlich. Durch die Psychologie steht der Neurotiker geistig nackt und zitternd da, seiner glanzvollen Kleider schlechten Schnitts entledigt. Dann gibt ihm die Psychologie einen neuen Mantel nach Mass, in dem er sich unbeschwert und ohne Angst entwickeln kann.

Leider gibt es Millionen solcher Neurosen auf der Basis von Minderwertigkeitsgefühlen! Unsere Kulturart ist in erster Linie daran schuld, weil sie das Leben auf die Grundlage des Wettbewerbs zuungunsten der anderen, der individuellen Überlegenheit, der Herrschsucht, des Machtkampfes usw., stellt. Es wimmelt von solchen Neurosen und versäumten Leben.

Carl Gustav Jung: Surrealismus und Quellenforschung

«Sagt es niemand, nur den Weisen
Weil die Menge gleich verhöhnet.»

Goethe

Der Gedanke Jungs ist einfach. Er ist der Schlüssel zu einer Wissenschaft und zu einer mächtigen Psychotherapie zugleich. Das Verständnis dieses Gedankens stellt eine drakonische Bedingung: dass man sich nicht für den Nabel der Welt hält. Dass man sich nicht vorstellt, der Besitz eines schnellen Wagens oder der elektrischen Beleuchtung unterscheide uns psychologisch von unseren Vorahnen! Mit Jung verlassen wir den Ameisenmenschen, um uns der echten Menschheit zuzuwenden, wo sich der moderne Mensch immer gleichbleibend wiederfindet. Die Ideen Jungs setzen voraus, dass man eine kindliche, ja primitive Seele findet, denn die Rückkehr zu den primitiven Quellen ist kein Niedergang, sondern eine phantastische Erweiterung. Wird das verstanden, so ist alles klar: Man muss sich nur gehen lassen... Dann stellen wir fest, dass unsere Vorahnen immer noch hinter der Tür stehen, bereit einzutreten ohne anzuklopfen!

Jeder Psychologe weiss, dass der nächtliche Traum andere Ausdrucksweisen (Bilder und Symbole) erscheinen lässt als der wache Zustand. Dabei sind diese Traumsymbole bei Leuten verschiedener Zunge, Erziehung und nationaler Zugehörigkeit identisch.

Die Bilder der Menschen

Bestimmte Wörter und Bilder haben für verschiedene Leute die gleiche Bedeutung: Wir haben es in der Tabelle (Seiten 129–131) gesehen.

Warum hat ein bestimmter Begriff für den Chinesen und für den Franzosen, ungeachtet seiner Kultur, die gleiche tiefere Bedeutung? Warum findet man in Sagen aller Zeiten und Rassen identische Symbole? Gibt es nicht vielleicht ein gemeinsames, geistiges «Reservoir», wovon jedes menschliche Gehirn schon bei der Geburt Spuren trägt? Könnte man noch weiter gehen und annehmen, dass es ein rein geistiges «Medium» gibt, in dem die Einzelgeister schwimmen?

Das kollektive Unbewusste

Es gäbe also ein überlegenes Unbewusstes, das für alle Menschen gleich wäre. Betrachten wir zum Beispiel einen Menschen, dessen kritische Vernunft aus irgendeinem Grunde ausfällt (Traum, Emotion, künstlerische Inspiration, Trance, bestimmte psychoanalytische Sitzungen usw.). Wir stellen etwas Umwerfendes fest: Alles sieht aus, als hätten die modernen Menschen die emotiven Erinnerungen ihrer entfernten Vorahnen in sich.

Wie diese wendet der moderne Mensch die selben Bilder und tiefen Symbole an, die eine Art Erbgut zu sein scheinen, das gleich für alle, ohne Rücksicht auf Kultur und Rasse ist. Ist es nicht unglaublich, dass bestimmte Themen in Sagen der ganzen Welt genau gleich vorkommen? Um diese zu kennen, muss man die Religionen, die Mythologien, Volkssagen und Folkloren eingehend studieren. Zweck dieses Buches ist jedoch nur praxisnahe Psychologie, und ich werde diese Symbole deshalb nur hinsichtlich der heilpsychologischen Anwendung betrachten. Mit ihnen gehen wir ins Innerste des Menschen. Die Bedeutung dieser Symbole ist enorm weitreichend, und wenn wir sie im bewussten Zustand gern vergessen, sind sie trotzdem vorhanden: Sie handeln im Schatten des Bewussten.

Die Symbole

Klarheitshalber werde ich sie zunächst nüchtern aufzeigen, um sie anschliessend zu erläutern. Jeder wird sie nach Jahrtausenden intakt in sich finden.

1. Das Symbol kann ein konkretes Zeichen für irgendeinen abstrakten oder nicht sichtbaren Begriff sein, zum Beispiel: Ein Zepter ist als konkreter Gegenstand Symbol der Königswürde. Das perfekte Dreieck ist das Symbol von Gott. Ein liegengelassener Handschuh kann einen abwesenden Menschen symbolisieren usw.

   Sind solche Symbole handlungsfähig? Ja, wenn sie ein emotionelles Gewicht besitzen. Ist der Abwesende ein geliebter oder gehasster Mensch, findet auf den vergessenen Handschuh eine Übertragung statt, und der Gegenstand erhält eine emotive Kraft, die Gefühle und Handlungen auslösen kann, zum Beispiel Vernichtung, wenn der Abwesende gehasst wird, oder Unterschlagung, wenn es sich um einen geliebten Menschen handelt. Ohne Emotionen ist das Symbol ein totes Objekt, ohne jeden menschlichen Wert.

2. Das Symbol kann auch Teil eines Ganzen sein, zum Beispiel die Kralle als Symbol des Löwen.
3. Das Symbol wird zur lebendigen Wirklichkeit, mit einer echten Macht. Das ist das wichtigste aller Symbole. Ein alltägliches Beispiel: Für gewisse Leute besitzt ein schwarzer Kater eine echte, heilvolle oder unheilvolle Kraft.

Ich werde lediglich die grossen Symbole mit emotivem Gewicht betrachten. Diese besitzen in der Psychotherapie grosse Wirksamkeit.

Wie Symbole entstehen

Trotz der modernen Technik sind die Menschen kaum vor Kälte, Hunger und Angst gefeit. Die Ängste unserer Vorahnen wurden vom modernen Leben kompensiert, doch bei weitem nicht aufgehoben! Wegen einer Kleinigkeit kommen sie wieder zum Vorschein...

Das Leben ist das Ziel des lebenden Menschen, der seine Emotion richtet:

1. auf alles, was Leben spendet,
2. auf alles, was die Aufrechterhaltung des Lebens gestattet.

Wie es zwei Geschlechter gibt, hat es schon immer zwei grosse Universalprinzipien gegeben:

1. Ein männliches Prinzip	aktiv	strahlend	befruchtend	eindringend
2. Ein weibliches Prinzip	passiv	zurückgezogen	fruchtbar	empfänglich

Sehen wir nun sechs grosse Symbole, die die ganze Menschheit regiert haben.

Die grossen männlichen Symbole:

1. Die Sonne (aktiv, strahlend, befruchtend)
2. Der Vater (strahlend und führend)
3. Das Feuer (strahlend, aktiv, sonnenähnlich)
4. Der Phallus (universelles, männliches Symbol, aktiv, befruchtend und eindringend)

Die grossen weiblichen Symbole:

1. Die Erde (passiv und befruchtet)
2. Das Wasser (befruchtend, jedoch passiv)

Die Sonne

Stellen wir einen zivilisierten Menschen ganz allein nachts mitten in den Wald. Nach wenigen Minuten empfindet dieser moderne Mensch genau dasselbe wie die Menschen vor zehntausend Jahren. Neben diesen primitiven Gefühlen erscheinen ihm Auto und Fernsehen lächerlich und überflüssig...

Dieser Mensch steht allein, mitten in dieser durch die Nacht feindlich gewordenen Natur. Er reagiert wie seine Vorahnen: Er hat Angst! Was wünscht er über alles? Dass die Sonne aufgeht, denn dadurch verschwinden nächtliche Ängste. Die Sonne spendet Licht, Wärme, Leben, Sicherheit und Schönheit.

Nehmen wir an, dieser Mensch verliere das moderne Gedächtnis und werde wieder primitiv. Tag für Tag sieht er die Sonne aufgehen, Abend für Abend kündet der Untergang die nächtliche Angst an. Nach und nach ersetzt die Emotion die rein physikalische Beobachtung dieser Erscheinungen.

a) Die Sonne geht auf, die emotive Angst verschwindet.
b) Der primitive Mensch verbindet den Sonnenaufgang mit dem Begriff von Wärme und Licht sowie Verschwinden der Angst, und diese Assoziation wird immer emotiver.
c) Die Sonne wird zur lebendigen Wirklichkeit, zu einer Art Person, die Licht, Wärme und Sicherheit gibt.
d) Die Sonne wird zu einem Gott, den der Primitive anbetet.
e) Die Sonne «geht auf», bis der Begriff vom Steigen beim Menschen ein Gefühl des Glücks, der Freude und des Lichts auslöst.

Heute

So ist es heute noch. Die Sonne ist zwar kein Gott mehr, bleibt aber Symbol starker Glücksgefühle, denkt man dabei nur an bestimmte Antworten von Patienten (siehe Tabelle «Die freie Assoziation»).

Sehen wir nun einige Antworten von Patienten auf die gegebenen Worte «Sonne» und «Steigen». Dabei wurden neunzig verschiedene Personen befragt.

Sonne
Licht – Hoffnung – Reichtum – Perfektion – Raum – Gott – Leben – Schönheit – Kraft – Ruhm – Paradies – Glück – Vater – Feuer – Liebe
Steigen
Licht – Hoffnung – Perfektion – Raum – Gott – Leben – Kraft – Ruhm – Freude – ewiger Vater – Schönheit – ewige Liebe

Es ist nicht nötig, die einzelnen Antworten einzeln zu vergleichen. Nie habe ich eine einzige pessimistische oder negative Antwort bekommen. Die gleichen Gefühle erscheinen bei den Begriffen von Sonne und Steigen, und das bei grundverschiedenen Menschen. Diese beiden Symbole sind mit allem, was leuchtend und stark ist sowie mit der Liebe, Reinheit, Perfektion und mit Gott verbunden. Niemandem würde einfallen zu sagen, «ich ging zum Licht hinunter», das würde jeden schockieren. Warum eigentlich? Wenn wir Leute fragen, erhalten wir verschiedene Antworten, je nach Intelligenz und Überlegung:

- Zum Licht hinunter? Das geht doch nicht, man geht zum Licht hinauf.
- Weil man das einfach nicht sagt, das Licht ist oben.
- Ich weiss nicht, aber es stört mich, als wäre es grundlegend falsch. Ich kann es nicht beschreiben, aber irgend etwas in mir sagt, es könne nicht stimmen.
- Das Licht kann sowohl unten als auch oben sein, aber «unten» berührt mich nicht, während «zum Licht hinauf» mir das Gefühl der Kenntnis und der Reinheit gibt. Ein unbeschreibliches Gefühl, das vermutlich alle haben.

Gott, das Paradies, Gottesliebe, die Perfektion usw. sind «oben». Warum eigentlich nicht «unten»? Christus ist in den Himmel aufgefahren. Warum ist er nicht in den Himmel «hinunter»? Natürlich weil der Himmel «oben» ist. Aber warum ist das Paradies nicht unten? Beim «zivilisierten» Menschen erweckt der Begriff des Aufstiegs stets Reinheitsgefühle. Der Fanatismus von Alpinisten und Fliegern ist nichts anderes. Der Aufstieg gibt ihnen natürlich ein Machtgefühl, aber sie sagen auch, man fühle sich «da oben» rein und unbeschwert.

Diese Gefühle findet man immer in der Kunst und in psychoanalytischen Sitzungen. Damit wird klar, dass eine gute Traumanalyse die Kenntnis der symbolischen, das heisst primitiven Sprache voraussetzt.

Eine psychoanalytische Sitzung

Frau X. wird gebeten, alles zu erzählen, «was ihr durch den Kopf geht», wenn sie das Wort «Sonne» hört. Frau X., dreissig Jahre, sehr ausgeglichen und intelligent, befindet sich in einem Zustand totaler Entspannung, bei geschlossenen Augen und völliger Dunkelheit.

- «Ich sehe die Sonne hoch am Himmel, von gelben Flammen umgeben. Diese kommen langsam wie Scheinwerfer auf mich zu. Ich fühle, wie ich langsam ins All steige, wie im Traum. Schnell und wundervoll, unbeschwert. Ich habe das Gefühl, dass ich kein Gewicht mehr habe. Oh! Ich spüre es richtig, ein wunderbares Gefühl. Ich nähere mich der Sonne, die immer grösser wird, und die sie umgebenden Flammen sind, wie soll ich sagen, ohne Bosheit. Ich habe das Gefühl, sie sind gut und lieben mich. Hinter der Sonne sehe ich eine Art riesigen, leuchtenden Garten, ganz ruhig und mit farbigen Kugeln. Ganz hinten steht neben einer glänzenden Tür ein junger Mann, der ein Feuerschwert in der Hand hält, und ich glaube, er lächelt mich an. Es ist, als würde mich meine böse Menschlichkeit verlassen. Ich habe das Gefühl, in eine leuchtende Ewigkeit zu treten. Plötzlich steht mein Vater vor mir, ganz leuchtend. Auch er hat ein diamantenes Schwert. Er reicht mir einen grossen, goldenen Schlüssel und zeigt auf die funkelnde Tür, vor der weissgekleidete Personen stehen.»

Diese freien Assoziationen sind voll von den Bildern, wovon ich gesprochen habe. In den meisten Fällen kommen die gleichen Bilder vor. Das Wort «Sonne» bringt in der Reihenfolge: Flammen, Steigen, Unbeschwertheit, goldener Garten mit Kugeln (Paradies mit Sphären als perfekte geometrische Figuren), funkelnde Tür, junger Mann mit Feuerschwert (Erinnerung an den Erzengel!), böse Menschlichkeit, die verschwindet (Reinheit), leuchtende Ewigkeit (Gott), Vater (wir werden sehen warum). Der Vater ist leuchtend, diamantenes Schwert (Schwert = Kraft und Diamant = Reichtum, hier geistiger Reichtum), goldener Schlüssel (zum Tor der Perfektion), weissgekleidete Personen (Reinheit, Perfektion, Engel).

All die Bilder dieses «Traumes» finden sich in menschlichen Sagen aller Zeiten. Es ist stets sehr eindrücklich, sie im Laufe psychologischer Sitzungen anzutreffen, und zwar bei grundverschiedenen Leuten ...

Ein ganz grosses Symbol: Der Vater

Der Begriff des Vaters erschien bereits:

a) in den Antworten auf «Sonne»,
b) in den Antworten auf «Steigen»,
c) im Traum der Frau X. nach Angabe des Wortes «Sonne».

Warum eigentlich? Der Begriff des Vaters ist mit dem der Sonne eng verbunden; den Vater stellt man sich stark und strahlend vor. Er muss führen und Licht spenden. Er muss Sicherheit geben.

Das ist sehr wichtig:

Wie die Sonne ist auch der Vater für das Kind eine Art Held, ein mächtiges, glorreiches Wesen. Das Kind rühmt sich gerne seines Vaters, prahlt mit dessen Beruf usw. Für das Kind hat der Vater übermenschliche Züge, er steht auf einem Podest. Dabei stellt das Kind nicht seinen eigenen Vater, sondern den Begriff des Vaters im allgemeinen auf dieses Podest! Der Vater ist ein Symbol, bevor er der eigene Vater ist, und das Kind erwartet unbewusst von ihm, dass er dem Symbol entspricht, dass er Kraft ausstrahlt und unfehlbar ist.

Die praktische Rolle des Vaters ist also eine äusserst schwierige Aufgabe, denn es gilt, sich der symbolischen Vorstellung des Kindes anzupassen. Entspricht der Vater aus irgendeinem Grunde nicht dem Symbol, entsteht beim Kind ein Widerspruch, der bis zur psychologischen Gleichgewichtsstörung führen kann, zum Beispiel, wenn der Beruf nicht gerade rühmlich, der Vater schwach oder herrschsüchtig, ohne Kultur, arm usw. ist. In diesen häufigen Fällen fällt die glorreiche Vorstellung des Kindes vor der Wirklichkeit zusammen.

Natürlich lässt sich das korrigieren, doch es verlangt viel Intelligenz und Feingefühl und vor allem Ausgeglichenheit.

Ein weiterer Fall: Ein Jüngling beginnt seinen Vater zu hassen, weil dieser krank geworden ist. Dieser Hass entsteht wider seinen Willen, und der Jüngling hat starke Gewissensbisse. Er sagt, sein Vater sei vom Podest gefallen; dabei sollte er sagen, der Vater entspreche nicht mehr seinem inneren Symbol.

Die Rolle des Vaters ist also sehr schwierig, weil sie symbolisch und praktisch zugleich sein muss, und es ist stets gefährlich, durch ein starkes Symbol gesehen zu werden. Kein Vater auf dieser Welt ist ein Gott, auch wenn er es für sein Kind ist! Jeder Vater ist ein Mensch und nichts als ein Mensch, und seine ganze Intelligenz muss sich darauf konzentrieren, dass ihn sein Kind als Mensch und Freund, nicht als Sonnengott betrachtet.

Das Feuer

Das Feuer war stets Gegenstand eines echten Kults. Heute ist es meistens mit Liebesgefühlen verbunden. Man spricht von «Flamme» für «Liebe», die absolute Liebe wird mit einer Flamme anstelle des Herzens dargestellt.

Warum werden die olympischen Spiele von einem Flammenträger angekündigt? Warum brennt am Grab des Unbekannten Soldaten eine Flamme? Warum zündet man zu Weihnachten Kerzen an? Warum spenden die Katholiken Kerzen?

Wenn ein junger Mann zu seiner Braut sagen würde: «Für dich ist mein Herz voller Wasser», können Sie sich vorstellen, wie der Braut zumute wäre... Spricht er hingegen von Feuer und Flammen, sieht es ganz anders aus. Warum?

Hier die häufigsten Antworten von etwa hundert Leuten auf das Wort:

Feuer
Glanz – Licht – Liebe – Reinheit – Leben – Sonne – Gott – Kraft – Geist – Ruhm – Macht – usw.

Der tiefere Sinn von Feuer ist also ähnlich dem von Sonne und Steigen. Licht, Liebe, Gott, Reinheit usw. sind gemeinsame Antworten. Was kann man daraus folgern? In den altertümlichen Sprachen war das Wort «Feuer» gleichbedeutend mit Leben, Licht, Liebe, Lebendigkeit und Kraft. Alle Psychoanalytiker wissen, wie eng der Begriff des Feuers mit dem der Liebe verbunden ist.

All dies ist mehr als Sprachforschung, denn die Menschen leben von diesen Symbolen! Und das ist nicht alles: Diese Symbole entstehen aus unbewussten Emotionen, können aber wiederum welche auslösen. Und viele Bilder berühmter Maler bringen grosse Symbole zum Ausdruck, die in jedem schlummern. Es gibt also zwei Kategorien von Menschen: Solche, die auf diesen universellen Symbolen leben, ohne es zu wissen, und solche, die es wissen und ein tieferes, inneres Leben führen, mit der Fähigkeit, diese Symbole anzuwenden, um den anderen zu helfen und sie zu verstehen: die Eingeweihten also.

Das Feuer, Sohn der Sonne

Wie die Sonne, spendet auch das Feuer Wärme und Licht und verbannt die Angst. Im Altertum nannte man die Sonne «Vater» und das irdische Feuer «Sohn». Es gab verschiedene Zeremonien, unter anderem auch die der winterlichen Sonnenwende, die der Geburt des Feuerkindes gewidmet war ... Die christliche Religion hat diese Tradition weitergeführt: Da das genaue Datum der Geburt Christi den Christen nicht mehr bekannt war, wurde der 25. Dezember zum Geburtstag Christi erklärt. Zu diesem Anlass zündeten schon die ersten Christen grosse Feuer an, und unsere schönen Weihnachtskerzen sind eine Erinnerung daran. All dies ist weit davon entfernt, aus dem Menschen eine winzige Ameise zu machen: Im Gegenteil stellt es eine ungeheuerliche Erweiterung in die alten Jahrhunderte und zu allen anderen Menschen, die die Erde bevölkerten und heute noch bevölkern, dar.

Der Phallus

Das Leben wurde vom normalen Menschen stets verehrt, wie auch alles, was Leben spendet und sein Fortdauern ermöglicht. Die Menschen haben nicht nur die Sonne angebetet, sondern auch ein konkretes Symbol des Lebens gesucht. Jedes Leben hängt vom Phallus ab, der zum universellen, männlichen Prinzip wurde, und es ist nicht verwunderlich, dass ein Kult entstand, der ebensowichtig war wie der der Sonne und des Feuers. Bei den primitiven Menschen stellt der Phallus, das männliche Glied, durch den sexuellen Akt das Leben dar. Es ist das männliche, aktive, eindringende, befruchtende Prinzip, und es bedurfte aller absurden Abweichungen, um diesen Sinn zu erniedrigen oder zu verschmutzen. Heute werden viele Leute beim blossen Wort «Sexualität» bereits rot! Bei den Primitiven war die Sexualität ein heiliger Akt, den man als Symbol des Lebens verehrte.

Nun sehen wir die Antworten verschiedener Leute auf das Wort Phallus. Zuerst einmal bei Neurotikern und Leuten mit falscher Sexualität.

Phallus

Sex – Es stört mich ... – Sünde – Es ist absurd, aber irgendwie schäme ich mich ... – Mann ... und ich hasse Männer! ... – Höhepunkt – Dunkelheit – Man sollte lernen, gesund darüber zu sprechen – Für mich irgendwie tabu, aber die sexuelle Erziehung ist sowieso falsch.

Nun die Antworten gesunder, ausgeglichener Menschen.

Phallus Leben – Schöpfung – Fortpflanzung – Macht – Befruchtung – Liebe – Perfektion – Baum

Symbolisch gesehen ist der sexuelle Akt heilig, und zwar heute noch. Bei bestimmten primitiven, jedoch psychologisch völlig gesunden Völkern findet der sexuelle Akt manchmal öffentlich statt, denn er gilt als Lebensritual, während die ganze Dorfbevölkerung Blumen streut. Bei anderen findet er in der Saatzeit auf der Erde statt. Das sind bloss Beispiele; dieser Kult hat praktisch eine universelle Bedeutung.

Wie wurde (und wird noch heute im Traum und in der Kunst) der Phallus dargestellt? Alles was stark, positiv und aufrecht ist: Bäume (auf das Wort «Baum» haben wir bereits verschiedene Antworten erhalten), Schwert (wie beim bereits gesehenen Traum von Jean) usw. Die Sexualität ist heute zwar kein Kultgegenstand mehr, aber das Symbol ist in uns geblieben. Echte Sexualität ist nicht nur mit dem Leben selbst, sondern mit allem, was sie vergeistigt, verbunden. Es kommt nicht von ungefähr, dass viele Neurosen eine gefälschte sexuelle Grundlage haben.

Die Erde

Die Mutter Erde, die Nahrung spendet, ist ein schönes Symbol. Zudem wird die Erde befruchtet und verhält sich passiv. Die Assoziierung der Begriffe Erde und Mutter ist so alt wie die Welt! Die Erde ist der Inbegriff des weiblichen Symbols, und von jeher ist die Fruchtbarkeit des Bodens in aller Welt mit der Frau symbolisch verbunden. In der Mythologie bilden Himmel und Erde ein göttliches Paar: Der Himmel befruchtet die Erde mit Regen. Indische Sagen vergleichen den Himmel mit einem Bräutigam, die Erde mit einer Braut, und gewisse Völker glauben, die Erde sei der «mütterliche Bauch», aus dem die Menschen entspringen. Solche Beispiele sind ausserordentlich zahlreich. Um fruchtbar zu sein, muss jedoch die Erde bearbeitet werden, daher die Assoziierung zwischen dem Pflug und der Befruchtung, die in vielen Sagen und Riten vorhanden ist. Die Pflugschar gehört zu den häufigsten Symbolen des Phallus. In vielen Sprachen gibt es nur ein Wort für Spaten und Phallus! Indianer stellen die Furche als Frau dar. Andere Völker «befruchten» die Erde, indem sie in den Furchen Amulette durchziehen, die männliche Glieder darstellen, usw. In Australien tanzen die Eingeborenen um ein Loch in der Erde, in welches sie anschliessend Stäbe stecken. Das Symbol der mütterlichen Erde ist sehr logisch und stark. Es bleibt in jedem von uns, um wie alle anderen Symbole in verschiedenen Situationen wieder zum Vorschein zu kommen. Ein Ausländer sagte zu mir:

- Ich möchte in der Erde meiner Heimat begraben werden.
- Warum?
- Ich weiss es nicht, ich hätte das Gefühl, wieder auf ewig im Bauch meiner Mutter zu schlafen.

Hier ein paar Wortassoziationen, die bei Sitzungen mit etwa hundert Personen erhalten wurden.

Erde
Reichtum – Fruchtbarkeit – Überfluss – Sicherheit – Amme – Mutter – mütterlich – befruchtet – Jungfrau – passiv

Das Wasser

Das Wasser ist ein mächtiges Symbol, das seit Jahrtausenden herrscht. Es erscheint oft in Träumen, der Literatur, der Kunst, in Liedern usw. Hier sind die Antworten von hundertfünfzig Personen auf das Wort «Wasser». Wir werden sehen, dass sich nichts geändert hat...

Wasser
Einhüllen – Fruchtbarkeit – Überfluss – Korn – Ruhe – Taufe – Mutter – reichlich trinken – Reinheit – ewige Jugend – Wiedergeburt

Diese Antworten enthalten Symbole von Fruchtbarkeit, Weiblichkeit, Reinheit und Wiedergeburt, Symbole also, die das Wasser bei allen Völkern der Erde stets vereinte.

Das Wasser als Fruchtbarkeits- und Weiblichkeitssymbol

Die vom Wasser befruchtete Erde gibt die Ernte wie die befruchtete Frau ein Kind. Himmel und Erde bildeten ein göttliches Paar, und es ist normal, dass das Wasser, der Regen wie ein Gott verehrt wird, der die Unfruchtbarkeit der Erde verhindert. Unter zehntausend anderen Völkern haben die Russen eine Göttin verehrt, die gleichzeitig Mutter, Erde und Feuchtigkeit war. In Oxford steht ein Brunnen, von dem man glaubt, er mache Frauen fruchtbar, und zahllos sind Brunnen, vor denen Wünsche vorgetragen werden können. Auch die Literatur enthält viele Beispiele, und zahlreiche Sagen und Gedichte sprechen vom Wasser wie von einer Göttin oder Mutter. Den Chinesen ist das Wasser Weisheitsbeispiel, da es rein, «demütig» und schmiegsam ist. In französischen Liedern wird Paris von der Seine umarmt, oder der Fluss ist eine «femme», eine «mariée» usw. Solche Lieder treffen den grossen Symbolismus des Wassers, und da dieser bei jedem Menschen tief verwurzelt ist, ist der Erfolg sicher …

Das Wasser als Wiedergeburts- und Reinheitssymbol

Wie viele Sagen erzählen, wie ein alter Mann plötzlich mit einem jugendlichen Körper aus dem Wasser kommt! Dieses Symbol liegt der Taufe zugrunde, und die Welten wurden laut Tradition in den Gewässern geboren. Das Eintauchen (bei der Taufe) bedeutet also eine «Rückkehr zum Nichts», und das Wiederauftauchen ist eine neue Geburt des regenerierten, reinen Menschen.

Die in vielen Sagen erwähnten Sintfluten haben die gleiche Bedeutung: Rückkehr zum Nichts einer alten Menschheit, Geburt einer neuen Zeit. Alle Helden tauchen ins Wasser. Die mythologischen Höllenfahrten sind fast immer mit dem Überqueren eines Flusses oder einer Reise unter dem Ozean verbunden … Manchmal auch im Bauche eines Ungetüms.

Viele Kähne befördern Seelen von Verstorbenen, bis die Helden triumphieren und mit einem neuen Körper aus dem Wasser kommen. Dann wäre noch die ganze Reihe von Jungbrunnen, Wunderquellen, heiligen Quellen und Flüssen, die es zum Teil heute noch gibt. In Frankreich gibt es zahllose Flüsse und Quellen, denen Regenerierungseigenschaften zugeschrieben werden. Im südenglischen Cornwall werden kranke Kinder in den St.-Mandron-Brunnen eingetaucht. Den Begriff der reinigenden Wirkung von Wasser hat es schon immer gegeben. Der Prophet Ezechiel sagte: «Dann werde ich euch mit reinem Wasser besprengen, dass ihr rein werdet.»

Das Wasser ist in der Tat eines der schönsten Symbole der Welt …

Die Anwendung der Symbole in der Psychotherapie

Können Emotionen mit Hilfe der Symbole ausgelöst werden? Ich meine wirksame, heilvolle Emotionen? Kann man ein symbolisches Bild, das ein Gefühl ausdrückt, nicht dazu verwenden, dieses Gefühl zu erwecken? Kurz: Können Symbole der tiefen Suggestion dienen?

Damit kommen wir zu einem neuen Gebiet, der Psychotherapie, einem ausserordentlich interessanten Gebiet, das beinahe wundertätige Wirkung haben kann, sei es in der psychologischen Analyse oder in der Heilung.

Der wache Traum

Vor einigen Jahren war der französische Psychologe Robert Desoille bei einer Analyse unter Anwendung des «wachen Traumes» anwesend. Ihm fiel der Reichtum und die Macht der dem «Träumer» einfallenden Bilder auf, und Desoille unternahm unverzüglich eine entsprechende Forschungsarbeit, um eine neue Methode zu entwickeln, die die Psychologie entscheidend bereicherte.

Diese Methode verwendet

1. Symbole, um den Patienten zu analysieren,
2. die dynamische Kraft der Symbole, um auf den Patienten einzuwirken, und
3. sorgt dafür, dass das Symbol wieder zu einer lebendigen, wirksamen Wirklichkeit wird.

Die Voraussetzungen dieser Technik

Da es darum geht, dass der symbolische Hintergrund wiedergefunden wird, muss der Patient möglichst von seiner «kritischen Vernunft» getrennt werden. Die psychische und körperliche Entspannung ist von ausschlaggebender Bedeutung. Diverse Methoden führen zum Ziel, auf jeden Fall ist der Patient von seiner Umwelt möglichst zu isolieren (Entspannung, Dunkelheit, geschlossene Augen usw.).

Dann gilt es, den Patienten progressiv vom normalen, bewussten Zustand in den anderen Zustand zu führen, wo die symbolische Kraft wirksam wird. Der Patient muss aber bei Bewusstsein bleiben. Allgemein kann gesagt werden, dass der wache Traum eine Art «gesteuertes, symbolisches Drehbuch» darstellt, wobei der Psychologe als Analytiker und Weichensteller arbeitet. Das nötige Material wird in der Regel vom Patienten in Hülle und Fülle geliefert... Sehen wir nun drei kurze Beispiele von solchen Wachträumereien.

I

Janine ist eine recht männliche, dreissigjährige Mathematiklehrerin, die vom Symbolismus nicht die leiseste Ahnung hat. Das Beispiel zeigt deutlich, dass sich das symbolische Unbewusste aus der mathematischen Vernunft von heute überhaupt nichts macht. Noch einmal: Bei dieser Technik muss die kritische Vernunft weitgehend eliminiert werden. Die «absurdesten» Situationen müssen auftauchen können, ohne den Patienten zu schockieren, genauso wie im nächtlichen Traum.

– Ich schwimme langsam zu einem Ufer. Dort steht ein alter Mann, der lächelt und sehr nett zu sein scheint. Er führt mich zu einem Felsen, dem ein sehr klares Wasser entspringt. Der alte Mann stellt mich unter diese Quelle, und ich fühle mich wie gereinigt. Ich komme wieder heraus und stelle fest, dass ich schwanger bin. Das widert mich an, und ich will kein Kind. Der alte Mann nimmt mich beim Arm und taucht meinen Kopf in das Wasser, in dem ich gerade geschwommen bin. Er sagt: «Hab keine Angst» ... Er schaut auf meinen Bauch, lächelt und sagt: «Es ist gut so»! Ich bin immer noch schwanger und fange an zu singen. Anstelle des Felsens sehe ich nun einen jungen Mann, der das Wasser aus dem Mund bläst ...

Dieser Traum könnte zuerst etwas komisch anmuten ... Doch zurück zum Symbolismus des Wassers: Die frappante Ähnlichkeit mit den alten Mythen der Befruchtung durch Wasser fällt auf, und Tausende von Frauen hätten seit Jahrtausenden genau so wie Janine träumen können! Der Traum im einzelnen:

1. Janine wird von einem lächelnden, alten Mann empfangen (Weisheit, Verzeihung, Erfahrung).
2. Sie wird unter das springende Wasser gestellt und fühlt sich wie gereinigt.
3. Sie ist schwanger: Wieder das Wasser, das befruchtet.
4. Dies ekelt sie an. Das ist normal, denn sie lehnt ihre Rolle als Frau ab. Bei ihrer Lebensanschauung fühlt sie sich also «unrein».
5. Der alte Mann taucht sie ins Wasser (= Tod), sie taucht wieder auf (= Wiedergeburt), und die Worte des Greises entsprechen dem Symbol der Taufe.
6. Janine ist immer noch schwanger, aber diese «Reinigung» hat ihre Anschauung geändert, und sie fängt an zu singen.
7. Anstelle des Felsens erscheint ein junger Mann, der das Wasser aus dem Mund bläst. Schon wieder das Symbol des befruchtenden Wassers, aber nun kommt die Befruchtung vom Mann, was Janine jetzt akzeptiert.

Anschliessend war Janine verblüfft, dass sie (nicht nur im Traum, sondern auch in den folgenden Tagen) ihre Rolle als Frau akzeptiert hatte. Die psychologische Behandlung nutzte das intensive Gefühl, das dieser Traum vermittelt hatte, aus und wurde anhand starker Symbole weitergeführt. Bald wurde Janine ihre Komplexe los. Sie hat nun ihre Rolle als Frau akzeptiert, sie ist verheiratet und absolut weiblich.

2

Der Patient ist ein vierzigjähriger, lediger Ingenieur. Nach der Entspannung wird er aufgefordert, das, was er zuerst sieht oder spürt, zu beschreiben. Auch hier werden wir feststellen, dass die Vernunft keinen grossen Spielraum hat ...

1. Ich liege mit angezogenen Beinen da, die einzige Stellung übrigens, in der ich Schlaf finden kann. Ich sehe eine Art Ei, in dem ich mich befinde ... In diesem Ei fühle ich mich in Sicherheit ... Mit vierzig Jahren! Ich fühle mich wohl.

Der Patient wird gebeten zu sagen, womit er sich vergleicht. Die Antwort lässt nicht lange auf sich warten.

2. Mit einem Fötus. Jawohl, ein Fötus! Hab' ich denn so sehr Angst vor dem Leben und der Verantwortung? Ich fühle mich den Arbeitern stets unterlegen, dabei sollte ich sie führen ... Unglaublich dieses Gefühl, mich zu verstecken als wäre ich noch nicht geboren.

Hier wird er gebeten, «aus diesem Ei» zu schlüpfen, auf irgendeine Art und Weise.

3. Mit plötzlicher Wut breche ich alles um mich und ich spüre, wie ich auf dem Wasser schwimme. Ein endloses Gewässer ... Ganz hinten eine grosse, gelbe Sonne ... Und alles ist so still! Ich habe ein komisches Gefühl, auf irgend etwas zu warten.
4. Ich schwimme langsam, aber kraftvoll einem Ufer zu. Plötzlich werde ich von einer Art Weg aufgehalten, der aus dem Wasser in den Himmel, ins Unendliche führt. Ein glänzender Weg in einem ganz schwarzen Himmel. Ich weiss, dass ich diesen Weg besteigen muss, wenn ich mich ändern will.

   Was sind das für Symbole?

1. Eine präzise Darstellung des «Anhängens» an die Mutter, der Rückkehr zur Mutter. Er selbst sagt: Ich fühle mich wie ein Fötus!

   Dieser «Infantilismus» führt bei ihm zu Minderwertigkeitsgefühlen, Angst vor der Verantwortung, Verweichlichung, Angst vor den Frauen, Unfähigkeit, seine Mutter zu verlassen, um zu heiraten und natürlich Auflehnung gegen diese Situation. (Übrigens: Anlässlich einer anderen Sitzung sieht er eine Vogelscheuche. Er wird gebeten, die Kleider von dieser Vogelscheuche zu reissen und entdeckt plötzlich das strenge Gesicht seiner Mutter).
2. Persönliche Erklärungen über seinen Zustand.
3. Ein schönes Universalsymbol. Wieder das Bild der persönlichen Wiedergeburt in ein neues Leben. Er hat selbst das Gefühl, auf irgend etwas zu warten. Das Symbol des Wassers kommt im Wachtraum häufig vor, denn viele möchten sich ändern.
4. Plötzlich sieht er einen Weg, der in den Himmel führt. Auch er muss hinauf, um sich ändern zu können.

Was bietet diese Methode?

Die klassische Psychoanalyse rechnet einigermassen mit dem Verständnis des Patienten, das heisst mit seinem Verständnis der eigenen Komplexe, um den Charakter zu korrigieren. Wir wissen aber, dass jede menschliche Handlung in erster Linie einer Emotion oder einem Gefühl entspringt, das mit Intelligenz und Vernunft überhaupt nichts zu tun hat. Zum Selbstverständnis ist die Intelligenz unerlässlich, doch sie genügt nicht. Darin ergänzt die Methode des wachen Traums die Psychoanalyse in idealer Weise, weil sie direkt auf das Unbewusste einwirkt, indem sie dessen Sprache spricht, diese Sprache von Bildern und Symbolen! Es fällt auf, dass der wache Traum stets Ruhe gibt, und eine der häufigsten Folgen ist die Heilung der Schlaflosigkeit. Ferner fühlt sich der Patient oft «befreit», weil er das Gefühl hat zu handeln und seinen Traum wirklich erlebt. Eine in diesem Zustand gelungene Handlung hat sofortige Auswirkungen auf das äussere Verhalten.

Hier noch ein Auszug aus einer solchen Wachträumerei von Yvonne, einer dreissigjährigen, verheirateten Frau: starke Minderwertigkeits- und Schuldgefühle, Ödipuskomplex. Yvonne ist sexuell frigid, wird aber von ihrem Mann sehr gut verstanden. Zuerst wird sie gebeten, sich zu Hause, in irgendeiner alltäglichen Situation vorzustellen.

1. Ich bin zu Hause und lese.
   – Was lesen Sie?
2. Ein Werk über Thomas von Aquin. Ich lese mit Vorliebe alles, was mit dem Geistigen zu tun hat.
   Kein Kommentar, keine Frage seitens des Psychologen.
3. Ich lese, und mein Mann macht seine Buchhaltung. Unser kleines Mädchen spielt neben ihm, und alles ist ruhig, wie immer.
   – Stehen Sie auf und gehen Sie auf eine Tür zu, die hinausführt.
4. Ich öffne die Türe zum Garten und gehe hinaus. Aber der Garten ist nicht mehr da, und ich stehe vor einer grossen Ebene im Mondschein, die sich ins Unendliche erstreckt.
5. Ich drehe mich langsam um. Ich habe Angst... Mein Haus ist verschwunden. Ich bin von allen verlassen. Die Ebene ist unendlich weit, eine eisige Einsamkeit überkommt mich.
   – Gehen Sie auf diese Ebene.
6. Ich wage es nicht... Ich möchte mich an irgend etwas anhängen. Ich suche meinen Mann, irgend jemanden... Nein, ich kann es nicht. Ich möchte, dass mein Haus wieder erscheint...
   – Nehmen Sie ein Schwert in die Hand und gehen Sie.
7. Jetzt fühle ich mich stärker, ich gehe vorwärts. Vor mir steht plötzlich eine hohe Schranke, und dahinter steht eine Menge, die Leute schauen mich an und wollen mich nicht durchlassen. Ich möchte flüchten.
   – Denken Sie an das Schwert.
8. Ich öffne die Schranke, habe Angst und gehe langsam. Ich habe das Gefühl, die Leute sind nicht so feindlich, wie ich dachte. Ich werfe mein Schwert fort und schreite weiter. Die Leute lachen mich an und ich werde ganz ruhig.
   Nun wird suggeriert, auf irgendeine Art zu «steigen».
9. Ich verlasse die Menge und sehe wieder nichts als die grosse Ebene. Ich bin aber selbstsicherer, schaue und suche einen Weg hinauf. Unweit von mir sehe ich irgend etwas Undefinierbares. Nun sehe ich es: eine Treppe aus Metall oder Kristall, ich weiss es nicht...
   Die Treppe führt in den Himmel, und der Anblick macht mich glücklich. Ich kann nicht genug hinschauen. Ich glaube, ganz oben werde ich mich selbst entdecken. Und oben sehe ich mein Haus stehen. Ich muss es erreichen, doch mit einem anderen Ich...

Was zeigt dieser Auszug?

2. Das Interesse für geistige Dinge ist eine Kompensation für die Minderwertigkeitsgefühle.
5. Gefühl der Verlassenheit, ebenfalls mit Minderwertigkeits- und Schuldgefühlen verbunden.
6. Angstgefühle, die das Schwert als Kraftsymbol vermindert.
7. Schranke, Menge: Wieder das Gefühl, abgelehnt zu werden.
8. Sie geht, wirft das Schwert weg und fühlt sich befreit.
9. «Steigen» bringt das Symbol der Treppe. Symbolisch ermöglicht die Treppe den Übergang vom Materiellen. Ein Monarch besteigt die Stufen zu seinem Thron, der Priester die Stufen zum Altar. Beim Besteigen dieser Treppe fühlt Yvonne, dass sie anders wird. Wir haben bereits den Ingenieur gesehen, der das Gefühl hatte, den Weg hinaufgehen zu müssen, um sich zu ändern.

Nebenwirkungen dieser Methode

1. Änderung der Gewohnheiten: Dies ist logisch, denn die Gewohnheiten werden von der unbewussten Affektivität gesteuert. Zudem erfordern Verdrängungen und Komplexe zahlreiche innerliche Gewohnheiten, die trotz dem äusseren Verhalten zum Vorschein kommen.
2. Erweiterung der Persönlichkeit in Breite und Tiefe: Der Patient findet seine instinktiven Quellen wieder und lernt mit ihnen zu leben, was genau das Gegenteil von Komplexen ist. Diese Methode bringt eine Einigung zwischen bewusstem und unbewusstem Zustand und eliminiert Angstgefühle, die aus Spannungen zwischen verschiedenen Tendenzen entstehen.
3. Neue Fähigkeiten der Konzentration, der Aufmerksamkeit und der Empfindung.
4. Grosse Erweiterung der Intuition und der konstruktiven Phantasie.
5. Kenntnis der ausschlaggebenden Macht der Affektivität und Anwendung im alltäglichen Leben.
6. Erhöhte Unternehmungslust. Diese Methode besitzt unbestreitbaren Erziehungswert, sowohl bei Erwachsenen wie bei Jugendlichen.

Zusammenfassung

Jedes Symbol besteht aus einem menschlichen Gefühl und einer tieferen Emotion. Wiederum kann jedes Symbol ein Gefühl und eine Handlung auslösen. Und die psychologischen (und künstlerischen) Experimente zeigen, wie die grossen Symbole im Unbewussten eines jeden Menschen immer noch vorhanden sind und handeln. Das sogenannte moderne Leben trennt den Menschen von seiner universellen Natur. Der Stadtmensch ist der Meinung, die Symbole wären tot oder bloss geistige Unterhaltung. Das stimmt überhaupt nicht: Der moderne Mensch ist traurig, aber vor allem nostalgisch! Schauen Sie ihn an mit seinen schnellen Wagen, seinen Strassenbahnen, Fernsehern, Super-Cinemascope-Filmen, seinen Hochhäusern usw. Trotz all dem genügt manchmal ein kleines Chanson, um seine Tränen auszulösen... Das ist die Kraft des modernen Menschen! Nostalgisch ja, aber wonach? Nach seiner Rolle als ganzer Mensch, verbunden mit dem Wunsch, seine Menschlichkeit wiederzufinden. Unter gewissen Bedingungen kommt alles wieder an die Oberfläche: Emotionen vor der Natur, «unerklärliche» Gefühle beim Hören eines naiven Liedchens, nächtliche Träume, die man einfach nicht vergessen kann, Träumereien, Inspirationen, «lächerliche» Emotionen beim Lesen eines Märchens oder einer alten Sage (wo es von grossen Symbolen wimmelt, weshalb sie die Jahrhunderte so leicht überleben, während viele Kunstwerke auf ewig verschwunden sind!). Es lebe die Tiefenpsychologie, dank der der Mensch in seinem Innersten das verlorene Paradies und den Kontakt zu seiner Umwelt wiederfinden kann.

Die Narkoanalyse

Die Narkoanalyse ist das «in vino veritas» nach moderner Art: Die psychologische Analyse unter Narkose (Narkose = Einschläfern durch chemische Mittel, Hypnose = Einschläfern mit natürlichen Mitteln).

Die Tiefenpsychologie setzt natürlich voraus, dass man das Unbewusste erreicht und ihm die Möglichkeit gibt, sich zu zeigen, um analysiert und mit dem bewussten Leben in Einklang gebracht werden zu können.

Die Narkoanalyse bereitet diese Operation durch chemische Mittel vor, bringt den Patienten leicht in einen schlafähnlichen Zustand, lässt ihm jedoch die Möglichkeit, mit der Aussenwelt Kontakt aufzunehmen.

Die verwendeten Medikamente sind schnell eliminierbare Schlafmittel, die intravenös eingespritzt werden, bis die ersten Anzeichen des Einschlafens bemerkbar werden. Psychologisch gesehen ist diese Einspritzung bloss eine Vorbereitung des Patienten. Sie «öffnet die Schranke» und erlaubt den Einsatz des Psychologen. Die anschliessend angewandte Technik ist weitgehend der Psychoanalyse ähnlich. Alles in allem ist die Narkoanalyse eine beschleunigte Methode, den für die psychologische Arbeit idealen Zustand zu erreichen. Sie bringt wieder alle Angaben an die Oberfläche, die in der Vergessenheit versteckt waren (Erinnerungen, Schocks in der Kindheit, Familienkreis, Verdrängungen usw.). Dann ermöglicht sie eine Synthese dieser inneren Umstände.

Ist der innere Konflikt nicht sehr tief verwurzelt und auch nicht sehr alt, können dank der Narkoanalyse spektakuläre Ergebnisse erzielt werden. Im Krieg konnten mit ihr emotive Schocks der Soldaten rasch eliminiert werden.

Hat der Konflikt aber bereits tiefe Wurzeln geschlagen und besteht er schon seit einiger Zeit als Neurose, so kann dies ein Hindernis sein, denn die Narkoanalyse kann unter Umständen nur auf die Symptome, jedoch nicht auf die tieferen Schichten wirken. Auf jeden Fall kann sie eine sehr interessante Erkennungstechnik sein, um die tieferen Ursachen einer psychologischen Krankheit rasch aufzuspüren.

Narkoanalyse und Polizei

Ist es moralisch erlaubt, die Narkoanalyse bei einem Verbrecher anzuwenden, um den «psychologischen Boden» zu untersuchen? Diese Frage ist natürlich äusserst gravierend und kann unübersehbare Folgen haben, denn es geht um das ganze Problem der Denkfreiheit! Die Meinungen gehen stark auseinander, und die Anwendung der Narkoanalyse in der Gerichtsmedizin steht im Kreuzfeuer der Kritik.

Die Kritik der wichtigen Umstände (Erziehung, Familienkreis, Demütigungen, Frustrierungen usw.) sind zum besseren Verständnis des Verhaltens eines Angeklagten natürlich sehr nützlich, und die Narkoanalyse gibt die psychologischen Hintergründe des Delikts an. Mit ihr können Motive gefunden werden, zu denen keine Überlegung je führen würde. Gegenüber dem Angeklagten ermöglicht die Narkoanalyse eine Erklärung der strafbaren Handlung, wobei erklären nicht entschuldigen heisst. Die tiefere Erklärung eines Verbrechens führt oft zur Erkenntnis, dass man es mit einem Geisteskranken zu tun hat. In diesem Sinne kann man durch Narkoanalyse den Zurechnungsfähigkeitsgrad festlegen. Es darf nicht vergessen werden, dass zwischen völliger Verantwortung und totaler Zurechnungsfähigkeit eine ganze Reihe von Zwischenzuständen möglich ist, und die Anwendung der Tiefenpsychologie führt manchmal zu einer Besserung des Delinquenten.

Namhafte französische Professoren befürchteten jedoch, dass die Annahme dieser Methode zu Übertreibungen führen könnte. Ein Angeklagter muss sich verteidigen können, wie er es für richtig hält. Sein Geist ist frei und darf von niemandem angetastet werden. Er verteidigt sich so, wie er ist: intelligent oder dumm, falsch oder ehrlich. Er leistet keinen Eid und kann lügen. Die Richter müssen ihn in ihrem Gewissen als freie Menschen einschätzen, mit ihren Fähigkeiten gegenüber seinen.

So äusserte sich zumindest der berühmte Professor Piédelièvre. Die Narkoanalyse wird mit einem Einbruch in das Gewissen verglichen; die Psychoanalyse ist es aber auch, denn sie sucht ebenfalls die tieferen Motive! Auf die Spitze getrieben kann das heissen, jede vertrauliche Mitteilung wäre ein Einbruch in das Gewissen ... Alles hängt also nur vom Einverständnis des Betreffenden ab.

Wie die Hypnose, kann die Narkoanalyse ein wirkungsvolles Suggestionsmittel sein. Solange es darum geht, abnormale Menschen zu ändern, ist alles in Ordnung. Will man jedoch aus politischen Gründen normale Leute zu einer «spontanen» Meinungsänderung zwingen, sieht man die Gefahr der modernen Psychologie in den Händen nicht ganz rücksichtsvoller Politiker. Man kennt ja die sogenannten «Meinungsdelikte» und die scheusslichen «Erziehungslager für Meinungsdelikte»! Ursache genug, um vor diesen Angriffen auf die Denkfreiheit, die durch Narkoanalyse möglich würden, zurückzuschrecken.

Zusammenfassung

Es besteht kein Problem, wenn der Patient willig ist und die angewandten Mittel sowie das erstrebte Ziel kennt. Dies ist selbstverständlich der Fall, wenn die Narkoanalyse in der Psychotherapie, die ja nur Heilung zum Ziel hat, angewendet wird.

In der Gerichtsmedizin hängt die Anwendung der Narkoanalyse von zahlreichen Umständen ab. Einerseits kann sie die Unschuld eines zu Unrecht Verdächtigten beweisen, andererseits kann sie auch einen lügenden Verbrecher überführen! Hat denn dieser Verbrecher nicht einmal die Freiheit, zu lügen? Darf man ihn zwingen, die Wahrheit gegen seinen Willen zu sagen? Damit stossen wir wieder auf das Problem der Gewissensfreiheit. Beim Nürnberger Prozess lehnte Rudolf Hess die Narkoanalyse ab. Seine Weigerung wurde respektiert, wie übrigens auch sein Recht, sich so zu verteidigen, wie er wünschte.

Mit der Narkoanalyse können ebenfalls Simulierungsfälle aufgespürt werden. Hier gehen die Meinungen ebenfalls auseinander. Die Militärjustiz sieht für Krankheitssimulierungen scharfe Strafen vor. Die Frage bleibt offen: Hat ein Soldat das Recht, zu simulieren? Gehört das Simulieren zur Freiheit des Menschen? Hat die (militärische oder zivile) Justiz moralisch das Recht, eine Simulation anders aufzuspüren, als bei einem Dialog unter Männern? Kann sie es auch unter Zuhilfenahme chemischer Mittel tun, die den Willen des mutmasslichen Simulanten annullieren? Die Beantwortung solcher Fragen, die ebenso weitreichend sind wie das menschliche Gewissen, bleibt den Moralisten vorbehalten.

Die Gruppentherapie

Bisher haben wir nur die «persönlichen» Psychotherapien betrachtet, das heisst solche, die bei einer einzigen Person betrieben werden. Diese Methode hat manchmal den Nachteil, dass dem Patienten nicht mehr bewusst ist, dass er von der übrigen Menschheit keineswegs getrennt ist. Er bleibt überzeugt, sein

Fall sei eine Ausnahme und niemand werde von einem ähnlichen Problem geplagt. Kurz: Er fühlt sich weiterhin von der Gesellschaft ausgestossen.

In solchen Fällen ist es vorteilhaft, eine gewisse Anzahl Patienten zu gruppieren, wobei jeder vorgängig individuell untersucht wird, um eine bestimmte Gleichartigkeit der Krankheit zu gewähren und es jedem zu ermöglichen, sich in einem anderen «wiederzufinden».

Oberstes Ziel solcher Gruppensitzungen ist es, den Gedanken der sozialen Isolierung aus der Welt zu schaffen. Am Gespräch können alle Anwesenden teilnehmen. Bestimmte «Beziehungen» zwischen diesen können sich herauskristallisieren; sie können anonym sein oder nicht. Dies erlaubt weitere Erklärungen und anschliessend eine stets interessante, allgemeine Diskussion. Aufgabe des Psychologen ist es, den Gedankenaustausch zu leiten und die Erklärungen zu liefern. Solche Sitzungen können eine psychoanalytische Grundlage haben. Die Gruppen-Psychotherapie wurde während des Krieges in Amerika und England entwickelt.

V. Neurosen und Psychosen

Wir sind bereits ein schönes Stück weitergekommen. Das hat jedoch viel Liebe, Leid und Selbsterkenntnis erfordert. Ich habe viele Tragödien gehört und werde noch weitere beschreiben. Eine Hoffnung jedoch: Die Psychologie ist der Ort, wo das moralische Leiden Hoffnung und Gleichgewicht wird.

Was ist eine Neurose?

Sie ist eine Störung ohne körperliche Grundlage, eine Krankheit ohne organischen Schaden, wie zum Beispiel die Herzneurose, bei der der Arzt erklären muss: «Am Herzen fehlt nichts, es ist nur nervös!»

Ich werde mich jedoch nur mit Neurosen befassen, deren Symptome vorwiegend psychologischer Natur sind, sogenannte Psychoneurosen. Der Einfachheit halber nennen wir sie Neurosen.

Es gibt Tausende von leichten und schlimmen Symptomen neurotischer Art, mit häufigen Gemeinsamkeiten. Die grosse klinische Klassifizierung unterscheidet: Asthenie – Neurasthenie – Psychoasthenie – Angstneurosen – Zwangsneurosen – Phobien – Hysterie – Zyklothymie – Paranoia.

Was haben die Neurosen gemeinsam?

Wir haben den äusserst häufigen Fall des Herrschsüchtigen bereits besprochen. Warum ist dieser Mensch ein Neurotiker?

Äusserlich scheint er stark, selbstsicher, oft grosszügig usw. Innerlich fühlt er sich minderwertig und machtlos, unsicher und ängstlich: Er hat Schuldgefühle.

Ganz allgemein besteht also eine Diskrepanz zwischen dem äusseren Verhalten und den inneren Tendenzen des Neurotikers.

Es gibt weitere, gemeinsame Züge:

- Das Leben des Neurotikers wird von unbekannten, dunklen Kräften, auf die er keinen Einfluss hat, geleitet. Man sieht es in den Komplexen, Zwangsvorstellungen, Minderwertigkeitsgefühlen usw. Freud verglich den Neurotiker mit einem Reiter, der sein Pferd zu führen glaubt, von diesem jedoch geführt wird.
- Der Neurotiker ist immer ein Opfer innerer Konflikte. Denken wir dabei an Pawlows Hund, den seine schmerzhafte Unschlüssigkeit zwischen dem Kreis und der Ellipse in eine neurotische Krise stürzte. Denken wir auch an die Psychoanalyse und an die Konflikte zwischen unseren instinktiven Kräf-

ten (dem «Es») und unseren moralischen Kräften (dem «Über-Ich»), die uns die Erziehung gegeben hat.

- Unbewusst versucht der Neurotiker sein Leiden durch Kompromisslösungen zu lindern, um den vor ihm gähnenden Abgrund nicht zu sehen.
- Der Neurotiker lebt in einer mal vagen, mal erschreckenden Angst.
- Der Neurotiker ist oft teilweise oder ganz infantil. Als Erwachsener reagiert er, wie er als Kind oder Jüngling reagiert hat. Er kann sich von früheren Situationen nicht lösen. Zum Beispiel reagiert eine neurotische Frau ihrem Mann gegenüber genau gleich wie früher ihrem Vater gegenüber; auch kann das ganze Leben eines Neurotikers um Kinderkomplexe organisiert sein.
- Der Neurotiker ist nicht in der Lage, sich der Wirklichkeit und der Gesellschaft anzupassen. Er reagiert nach starren Grundsätzen, dies trotz seiner oft hohen Intelligenz.

Was ist eine Psychose?

Der Unterschied zwischen Neurose und Psychose besteht im Bewusstseinsgrad des Zustandes beim Betroffenen. Eine von Halluzinationen geplagte Person «sieht überall den Teufel». Wenn sie von der Absurdität ihrer Vorstellung überzeugt ist, ist sie neurotisch. Glaubt sie aber, den Teufel tatsächlich zu sehen, handelt es sich um Psychose.

Ein weiteres Beispiel: Ein Neurotiker stellt sich ständig vor, grosse Leistungen zu erbringen, ein Staatschef oder berühmter Arzt zu sein, usw. Er weiss genau, dass diese Vorstellungen jeder Grundlage entbehren, doch diese Träumereien «tun ihm gut», indem sie ihm gestatten, vor der inneren Wirklichkeit zu flüchten. Wer aber glaubt, Napoleon zu sein, leidet an Psychose. In der Psychose ist der Kranke nicht in der Lage, seinen Zustand, der ihm ja nicht bewusst ist, zu erkennen.

Bestimmte Neurosen entsprechen gewissen Psychosen. Zum Beispiel entspricht die Zwangsneurose oder Besessenheit als häufiges Neurosensymptom der Schizophrenie, die eine Psychose ist. Gehen wir nun ins Detail.

Welches sind die häufigsten Neurosen?

In erster Linie sind es Neurosen, die einer psychischen Gleichgewichtsstörung entsprechen. Der moderne Mensch führt ein «künstliches» Leben, und unsere Kultur stürzt das Individuum in Sorgen, Hetze, Erschöpfung, Wettbewerb, Lärm. Alkohol, Rauschgift und Beruhigungsmittel sind ebensoleicht erhältlich wie Kartoffeln. Das physisch-psychologische Erbgut unserer Kinder wird immer stärker belastet, und die Jugendkriminalität nimmt in erschreckender Weise zu. Dabei sind die meisten jugendlichen Delinquenten Neurotiker, die eine vorbeugende Psychologie wahrscheinlich gerettet hätte! Sexuelle Störungen in allen möglichen Formen herrschen über unsere Gesellschaft. So ist es nicht verwunderlich, dass die Neurose zur Krankheit des Jahrhunderts wurde...

Die Neurose beim Kind

Das rechtzeitige Entdecken von Störungen im Kindesalter ist natürlich von ausschlaggebender Bedeutung: Es geht um die Vorbeugung grosser Erwachsenenneurosen. Meist können sie leicht entdeckt und korrigiert werden, um so mehr, als sie sich beim Kind schnell bemerkbar machen.

a) Charakterstörungen werden festgestellt: Statt die Lebendigkeit und Labilität seines Alters zu besitzen, zeigt sich das Kind «zu stabil». Es ist anspruchsvoll und eigensinnig, aggressiv, unfolgsam, wird zum Trotzkopf und Lügner, ist verschlossen und faul, manchmal übertrieben schüchtern.
b) Bei Kinderneurosen sind physische Anzeichen häufig: Bettnässen, Stottern, Ticks usw.

Im Familienkreis ist die Neurose des Kindes am leichtesten erkennbar. Der junge Neurotiker versucht, sich fremden Leuten gegenüber in einem möglichst günstigen Licht zu zeigen, während seine schlechtesten Seiten der Familie vorbehalten bleiben! Manchmal ist es schwierig, die Ursache der Störung zu finden. Ist es der Familienkreis? Oder eine Veranlagung? Im letzteren Fall haben es die Eltern verständlicherweise schwer, dafür zu sorgen, dass «die Kirche im Dorf bleibt». Die Unausgeglichenheit der Eltern kann die Neurose des Kindes verursacht haben. Aber die «Schwäche» der Erzieher ist manchmal nur die Entmutigung vor der Vergeblichkeit ihrer Anstrengungen. Wie immer, müssen die Ursachen sorgfältig gesucht werden.

Die häufigen Ursachen von Kinderneurosen

Die Rolle des Ödipuskomplexes sowie des Kastrierungskomplexes, deren Auswirkungen leider noch zuwenig bekannt sind, habe ich bereits aufgezeigt. Sie führen zu Minderwertigkeits- und Schuldgefühlen, die der zukünftigen Neurose einen geradezu idealen Nährboden bieten. Vom Kind werden zahlreiche Anpassungen verlangt, zum Beispiel bei der Geburt eines kleinen Bruders, und die Intelligenz der Eltern genügt nicht immer, um den Eifersuchtsschock zu eliminieren, der beim Kind dauerhafte Spuren hinterlassen kann. Oft stehen Kinder vor einer schwierigen Situation; sie beschliessen, dass die Anpassung für sie unmöglich ist, machen «rechtsum kehrt» und flüchten in eine kindische Situation, wo sie sich glücklich und sicher fühlen. So bleiben gewisse Jugendliche kindisch oder krank, um die Aufmerksamkeit und Fürsorge der Eltern zu behalten. Alles was Frustrations-, Erniedrigungs- oder Angstgefühle hervorruft, kann zur Neurose führen. In der Pubertät kommen die grossen inneren Konflikte hinzu: sexuelle, religiöse, moralische, philosophische usw.

Die Behandlung der Kinderneurose

Die Kinderneurose hat selten tiefe Wurzeln. Auch wenn die Eltern damit nicht fertig werden, genügen ein paar psychologische Sitzungen, um diese Wurzeln auszureissen. Das Leben hat nämlich noch nicht genügend Zeit gehabt, um sich um die junge Neurose herum zu organisieren und zu kristallisieren, und die grossen psychotherapeutischen Methoden sind selten notwendig. Zahlreiche «Tests» sind speziell für Kinder bestimmt, wie auch gewisse Spiele, Zeichnungen usw., womit das Kind seine bewussten oder verdrängten Tendenzen «projiziert». Kinderzeichnungen besitzen einen primitiven Symbolismus, der tiefere Gefühle verrät. Das Kind spielt hier gern mit. Sein «Geheimnis» kommt rasch an die Oberfläche, wo es vom Psychologen sofort registriert wird. Dieser wählt alsdann den einzuschlagenden Weg (Arbeit mit dem Kind, mit den Eltern usw.).

Die Neurose beim Erwachsenen

Auch hier ist die Neurose oft affektiver Art, und alles ist, als würde ein Teil der Persönlichkeit «ja», der andere «nein» sagen. Die verschiedenen Neurosen weisen gemeinsame Züge auf: unbefriedigte Affektivität, unbefriedigte Sexualität sowie sexuelle Tendenzen, die mit der Moral des Patienten in Widerspruch stehen. Die häufigste Erscheinung ist die Neurosenangst. Sie ist eine manchmal gewaltige, unaushaltbare, meistens diffuse und unbewusste Reaktion auf eine Gefahr, die es nicht gibt! Für den Neurotiker ist jedoch die innere, unsichtbare Gefahr ebenso echt wie eine äusserlich sichtbare (denken wir an den Perfektionisten: Alles was seinen äusseren Schein gefährdet, löst bei ihm die Angst aus, die er durch Verstärkung der scheinbaren Perfektion zu eliminieren versucht).

Die Neurose löst oft körperliche Störungen aus: Stummheit, Lähmung, Krämpfe oder Ekzeme und verschiedene Ausschläge.

Neurosen können auch eine nervliche Erschöpfung auslösen oder verstärken. Der innere Kampf hört nie auf, besonders dann nicht, wenn er sich in den dunklen Regionen des Unterbewussten abspielt. Viele Neurosen gehen auf die Kindheit zurück, und die Wurzel ist so stark geworden, dass sie das ganze Leben steuert...

1. Die körperliche Veranlagung kann eine wichtige Rolle spielen, zum Beispiel eine erbliche Belastung, Syphilis, Inzucht, Alkoholismus usw.
2. In gewissen Fällen ist die Ursache rein körperlicher Art: Vergiftungen, Infektionen, Erschöpfung, Drüsenstörungen oder Störungen der Leber, des Magens und des Darmes usw.
3. Die häufigsten Ursachen sind jedoch die inneren Konflikte, die in 90% der Fälle sexueller, religiöser oder familiärer Art sind. Dann kommen andauernde, tief verwurzelte Schuldgefühle auf sowie Zweifel und Gewissensbisse...
4. Liegt die Wurzel in der Kindheit, so besteht eine affektive Blockierung (Infantilismus), die sich allen von Erwachsenen verlangten Anpassungen entgegensetzt.

Die Neurosen

Asthenie

Das Wort Asthenie kommt aus dem Griechischen und heisst so viel wie «kraftlos». Die Asthenie zeigt sich durch grosse Müdigkeit beim Aufwachen sowie Arbeitsschwierigkeiten. Willensschwäche gehört auch zu diesen Erscheinungen (Abulie). Der Neurotiker kann sich nicht konzentrieren, hat «einen leeren Kopf» und zeigt viele Symptome der Depression, mit der die Asthenie übrigens oft verwechselt wird.

Häufige Ursachen der Asthenie: Überarbeitung, gesellschaftliche oder familiäre Umgebung, Rekonvaleszenz nach einer Grippe, Infektionen, Vergiftungen, Vitaminmangel usw.

Neurasthenie

Die Neurasthenie ist eine dauernde Asthenie. Sie ist eine allgemeine Depression des Nervensystems, dessen Leistungsfähigkeit vermindert wird. Das vegetative Nervensystem gerät aus dem Gleichgewicht, das Gehirn wird geschwächt. Dabei ist das einwandfreie Funktionieren der Gehirnrinde für die richtige Verteilung der Nervenimpulse unerlässlich.

Diese Störung führt beim Kranken zu unerwarteten, plötzlichen, unlogischen, paradoxen Reaktionen. Dieser ist übertrieben reizbar, zeigt sich mal fröhlich und aufgeregt, mal tief deprimiert, dies meist ohne sichtbaren Grund. Er zeigt eine ganze Reihe von Symptomen, die die «Anarchie» innerhalb seines Nervensystems verraten.

Die allgemeinen Symptome der Neurasthenie

In erster Linie ist es eine grosse Müdigkeit, das Gefühl der Kraftlosigkeit sowie der Nerven-, Muskel- und Gehirnschwäche. Der Kranke fühlt sich besonders am Vormittag schwach und reizbar. Er ist äusserst streitsüchtig. Dieser Zustand bessert sich gegen Abend, und oft fühlt er sich gegen acht Uhr sehr wohl. Es handelt sich also auch hier um eine Erregung, das heisst um einen Zweitzustand der Erschöpfung. Das Müdigkeitsgefühl ändert sich oft schlagartig. Auch hier sind paradoxe Reaktionen feststellbar: Alles überrascht die anderen, die nichts begreifen und den Zustand bald der Phantasie zuschreiben...

Weitere Symptome

a) Kopfschmerzen, besonders an der Stirn, den Schläfen und im Nacken. Diese oft gewaltigen Schmerzen treten besonders morgens oder während der Verdauung auf, und der Neurastheniker hat das Gefühl, sein Kopf stecke in einem Schraubstock... Er behauptet sogar manchmal, das blosse Kämmen verstärke seine Kopfschmerzen. Es handelt sich also hier um eine Gefühlsstörung.
b) Eine ähnliche Gefühlsstörung sind Schmerzen an der Wirbelsäule, im Nakken, im Kreuz, in der Lendenregion, manchmal auch in den Hüften.
c) Schmerzhafte Neuralgien sind auch möglich. Die Haut wird auf Kälte und Wärme überempfindlich.
d) Unerträgliches Ohrensausen, das mit der Müdigkeit zunimmt, Schlaflosigkeit, Zittern, Gleichgewichtsstörungen, Magenbeschwerden, häufige Verstopfung, Koliken, Krämpfe, Sexualstörungen, übertriebene Reaktionen auf Licht und Lärm. Die Unterernährung führt manchmal zu einer Senkung der Eingeweide.

All diese Symptome zeigen die anarchischen Reaktionen des Nervensystems, und Herzbeschwerden (sogenannte Scheininfarkte) können den Patienten erschrecken.

Beim Neurastheniker fällt die Gehirnschwäche auf: Das Gedächtnis lässt nach, die Bewegungen und Gedanken sind unkoordiniert, der Wille wird geschwächt. Der Kranke zweifelt, zaudert, quält sich wegen der geringsten Handlung oder Entscheidung und leidet um so mehr, als er sich seiner Krankheit völlig bewusst ist.

Die Ursachen der Neurasthenie sind verschieden. Im grossen und ganzen kann gesagt werden, dass jede ernsthafte Nervenstörung zur Neurasthenie führen kann. Die verschiedensten Ursachen führen stets zur Nerveninsuffizienz. Besonders die Emotionen sind für zahlreiche Störungen verantwortlich, da sie sich immer auf die Gesamtheit des Organismus auswirken und sowohl physische als auch psychische Folgen haben. Stellt sich aus irgendeinem Grunde ein

Müdigkeitszustand des Gehirns ein, werden die Auswirkungen der Emotionen auf die Eingeweide verstärkt, die überlegenen Funktionen (Wille, Bewusstsein, Entscheidung usw.) geschwächt.

An ihrer Stelle entwickelt sich die Emotivität mit all ihren vergiftenden Konsequenzen. Kurz: Die Neurasthenie kann sowohl psychologischer als auch physischer Herkunft sein, und alle möglichen Folgen müssen bei der Behandlung berücksichtigt werden.

Behandlung der Neurasthenie

Diese äusserst peinliche Krankheit ist absolut heilbar, vorausgesetzt dass der Neurastheniker als in seiner gesamten Person krank betrachtet wird. Der ganze Organismus ist angeschlagen, und zwar auch dann, wenn die Krankheit lokalisiert scheint. Eine eingehende klinische Untersuchung ist notwendig, denn es wäre absurd, nur die sichtbare Störung behandeln zu wollen. Wahrscheinlich ist eine psychologische Untersuchung ebenfalls vonnöten. Nehmen wir zum Beispiel eine neurasthenische Frau: Folge von Geburten? Gebärmutterstörungen? Gescheiterte Ehe? Komplexe? Vergiftungen? Oder von tiefen Emotionen, die sich über Jahre erstrecken? Wie sieht es mit dem Erbgut aus?

Ein neurasthenischer Mann: Ist die Ursache rein körperlicher Art? Handelt es sich um eine latente, sich nur langsam entwickelnde Tuberkulose? Oder ist die Neurasthenie das Resultat immer wieder verdrängter Emotionen, innerer Konflikte oder einer allgemeinen Störung des Nervensystems als Folge von Fehlanpassungen in der Kindheit?

Diese beiden Fälle sollen lediglich als Beispiele dienen. Die Suche nach den Ursachen ist eine oft langwierige Aufgabe, aber in jeder Neurose muss die Vergangenheit des Patienten physisch und psychologisch unter die Lupe genommen werden. Jede übertriebene Verausgabung der Energie, jede andauernde Emotion kann zur Neurasthenie oder einer anderen Neurose führen, je nach Temperament und Veranlagung des Patienten. Den Neurastheniker zum «faulen Menschen» oder «eingebildeten Kranken» abzustempeln, beweist nur das eigene Unwissen oder die eigene Dummheit.

Die Wiederherstellung des nervlichen Gleichgewichts ist vor allem notwendig. Anfänglich werden in der Regel vorgeschrieben: Ruhe, Strychnin, Phosphor, Hormone, Kalzium usw. Die Behandlung hängt natürlich vom ärztlichen Befund ab.

Die oft notwendige psychologische Behandlung eliminiert die psychischen Ursachen der Krankheit oder deren Entwicklung. Die Psychologie muss die Selbstbeherrschung wiederherstellen und erweitern, die überlegenen Funktionen des Gehirns regulieren und dafür sorgen, dass der Kranke seine Kräfte seinen Bedürfnissen anpasst. Die Tiefenpsychologie kann die von Komplexen auseinandergerissene Persönlichkeit heilen. Damit kann die Emotivität wieder normal werden und auf den gesamten Organismus positive Auswirkungen haben.

Die Neurasthenie ist leider eine Krankheit unseres Jahrhunderts. Mögen die Medizin und die Psychologie diese Seuche eindämmen...

Psychoasthenie

Die Psychoasthenie (von Psyche = Geist und Asthenie = Schwäche) berührt vor allem den Gedankenablauf. Viele zusammenhanglose Gedanken gehen durch den Kopf und lassen sich nicht vertreiben. Es handelt sich um eine psychische Schwäche, keineswegs aber um nervöse Asthenie oder Neurasthenie. Die psychologische Spannung lässt nach, die geistige Synthese wird schwieriger. Der Psychoastheniker hat grosse Mühe, geistige Leistungen zu erbringen, da diese eine hohe psychologische Spannung erfordern; jedoch bleiben seine automatischen Tätigkeiten unberührt. Zwangsvorstellungen sind sehr häufig, denn die geistigen Syntheseschwierigkeiten lassen natürlich den psychologischen «Satelliten» freien Lauf. Oft fühlt sich der Psychoastheniker geneigt, irgendeine Handlung zu vollbringen, die seiner Moral nicht entspricht; in vielen Fällen hat er jedoch die Kraft, seinen Trieben zu widerstehen. Da aber der Widerstand viel Mühe erfordert, kommt die Angst.

Beispiel: X. ist ein achtundzwanzigjähriger, lediger Mann. «Ich kämpfe ständig mit einem Impuls, den ich immer in mir spüre, der aber ab und zu krisenartig ausbricht. Ich stelle mir vor, dass ich mir die Geschlechtsteile abschneide. Manchmal konzentriere ich mich eine halbe Stunde lang auf diesen Gedanken und ich phantasiere über meine Kastrierung... In allen Einzelheiten! Oft bringe ich die Schere in die Nähe meiner Geschlechtsteile, steche leicht, dann stärker, bis es weh tut... Alles nur, um mir bewusst zu werden, wie das schrecklich sein muss. Ich kann dagegen ankämpfen wie ich will, an meinen Willen appellieren und denken, dass ich ein Trottel bin... Das nützt alles nichts. Anschliessend bin ich erschöpft, verschwitzt, leichenblass. Zitternd flüchte ich aus meiner Wohnung. Ich musste mir einen elektrischen Rasierapparat kaufen, denn mit dem Rasiermesser war es furchtbar! Ich verbrachte lange Minuten vor dem Spiegel und bin oft in Ohnmacht gefallen. Dann ging ich unrasiert zur Arbeit, in einem Erschöpfungszustand, den Sie sich überhaupt nicht vorstellen können.»

Solche Angsthöhepunkte können übrigens auch zu tatsächlichen Verstümmelungen oder zu Selbstmordversuchen führen. Die Psychoasthenie wird meistens von Traurigkeit begleitet: Der Kranke hat das grausame bewusste Gefühl seiner Handlungsunfähigkeit und leidet unter den Gedanken, die er nicht vertreiben kann. Manchmal haben seine Zwangsvorstellungen die Form einer sehr einfachen, jedoch komischen Idee.

Die äussere Welt kann auch eigenartig vorkommen, und gewisse Psychoastheniker haben das Gefühl, Teile ihres Körpers gehören ihnen nicht:

«Ich habe das Gefühl, dass meine Hände gar nicht mir gehören, und ich schaue sie an wie fremde Gegenstände. Es ist absurd, aber ich muss mich zusammennehmen und immer wiederholen, die Hände sind mein, mein, mein...»

Übertriebene Skrupel sind ebenfalls an der Tagesordnung: «Ich kontrolliere meine Buchhaltung, meine Rechnungen zwanzigmal. Ich fühle mich nervös, beängstigt und erschöpft. Ich schimpfe mit mir selbst und denke immer wieder, es sei das letzte Mal. Dann fange ich wieder von vorne an... Zwinge ich mich, alles fallenzulassen, muss ich zurückkommen, um nochmals nachzusehen...»

Viele weitere Symptome sind auch möglich: Skrupel, Schamgefühle, Zögern, Willensschwäche, Schüchternheit, geistiges «Brüten», das Gefühl, dass man nicht weiss, wo man ist, morbide Phantasie, zahlreiche Ticks usw.

Beispiel: «Wenn ich in meiner Küche bin, gehe ich zwanzigmal ins Badezimmer. Wissen Sie warum? Um nachzusehen, ob die Handtücher genau parallel aufgehängt sind... Man sagte zu mir, ich brauche nur nein zu sagen. Das habe ich versucht, und zwar mit Wut, und wie! Irgend etwas zog mich ins Badezimmer. Es war so stark, dass ich unfähig war, irgendeine Arbeit zu verrichten. Ich ging einfach und war für zehn Minuten erleichtert. Dann ging's wieder los. Ich dachte: Du hast doch soeben nachgeschaut, du hast kontrolliert, du hast die Handtücher schön parallel aufgehängt... Es nutzte alles nichts. Ich schaute nochmals nach und dachte: Siehst du, sie hängen schön nebeneinander. Gut. Wissen Sie, was ich dann tat? Ich nahm sie weg, um sie wieder schön aufhängen zu können und um mich zu überzeugen! Und das den ganzen Tag lang... Wenn ich das Haus verlasse, habe ich Ruhe, aber sobald ich wieder zu Hause bin, stürze ich mich wieder ins Badezimmer...»

Dies ist ein Fall von (übrigens recht häufiger) Manie der «Symmetrie». Es gibt auch eine der Sauberkeit, der Perfektion usw.

All diese psychoasthenischen Erscheinungen sind bewusst und für den Kranken äusserst schmerzhaft, da er sich unfähig weiss, einen Drang, den er selbst als absurd betrachtet, zu überwinden.

Eine Psychoasthenie kann gewisse physische Voraussetzungen haben (Krankheiten, Erschöpfung, Infektion). Die Ursachen sind jedoch meistens psychischer Art (emotionelle Schocks, affektive Komplexe usw.). Die Tiefenpsychotherapie zeitigt sehr gute Resultate und wird in gewissen Fällen parallel mit biologischen Therapien angewandt, während die Medizin die Nervenkräfte wiederherstellen kann.

Angstneurosen

Jeder intelligente Mensch hat Angstgefühle: Es ist dies das Schicksal des Menschen, der etwas überlegt... Die zahllosen Fragezeichen des Lebens und der Welt verlangen von uns ständige Anpassungsbemühungen. Was ist unsere motorische Kraft ausser dieser Angst? Was zwingt uns zu suchen und zu finden ausser ihr? Alle Fortschritte der Menschheit, alle wissenschaftlichen und künstlerischen Erfindungen entspringen der Angst, aber einer metaphysischen, konstruktiven, positiven und verhältnismässig kleinen Angst. Für den normalen Menschen ist ein vielleicht 10%iger Angstanteil notwendig... Leider ist es nicht immer so.

Die pathologische Angst ist destruktiv. Sie zerstört nicht nur das Individuum, sondern zum vornherein auch dessen Handlung. Welches ist der Unterschied zwischen der Angst und der neurotischen Angst? Die Objektangst ist eine Reaktion auf eine objektiv festgestellte Gefahr. Neurotische Angst hingegen ist eine Reaktion auf eine äusserlich nicht bestehende Gefahr. Die neurotische Angst ist jedoch keineswegs blosse Phantasie, sie beruht auf einer oft gewaltigen inneren Angst und wird in vielen Fällen von rein unterbewussten Faktoren verursacht.

Die neurotische Angst ist eine äusserst unangenehme Empfindung und wird von einer oder mehreren physischen Erscheinungen begleitet: Blässe, Zittern, Herzklopfen, Schweissausbrüchen, Bauchschmerzen, Erstickungsgefühlen, trockenem Mund, schwachen Beinen usw. Als Folge der ständig wiederholten Emotionen kann sich auch Asthenie einstellen. Neurotische Angst und Zwangsvorstellungen erscheinen oft gemeinsam.

Was Angstneurotiker sagen

Die Neurosenangst bricht vor einer drohenden, jedoch unbestimmten Gefahr aus. Der Neurotiker leidet unter seiner Angst, stellt sich Katastrophen vor und weiss genau, dass diese objektiv gesehen absurd sind. Zum Beispiel:

...Ich bin ständig bedrückt, und dies den ganzen Tag lang; ich kann nicht normal leben; ständig bin ich auf die schlimmsten Katastrophen gefasst, die meiner Mutter zustossen könnten. Immer wieder stelle ich mir vor, dass sie von der Strassenbahn, von einem Auto überfahren wird... Besonders von der Strassenbahn. Ich höre sie schreien und ich greife mir an die Stirn, um zu versuchen, diese blödsinnigen Gedanken zu vertreiben, aber es hilft nichts. Im Büro zittere ich bei jedem Telefonanruf...

...Ich habe ständig Angst, Krebs zu haben. Beim kleinsten Wehwehchen gehe ich von einem Arzt zum andern, und alle lachen mich aus. Ich weiss, dass es lächerlich ist. Ich habe sogar das Gefühl, dass ich erleichtert wäre, wenn ich tatsächlich krank wäre; dann könnte wenigstens dieser bedrückende Zweifel aufhören...

Angstneurose wird oft von allgemeiner Verwirrung begleitet. Der Kranke glaubt, der vermeintlichen Gefahr ausgeliefert zu sein, was den Vorgang noch begünstigt.

Die Vielfalt der Angsterscheinungen

Die neurotische Angst kann eine blosse geistige Ungemütlichkeit, ein ständiges Beunruhigtsein oder eine scheinbar unbegründete Aufregung sein. Es gibt aber auch die ganz grosse, erschreckende Angst, die den Patienten am meisten in Schrecken versetzt. Dieser fürchtet sich dann vor dem Wahnsinn, dem plötzlichen Tod oder dem Verschwinden seiner Existenzmittel ... Diese Krise endet oft durch Ausscheiden klaren Urins.

Beispiel: Paul lebte als Kind stets in der Angst vor der Todsünde.

«... Meine Eltern sprachen mit mir immer von Sünden, Hölle und Verdammung. Damals galten sie für mich als Heilige! Meine erste Kommunion war für mich etwas Furchtbares: Monate vorher hatte ich Angst, in einem sündhaften Zustand zu sein. Von Zeit zu Zeit eröffnete ich mich meinen Eltern ein wenig. Diese antworteten nur: Das Böse sei verdammt! Gott sieht und verurteilt dich. Stellen Sie sich vor, wie einem Kind dann zumute ist! Ich erinnere mich, dass ich genau am Tage meiner Kommunion Zwangsvorstellungen «erwischt» habe, die ich nie mehr los wurde. Ich ging wöchentlich x-mal beichten und immer mit der panischen Angst, irgendeine Todsünde vergessen zu haben ...

Auf dem Schulweg brütete ich über diese Gedanken, und ich war ganz erschreckt! Während des Unterrichts genau dasselbe. Vor dem Einschlafen auch wieder. Als ich jeden Sonntag zur Kommunion ging, war ich in der Kirche terrorisiert; ich hatte das Gefühl, Gott würde mich jeden Moment sterben lassen und in die Hölle werfen. Niemand weiss, was ich empfand ...»

Pauls Geschichte dauerte mehrere Jahre. Kein einziger Tag verstrich ohne Angst, Zweifel, Gewissensbisse und erschreckende Emotionen. Mit achtzehn Jahren beginnt sich Paul für die Mädchen zu interessieren. Man kann sich vorstellen, in welcher Gemütsverfassung!

«... Jedesmals, wenn ich sie anschaute und sei es auch nur zufällig, bedrückte mich die Angst. Ich fing an zu schwitzen und zu zittern, als wäre ich vom Dämon besessen ...»

Manchmal brach auch die grosse Angstkrise aus:

«... Dann kamen Erstickungsgefühle, Zuckungen, Bauchschmerzen, Herzklopfen ... Ich sagte mir: Nun wirst du auf der Stelle sterben, als Strafe für deine furchtbaren Sünden. Ich hatte das Gefühl, von der ganzen Menschheit ausgestossen zu werden und stürzte mich ins erstbeste Versteck, bis der Anfall vorbei war ...»

Die quälenden Krisen von Paul könnten ein Buch füllen. Sie hätten ebensogut zur Psychose führen können. Trotz dieser Besessenheit der Todsünde hätte

Paul zur Überzeugung gelangen können, selbst ein Teufel zu sein: Das wäre der Übergang von der Zwangsvorstellung zum Delirium.

Die häufigen Ursachen der neurotischen Angst

1. Ein innerer Konflikt verursacht meistens Angst. Er kann dabei unterbewusst bleiben: Der Neurotiker stellt seine Angst fest, ist jedoch nicht in der Lage, die Gründe dafür zu nennen. Es hat deshalb keinen Sinn, diese Art von Neurotikern zur Vernunft bringen zu wollen. Natürlich müssen hier die tiefen Gründe gesucht werden. Beim soeben erwähnten Fall von Paul bestand ein gewaltiger Konflikt zwischen natürlichen (z.B. sexuellen) Trieben und seiner «Moral» (die bloss eine starre Moralisierung durch seine Eltern war).
2. Eine weitere Angstursache ist die verdrängte Feindseligkeit, die meistens im Familien- oder Arbeitskreis entsteht. Ist ein Elternteil herrschsüchtig, so ist es normal, dass beim Kind Feindseligkeit entsteht. Diese wird jedoch oft verdrängt, bevor sie das Bewusstsein erreicht, weil die Moral des Über-Ichs jede Auflehnung verbietet. Die unterbewusste Angst schlägt sich dann in Symptome nieder: Träume, Herzklopfen, Schwitzen, Schwindelgefühl, permanentes Lampenfieber usw.

Nehmen wir ein Beispiel leichterer Feindseligkeitsangst. Y. ist Büroangestellter. Er arbeitet in einem Zustand ständigen Angstfiebers und fühlt sich «konstant schuldig».

a) Er empfindet feindliche Gefühle gegenüber seinem Chef, den er verachtet.
b) Diese Feindseligkeit führt bei ihm zur Verkrampfung und zu Emotionen, die sich «entladen» sollten.
c) Wenn Y. jedoch seine Feindseligkeit zum Ausdruck bringt, könnte sein Chef zurückschlagen. Gleichgültigkeit oder Feindseligkeit der anderen versetzt aber Y. in Angst.

Wir finden hier Spuren eines Ödipuskomplexes:

a) Feindseligkeit, Bedürfnis, diese auszulassen und seinem Chef «die Meinung zu sagen», sowie Wunsch, freche Bemerkungen zu machen und den Chef offen zu verachten.
b) Statt dessen zeigt sich Y. nett und zuvorkommend, er stimmt allem zu und stellt sich «unterhalb» des Chefs. Er sorgt dafür, dass dieser die Perfektion seiner Arbeit merkt. Man könnte also meinen, Y. möchte sich einschmeicheln und sei ein Feigling. Das stimmt überhaupt nicht! In Tat und Wahrheit kann Y. die Feindseligkeit der anderen nicht ertragen. Er hat Minderwertigkeits- und Schuldgefühle, und der kleinste Tadel ruft bei ihm innere Angst hervor. Er ist also «sehr nett», weil er sich nicht getraut, nicht nett zu sein. Y. meidet die Feindseligkeit der anderen, um seine innere Sicherheit zu retten.

3. Die neurotische Angst kann auch entstehen, wenn ein Trieb ein Lebensbedürfnis bedroht.

Zum Beispiel: Jacques ist ein fünfzehnjähriger Junge, der insgeheim onaniert. Sein Vater hat ihm oft gesagt: «Nun hör mal zu! Wenn du das machst, erwischst du irgendeine dreckige Krankheit, verstanden? Siehst du, was ich meine?...». Der von seinem brutalen, strengen Vater erniedrigte Junge lebte jahrelang in der Angst vor der Syphilis, da er überzeugt war, dass diese von der Onanie verursacht würde! Nach einiger Zeit übertrug sich diese Angst auf die einfachsten Gedanken sexueller Art. Als er achtzehn war und Mädchen auf der Strasse anschaute, wurde er jeweils von der Angst gepackt. Er ging dann in eine öffentliche Toilette, um nachzusehen, «ob nicht irgendwelche Pickel sichtbar waren...» Er trug ständig Alkohol mit sich, «um desinfizieren zu können, falls die dreckige Krankheit ausbrechen würde». Viele Jahre wurde Jacques von diesen Emotionen und Ängsten geplagt, und es bedurfte des ganzen objektiven Verständnisses eines Psychologen, um sein Vertrauen zu gewinnen und ihm die Grundlosigkeit seiner Angst zu zeigen. Es sah folgendermassen aus:

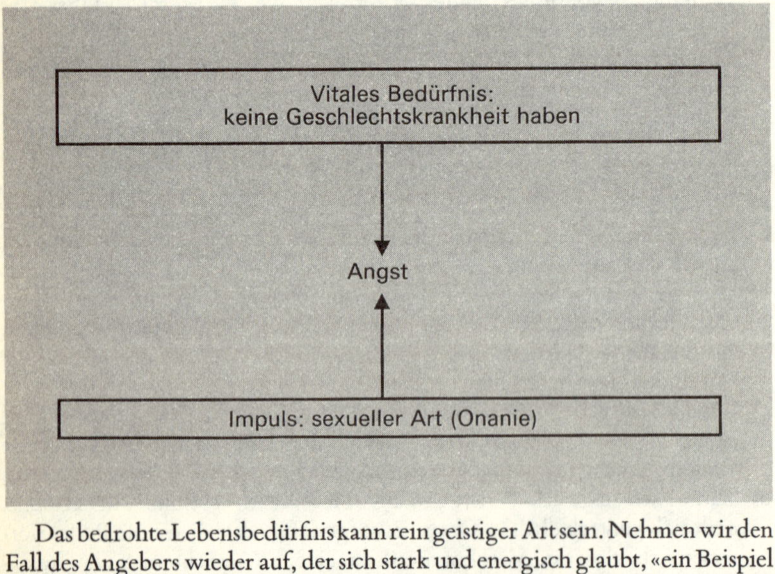

Das bedrohte Lebensbedürfnis kann rein geistiger Art sein. Nehmen wir den Fall des Angebers wieder auf, der sich stark und energisch glaubt, «ein Beispiel unter zehntausend». Sein lebenswichtiges Bedürfnis? Der Glaube an seine Kraft. Die Bedrohung? Dass die anderen (oder er selbst) feststellen könnten, dass die angebliche Kraft in Wirklichkeit grosse Schwäche ist. Jedesmal, wenn die Bedrohung sichtbar wird, kommt die Angst, zum Beispiel, wenn der Neurotiker Minderwertigkeit verspürt, die sich auf sein Verhalten, seine Bewegungen, Worte usw. auswirken könnte.

So ergeht es allen, die nicht das sind, was sie zu sein scheinen, und zwar in den eigenen, wie auch in anderer Augen. Sie haben das Bedürfnis, an die Echtheit ihres äusseren Aussehens zu glauben, aber die Angst ist immer vorhanden wie ein ständiges, innerliches Unbehagen:

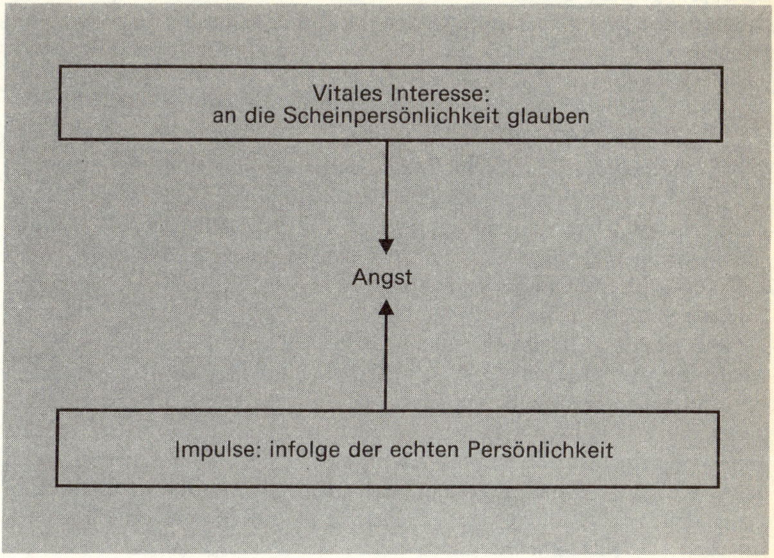

Zwangsvorstellungen

Zwangsneurosen sind äusserst unangenehme Gefühle und Gedanken, die immer wieder vorkommen. Ihre Vorstellung ist nachhaltig, schmerzhaft, beängstigend und hat viele physiologische und psychologische Konsequenzen.

Eine Zwangsvorstellung bestimmt viele Handlungen des Neurotikers und kommt oft krisenartig. Ein Wort, eine Idee oder eine Tatsache kann die Krise auslösen, und es ist, als ob der Kranke in sich eine schlummernde Macht hätte, die jederzeit wach werden könnte. Da er aber die Absurdität seiner Zwangsvorstellung einsieht, entsteht ein Kampf zwischen der Vernunft und dieser Vorstellung. Dieser Kampf ist erschöpfend und der Neurotiker ist anschliessend entkräftet und verzweifelt.

Achtung, nicht verwechseln: Man kann behaupten, jemand sei zum Beispiel von einer Melodie besessen, die ihm immer durch den Kopf geht. Dieses Gefühl mag wohl unangenehm sein, hat aber mit der wirklichen Besessenheit nichts zu tun! Die Zwangsneurose ist eine weit verbreitete Krankheit, die Neurosen und Psychosen oft begleitet. Sie geht von der kleinen, beängstigenden, zur grossen, erschöpfenden Zwangsvorstellung, wobei die letztere meistens die grossen, neurotischen Bereiche berührt: Religion, Familie, Sexualität oder Krankheit, Perfektion, Gerechtigkeit, Hygiene, Pflicht, Verantwortung usw.

Es geht nicht an, eine bestimmte Zwangsvorstellung zu untersuchen, sondern das allgemeine geistige Klima des Patienten zu beschreiben. Wir kommen dann anschliessend auf bestimmte Arten von Zwangsneurosen zu sprechen: die Phobien.

Das Leiden des Zwangsneurotikers

Wie die fixe Idee, ist auch eine Zwangsneurose ein mächtiger Schmarotzer, der innerhalb des Bewusstseins lebt. Der Zwangsneurotiker ist sich seines Zustandes voll bewusst. Er schämt sich davor und versucht, ihn zu verheimlichen, was ihm oft gelingt. Er gilt oft als beschäftigt, nervös, konzentriert oder aufgeregt, aber wenige ahnen den oft schrecklichen Kampf, der sich in ihm abspielt.

Auch hier ist der Eindruck, «allein» an dieser absurden Krankheit zu leiden, sehr häufig, denn angesichts des Schamgefühls ist im Alltagsleben keine richtige Entladung der Neurose möglich. Bricht die Zwangsneurose im Büro, im Familienkreis usw. aus, kann man sich vorstellen, welcher Kraft es bedarf, um den Anfall «geheim» zu halten. Viele Zwangsneurotiker erklären übrigens: «Ich habe wenigstens die Genugtuung, dass niemand von diesem furchtbaren Zustand weiss, aber ich würde alles geben, damit man es weiss, ohne mich auszulachen... Vielleicht würde mir das helfen.»

Der Zwangsneurotiker sucht eine Gewissheit

Er sucht eine vernünftige Gewissheit, die die Zwangsvorstellung vernichtet. Je mehr er sucht und diskutiert, desto grösser und stärker wird die Zwangsvorstellung. Die geringste Frage bringt weitere Fragen mit sich, und mit jeder Bemühung verstärkt sich der Teufelskreis.

Frau X. zum Beispiel ist von der Vorstellung besessen, die Menschheit sei eine Kette, wobei jede persönliche Handlung nicht nur in der näheren Umgebung, sondern auch in fernen Ländern Auswirkungen hat. Diese Anschauung ist an sich nicht abnormal. Bei Frau X. hat sich jedoch eine Vorstellung absoluter Verantwortlichkeit eingestellt, und «ich bin für alles verantwortlich» bildet den Kern ihrer Zwangsvorstellung. «Die geringste Handlung, die ich ausführe, macht mich für jede mögliche Auswirkung verantwortlich.»

Diese Zwangsvorstellung wurde infolge verschiedener Umstände auf die Alkoholiker übertragen, zuerst auf die ihr bekannten Alkoholiker. Es begann, als einer ihrer Freunde an Alkoholismus starb. «Hätte ich vor einem Jahr dieses oder jenes getan, wäre er nicht gestorben...» Sie ging von einem Arzt zum anderen, um festzustellen, ob eine Behandlung vom Alkoholiker akzeptiert worden wäre oder etwas genützt hätte. Sie «verhandelte» in einem unbeschreiblichen Angstzustand mit dreissig Ärzten, und die Antwort lautete überall: «Nein, es war zu spät, um irgend etwas zu unternehmen.»

Trotz dieser Zusicherung ging es weiter: «Aber vor einem Jahr, als er zu trinken anfing, wenn ich dann interveniert hätte, wäre er nicht gestorben! Ich bin für seinen Tod voll verantwortlich.»

Erneut suchte sie Ärzte und Psychiater auf. Sie studierte zahlreiche Bücher über den Alkoholismus, den freien Willen und den Determinismus ...

Wenn ihr ihre Verantwortung geringer erschien, stellte sie sich neue Fragen, bis sie ihr Gefühl auf alle Alkoholiker übertrug. Sie irrte auf der Strasse umher, schaute durch die Fenster von Gasthäusern, wartete beim Ausgang auf junge Leute, die sie beim Trinken beobachtet hatte, schrieb Briefe an alle, die ihr trinkverdächtig vorkamen oder rief sie ständig an usw. Nächtelang kämpfte sie gegen dieses Gefühl, und sie sagte sich immer wieder: «Ich bin doch nicht der liebe Gott in Person, um für die ganze Welt verantwortlich zu sein!» Dann kam eine weitere, ebenso plagende, fixe Idee: «Und wenn es Gott nicht gäbe? Wer wäre dann verantwortlich?... Alle! Und ich als erste, denn ich weiss, dass ich verantwortlich bin...»

Der Teufelskreis war perfekt, denn jede vernünftige Sicherheit löste eine neue Reihe von Zwangsvorstellungen aus. Frau X. bot sich Selbstmord als einzig mögliche Lösung an: Flüchten, um nicht mehr denken und leiden zu müssen. Doch auch hier kam (Gott sei Dank) eine neue Zwangsvorstellung: «Ich bin verantwortlich, denn ein einziges Wort meinerseits, irgendwann in meinem Leben, kann vielleicht jemanden vom Trinken abhalten... Dafür muss ich leben.» In dieser Gemütsverfassung suchte sie schliesslich einen Psychologen auf.

Der normale Mensch kann sich das von einer Zwangsneurose verursachte Leiden selbstverständlich nur schwer vorstellen, denn die Zwangsneurose ist oft selbst das Symptom einer ernsten, psychologischen Erkrankung.

Wie versucht der Zwangsneurotiker sein Leiden zu vertreiben?

Er versucht sich natürlich auf irgendeine Art und Weise zu beruhigen. Ich möchte hier besonders auf das oft angewandte Hilfsmittel des Beschwörungsrituals eingehen. Zum Beispiel hat P. Angst vor dem Krebs. Diese quälende Angst plagt ihn jederzeit, und er versucht, sich zu beruhigen, indem er ständig wiederholt: «Kleiner Krebs, du bist da, aber es ist mir gleich, und wir werden sehen! Kleiner Krebs, du bist mir gleichgültig, hast du verstanden?...»

P. ist ein äusserst intelligenter Mensch mit überdurchschnittlicher Willenskraft. Doch diesen Satz wiederholt er täglich hundertmal. Meistens zwischen den Zähnen, ab und zu auch laut, wenn er allein ist, oder nur in Gedanken, wenn er in Begleitung ist. Er spricht ihn sorgfältig aus und versucht, ihn perfekt auszusagen, um sich zu überzeugen. Hat er zu Hause Besuch, geht er unter irgendeinem Vorwand in den Keller, um dort die Beschwörungsformel zu wiederholen ... Dann kommt er wieder herauf. Eine Stunde später geht er nochmals in den Keller, auf die Toilette oder in den Garten, um den «magischen» Satz aussagen zu können. Und dies täglich, seit vielen Jahren! Zu bemerken ist, dass P. sich seines Zustandes, der ihn in ständige Angst versetzt, voll bewusst ist.

Weitere Zwangsrituale

Die Zwangsneurotiker führen zum Beispiel in der Tasche Bewegungen aus, die entweder ein Kreuzzeichen oder eine Schere darstellen, mit der Bedeutung: «Ich schneide meine Neurose ab.» Oder sie sagen im Zorn zu ihrer Neurose: «Hau ab!» Oder «schon wieder die!», «Blödsinn! Lasst mich sterben, und dann ist es vorbei» oder «du willst mich überlisten, aber ich erwische dich schon!»

Man kann sich das Leiden und die Verbitterung des Zwangsneurotikers leicht vorstellen. Er kämpft mit seiner ganzen Intelligenz, seinem ganzen Willen und seiner ganzen Kraft, aber diese Waffen brechen wie Glas gegen die mächtige, unüberwindliche Vorstellung.

Der allgemeine Zustand des Zwangsneurotikers

In vielen Fällen fällt die Krankheit niemandem auf, und zahlreiche Zwangsneurotiker gelten als normal. Ihre Intelligenz ist praktisch intakt und ihr Gedächtnis oft ausgezeichnet. Ihr Bewusstsein bleibt (zu) wachsam. In den meisten Fällen reagieren sie auf Hypnose und Suggestion überhaupt nicht (zumindest dann, wenn es sich um oberflächliche Suggestion handelt; hingegen bleiben die Psychoanalyse und das Wachträumen wirksam).

Wo liegen denn die Wurzeln dieser Zwangsneurose und wieso sind Professoren, Schriftsteller, Angestellte manchmal von erbarmungslosen Zwangsvorstellungen befallen, obwohl sie weiterhin absolut korrekt ihrer Arbeit nachgehen und niemand etwas ahnt?

Die gelegentlichen Zwangsneurotiker

Es handelt sich um Leute, bei denen die Neurose nur durch bestimmte Umstände ausgelöst wird. Infektionen, Vergiftungen, Menstruation, Wechseljahre, erschöpfende physische Krankheit, Neurasthenie usw. In diesen Fällen ist die Ursache also rein zufällig und eine ärztliche Behandlung hat alle Chancen auf Erfolg.

Ferner können bestimmte Anpassungsbemühungen an neue Aufgaben oder Ernennungen für verantwortungsvolle Posten zu gelegentlichen Zwangsvorstellungen führen. Diese sind jedoch aufgabenbedingt (Angst vor der Imperfektion, vor dem Misslingen) oder werden durch Überarbeitung und Erschöpfung verursacht.

Viele zwangsneurotische Krisen entstehen und verschwinden auf diese Art.

Zwangsneurotische Veranlagung

Eine Zwangsneurose kann ebenfalls aus irgendeiner körperlichen oder geistigen Veranlagung entstehen, und die Neurose bietet ihr natürlich einen ausgezeichneten Nährboden. Die Entstehung einer parasitären Idee wird durch eine geschwächte psychologische «Spannung» begünstigt (wie das auch bei verschiedenen Fällen von Psychoasthenie vorkommt). Auch tief im Unbewussten stagnierende Komplexe führen oft zu Zwangsvorstellungen jeder Art. Diese Neurose wird durch eine Vergiftung des Organismus manchmal begünstigt sowie durch Verdauungsstörungen und Überarbeitung bestimmter Organe (Nieren, Leber usw.), deren Aufgabe es ist, Giftstoffe zu eliminieren.

Kurz kann gesagt werden, dass jede Schwächung des Nervensystems der Zwangsneurose den Weg ebnet, bis einige Umstände ihre Entwicklung auslösen.

Heilung von Zwangsneurosen

Die Heilung ist oft schwierig, jedoch immer möglich. Die Zwangsvorstellung ist wie eine lebende Zelle, die auf Kosten ihrer Umgebung zu leben versucht. Sie wächst und neigt dazu, alles zu erobern, sie «belagert» die Persönlichkeit buchstäblich. Es muss alles versucht werden, um den Zwangsneurotiker zu heilen, denn sein Leiden ist zu gross. Es darf nichts vernachlässigt werden, und zwar weder auf dem ärztlichen, noch auf dem psychologischen Gebiet.

Ist Hypnotherapie wirksam?

Noch einmal: Sie nützt überhaupt nichts, denn hypnotische Suggestion hat auf den Zwangsneurotiker keinen Einfluss. Im Gegensatz zum Hysterischen zeigt der Zwangsneurotiker keine Einengung seines Bewusstseinsfeldes.

Zudem (dies gilt übrigens auch für viele hypnotische Behandlungen) wirkt die hypnotische Suggestion lediglich auf die äusseren Symptome ein, das heisst, die Wurzel der Zwangsvorstellung würde ungehindert weiterleben und sehr bald weitere physische oder geistige Symptome hervorrufen.

Der Zwangsneurotiker ist in der Regel intelligent

Es hätte jedoch keinen Sinn, seine Intelligenz auszunützen, um ihn zu überzeugen, denn der Neurotiker kämpft bereits mit seiner ganzen Vernunft, jedoch ohne jeglichen Erfolg. Versucht man ihn zu überreden, sagt er: «Das weiss ich alles, doch ich kann es einfach nicht glauben, denn meine Vorstellung ist stärker als die ganze Vernunft dieser Welt...» Oder: «Ich weiss genau, dass ich nicht der ganzen Welt gegenüber verantwortlich bin und sage es mir tage- und nächtelang immer wieder. Meine Zwangsvorstellung gibt aber keinen Millimeter nach...»

Wie sieht also die Behandlung aus?

Im grossen und ganzen wie bei jeder Neurose: Nur die Tiefenpsychologie kann die Wurzeln dieses geistigen Giftes berühren. Psychoanalyse oder Wachträumen sind hier angezeigt. Das ganze Leben des Zwangsneurotikers muss «auseinandergenommen» werden, wobei nichts unberücksichtigt bleiben darf. Vor allem muss der Kranke wissen, dass er nicht als einziger Mensch auf dieser Welt unter schrecklichen Zwangsvorstellungen leidet. Man muss ihn von dieser Tatsache überzeugen sowie davon, dass er Interesse verdient. Er schämt sich eben vor seinem Zustand und muss wissen, dass dieser sehr ernst genommen wird. Scham und Angst vor der Verachtung kennzeichnen eben den Zwangsneurotiker.

Die Tiefenbehandlung muss alle sozialen, familiären, sexuellen, religiösen und erblichen Situationen des Neurotikers gründlich untersuchen.

In vielen Fällen führt das blosse Bewusstwerden des die Neurose auslösenden, tiefen Vorganges zur theoretischen Heilung. Nötigenfalls muss dann mit dem Wiederaufbau der Persönlichkeit begonnen werden.

Es ist dies eine harte, aber schöne Aufgabe, die die bedingungslose Mitarbeit sowohl des Patienten als auch des Psychologen erfordert.

Phobien

Eine Phobie (aus dem Griechischen = Furcht) ist eine Abart der Zwangsneurose, die durch die Angst vor einer Idee, einem Gegenstand oder einer bestimmten Situation gekennzeichnet ist.

Zu den «berühmtesten» zählen zum Beispiel:

- Die Platzangst sowie die Angst, in Ohnmacht zu fallen.
- Die Klaustrophobie.
- Die Angst zu erröten.
- Die Krankheitsangst und Hypochondrie.

Eine «richtige» Phobie erfasst das ganze Leben des Kranken. Sie wird zu einer speziellen Zwangsvorstellung, die oft jede normale Tätigkeit verhindert.

Platzangst

Sie ist die krankhafte Angst, offene Plätze zu durchqueren: Strassen, Landstücke usw. Es entsteht ein panischer Zustand, der Kranke schwitzt, zittert und zeigt alle Symptome der Angst, oder er erstarrt auf der Stelle, geht dann nur den Mauern entlang und kann unter Umständen in einem geschlossenen Ort (Korridor, Haus, Kino oder Gasthaus) Zuflucht suchen. Die Platzangst ist wie jede Zwangsneurose ein äusserst unangenehmes und erschöpfendes Symptom. Auch diese Kranken unternehmen schreckliche Anstrengungen, um ihre Phobie und Panik zu überwinden. Oftmals verlangen einfachste Situationen, wie das Überqueren einer Strasse, von ihnen heldenhaften Mut. Tragen wir diesem Umstand gebührend Rechnung, wenn wir ihnen von Willenskraft und Anstrengungen erzählen, die sie bereits erfolglos anzuwenden suchen?

Angst vor Ohnmachtsanfällen

Diese begleitet oft die Platzangst. Die aus letzterer entstehende Emotivität führt zu Seh- und Gleichgewichtsstörungen, die der Neurotiker meist als Vorzeichen drohender Ohnmacht auslegt. Dabei bleibt der befürchtete Ohnmachtsanfall in jedem Falle aus.

Die Angst verschwindet manchmal (nicht immer), wenn der Kranke in Begleitung ist.

Die Platzangst ist, wie ihre Nebenerscheinungen, ein harmloses, gelegentliches Symptom und kann zum Beispiel durch nervliche Erschöpfung hervorgerufen werden. Die Ursachen dieser Erschöpfung müssen gesucht und behandelt werden. Als «Täter» kommt ebenfalls ein schlechtes Funktionieren des Verdauungsapparates oder der Leber in Frage.

Darüber hinaus sind selbstverständlich weitere Ursachen möglich, und die Platzangst kann auch das Symptom eines inneren Konfliktes sein, der sich nur durch Psychoanalyse finden lässt (Familie, Religion, Sexualität usw.).

Die Klaustrophobie

Sie ist die Angst vor geschlossenen Räumen: Kinos, Theater, Fahrstühle, Autos, Eisenbahnabteile usw. Im Kino oder in irgendeinem Raum stellt sich der Neurotiker in unmittelbare Nähe des Ausganges, um sofort flüchten zu können, wenn die Panik aufkommt.

Beispielsweise hat Frau X. Angst vor Fahrstühlen, das heisst, in einem Fahrstuhl (eingeschlossen) zu sein. Dabei wohnen ihr Sohn und ihre Enkelkinder im achten Stockwerk eines Hochhauses. Frau X. stieg mühsam die Treppen hinauf, um ins achte Stockwerk zu gelangen, nachdem sie (jedesmal) den Fahrstuhl gerufen und vor der offenen Tür erfolglos mit ihrer Angst gekämpft hatte.

Neben diesen Angstgefühlen und der dadurch entstehenden Wut sich selbst gegenüber kann man sich auch das Staunen der anderen Bewohner vorstellen, die ihr komisches Verhalten beobachteten.

Später wurde Frau X. herzkrank, und der Arzt verbat ihr das Treppensteigen. Sosehr Frau X. ihre Kinder und Enkelkinder liebte, immer war die Phobie stärker, und nie brachte sie es übers Herz, den Fahrstuhl zu benützen. Zum Glück erfasste ihr Sohn die Situation: Er schickte sie zum Psychologen.

Dieses Beispiel beweist die unaufhaltsame Macht einer Phobie, deren Überwindung mit enormen, meist erfolglosen Anstrengungen verbunden ist.

Auch hier sieht der Neurotiker die Absurdität des Symptoms ein. Manchmal versucht er, sie durch die Erinnerung, zum Beispiel an einen Unfall, zu erklären. Psychoanalytisch gesehen steht die Klaustrophobie oft mit Schuld- oder Minderwertigkeitsgefühlen in Zusammenhang.

Die Angst zu erröten

Darunter leiden die Schüchternen und Hyperemotiven, bei denen jede Emotion diese Erscheinung auslöst. Die Angst zu erröten hängt in gewissen Fällen mit unterbewussten Schuldgefühlen zusammen.

Die Krankheitsangst

Auch Nosophobie genannt, ist die Angst vor bestimmten Krankheiten, meistens Tuberkulose, Krebs, Syphilis usw. Die Nosophobie ähnelt der

Hypochondrie

Diese besteht aus ständigen Angstgefühlen bezüglich der Gesundheit. Die ganze Aufmerksamkeit des Kranken konzentriert sich auf die Funktion seiner Organe oder eines bestimmten Organes. Die Hypochondrie kann zu einer richtigen Zwangsneurose werden, die das ganze Leben des Kranken überwuchert. In vielen Fällen werden Störungen festgestellt, wie Verstopfung, gestörte Leber- oder Drüsenfunktionen. Der Hypochonder gilt zu Recht als launisch, egoistisch und mürrisch. Manchmal geht die Hypochondrie bis zur Psychose, wobei sie von Halluzinationen oder der absoluten Gewissheit erfundener Schäden begleitet wird.

Die Hypochondrie erfordert eine eingehende medizinische Untersuchung und anschliessend eine psychologische Wiedererziehung.

Die Hysterie

Diese wurde bereits eingehend behandelt.

Die Zyklothymie

(Griechisch Cyclo = Kreis und Thymie = Laune)

Der Patient pendelt ständig zwischen zwei gegensätzlichen Zuständen hin und her. Manchmal ist er euphorisch aufgelegt, aufgeregt und übermütig. Er verrichtet seine Arbeit mit grossem Elan, interessiert sich für alles und ist voller Begeisterung, wortflüssig, kontaktfreudig ... Plötzlich fällt alles zusammen, und die Depression kommt.

Der Übermut und die Freude verschwinden. Er zieht sich zurück, zweifelt, zögert, hüllt sich in völlige Gleichgültigkeit und in eine Art geistigen Dösens. Er isoliert sich, fühlt sich gedemütigt und minderwertig, hat Angst vor der Zukunft und macht sich bittere Vorwürfe ... Bis zum nächsten Übermutsanfall ... So weit getrieben, sind solche Erscheinungen die einer Neurose.

In geringerem Masse handelt es sich nicht um eine eigentliche Neurose, sondern um das weit verbreitete zyklothymische Temperament. Die Abgrenzung ist nicht leicht: Alles hängt vom Rhythmus, von der Dauer und Intensität der Zustandsänderungen ab, wobei diese je nach Person stark verschieden sind. Auf jeden Fall verrät das zyklothymische Temperament eine neuropsychische Störung des Charakters. Es ist bei politischen Führern und sogenannten Revolutionären oft anzutreffen und liegt deren führenden Handlungen zugrunde, während es auch ihre Feindseligkeit und Erbarmungslosigkeit befiehlt.

Wenn ich auf die Zyklothymie zu sprechen komme, so deshalb, weil ich bald die entsprechende manisch-depressive Psychose vorstellen möchte.

Die Paranoia

(Griechisch: Fehlüberlegung, Delirium)

Auch hier handelt es sich um eine Neurose mit den verschiedensten Erscheinungen, von der leichten Störung bis hin zu Halluzinationen und grossen Psychosen. Der paranoide Mensch ist der, von dem man landläufig behauptet, er habe «den Verfolgungs- oder Grössenwahn».

Die Paranoia ist in erster Linie eine Charakterstörung. Der paranoide Mensch ist ausserordentlich stolz, zeigt sich jedoch bescheiden. Innerlich glaubt er, der Inbegriff der Intelligenz zu sein, er schreibt sich alle Verdienste und alle Tugenden zu. Indirekt fordert er die Achtung, die den Grossen gebührt. Sein enormer Egoismus versteckt sich hinter altruistischen Gerechtigkeitsmasken. Innerlich ist er voller Feindseligkeit und Neid und hat oft mächtige Minderwertigkeitsgefühle. Seiner Perfektion widmet er seine exklusive Aufmerksamkeit, wenn er auch genau das Gegenteil glaubt. Eine Lapalie interessiert ihn leidenschaftlich, bis er alles wegen einer Kleinigkeit aufgibt. Sein Urteilsvermögen ist gefälscht und seine Meinung vorgefasst. Er ist stur und nachtragend sowie extrem empfindlich. Der Paranoide ist ein Mensch, «bei dem man nie weiss, auf welchem Fuss man tanzen soll». Er kennt keine Toleranz, ausser natürlich, wenn er selbst den Toleranten spielt, um seinen Grossmütigkeitsschein zu verstärken. Solche Menschen bekleiden oft sehr hohe Posten; dann kommen Fanatismus und die Forderung nach absolutem Respekt vor ihrer Meinung. Der paranoide Mensch ist hyperemotiv veranlagt und deshalb impulsiv grosszügig. Er zwängt seine Güte und Grosszügigkeit auf, um plötzlich wegen einer Kleinigkeit gegen den anzukämpfen, dem er gerade geholfen hat. Er kann sich mit niemandem verstehen, ausser wenn er glaubt, dass er als «überlegen» anerkannt wird. Er meint oft, dass man ihn verfolgt, weil seine Intelligenz und sein klarer Zustand ihn gefährlich machen und andere ein Interesse daran haben, ihn zu eliminieren.

Paranoide Menschen sind distanziert, hochmütig und herrschsüchtig. Der falsche Charakter all dieser Erscheinungen ist ihnen gar nicht bewusst, denn sie haben im Gegenteil das tiefe Bedürfnis, daran zu glauben. Der paranoide Mensch lügt ständig, stellt sich Situationen vor, wo er überlegen ist, die beste Rolle spielt usw. Er behauptet, höchste Beziehungen zu haben, verspricht sich selten. Er zeigt unglaubliche Virtuosität in der absurden Logik.

Das paranoide Kind wird sehr bald erkennbar: anspruchsvoll, tyrannisch, empfindlich, mürrisch, nachtragend, stur, stolz und egoistisch. Es verträgt keine Form von Disziplin und kann sich in keine Gruppe einfügen. Es will immer als «ausserhalb der anderen» anerkannt werden, daher seine Überwertigkeitsgefühle, Auflehnung, er ist ein Rebell und ein Ausreisser.

Später werden paranoide Jugendliche zu Dienstverweigerern, Abenteurern, Deserteuren, wobei sie ihre Neurose auf angeblich philosophische Art darstellen, während diese bloss eine Maske ist.

Eine leichte Paranoia kann ein ganzes Leben lang dauern, ohne schwere Komplikationen hervorzurufen – ausser für die Mitmenschen! Der paranoide Mensch ist eben ein «Energiefresser» für die mitlebenden Angehörigen.

Die nachstehende Tabelle zeigt die bereits erwähnten Neurosen mit den entsprechenden Psychosen:

Neurose:	Entsprechende Psychose:
Asthenie und Neurasthenie	Geistige Konfusion
Psychoasthenie	Schizophrenie
Zwangsneurose und Phobien	Manisch-depressive Psychose
Zyklothymie	Grössenwahn, Verfolgungswahn und Halluzinationen
Paranoia	

Die Psychosen

In weniger als einem Jahrhundert hat sich die Zahl der Geisteskranken in den meisten Ländern der Welt verzehnfacht. Besonders betroffen wurden Frankreich, Schweden und die Vereinigten Staaten von Amerika. Und Geisteskrankheiten werden zu einer eigentlichen, gesellschaftlichen Plage. Vor allem müssen wir uns folgendes merken: Der Begriff «verrückt» oder «wahnsinnig» hat keine echte Bedeutung. Diese Worte heissen nichts und gelten für eine ganze Reihe verschiedener Geisteskrankheiten, deren Symptome häufig verwechselt werden. Ein Geisteskranker ist natürlich krank, doch weit liegt Gott sei Dank die Zeit zurück, da er als Verbrecher galt! Ferner bietet er manchmal eine Art «Karikatur» bestimmter normaler Charakterstörungen.

Die geistige Konfusion

Es handelt sich hier nicht um eine eigentliche Geisteskrankheit, sondern eher um eine «Übertreibung» der Asthenie. Alle psychischen Vorgänge werden extrem verlangsamt, der Kranke befindet sich in einem Zustand der Empfindungslosigkeit und der «Konfusion». Er hat das Gefühl, sein Gehirn schwimme im dichten Nebel, und kann seine Gedanken nicht mehr ordnen. Manchmal glaubt er auch in einer früheren Zeit zu leben (zum Beispiel am Anfang seiner Ehe oder während seines Militärdienstes). Die geistige Synthese gestaltet sich schwierig, der Kranke ist nicht mehr in der Lage, seine Aufmerksamkeit und sein Urteilsvermögen zu steuern. Durch diesen Koordinationsmangel (zeitlich und räumlich) scheint der Kranke oft «verwirrt und geistesabwesend», und die Konfusion kann zur völligen Empfindungslosigkeit, zur Betäubung führen.

Die geistige Konfusion ist manchmal eine Störung vorübergehender Art, sie ist die am leichtesten heilbare Geistesstörung. Die Behandlung muss wie immer die Ursache suchen, zum Beispiel extreme Erschöpfung, ernsthafte Infektionen, Vergiftungen, Schädelverletzungen.

Die Schizophrenie

(Schize = Entzweibrechen und Phren = Intelligenz, Geist)

Diese schwere Geisteskrankheit scheint der Inbegriff des Wahnsinns zu sein. Die Schizophrenie ist der Verlust der Beziehung zur Wirklichkeit: Der Geisteskranke ist sozusagen «geistig fremd», wobei es praktisch unmöglich wird, mit ihm in Kontakt zu treten. Er ist von der Wirklichkeit getrennt, reaktionslos und total gleichgültig. Er lebt einen inneren Traum, und selten lässt er sich durch äussere Umstände in die Wirklichkeit zurückrufen.

Wie wir gesehen haben, gibt es bei der Psychoasthenie innere Kämpfe, Angstgefühle und Zwangsvorstellungen. Dies weil der Mangel an «geistiger

Synthese» es den Zwangsvorstellungen gestattet, widerstandslos als Parasiten zu leben. Bei der Psychoasthenie ist sich der Kranke seines Zustandes bewusst, wobei er mit seinem ganzen Willen versucht, eine Schranke zu erstellen.

Nichts dergleichen gibt es in der Schizophrenie. Der Kranke zieht sich vollständig zurück, seine Psyche wendet sich von der Wirklichkeit komplett ab, der Gedanke zersplittert sich, während eine verrückte Welt aufgebaut wird. Manchmal ist der schizophrene Mensch folgsam und apathisch, während sein Bewusstsein verschwindet. Grimassen, Zuckungen, Händeklatschen, unglaubliche Mimik erscheinen. Die elementaren Bedürfnisse des Lebens werden vernachlässigt, was die Beeinträchtigung des Erhaltungstriebes kennzeichnet. Der Kranke hat oft Halluzinationen, an die er glaubt; dann diskutiert er mit einem unsichtbaren Gesprächspartner oft leidenschaftlich. Es kann vorkommen, dass er ein bisschen «sozial» bleibt und früher bekannte Leute erkennt. Es sieht aus, als würde er Überreste aus seiner Vergangenheit, an die er sich nur sehr vage erinnern kann, wiederfinden.

Gewaltige Impulse und Triebe sind häufig, und der Kranke kann sie selbstverständlich nicht «stoppen». Anschliessend erstarrt er wieder, wobei er in den unbequemsten Stellungen fast unendlich verharren kann. Er ist regungslos, von der äusseren Welt abgeschnitten, er wiederholt ständig die gleiche Bewegung, und plötzlich bricht ein blinder, absurder Impuls aus. Zum Beispiel stürzt er sich auf den Arzt, um ihn zu erwürgen. Was ist geschehen? Eine parasitäre Idee hat sich in seinem Geiste durchgesetzt, beispielsweise die Vorstellung, er habe es mit dem Teufel zu tun, und dieser Impuls stiess auf keinen bewussten Widerstand.

Noch eine interessante Bemerkung: Bestimmte Schizophrene können ausserordentliche intellektuelle Fähigkeiten entwickeln. Ihre künstlerischen Werke sind oft aussergewöhnlich gut, doch stets symbolischen Charakters.

Jugend und Schizophrenie

In den meisten Fällen fängt die Schizophrenie in der Jugendzeit an. Sie erscheint nach der Pubertät, um sich im Laufe der Jahre zu entwickeln, doch es darf hier nicht verallgemeinert werden, denn sie kann auch später anfangen.

Der Anfang dieser Krankheit lässt sich schwer feststellen. Ein sehr begabtes, arbeitsames Kind zeigt plötzlich eine Änderung seines Verhaltens. Es ist verträumt, benimmt sich komisch und scheint geistesabwesend, sein Lachen klingt ungewöhnlich, es neigt dazu, sich völlig zu isolieren. Der Verdacht auf Faulheit, Willensschwäche oder Simulierung liegt nahe! Solche Jugendliche werden apathisch und interessieren sich für nichts. Keine Begeisterung, keine Neugierde, keine Liebe, kein Hass, nur das Nichts der Kontaktarmut, als wären ihre tieferen Quellen in dickem Eis erstarrt.

Erst im Laufe der Entwicklung kommen eindeutige Symptome wie Aufregung, Empfindungslosigkeit, totale Gleichgültigkeit gegenüber der Umgebung, Apathie, automatische Bewegungen, Halluzinationen, kein Sauberkeitsgefühl ...

Sozial gesehen

Anfänglich führt die Schizophrenie zu Unruhe und Wutanfällen impulsiver, unerklärlicher Art. Dieser Anfang wird von bestimmten Handlungen gekennzeichnet, wie Vergewaltigungen, Ausreissen, plötzliche Kündigung von Freundschaften, masslose intellektuelle Schwärmerei usw. Das Verhalten wird zwanglos und undurchdringlich, was die Umgebung beunruhigt.

Die Behandlung der Schizophrenie

In den meisten Fällen ist die Einlieferung in ein Krankenhaus unerlässlich. Die Psychotherapie bleibt in diesem Fall oft ohne Erfolg, was eigentlich logisch ist, denn es liegt ja in der Natur der Schizophrenie, dass sie jedem Kontakt von aussen verschlossen ist. Der Elektroschock und der Insulinschock können Veränderungen hervorrufen, wie wir in der psychosomatischen Medizin sehen werden.

Wie bereits erwähnt, weisen bestimmte Werke von Schizophrenen symbolischen Charakter auf. Könnte man durch Symbole mit den Kranken in Kontakt treten, das heisst, indem man versuchen würde, ihre Sprache zu sprechen? Es sind Fälle bekannt, bei denen die symbolische Behandlung gute Resultate zeitigte.

Arbeits- und Gruppentherapien werden erfolgreich angewandt. Damit wird gegen die Empfindungslosigkeit und die Verschlossenheit gekämpft. In schlimmsten Fällen wird ein chirurgischer Eingriff ins Auge gefasst, was unter Umständen zu einer Verminderung der Unruhe führen kann.

Es soll keineswegs heissen, dass die Schizophrenie unheilbar sei. Gewisse Psychiater haben schon Heilungen erlebt, worauf ein normales Gesellschaftsleben folgte.

Die manisch-depressive Psychose

Wie wir gesehen haben, wird das «zyklothymische Temperament» durch folgendes charakterisiert:

a) Perioden unbeschreiblicher Aufregung, Euphorie und Begeisterung sowie grossen Scharfsinns.
b) Perioden mit Depressionen, Traurigkeit, Entmutigung, in welchen die Tätigkeit praktisch verschwindet.

Werden diese Schwankungen infolge bestimmter Umstände «verzehnfacht», fällt der Kranke in die manisch-depressive Psychose, das heisst, mit Manie- und Depressionsperioden. Es ist zu betonen, dass das Wort «Manie» in der Psychologie nicht die gleiche Bedeutung hat wie im Alltag. Es bezeichnet nicht irgendwelchen Tick oder irgendeine Gewohnheit, sondern einen Zustand physisch-motorischer Aufregung.

1. Manische Periode

Der Kranke lebt in einem Zustand unvorstellbarer Euphorie und Aufregung, lacht, singt und tanzt und erzählt Witze mit feuerwehrartiger Geschwindigkeit. Zusammenhanglose Ideen kommen ständig, die Kleidung wird exzentrisch und bunt, das Gesicht überfröhlich, der Blick glänzend. Der Kranke kann nicht ruhig sitzen, er läuft hin und her und vergisst sämtliche Regeln des moralischen, sozialen und ethischen Anstandes. Eine frenetische Massenbefreiung aller Triebe findet statt. Der Manische erfasst die Fehler seiner Umgebung sofort, lacht alles und alle aus, verleumdet, lügt, beschuldigt und verteilt die obszönsten Witze. Beim geringsten Widerstand wird er zornig. Seine Sinne scheinen viel schärfer als im normalen Zustand, doch seine Aufmerksamkeit lässt sich auf nichts konzentrieren.

Erzählungen und Briefe Manisch-Depressiver während der manischen Periode weisen oft eine absurde, jedoch hochpoetische Schönheit auf; sie sind voller freier, sinnloser Assoziationen, und die unbeschreibliche Euphorie kommt ständig zum Ausdruck.

In diesem Zustand wird die moralische Bremse geschwächt und bald eliminiert, und es kommt zu Sittlichkeitsverbrechen, Vertrauensbrüchen usw. Der Anfang der Manie führt leicht zu sozialen Konsequenzen, wofür der Kranke natürlich nicht verantwortlich gemacht werden kann. Die Einlieferung in eine Anstalt ist notwendig, um den Kranken den zahlreichen Erregungsfaktoren von aussen zu entziehen, die seine Unruhe nur verstärken.

2. Depressive Periode

Nach den fröhlichen Ausschweifungen der manischen Periode kommt die Depression, die Melancholie, und der Kranke fällt buchstäblich zusammen. Er fühlt sich schuldig und unwürdig, nennt sich selbst einen Dieb oder Mörder, glaubt, keinen Magen, kein Herz und kein Gehirn mehr zu haben, weigert sich, sich zu ernähren. Verfolgungsgedanken kommen: Er ist überzeugt, dass man ihn umbringen oder foltern will und dass seine Angehörigen ermordet werden. In schlimmeren Fällen fleht er jemanden an, seinem Leiden ein Ende zu bereiten. Eine sorgfältige Überwachung soll jede Kurzschlusshandlung (impulsiven Selbstmord) verhindern. Die banalsten Gegenstände können zu Zerstörungsmitteln werden, und manchmal wird ein Selbstmord mit unvorstellbarer Geduld und List vorbereitet...

Dieses melancholische Delirium als masslose Übertreibung des beim Neurotisch-Melancholischen üblichen Pessimismus wird oft von Halluzinationen begleitet. Der Kranke «hört», dass man von ihm spricht, dass er umgebracht, hingerichtet wird, er «sieht» das Schafott oder den Scheiterhaufen oder ist überzeugt, dass das Phantom eines Verstorbenen ihm seine unwürdige Handlung vorwirft...

Diese Art von Melancholie ist für den Kranken eine unvorstellbare Qual.

Behandlung der manisch-depressiven Psychose

Diese Psychose wird in der Regel als veranlagungsbedingt und erblich betrachtet. In vielen Fällen bildet das zyklothymische Temperament die Grundlage. Es gibt aber auch Kranke, die vor der Psychose keine grossen Gemütsschwankungen aufwiesen. Einige Psychiater schreiben diese Psychose einer Störung des Hypothalamus (untere Gehirnregionen) zu. Tatsächlich wurden manische Anfälle durch chirurgische Eingriffe gerade in diesen Regionen ausgelöst.

Ferner können zufällige Faktoren mitwirken, wie zum Beispiel endokrine (Drüsen-)Störungen, Schocks, Schädelbrüche und bestimmte Infektionskrankheiten sowie Menstruation, Pubertät, Abtreibung. Solche Vorgänge lösen buchstäblich eine endokrine Umwälzung aus, und die Infektion kann auf den Hypothalamus wirken, der dann sozusagen «allergisch» wird und empfindlich auf weitere, spätere Ursachen reagiert.

Dauer der Krankheit

Die Intensität und die Dauer der manischen und depressiven Zustände sind sehr unterschiedlich. Gewisse Kranke haben in ihrem ganzen Leben nur ein oder zwei Anfälle, während andere jährlich befallen werden. Die einen haben nur manische Anfälle, andere lediglich solche der Melancholie. Zwischen zwei Krisen kann auch eine Phase normaler Wahrnehmungsfähigkeit eintreten und manchmal sehr lange dauern. In dieser Zeit erlangt der Kranke seine normale Handlungsfähigkeit wieder.

Bei der manisch-depressiven Psychose erzielt der Elektroschock sehr gute Resultate, besonders im Fall der Melancholie. Er erlaubt darüber hinaus eine Verkürzung der manischen Anfälle.

Der Grössen- und der Verfolgungswahn

1. Der Grössenwahn

Diese Übertreibung der Paranoia ist bei Psychiatern und der Öffentlichkeit sehr bekannt. Der Kranke ist überzeugt, unerhört schön und stark zu sein. Er hat die berühmtesten Vorahnen, gehört zu den edelsten Familien, ist millionenschwer, äusserst geschäftstüchtig und hat tausend Menschen unter seinem Kommando. Er ist ein Übermensch, ein Prophet und der grösste Erfinder aller Zeiten. Alle Frauen fallen ihm zu Füssen, er hat alle Verdienste, alle Titel, alle Beziehungen und Reichtümer. Manchmal zieht er Kostüme an, die die Person seiner Phantasie darstellen, oder staffiert sich mit Dekorationen aus.

Diese äusserst häufige Geistesstörung erscheint als eine Art Karikatur für Millionen von leicht paranoiden, ehrgeizigen Menschen, von denen es auf der Erdoberfläche wimmelt!

Der Grössenwahn ist aber nicht nur in der Paranoia anzutreffen, sondern in der allgemeinen Lähmung syphilitischen Ursprungs und in gewissen Formen der Manie und der Schizophrenie. Geistesschwache Menschen geben sich auch Titel und hohe Stellen, tragen illegal Uniformen und Dekorationen sowie weitere Zeichen, die ihr Delirium «konkretisieren».

Es besteht also eine ganze Reihe verschiedener Umstände, von der leichten Paranoia bis hin zur eigentlichen Psychose. Die Frage der gesetzlichen Verantwortlichkeit stellt sich, denn solche Menschen drücken ihre «Macht» oft nicht nur im Reden, sondern auch durch ihre Kleidung und ihre Handlungen aus, es kommt zu Verstössen gegen die öffentliche Ordnung, zu Beleidigungen von Beamten, zu Tätlichkeiten usw.

Selbstverständlich ist im Falle der allgemeinen Lähmung die Verantwortlichkeit gleich Null. In anderen Fällen hängt sie vom Grad der Psychose ab.

2. Der Verfolgungswahn

Wie der Grössenwahn, so ist auch der Verfolgungswahn in Anstalten und anderswo häufig anzutreffen. Diese beiden Formen der Psychose hängen übrigens oft zusammen: Wenn der Kranke alles weiss und ein mächtiger Übermensch ist, hat man dann nicht ein Interesse daran, ihn zu eliminieren? Der «Verfolgte» ist überzeugt, dass man hinter seinem Vermögen oder seiner Stelle her ist, dass man mit Elektrizität, Strahlen oder Hypnotismus auf ihn einwirken will usw. Er glaubt, auf Distanz verfolgt zu werden und zwar durch magische Mittel, die sein Gehirn beeinflussen, sein Vermögen vernichten, sein Handeln verhindern oder ihn töten können. Er behauptet, er werde mit Funk überwacht, man wisse alles, was in seinem Haus oder in seinem Kopf vor sich geht...

Halluzinationen sind häufig. Der Kranke hört Stimmen, die ihn bedrohen oder beleidigen. Manchmal glaubt er, man habe sein Gehirn geteilt, um seine Gedanken abzufangen oder zu steuern. Es ist nicht verwunderlich, wenn er unter starken Angstgefühlen leidet, die seinen Wahn nur verstärken.

Mal behauptet er, «man» verfolge ihn, ohne weiter zu präzisieren, mal bezeichnet er eine bestimmte Person, politische Bewegung oder religiöse Sekte. Polizeireviere und Gerichtsinstanzen könnten davon ein Lied singen.

Der Kranke reagiert auf seinen Verfolgungswahn auf verschiedene Art, zum Beispiel durch die Verteidigung, das heisst, er verriegelt seine Tür, trägt komische Kleider usw., fabriziert Schirmwände oder Amulette, um sich gegen Strahlen, Wellen oder Gedanken zu schützen. Er hört Stimmen seiner Feinde oder auch eines Beschützers, gibt Antwort, hält sich die Ohren zu. Er kann sich aber auch dadurch verteidigen, dass er seine «Verfolger» bedroht und beleidigt, Klagen einreicht usw. Beschliesst er, seine Verfolger zu eliminieren, so kann er natürlich sehr gefährlich werden.

Ein Beispiel

Um dies zu veranschaulichen, gebe ich hier einen Auszug aus einem Brief wieder, den ich von einem solchen «Verfolgten» erhielt.

«Brüderlicher, mächtiger Herr,

Dies um die Ehre zu haben, Ihnen zu sagen, dass Sie dafür sorgen können, dass man mich durch die Gedanken meiner Feinde nicht mehr töten will. Sie haben Puppen, die sie stechen, und hypnotisieren mich, um alles zu erfahren, was ich weiss, und es gegen unser Land anzuwenden. Ich weiss, dass sie in meiner Residenz Mikrophone versteckt haben, doch ich kann diese nicht ausfindig machen. Meine Feinde wissen sehr wohl von meinen diplomatischen Staatsgeheimnissen, als ich für die politischen Geschäfte reiste. Ich will mich nicht erniedrigen, das zu tun, was sie tun. Ich will aber eine Macht neben meiner, die Ihre ist. Ich bin sicher, dass wir sie zusammen besiegen würden, dass sie meine Gedanken nicht mehr haben und dass sie mich nicht mehr hören können, alles hören, was ich sage und denke. Wenn Sie mir helfen, werde ich mein Vermögen zurückhalten und Ihnen davon geben. Ich kann aber nicht ausgehen, denn sie würden mich mit Gedanken oder mit Funk zu sich führen und einsperren.»

Psychiatrische Pflege

Jede noch so schlimme Psychose ist heilbar. Gewisse Kranke scheinen den niedrigsten Grad der menschlichen «Tierischkeit» erreicht zu haben. Gerade diese werden manchmal rasch und endgültig geheilt und können ein normales Sozialleben wieder aufnehmen sowie grosse Schwierigkeiten überwinden.

Selbstverständlich können nicht alle Psychosen gleich behandelt werden. Jeder Psychiater muss seinem Kranken eine Tiefenbehandlung angedeihen lassen und dies während der nötigen Zeit. So wären eigentliche, geistige Auferstehungen möglich! Das ist aber das Problem: Gibt es genug Psychiater? Haben sie genug Zeit? Müssen sie nicht von Zeit zu Zeit und trotz ihrem Können und Wissen mit Schnellbehandlung vorliebnehmen? Sind sie nicht lächerlichen Witzen bestimmter Leute und Zeitungen ausgesetzt?
Es darf nie vergessen werden, dass der Kranke ein Mensch ist und eine Persönlichkeit besitzt; diese schweigt und leidet, und jede Dienstleistung muss auf dem absoluten Respekt des Geisteskranken beruhen, denn dieser hat, wie jeder andere auch, die heiligsten Rechte des Menschen.

Wieder die Neurose

Nach dem bedeckten Himmel der Psychosen möchte ich kurz auf die grauen Wolken der Neurosen zurückkommen.

Neurose und Pubertät

Die Pubertät ist oft ein Tor zu vielen Neurosen, denn sie ist der erste grosse «Sprung», die erste wichtige Anpassung, die das Leben verlangt. Warum treten Neurosen nach der Pubertät auf? Sind die Ursachen physischer oder psychologischer Art? Gekennzeichnet wird die Pubertät vor allem durch die Geschlechtsfunktionen und verschiedene physiologische Änderungen. Lange Zeit war man der Ansicht, Jugendneurosen seien auf solche Änderungen zurückzuführen, und man hat den Hormonen eine wichtige Rolle zugeschrieben. Heute scheint es aber, dass die körperlichen Faktoren kaum ins Gewicht fallen. Was bleibt also ausser den psychologischen?

Schon wieder tritt die Psychoanalyse in Aktion ... Häufig wird festgestellt, dass die Jugendneurosen von einer Fehlanpassung herrühren: an die Sexualität, an die Umgebung usw. Ein Mangel an normaler Entwicklung also. In solchen Fällen verursacht die Pubertät keine Neurose, sondern löst sie bloss aus, indem sie einer bereits vorhandenen Gleichgewichtsstörung, die veranlagungs- oder umgebungsbedingt war, zum Durchbruch verhilft.

Der jugendliche Neurotiker hat grosse Schwierigkeiten, sich seinen sozialen Aufgaben anzupassen, er ist schwach und meidet jede Verantwortung. Er ist auf eine Art affektiv zurückgeblieben, irgendwo in seiner Vergangenheit steckengeblieben. Oft sucht er Zuflucht bei seiner Mutter, später bei seiner Frau, oder er sucht Kompensationen. Er wird ängstlich, übertrieben schüchtern, aggressiv, zynisch, und all diese Störungen wirken sich natürlich auf die Sexualität aus. Diese wird impulsiv und führt zu unzüchtigen Handlungen, Homosexualität, Sadismus usw.

Solche jugendlichen Neurotiker brauchen dringend eine psychologische Behandlung.

Neurose und Eheleben

Der Jugendliche muss sich seiner neuen Persönlichkeit sowie dem anderen Geschlecht anpassen, geistig von seinen Eltern trennen, um sein eigenes Leben zu führen. Es ist dies ein entscheidender Augenblick: Entweder überspringt er die Schranke – oder er bleibt, wo er ist! Mit oder ohne Anpassung führt ihn seine Entwicklung schnurstracks ins Eheleben, und viele Neurosen werden erst dann sichtbar. Die beiden grossen Anpassungen, die der neue Lebensabschnitt verlangt, sind der Geschlechtsakt und die Anpassung an das gemeinsame Leben.

Der Geschlechtsakt

Wohlverstanden: Es geht nicht um irgendeinen Geschlechtsakt, sondern um den, der mit einer bestimmten Person ausgeführt wird, und schon sieht es anders aus. Die eheliche Neurose ist oft sexueller Art: Impotenz beim Mann, Frigidität bei der Frau. Viele Männer, die vor der Ehe normale Beziehungen hatten, werden bei ihrer Frau plötzlich impotent. Die Erwachsenenneurose lässt neurotische Situationen der Kindheit und Jugendzeit wieder in Erscheinung treten. Der Begriff der Liebe bleibt mit dem des Respekts verbunden, wobei die Sexualität verdrängt wird.

Ferner treten viele Leute mit den verschiedensten Minderwertigkeits- und Schuldgefühlen ins Eheleben. Die Angst vor der Verachtung ist ebenfalls häufig, und eine gewohnheitsmässige, intensive Masturbation kann jede normale sexuelle Beziehung verhindern. Zudem wirken sich bestimmte kleine Perversionen, die die jugendliche Masturbation begleiten, auch negativ aus, denn der Neurotiker braucht seine Perversion, kann jedoch nicht mit seinem Ehepartner darüber sprechen, weil er sich schämt oder Schuldgefühle hat. Dieser Mensch ist sexuell normal, geistig aber blockiert.

Es gibt tausend andere Möglichkeiten, und sexuelle Fehlanpassungen sind ein geradezu idealer Nährboden für zahlreiche neurotische Störungen. Findet der Geschlechtsakt trotzdem statt, so bringt er anstelle von Entspannung nur Unzufriedenheit über sich und die anderen. Es gibt so viele Ehen ohne Liebe, wo der Geschlechtsakt schwierig, unvollkommen oder überhaupt unmöglich ist. Dann gibt es Vorwürfe, Verdächtigungen, Streit, Eifersuchtsszenen ... oft auf Kosten des Kindes!

Der eheliche Geschlechtsakt stellt also eine wichtige Anpassung dar. Hier ein Fall von ehelicher Neurose:

X. ist neurotisch und geht eine Ehe ein, nachdem ihn die Erziehung entmännlicht und verweichlicht hat. Herrschsüchtige Mutter, schwacher Vater.

X. ist ein Mann mit weiblichen Neigungen, der seine männliche Rolle nicht geistig realisieren kann. Unbewusst sucht er eine Frau, die das Gleichgewicht irgendwie wiederherstellt, um sexuelle Beziehungen zu ermöglichen. Die Frau ist also erwartungsgemäss «männlich». X. hat, wie man sieht, unbewusste homosexuelle Neigungen, und sein psychologisches Gleichgewicht hängt von zwei Faktoren ab:

1. Seine «Weiblichkeit» muss bleiben, da jede Männlichkeit unmöglich ist.
2. Seine Frau muss ihm das ermöglichen, indem sie männlich bleibt.

X. und seine Frau hatten übrigens gewisse sexuelle Praktiken, die diesen Rollentausch deutlich bewiesen. Eines Tages äusserte die Frau von X. den Wunsch, ein Kind zu haben. Eine panische Angst stellte sich sofort bei X. ein, der alles unternahm, um diesen Wunsch abzuschlagen, ohne dass er irgendwelchen triftigen Grund nennen konnte. Spannungen, Streit und Vorwürfe waren die Folgen. X. stellte jede sexuelle Beziehung mit seiner Frau ein und fiel in ernsthafte Depression. Warum eigentlich? Ein Kind zu bekommen hiess für ihn, dass seine Frau ihre männliche Rolle aufgeben musste. Durch dieses Kind wäre sie wieder zur Frau geworden, womit X. seine männliche Rolle zu übernehmen gehabt hätte (wozu er nicht fähig war), und seine latente Homosexualität wäre gegenüber einer weiblichen Frau und Mutter unmöglich geworden. Sein ganzes psychologisches Gleichgewicht drohte zusammenzufallen; daher diese Angstgefühle, diese Ablehnung und Depression.

Die Anpassung an das Eheleben

Der Anfang des Ehelebens verlangt viel Anpassung. Das Zusammenleben mit den Eltern eines der Eheleute ist bereits eine häufige Ursache ehelicher Schwierigkeiten. Eine solche Situation setzt bei beiden Partnern ein perfektes psychologisches Gleichgewicht voraus, und auch dann können sich die Eheleute nur selten gehenlassen. Ebenso selten können sich die Eltern von ihren Kindern loslösen! Und es geht los: Überwachung, Bemerkungen, Unterstellungen, Vorwürfe, mehr oder weniger gut gemeinte Ratschläge. Es wird noch schlimmer, wenn das Kind noch an den Eltern hängt, und das gefährlichste «Anhängen» ist das einer Mutter an ihren Sohn. Dieser bleibt dann auch in der Ehe der «kleine Knabe». Er verdrängt seine Feindseligkeit gegenüber der Mutter und überträgt sie auf seine Frau, die ihn bezichtigt, «für die Mutter Partei zu ergreifen»! Der Sohn duldet keine Kritik von seiner Frau, da diese Kritik auf seine eigene, verdrängte Feindseligkeit stösst. Eine solche Situation führt oft zur Ehekatastrophe.

«Ich kann nicht mehr», sagt Frau X., «ich bin geistig und körperlich erschöpft. Nie unterstützt mich mein Mann, wenn mich seine Mutter angreift. Er schweigt, getraut sich nicht; dabei weiss ich, dass er mich liebt. Aber es kommt noch so weit, dass ich ihn hasse. Er ist wie seine Mutter, sie hat auf ihn abgefärbt. Sie kritisiert mich andauernd, bestimmt immer, wie ich mich anzuziehen habe, wie ich kochen soll ... Sie steht immer hinter mir und überwacht mich. Ich gebe keine Antwort, sonst gibt's Streit mit ihr und meinem Mann. Hat mein Mann das geringste Wehwehchen, bin ich bestimmt schuld. Sie behauptet, ich kümmere mich zu wenig um ihn. Ständig gibt es diesbezügliche Unterstellungen. Ich habe Angst, morgens aufzustehen, wenn ich daran denke, dass ich den ganzen Tag mit ihr verbringen muss und dass mein Mann erst abends nach Hause kommt. Sie mischt sich überall ein. Mein Mann hat Angst. Sogar seine Kleider sucht sie aus! Ich kann nicht einmal Butter aufs Brot streichen, ohne dass sie behauptet, ich sei unfähig! Ich lebe in einem Zustand ständig verdrängten Zorns, der mich total erschöpft ...»

Ein leider nur zu häufiger Fall! In der Regel ist das Zusammenleben mit Schwiegereltern zu vermeiden – besonders dann, wenn ein Mitglied des Haushaltes neurotisch ist!

Schwierige Intimität

Die Anpassung ist auch dann heikel, wenn die Eheleute allein leben. Die Intimität verlangt enorm viel Verständnis. Dabei gibt es kein echtes Verständnis ohne Ausgeglichenheit und Gleichgewicht. Ehe verlangt Liebe; nicht Selbstliebe, sondern Liebe zum anderen. Ist ein Ehepartner neurotisch, so dreht sich alles um diese Neurose, wie Magenbeschwerden, die zur Drehscheibe einer ganzen Persönlichkeit werden können! Viele Neurosen leichterer Art erlauben oberflächliche soziale Beziehungen, verhindern aber tiefere Beziehungen, worunter die eheliche Intimität offensichtlich leidet. Viele Eheleute sagen: «Ich brauche lange Zeit, um mich jemandem anzupassen. Einen Tag mit ihm (oder ihr) zu verbringen erschöpft mich, und ich fühle mich ausgepumpt, ich habe Schuldgefühle, es gibt keine Intimität, und wir sind wie fremde Leute. Ich weiss genau, dass es mein Fehler ist. Wegen meiner Kindheit bin ich zu schüchtern, und ich kann mich nicht loslösen.» Es darf nicht vergessen werden, dass eine jugendliche Neurose in der Ehe weiterbestehen und sich noch verstärken kann.

«Ich habe einen schwachen Charakter, ich habe Angst vor meiner Frau. Sie erinnert mich an meine Mutter. Doch bei meiner Mutter konnte ich mich gehenlassen, denn sie entschied alles an meiner Stelle. Heute kann ich auch nicht anders, und ich weiss, dass mich meine Frau verachtet, was meine Selbstverachtung noch verstärkt ...»

Oder:

«Meine Frau ist fünfzehn Jahre älter als ich. Nachdem ich jetzt mit Ihnen gesprochen habe, sehe ich ein, dass ich einen Ausgleich für meine Schwäche gesucht habe. Ich habe eine mütterliche, keine Ehefrau geheiratet. Ich habe übrigens nie mit ihr sexuelle Beziehungen gehabt.»

Neurosen und Eheanschauungen

Viele Neurotiker gehen mit stahlharten vorgefassten Meinungen in die Ehe: «Sexualität ist etwas Schimpfliches ... Sexualität macht mir Angst ... Die Frau muss gegen den Mann kämpfen ... Die Frau ist immer die Beute des Mannes... Die Frau muss sich immer aufopfern, ist immer Märtyrerin usw. Damit ist der Weg zur zukünftigen Neurose der Kinder vorbereitet! Zu viele Anschauungen über die Ehe beruhen auf Kompromissen, wobei jeder versucht, sich durch den anderen zu kompensieren, zum Beispiel ein verweichlichter Mann durch eine männliche Frau, ein Herrschsüchtiger durch eine schwache Frau, die er «beschützen» kann, oder eine herrschsüchtige Frau, die sich einen schüchternen Mann sucht. Es geht so weit, dass viele Ehen auf dem Wettbewerb basieren! Jeder fühlt sich durch den anderen gefährdet, er hat ständig Angst, sich «überrumpeln» zu lassen.

Frau Y. erzählt: «Ich habe meine Rechte, die Rechte der Frau! Ich muss sie unter allen Umständen verteidigen, und ich weigere mich, die gesetzmässigen Rechte meines Mannes anzuerkennen. Die Männer glauben sowieso immer, wir seien Dienerinnen.»

In allzu vielen Ehen wird die Situation durch faule Kompromisse aufrechterhalten, die auf sogenannten gegenseitigen Rechten, auf Aggressivität, Verachtung basieren. Mehr oder weniger schlimme Neurosen beeinträchtigen das Eheleben. Nicht nur, weil der Neurotiker eine falsche Vorstellung von der Ehe hat, sondern auch, weil die Ehe die Neurosen oft besser ans Tageslicht bringt.

Es wird oft behauptet, die Ehe heile die Neurose! Diese Meinung ist absurd. Entweder treiben Eltern ihren neurotischen Sohn in die Ehe, um ihn zu «heilen», ohne an den Ehepartner oder an das Kind zu denken, also an die Opfer der Neurose, oder junge Neurotiker suchen Zuflucht in einer voreiligen Ehe, um ihrem Familienkreis zu entfliehen. Die Folgen sind in beiden Fällen gleich traurig.

Niemand wird als Erzieher geboren; niemand wird als Ehepartner geboren! Nur eines macht es möglich: die Ausgeglichenheit. Die Ehe muss vorgängig psychologisch geprüft werden. Rudimentäre psychologische Kenntnisse könnten viele Situationen retten. In der Ehe spielt die Liebe eine wesentliche Rolle. Dabei sollte auch das «Kenne dich selbst» zur Faustregel werden.

Schlussfolgerungen

Wie jede psychologische Krankheit muss die Neurose eingehend untersucht werden. Alle physiologischen Untersuchungen in bezug auf Vergiftungen, Infektionen, Leberstörungen, Magenbeschwerden müssen durchgeführt werden, aber auch Untersuchungen über Fehlanpassungen, Umgebung usw.

Alle Möglichkeiten der Psychotherapie sind auszunutzen. Selten wird die tiefere Persönlichkeit durch eine psychologische Krankheit vollständig unterdrückt. Im Gegenteil, sie bleibt bestehen und sie leidet. Solche, meist verdrängten, inneren Konflikte verursachen viele Neurosen und Psychosen, sei es blosse Schüchternheit oder Verfolgungswahn.

Jede psychologische Behandlung, gleich welcher Art, muss streng menschlich bleiben, wobei der Respekt vor der Person oberstes Gebot ist. Wir können nur wünschen, dass die moralisch-geistige Hygiene Fortschritte macht und dass die Welt lernt, sich objektiv zu betrachten, damit jeder lernen will statt überzeugt zu sein, sich zu kennen. Möge die Psychologie die nötige Verbreitung finden, damit jeder die Vervollkommnung seines Wesens erreichen, seine Unzulänglichkeiten feststellen und seine unbekannten Fähigkeiten entdecken kann.

VI. Die psychosomatische Medizin

Die Summe der Teile bildet noch kein Ganzes. (Laotse)

Zwei uralte, abgedroschene Wahrheiten stehen am Anfang dieser Medizin, die trotz ihrem etwas eigenartigen Namen eine zukunftsweisende Rolle in der Therapie einnimmt: «Der Geist beeinflusst den Körper» und «Der Körper wirkt auf den Geist ein». Diese Wahrheiten werden heute durch Neurologen, Psychiater, Ärzte und Psychoanalytiker bestätigt. Es ist bestimmt die Medizin der Zukunft, entstanden als Ergebnis der Forschung aller, die gegen das Leiden kämpfen und wissen, dass neurotische Krankheiten ebensoschlimm sein können wie körperliche Schmerzen.

Im Zentrum dieser Medizin steht das Gehirn, ein Organ wie die anderen, aber ein wunderbares Organ, und dazu noch das beunruhigende Nervensystem, das Gehirn, Eingeweide und Gewebe miteinander verbindet.

Warum kann eine psychische Ursache gefährliche körperliche Störungen hervorrufen? Warum können alte Komplexe zu einem Magengeschwür oder zu Nierenentzündung führen? Warum kann die Macht einer hypnotisch suggerierten Idee körperliche Erscheinungen, wie Blasen usw., zur Folge haben? Soll die Psychologie manchmal den Operationstisch ersetzen?

Es wird oft von Suggestion, Hypnose, «eingebildeten Krankheiten» und vom Unbewussten gesprochen. Leider vergisst man gerne, dass solche Erscheinungen ebenso physiologisch sind wie die Leberfunktionen. Und wenn die erwähnten uralten Wahrheiten viele Jahrhunderte unbeschadet überstanden haben, um endlich eine wissenschaftliche Anwendung zu finden, und damit zur zukünftigen Gesundheit von Millionen beitragen, so verdienen sie nähere Betrachtung.

Was ist ein Kranker?

Ein Kranker ist ein Mensch. Selbstverständlich? Man hat leider nicht immer daran gedacht! Ein Kranker ist keine Nummer und kein gestörtes Organ. Er ist ein Mensch mit seiner ganzen Geschichte, hinter ihm steht ein ganzes Leben, eine ganze Vergangenheit mit unzähligen physischen und psychologischen Umständen, bewussten und unbewussten. Da sind auch sein Erbgut, sein Temperament, seine Erziehung, seine Eltern, seine Lehrer, seine gesellschaftliche und religiöse Umgebung, seine Arbeitsstellen, seine Erfolge und Misserfolge. Hinter sich hat er auch eine Kindheit, eine Jugend, viele Anpassungen und

Fehlanpassungen, seine Ehe. Seine Vergangenheit besteht aus einer Vielzahl verschiedenster Umstände, die alle auf das «Heute» zusammenlaufen, das heisst auf den Augenblick, da dieser Mensch sagt: «Ich bin krank.» So etwa sieht es aus:

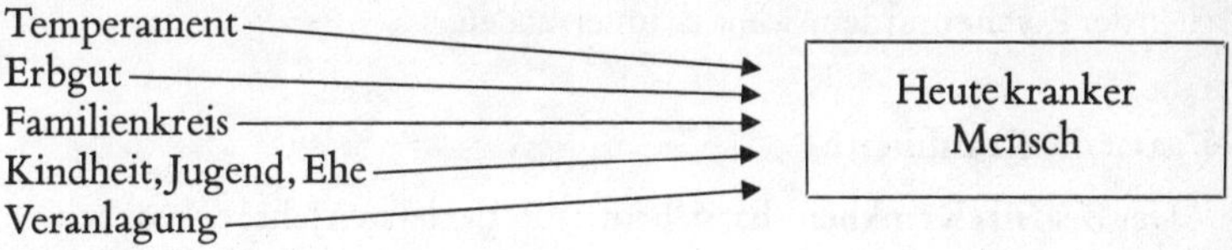

Es gilt:

a) das Symptom ausfindig zu machen,
b) dessen Ursache zu suchen,
c) die entsprechende Behandlung anzuwenden.

Genügt das? Manchmal. In vielen Fällen aber nicht; denn allzuoft wird der Mensch in eine Reihe Ersatzteile zerlegt, und man versucht, eines dieser Teile zu betrachten, ohne sein Verhältnis, seinen Zusammenhang mit den übrigen zu berücksichtigen.

Trotz spektakulären Resultaten bleiben viele Krankheiten unerklärlich. Man kennt das Lied: «Sie haben nichts, keinen Schaden, keine wirklichen Störungen. Sie sind ja gesund!» Anderen werden Eierstöcke, Gebärmutter, Gallensteine, Mandeln entfernt, obwohl die Krankheit eine Neurose ist und eine gute Psychoanalyse diese Verstümmelung überflüssig gemacht hätte. Oder es wird behauptet: «Ihr Magengeschwür? Das sind die Nerven! Schonen sie ihre Nerven.» Aber – was heisst das genau, und wie geht es vor sich?

Was ist die psychosomatische Medizin?

Wie der Name besagt, beschäftigt sie sich zugleich mit dem Geist (Psyche) und dem Körper (Soma) und trennt sie nie. Für sie ist der Mensch keine Zusammensetzung von Teilen, sondern ein unteilbares Ganzes. So arbeiten zum Beispiel das Herz, die Leber und der Magen nicht getrennt, sondern sie gehören zu einem System und sind davon abhängig. Die Untersuchung des Herzens geht nicht ohne Berücksichtigung des Gefässystems, das wiederum mit anderen Organgruppen verbunden und der Ermüdung des Gehirns oder des Nervensystems ausgesetzt ist. Jede lokale Störung kann demnach auf den gesamten Organismus Auswirkungen haben, also auch auf das Gehirn.

So wurde das Ei des Kolumbus der modernen Medizin gefunden, indem man endlich begriff, dass «körperliche» Störungen eine rein psychologische Ursache haben können und dass sehr ernsthafte (oder sogar tödliche) Schäden von Emotionen psychologischer Art herrühren können. Affektive Konflikte führen nicht nur zur Zwangsneurose, sondern auch zur Nervenentzündung oder zum Magengeschwür.

Sinn und Zweck der Psychosomatik ist es also, den gesunden oder kranken Menschen wie ein Ganzes zu betrachten und die engen Zusammenhänge zwischen der Psyche und dem Soma zu untersuchen.

Was ist die Krankheit?

Der Begriff «Krankheit» hat sich im Laufe der letzten Jahre entwickelt.

1. Alter Begriff

Ein fremder Erreger dringt in den Organismus ein. Sein Vorhandensein und seine Entwicklung rufen die Krankheit hervor; zum Beispiel die Lungenentzündung wird durch den Pneumokokkus verursacht. Ungefähr so:

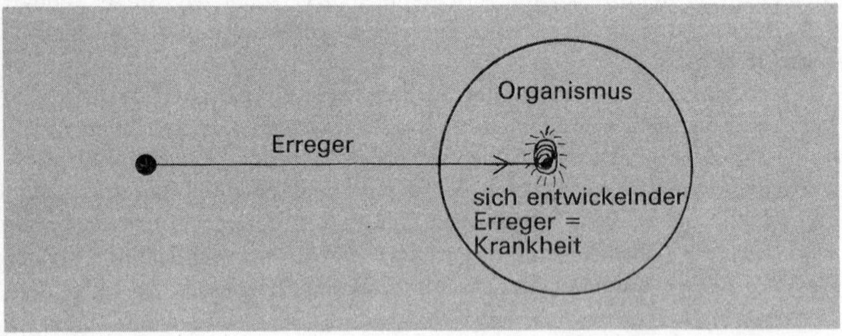

2. Moderner Begriff

Jedermann erwischt Bazillen, doch nicht jedermann ist krank. Wichtig ist der «Nährboden». Der Bazillus dringt in den Organismus ein und greift ihn mit seinen Giftstoffen an. Der Organismus reagiert wie ein Mensch: Er verteidigt sich, um sein vom Bazillus bedrohtes Gleichgewicht aufrechtzuerhalten.

a) Bei Kräftegleichgewicht merkt der Mensch nichts vom Kampf, der in ihm ausgetragen wird.
b) Ist der Erreger stärker, entsteht eine organische Gleichgewichtsstörung. Der Körper holt zum Gegenangriff aus, und es kommt zur Krankheit als Reaktion des sich wehrenden Organismus. Die Krankheit wird also nicht vom Erreger, sondern vom Körper verursacht, um den Erreger zu zerstören. Man sollte nicht sagen: «Die Lungenentzündung wird durch den Pneumokokkus hervorgerufen», sondern: «Die Lungenentzündung ist eine Reak-

tion des Organismus gegen den Pneumokokkus, der das Gleichgewicht bedroht.»

Der Bandwurm ist keine Krankheit. Diese erscheint erst, wenn Abwehrreaktionen entwickelt werden. Diese bilden dann die Krankheit, nicht der Bandwurm.

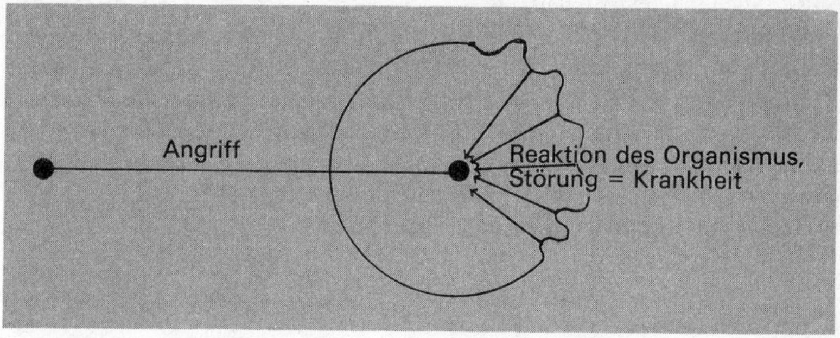

1. Der Angreifer kommt.
2. Ist der Körper schwächer, muss er reagieren, um nicht aus dem Gleichgewicht gebracht oder zerstört zu werden.
3. In diesem Falle ist die Krankheit eine Lebensnotwendigkeit, genau so, wie ein angegriffener Mensch die Verteidigung braucht, um nicht verletzt oder getötet zu werden.

Eine Frage drängt sich nun auf: Gilt das Gesagte auch bei Neurosen?

Braucht der Neurotiker seine Neurose, um geistig leben zu können?

Auf diese Frage kann ein Neurotiker mit Zorn reagieren: Er leidet doch nicht zum Vergnügen an seiner Neurose! Natürlich nicht, aber ...

Nehmen wir jetzt zum Beispiel ein Kind, das sich eines Tages in sich kehrt. Ich nehme an, es lebe in einem Milieu, das ihm nicht passt (oder es dem Milieu nicht).

Das Kind zieht sich in sich zurück, als Abwehrreaktion auf diese Umgebung, die sein Gleichgewicht gefährdet. Diese Reaktion ist für das Kind ein psychologisches Bedürfnis, eine Kompromisslösung, die es ihm ermöglicht, einigermassen in Frieden zu leben. Dieser Punkt ist äusserst wichtig: Das Kind braucht dieses Zurückziehen, um ohne schwere Gleichgewichtsstörung zu existieren; es braucht seine Neurose.

Nun zurück zum erwachsenen Neurotiker. Dieser leidet bestimmt nicht zum Vergnügen, ist sich aber nicht bewusst, dass seine Neurose deshalb ausgelöst wurde, weil seine innere Sicherheit davon abhing. Ich darf sogar sagen, dass er «gut» daran tat, zu dieser Neurose zu greifen, als dies noch notwendig war.

Wir haben gesehen, dass die vom Bandwurm ausgelöste Krankheit eine Abwehrreaktion eines in seinem Gleichgewicht bedrohten Organismus ist, das heisst ein Bedürfnis, eine Suche nach Sicherheit. Das Kind, das sich in sich zurückzieht, reagiert ähnlich, weil es auch eine Sicherheit sucht und braucht. Bei der Neurose ist es genau dasselbe: eine Abwehrreaktion und eine unbewusste Suche nach Sicherheit.

Diese kann der Psychologe täglich feststellen. Solange er nur die Symptome berührt, die der Patient loswerden will, ist alles in Ordnung. Sobald er aber den Kern der Neurose angreift, löst er beim Kranken eine gewaltige Reaktion aus, die von Angst, manchmal auch von Hass begleitet wird. Weil der Patient Angst hat, «entdeckt» zu werden? Durchaus nicht, sondern ganz einfach, weil es um einen Sicherheitsriegel geht... Eine verschlossene Tür wird geöffnet, dahinter ist ein Abgrund, den der Patient dank seiner Neurose «vergessen» hatte.

Die Neurose wurde zur Fixierung

Eine Krankheit hört auf, sobald der Erreger überwunden wird. Anders bei der Neurose! Während ein Erreger in der Regel nur ein paar Stunden oder Tage im Körper bleibt, kann eine schädliche psychologische Situation viele Jahre andauern. Die Neurose ist eine Kompromisslösung, um welche das ganze Leben organisiert wird. Oft unbewusst! Tausende von Reflexen werden gebildet. War die Neurose seinerzeit eine normale Reaktion, ist sie es Jahre später bestimmt nicht mehr. Die Umstände haben sich geändert, und der Kranke «braucht» seine Neurose nicht mehr, um einigermassen normal zu leben.

Zum Beispiel werden Jugendliche aufgrund des Familienkreises neurotisch und behalten die Neurose, bis sie vierzig oder älter werden. Der Sicherheitsmechanismus ist nicht mehr notwendig, doch der innere Konflikt bleibt:

1. weil er unbewusst ist,
2. weil das ganze Leben um ihn organisiert ist.

Die Aufgabe der Psychologie ist schwierig, denn es geht darum:

a) den Patienten aus seiner Vergangenheit, an der er so hängt, herauszuziehen und den inneren Konflikt bewusst zu machen,
b) die wichtigsten Reflexe, die sich gebildet haben, zu eliminieren.

Der Fall des Herrn X.

Herr X. klagt über ein Magengeschwür, Schüchternheit, Schuldgefühle, Ängstlichkeit, sexuelle Impotenz den Frauen gegenüber und gibt zu, sich von jungen Männern angezogen zu fühlen. All diese Störungen sind bewusste Symptome einer unbewussten Neurose. Stellen wir den Fall von X. in schematischer Form dar, so wird deutlich, dass ihm die Neurose Sicherheit gibt.

Umstände

Die Mutter von X., eine herrschsüchtige Witwe, steuerte jede Handlung ihres Sohnes, ohne Diskussion. Diese Herrschsucht war also der «psychologische Erreger».

Normaler Wunsch jedes Kindes:

Glück, Gleichgewicht und Sicherheit.

Welche mögliche Sicherheit bietet sich X.?

a) Er kann die Mutter, deren Herrschsucht seine spontane Entfaltung verhindert, ablehnen oder
b) seine Mutter, die für ihn die hauptsächlichste Sicherheit darstellt, akzeptieren.

Man sieht bereits den Widerspruch zwischen a) und b). Daraus entsteht der innere Konflikt.

Zwei mögliche Reaktionen:
a) Entweder offene Auflehnung oder
b) bedingungslose Unterwürfigkeit.

X. wählte die zweite Lösung, indem er sich unbewusst folgendes einredete: «Ich muss mich fügen, um die Liebe meiner Mutter, die meine Sicherheit ist, nicht zu verlieren. Ich muss jede Auflehnung vermeiden, mich entmännlichen und schwächen. Jede Feindseligkeit stünde im Widerspruch dazu und würde mein Gleichgewicht gefährden.»

Unbewusste Reaktionen, die die Neurose bilden:

Kindisch bleiben	Sich entmännlichen	Feindseligkeit und Aggressivität verdrängen

Symptome beim Erwachsenen (zum Beispiel):

Schüchternheit Minderwertigkeit Weibisch sein	Frauenscheu Sexuelle Impotenz	Schuldgefühle	Emotivität und alle daraus entstehenden Krankheiten, wie Geschwür oder Herzbeschwerden usw.

Lösungen für den Erwachsenen (zum Beispiel):

Ledig bleiben	Eine «männliche» Frau heiraten, die ihn beschützt	Homosexuell werden

Wir sehen also den Zusammenhang zwischen der Psyche und dem Soma: Jede physische Krankheit, wie auch jede geistige, sind Reaktionen des Organismus, als gäbe es einen «psychologischen Organismus», der gleich reagiert wie der körperliche. Damit sind wir der psychosomatischen Medizin einen Schritt nähergekommen.

Die Ursachen der Krankheit

Es ist besonders wichtig, dass die Ursachen einer Krankheit gesucht werden, doch nicht immer ist die sichtbare Ursache auch die wirkliche.

Ein Mann spaziert auf der Strasse und wird plötzlich von einem Fahrrad angefahren. Er zieht sich dabei einen Beinbruch zu. Welches ist nun die Ursache dieses Beinbruchs? Auf den ersten Blick:

1. das Fahrrad
2. der plötzliche Sturz
3. die Zerstreutheit im Augenblick des Unfalles

Wenn aber dieser Mann zum Beispiel sagt: «Ich bin immer etwas zerstreut...», so wird die Ursache:

1. das Fahrrad
2. der plötzliche Sturz
3. der Dauerzustand der Zerstreutheit

Gehen wir noch weiter, so stellen wir zum Beispiel fest, dass er zerstreut ist, weil ihn seine familiären Schwierigkeiten dauernd beschäftigen. Warum eigentlich? Etwa aufgrund häufigen Streites einer frigiden Frau oder weil er sich vorstellt, dass ihn seine Frau nicht liebt, und daraus ein gewaltiges Minderwertigkeitsgefühl entwickelt als Symptom einer Neurose, die auf die Kindheit zurückgeht, usw.

Somit sind wir bereits weit entfernt von der sichtbaren Ursache, dem Fahrrad! Ist dieser Mann zufällig Berufschauffeur oder arbeitet er an Maschinen, so ist er für Unfälle geradezu prädestiniert. Zahlreiche Spezialisten haben veranlagungsbedingte Unfälle untersucht, denn solche Leute sind für die Versicherungsgesellschaften nicht gerade interessant. Es steht nun fest, dass viele Leute ein deutlich höheres Unfallrisiko darstellen, und zwar aufgrund ihrer Persönlichkeit oder innerer Dauerkonflikte.

Selbstverständlich ist dies bloss ein Beispiel, doch es ist weniger «an den Haaren herbeigezogen», als man zunächst glauben könnte. Durch dieses Beispiel will ich zeigen, dass menschliche Fakten eingehend geprüft werden müssen und dass die sichtbare Ursache nicht immer für die tatsächliche Ursache gehalten werden darf. Hier nun ein häufigeres Beispiel:

Herr Z. hat ein Magengeschwür

Ich betone, es ist ein Beispiel, das nicht zur Verallgemeinerung Anlass geben sollte. Bekanntlich hängt das Geschwür mit dem Magensaft und einer Störung des sympathischen Nervensystems zusammen. Eine oberflächliche Behandlung würde sich darauf konzentrieren und bloss die Wirkung des Magensaftes einzudämmen versuchen. Dabei könnte es auch so aussehen:

	a)	Magengeschwür	Warum?
	b)	Überfluss an Magensaft	Warum?
	c)	Keine Abwehr gegen den Saft	Warum?
	d)	Kein Hormon gegen das Geschwür	Warum?
Symptome:	e)	Kein Gleichgewicht zwischen Angriff (Magensaft) und Abwehr (Hormon)	Warum?
	f)	Gestörtes Gleichgewicht des Nervensystems	Warum?
	g)	Erschöpfung des Nervensystems	Warum?
	h)	Dauernde Angst und Spannung, Schuldgefühle, Feindseligkeit usw.	Warum?
Wirkliche Krankheit:	i)	Neurose	Warum?
Wirkliche Ursache:	j)	Jede Ursache, die eine Neurose auslösen kann	

Was ist hier geschehen? Das Geschwür ist bloss ein Symptom, und seine Heilung würde die Ursache keineswegs eliminieren. Es handelt sich um eine körperliche Erscheinung psychologischen Ursprungs, und der Patient ist nicht nur körperlich, sondern auch (und vor allem) psychologisch krank. Er ist in seinem ganzen Wesen infolge einer tiefen Neurose krank. Es genügt also nicht, nur a) und b) zu behandeln, sondern vor allem i) und j) und demzufolge auch f). Hier arbeiten Medizin und Psychologie zusammen.

Der Volksmund würde sagen: «Sein Geschwür? Das sind nur die Nerven!» Man sollte sagen: «Sein Geschwür kommt von verdrängten Emotionen und dient als Überdruckventil gegen innere Spannung.»

Ein weiteres Beispiel

Ein Zwangsneurotiker geht zum Psychologen. Die Zwangsvorstellungen verschwinden, und kurz darauf entsteht eine Störung der Magenfunktion. Der Kranke geht zum Arzt, und die Magenbeschwerden verschwinden. Später stellen sich erschöpfende Schuldgefühle ein, und der Kranke geht erneut zum Psychologen, und es kommt anschliessend zu Dickdarmentzündung, Migräne usw.

Zweifellos leidet diese Person unter einem tiefen Konflikt, der mal physische, mal psychologische Symptome zeigt. Dieses Beispiel beweist wieder einmal deutlich, dass die Krankheit eine Reaktion des gesamten Organismus ist und dass neben der Behandlung der Symptome die allgemeine Situation des Kranken verändert werden muss.

Der gesamte Organismus reagiert

Wie die Lunge bei einer Tuberkulose kein einzelnes, isoliertes Organ ist, sondern vom Nervensystem, von Hormonen und vom Gehirn abhängt, so steht jedes Lebewesen dauernd in Kontakt mit seiner Umgebung. Diese Beziehungen verlangen ständige Anpassung, und unser Organismus reagiert immer wieder auf seine Umgebung. Er muss:

a) sich anpassen oder
b) flüchten oder
c) kämpfen

Alle Teile des Menschen hängen zusammen, es gibt keine lokalen Krankheiten, und jeder kranke Mensch ist in seiner Gesamtheit krank, indem alle Teile seines Organismus solidarisch reagieren, um sein Gleichgewicht zu erhalten. Es gibt nur allgemeine Krankheiten, deren Erscheinungen lokalisiert sind. So ist zum Beispiel ein an Tuberkulose erkrankter Mensch in seinem ganzen Körper krank, wobei die Reaktion auf der Lunge lokalisiert ist.

Diese Konzeption ist natürlich grundlegend. Die Zweisamkeit Geist-Körper verschwindet und mit ihr der Begriff von Körper- beziehungsweise Geisteskrankheiten. Es gibt nur noch *die* Krankheit als Totalreaktion des gesamten solidarischen Organismus. Die Ursache kann physischer (z.B. Erreger) oder psychologischer (z.B. Familienkreis) Art sein. Die Krankheit ist stets genereller Art, wobei das Symptom nun physisch (Geschwür, Tuberkulose usw.) oder psychologisch (Neurose, Schüchternheit usw.) ist. Etwa so:

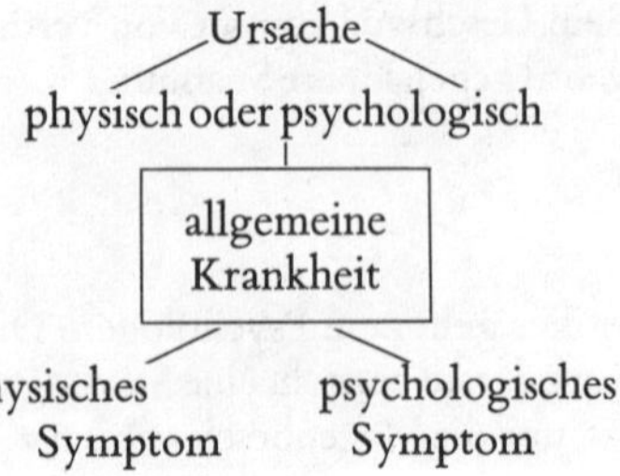

Die Krankheit muss nun behandelt werden, aber vor allem muss man nach der Ursache suchen, um das Auftauchen eines neuen peinlichen Symptomes zu verhindern, wenn diese Ursache noch vorhanden ist.

Das Nervensystem

Da die meisten Medizinstudenten vor dem Studium des Nervensystems zurückschrecken, werde ich mir nicht anmassen, alles zu erläutern, was man davon weiss. Ein ganzes Leben würde dazu nicht ausreichen! Ich möchte jedoch die Rolle bestimmter Nerventeile auf dem uns interessierenden Gebiet aufzeigen. In erster Linie müssen wir uns vergegenwärtigen, dass alles, was im menschlichen Wesen vor sich geht, dem Nervensystem untersteht. Ohne es gibt es nichts, keine Krankheit, keine Warze, keinen Gedanken, kein Ekzem, keine Überlegung und keine Psychose. Das Unbewusstsein, die Suggestion oder Hypnose sind also alles andere als körperfremd, sie haben alle eine nervliche Grundlage, wie die geringste menschliche Erscheinung.

Ich möchte jedoch vor der falschen Vorstellung warnen, die Psychosomatik könne ein Stein des Anstosses in der Diskussion mit den Materialisten und Spiritualisten werden. Ob das Gehirn den Geist «produziere» oder ob dieser eine äussere Realität sei, spielt für uns hier keine Rolle. Auf jeden Fall ist das Gehirn das Organ des Denkens, ob es nun von Gott beeinflusst wird oder nicht. Gleichgültig ist, ob ein Radioempfänger Klänge produziert oder äussere Wellen verarbeitet, technisch (und also auch medizinisch) muss die Antwort lauten: Ein defektes Radiogerät gibt keine Musik, gleich woher diese kommt. Als erstes muss nun dieses Gerät repariert werden.

Der Mensch ist in erster Linie eine Maschine, die Energie umwandelt. Das Nervensystem erhält diese Energie in verschiedenen Formen (Licht, Klänge, Gerüche, Bewegungen, Wärme usw.), speichert sie und wandelt sie um. Dann strahlt es sie in Form von Bewegung, Gedanken oder Sprache aus.

Das ganze Nervensystem funktioniert, obgleich von Milliarden Verzweigungen gebildet, wie ein einziges Organ. Es steuert das ganze menschliche Leben: Kreislauf, Beatmung, Unbewusstes, Bewusstes, Gedanken, Empfindungen... Es regelt das Leben, ist der Koordinator, der Oberbefehlshaber bei Schlachten (Krankheiten) gegen die Angreifer von aussen.

Das Neuron

Grundelement des Nervensystems ist das Neuron (Nervenzelle). Es besteht:

- aus einer Zelle, die sein Protoplasma enthält,
- sowie aus Verlängerungen, den Nervenfasern.

Zelle und Fasern sind mehrfach verzweigt, und die Neuronen sind durch dicht aneinanderliegende Fasern miteinander verbunden.

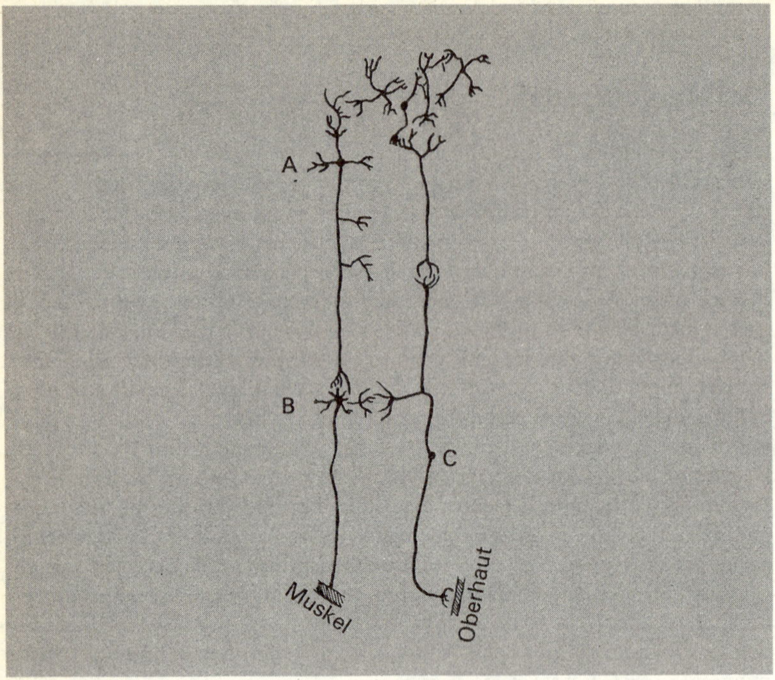

Die schematische Darstellung von Neuronen zeigt, dass das von der Gehirnrinde kommende Neuron A sich um ein anderes Neuron B herum zerfächert, das wiederum zu einem Muskel führt. Ferner ist dieses Neuron mit dem Neuron C verbunden, das in die Oberhaut geht. In der Gehirnrinde befinden sich noch viele Neuronen, die unendlich verschiedene Kombinationen bilden können. Das menschliche Gehirn enthält mehrere Milliarden von Neuronen, und man kann sich die phantastische Zahl von Assoziationen, die diese Neuronen unter sich ermöglichen, vorstellen. Damit haben wir eine wunderbare «Zentrale» zur Verfügung, mit allen theoretischen Möglichkeiten eines einzigen Menschen ...

Wenn man diese unendliche Zahl aktiver Neuronen betrachtet, wird klar, dass das Nervensystem auf irgendeine Meldung irgendeine Antwort geben könnte, das heisst, Milliarden von verschiedenen Kombinationen wären unter den Neuronen möglich, was zur absoluten Anarchie führen würde. Deshalb muss das menschliche Verhalten «kanalisiert» werden: Das ist das Ziel der Erziehung, dieser «Dressur», die koordinierte Reflexe aufzwingt und für jede

Meldung die passende Reaktion lehrt («du sollst dieses tun, wenn dieses geschieht; du darfst jenes nicht tun, weil... Dieses ist erlaubt, jenes ist verboten; das ist gut oder schlecht usw.»). Die Erziehung bildet also Assoziationen zwischen verschiedenen Neuronen, genauso wie in einem Elektronengehirn. Somit wäre also jede Art Erziehung möglich, und wir sehen gleich, dass jede noch so ideale Erziehung eine Einengung der Gehirnfähigkeiten darstellt. Zu beneiden sind Menschen, die ihr ganzes Leben lang ihr Nervensystem weiterentwickeln, sich von Ängsten und Komplexen befreien können, die auch ein Riesennetzwerk von konditionierten Reflexen bilden! Selig sind die, die daran arbeiten, statt in immer gleichbleibenden Neuronenkombinationen zu bleiben. Dies gliche einem ultramodernen Elektronenrechner, der nur kleine Additionen ausführen würde...

Das in der Zelle enthaltene Protoplasma besitzt eine chemische Dynamik, die elektrische Wellen auslöst. Diese Nervenimpulse bewegen sich von einem Neuron zum anderen, vorausgesetzt, eine bestimmte Übereinstimmung sei gegeben. Die Nervenzentren steuern den Impuls in bestimmte Richtungen, öffnen einen Weg (Erregung), sperren einen anderen (Inhibition). Beim Menschen bestehen die Nervenzentren aus dem Rückenmark und dem eigentlichen Gehirn. Von dort aus gehen viele Nerven, die diese Zentren zum Beispiel mit den Sinnesorganen verbinden und die Funktion des ganzen organischen Lebens regulieren: Es ist dies das neurovegetative oder sympathische Nervensystem, das heisst jenes System, das unsere ganze organische Harmonie steuert und Anpassungen gestattet, die das Leben, die Gehirnaktivität, die Urteilsfähigkeit erst ermöglichen.

Durch die Harmonie, die es uns gibt, ist das sympathische Nervensystem unser Freund und Helfer. Es kann aber auch zu unserem Feind werden und zur Krankheit oder zum Tod führen.

Wir wollen nun zwei äusserst wichtige Nerventeile und ihre faszinierende Bedeutung betrachten: die Gehirnrinde und den Thalamus.

Der Thalamus

Der übergeordnete Psychismus des Menschen ist von seiner Gehirnrinde abhängig, ohne deren Funktion kein Bewusstsein und kein Wille möglich sind. Der Thalamus ist ein Nervenzentrum unter dem eigentlichen Gehirn. In ihm befindet sich der grösste Teil unseres Lebens, in dieser winzigen Region, die man mit einem einzigen Finger zerdrücken könnte. Dieser Thalamus mit seinen Nebenregionen ist eine Art «Gehirn des Unbewussten», das eine ausserordentlich wichtige Aufgabe erfüllt.

Die Thalamusregion ist das Zentrum aller Triebe, Emotionen, Schmerzen, Gewohnheiten, Launen, und das Unbewusste, die Komplexe und das psychische Erbgut sind wie Gewitter, die jederzeit hier ausbrechen können.

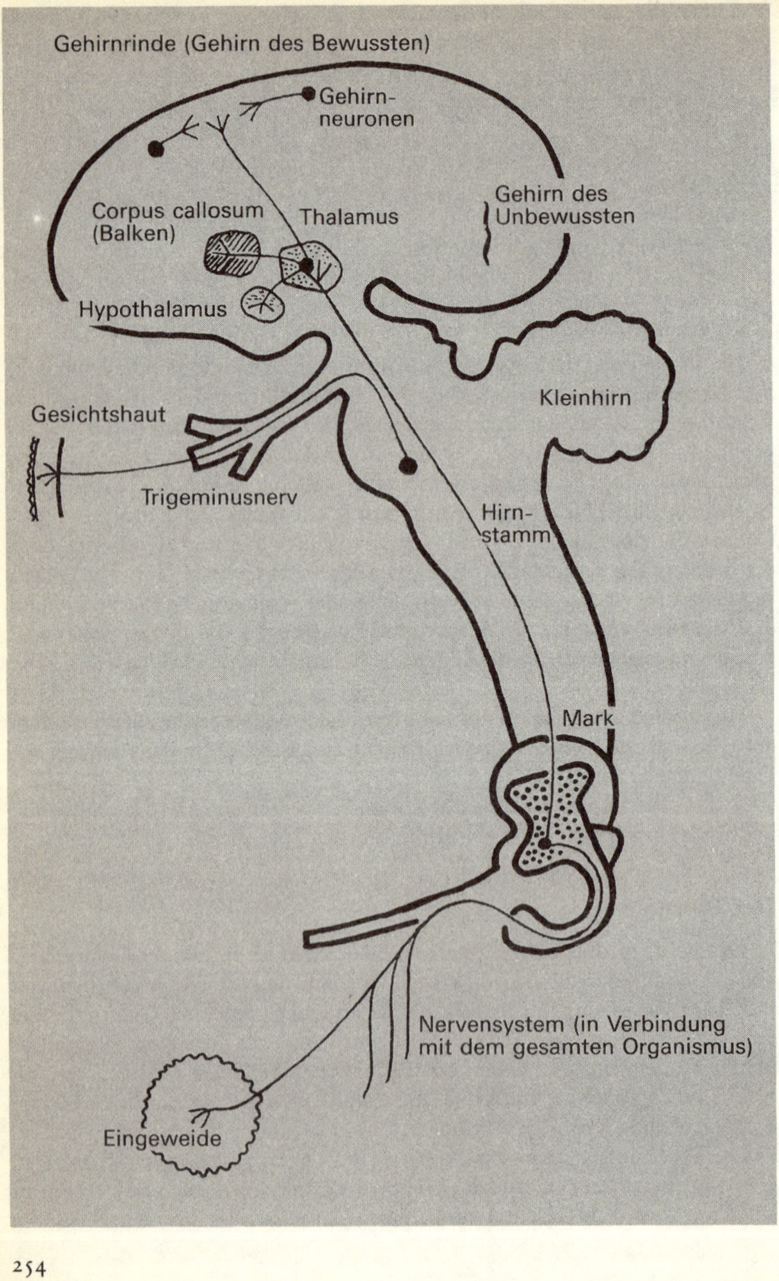
Gehirnrinde (Gehirn des Bewussten)
Gehirn-
neuronen
Gehirn des
Unbewussten
Corpus callosum
(Balken)
Thalamus
Hypothalamus
Kleinhirn
Gesichtshaut
Trigeminusnerv
Hirn-
stamm
Mark
Nervensystem (in Verbindung
mit dem gesamten Organismus)
Eingeweide

Diese Region enthält ferner eine Vorrichtung, die den Schlaf und das Wachen steuert und über diese wundervolle Gehirnrinde, auf die wir so stolz sind, herrscht. Es handelt sich also um eine Art «Zwischengehirn» als Steuerzentrum des eigentlichen Gehirns. Das ganze sympathische Nervensystem und damit auch die Funktion unserer Eingeweide hängen von ihm ab. Es steht in ständiger Verbindung mit der Gehirnrinde, wobei diese beiden Teile (der bewusste und der unbewusste) dauernd Botschaften austauschen. Es wird langsam klar, dass der Mensch alles Interesse hat, deren gute Beziehungen aufrechtzuerhalten! Nun kommen diese modernen Magier, die Gehirnchirurgen. Was geschieht, wenn sie einem Hund die Gehirnrinde herausoperieren und alle Nervenformationen oberhalb des Thalamus zerschneiden? Stirbt dieser Hund oder wird er wahnsinnig? Nichts von allem! Er hat einfach keine Gehirnrinde, kein Bewusstsein und keinen Willen mehr, doch er lebt mit seinem untern Gehirn weiter, verhält sich anscheinend zweckgebunden, lebt auf seinen unbewussten, instinktiven Neigungen, wird weiterhin vom Angenehmen angezogen, vom Unangenehmen abgestossen. Es sieht fast aus, als ob er dieses oder jenes Verhalten «wählen» würde. Dem ist aber nicht so, sondern es findet ein wunderbares Spiel seiner Nervenmaschine statt, ein Spiel, das durch diese phantastischen Zentren des unteren Gehirns gesteuert wird. Der Hund wird zum Automaten, wie einige primitive Wirbeltiere, deren Psychismus in den unteren Gehirnzentren lokalisiert ist, weil sie praktisch keine Gehirnrinde besitzen. Beim Affen hingegen stellt man fest, dass das Verhalten nach der Ablation der Gehirnrinde nicht mehr korrekt erscheint. Der Affe fällt in einen Zustand der Trägheit und Betäubung. Das beweist, dass bei den entwickelten Säugetieren die Zentren um den Thalamus gewohnt sind, mit der Gehirnrinde zusammenzuarbeiten.

Damit hat die Region des Thalamus an Spontaneität eingebüsst, und der Mensch hat also nicht zwei getrennte Gehirne, sondern zwei grosse Zentren, die wichtige, organisierte Beziehungen unterhalten. Unsere Gehirnrinde übernimmt auch unseren übergeordneten Psychismus in Zusammenarbeit mit unserem unbewussten Gehirn, und wenn der Geist auf den Körper einen Einfluss ausübt, so deshalb, weil es zwischen unserer Gehirnrinde, unserem Thalamus, dem sympathischen Nervensystem, der Haut und den Eingeweiden unzählige nervliche Kontakte gibt.

Operative Eingriffe in die Thalamusregion führen oft zu plötzlichen manischen Anfällen: Euphorie, Wortwiederholungen, übertriebene Heiterkeit, Neigungen zu obszönen Witzen sowie Melancholie, panische Angst vor einem angeblich bevorstehenden Tod oder Weltuntergang usw. Die manisch-depressive Psychose scheint also mit Störungen dieser Region zusammenzuhängen, und wir werden noch sehen, was geschieht, wenn das «unbewusste» Gehirn eines Tieres ohne Gehirnrinde leicht erregt wird.

Das beweist, dass Störungen dieser Zone das Unbewusste entfesseln und dass ein Mensch auch ohne Gehirnrinde noch leben könnte. Er würde aber jede Kontrolle verlieren. Sein ganzes Leben wäre auf seine elementarsten Triebe und Instinkte reduziert. Das ist aber nicht alles, denn die Neuronen des Thalamus werden durch die bereits erwähnten elektrischen Impulse erregt. Der Thalamus stellt die Weichen zu den Neuronen, mit denen er in Verbindung steht, und die zur Gehirnrinde führenden Nervenfasern gehen durch diese Zentren, während andere Fasern das untere Gehirn und die Rinde miteinander verbinden. Gerade durch dieses unübersehbare Netzwerk ist der gesamte Organismus solidarisch, und seine verschiedensten Teile stehen damit in elektrisch-chemischer Verbindung miteinander. Allmählich wird uns klar, weshalb das Gehirn auf den Körper eine derartige Macht ausübt! Kein Organ kann sich seinem Einfluss entziehen, doch ist das Gehirn ein Organ wie die anderen, das auch auf nervliche Impulse reagiert.

Welche Rolle spielt die Gehirnrinde?

Neben dem Bewusstsein und dem übergeordneten Willen erscheint die Gehirnrinde wie ein Zentrum der allgemeinen Regelung, Kontrolle, Steuerung und Organisation, während die Thalamusregion das Zentrum von emotiven, unbewussten Trieben ist. Funktioniert die Gehirnrinde nicht richtig, so werden die Triebe des Thalamus zügellos sich selbst überlassen, denn die geschwächte Gehirnrinde kann sich den Angriffen der unbewussten Zonen nicht widersetzen. Dies ist bei Überarbeitung, Emotionen, Vergiftungen, Angst oder Zorn oft der Fall. Dann kann sich das unbewusste Leben ungehindert befreien, und es entstehen zweierlei Ich: Das eine wird von der Gehirnrinde geregelt, während das andere den unteren Gehirnzentren untersteht. Von unserer Gehirnrinde hängen unser Wille sowie unsere Gelöstheit ab. Sie bremst Emotionen und Triebe, die aus dem Thalamus kommen, und verhindert, dass daraus Stürme entstehen.

Die Umwandlung

Dieser Vorgang kann nun leichter verstanden werden: Eine Umwandlung findet statt, wenn der psychologische Konflikt zum organischen Symptom wird. Dies kommt bei der Hysterie häufig vor, und wir wissen, dass der geistige Konflikt Lähmung, Blindheit, Zuckungen, Ticks usw. hervorrufen kann. Eine Emotion wandelt sich indessen auch in Schreie, Schläge, Beleidigungen oder gar Sprachlosigkeit um. Dies gilt nicht nur in den erwähnten Beispielen, sondern in allen Konfliktfällen. Wir haben nun gelernt, den Menschen nicht mehr nach psychischen und organischen Gesichtspunkten getrennt, sondern als Ganzes zu betrachten, und wenn eine physische Ursache (z.B. Vergiftung) geistige

Symptome hervorrufen kann, ist es ebenso verständlich, dass geistige Ursachen physische Symptome zur Folge haben können.

Kein Organ arbeitet allein, und jede Krankheit besteht aus geistigen und körperlichen Reaktionen des menschlichen Wesens, wobei nur die Symptome lokalisiert sind.

Das Alltagsleben und die Emotionen

Die Emotion ist eine Grundlage des menschlichen Lebens, und unser Organismus wendet sich automatisch der Suche nach angenehmen Situationen zu: Freude, Wohlbehagen, Vergnügen usw.

Er versucht gleichzeitig, unangenehme Situationen, die sein Gleichgewicht bedrohen, zu eliminieren, indem er gegen sie ankämpft oder die Flucht ergreift. Dann folgen Angstgefühle, Traurigkeit, Zorn, Aggressivität usw.

Die Emotion ist eine Reaktion des Organismus vor einer angenehmen oder unangenehmen Situation. Werde ich Zeuge eines Unfalles, so wird meine Emotion nicht direkt durch diesen Unfall ausgelöst, sondern der Unfall hat einen Schock hervorgerufen, der auf die plötzliche Nichtanpassung zurückzuführen ist; dann folgt die emotive Reaktion, und mein Organismus versucht, diese unangenehme Situation zu eliminieren. Die Emotion wirkt sich nicht nur auf die Gesamtheit des Organismus aus, sondern, was noch schlimmer ist, kann zum hauptsächlichsten Mechanismus der Krankheit werden. Leider neigt man dazu, zu glauben, Emotion sei ein kurzer Erregungszustand. Emotionen können jedoch andauernde und tiefe Reaktionen, wie affektive Konflikte, Angstzustände, Feindseligkeiten, Verdrängungen, Komplexe usw. sein, und diese sind am gefährlichsten.

Der Mensch kann auf zwei verschiedene Arten auf die Emotion reagieren:

a) durch Abreaktion (Schreien, Schlagen, Fluchen, Weinen, Angreifen, Beleidigen ...),

b) durch Verdrängung.

Die Emotion ist ein organischer Sturm

Bekanntlich wird eine gewaltige Emotion von physiologischen und geistigen Veränderungen begleitet. Die Schüchternen wissen das am besten! Diese Veränderungen sind:

1. Abnormale Intensität der Nervenimpulse, die «entgleisen» und über ihre normalen Ziele hinausgehen, was zu einer Störung des Bewusstseins (Gehirnrinde) führt (man weiss nicht mehr, was man tut).

2. Eine starke Emotion, wie Angst oder Zorn, verursacht unter anderem ein Ausscheiden von Adrenalin, einer gefässverengenden Substanz aus den Nebennieren (diese Organe wiegen je ungefähr 6 Gramm). Die Auswirkungen sind:
   a) Erhöhung des Zuckergehaltes im Blut,
   b) verbesserte Muskelleistung,
   c) intensivierte Durchblutung des Muskelsystems,
   d) Verkürzung der Gerinnungszeit des Blutes.

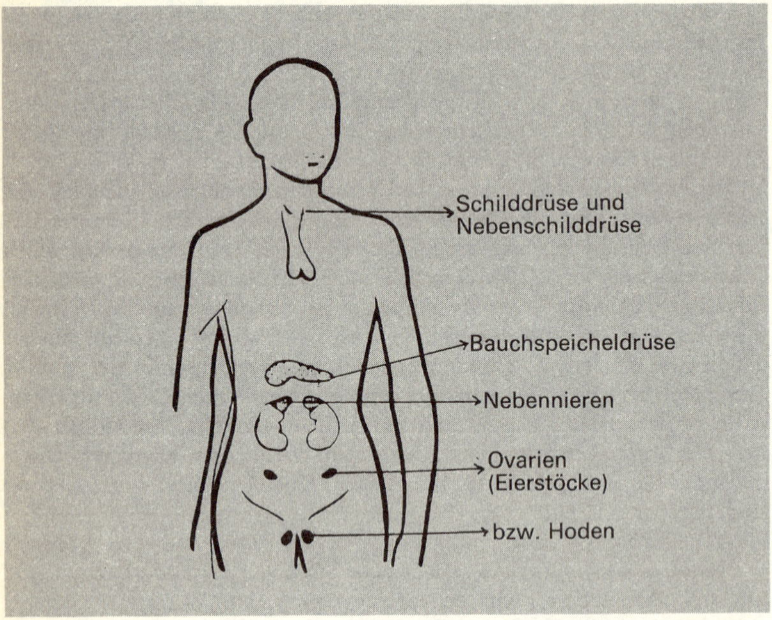

Man kann sich vorstellen, dass dies im Hinblick auf die bevorstehende Leistungsprobe geschieht, das heisst zur Vorbereitung auf den Kampf beziehungsweise auf die Flucht. Die Emotion kann gewissen Leuten eine unerhörte Kraft geben, und bei bestimmten Vorfällen entwickeln sie dann unglaubliche Fähigkeiten. Manchmal hört man: «Die Angst gab ihm Flügel ...» oder «Die Kraft der Emotion ...». Dabei sollte man sagen: «Die Emotion gab ihm Adrenalin zum Fliehen oder zum Angreifen!»

Ob es sich um Flucht oder Kampf handelt, auf jeden Fall reagiert der ganze Organismus, um eine unangenehme Situation zu eliminieren. Dieser streng normale Vorgang hat mit Feigheit oder Heldentum nichts zu tun! Die Gehirnrinde kann hier übrigens eine wichtige bremsende Rolle spielen, falls sie nicht selbst von der Emotion gestört wird!

Zurück zum Alltag

Aber, werden Sie vielleicht sagen, wie sieht das im Alltag aus? Nun, das ist eben der Alltag! Er besteht aus Emotionen, Empfindungen, Aggressivität, Zorn, Flucht, Verdrängung ... In gewissen Situationen verlangen Anstandsregeln von uns, dass wir die Fassung nicht verlieren. Dürfen Männer weinen und ihre Emotionen zeigen? Das würde die «Männlichkeit» nicht dulden, und es wird schlicht und einfach verboten; diese «Schwäche» wird den Frauen überlassen. Es ist absurd, aber es ist so. Sind wir zum Beispiel erzürnt (Emotion), ohne kämpfen (uns entlasten) zu können, so dreht der ganze Mechanismus «im Leerlauf». Haben wir Angst, ohne flüchten zu können, so passiert dasselbe. In solchen Fällen hat die Emotion schädliche Auswirkungen.

Unterliegt ein Mensch jahrelang starken, inneren Emotionen und muss er aus irgendwelchen Gründen «gefasst» bleiben, so kann der Adrenalin- und Zuckerüberschuss gefährliche Folgen haben.

Weitere Auswirkungen der Emotion

Das Herz- und Gefässystem spielt in der Emotion die Hauptrolle. Der Herzrhythmus wird gestört, was das ohnehin geschwächte Herz noch weiter ermüden kann. Zudem glaubt sich der Patient herzkrank, und diese Überzeugung führt wiederum zu Emotionen, die den Vorgang weiter verstärken. Die «nervlich bedingten Herzkrankheiten» sind unwahrscheinlich häufig; gewisse Symptome, wie Atmungsbeschwerden, schnelle Ermüdung, Schwindelgefühle, Schmerzen, scheinen auf Herzinfarkt hinzuweisen.

Die Nieren spielen ebenfalls eine wichtige Rolle, da sie schlecht durchblutet werden. Sie reagieren, indem sie eine ziemlich gefährliche Substanz ausstossen, die zur Nierenentzündung führen kann. So sind schon viele Patienten an einer Krankheit gestorben, deren Ursprung rein emotioneller, das heisst psychologischer Art war.

Die Haut reagiert ebenfalls stark auf Emotionen, weil sie direkt mit dem sympathischen System in Verbindung steht; es entstehen Blasen, Warzen, Ekzeme, Hautmale ...

Und der Magen? Vom Erbrechen bis zum Magengeschwür gibt es eine ganze Reihe verschiedenster Erscheinungen. Die Verdauung wird immer beeinflusst, und man sagt wieder: «Es sind die Nerven», während die Ursache vielleicht in psychologischen Konflikten liegt, die das neurovegetative System aus dem Gleichgewicht brachten!

Andauernde Emotionen rufen manchmal Schmerzen in der Blinddarmgegend hervor. Was tut man dann? Man operiert – doch die Schmerzen kommen wieder. Wie beim Herzen verstärkt auch die Angst vor der Blinddarmentzündung die Emotion und den Teufelskreis. In vielen Fällen ist auch die Dickdarmentzündung psychosomatischen Ursprungs.

Kreislaufstörungen, wie Gefässverengungen oder -erweiterungen, sind häufig. Gehen sie bis in die sympathischen Nervenfasern, können sie Blutandrang, Blutungen, Darm-, Nieren- oder Leberverletzungen verursachen.

Bei all diesen Auswirkungen ist das neurovegetative System für die Weiterleitung verantwortlich. Zudem können gewisse Funktionssymptome organisch werden. Blutandrang oder ein vorübergehendes Ödem rufen in vielen Fällen Geschwüre hervor, das heisst, dass die Gleichgewichtsstörung des Nervensystems oft ungeahnte Folgen haben kann. Wer denkt schon daran, dass eine Nierenentzündung oder gar Zirrhose psychologischen Ursprungs sein könnte? Und doch ist es hier das sympathische Nervensystem, das den Menschen tötet, statt seine Harmonie herzustellen. Aus diesem Grund muss man in vielen Fällen das sympathische Nervensystem durch chirurgischen Eingriff oder Beruhigungsmittel «lähmen».

Die wiederholten Emotionen

Wir sehen darin die Gefahr chronischer Emotionen. Jahrelang beherrschen Menschen ihre Wutanfälle, Aggressivitäten, Feindseligkeiten und Aufregungen, und alles geschieht «innerlich». Kommt eine Emotion und reagiert der Organismus, regt sich der Mensch nicht, weil er unter dem Einfluss eines konditionierten Reflexes steht, wie zum Beispiel Erziehung, Moral, Anstandsregeln usw. Er «frisst» alles in sich hinein. So entstehen Störungen, während die Giftstoffe nie eliminiert werden.

Innere Konflikte sind auch für viele Störungen des sympathischen Nervensystems verantwortlich, besonders deshalb, weil sie in neunzig Prozent der Fälle unbewusst bleiben.

Das gute Funktionieren der Gehirnrinde bremst diese störenden Emotionen

Jeder weiss, dass die «Emotivität» oder Reizbarkeit bei Überarbeitung oder Erschöpfung steigt. Sind die Reaktionen zu ausgeprägt, so scheint es an der «Bremswirkung» zu fehlen, weil die Reizbarkeit schneller kommt, wenn die Gehirnrinde in ihrer Funktion gestört ist. Das ist die goldene Regel des menschlichen Gleichgewichts und der menschlichen Ausgeglichenheit! Hunde und Katzen, deren Gehirnrinde entfernt worden war, zeigten alle Emotionen des normalen Lebens, das heisst, die Gehirnrinde ist für diese nicht notwendig. Im Gegenteil, sie wirkt als Bremse, und ein Mensch mit perfekt funktionierender Gehirnrinde könnte emotionslos die schlimmsten Leiden mit einem Minimum an Schmerzen aushalten. Da liegt übrigens das Prinzip der «schmerzlosen Geburt», worauf wir später zurückkommen werden.

Die bei Tieren durchgeführten Experimente zeigen, dass die Region des Hypothalamus Sitz aller Wutanfälle, Feindseligkeiten, Aggressivitäten usw., mit einem Wort, aller Emotionen ist.

Die Neurosen wachsen wie Pilze aus dem Boden, und die damit verbundenen Leiden sind zahllos: Herzbeschwerden, Magengeschwüre, Nieren-, Leber- und Gefässkrankheiten. Dabei rühren diese Krankheiten häufig von der Störung des sympathischen Nervensystems und den sie hervorrufenden Emotionen her. Merken wir uns also:

a) Das sympathische Nervensystem herrscht über den ganzen Organismus.
b) Die Angst und die Emotion sind die Hauptfaktoren seiner Störung.
c) Die Angst und die Emotion sind die Haupterscheinungen unserer Zeit!

Wir wissen nun, dass eine einwandfrei arbeitende Gehirnrinde die Emotionen steuern und regulieren kann. Ein Mensch, dessen Gehirn und dessen sympathisches System gut funktionieren, hat jede Chance, mit perfekter Selbstbeherrschung und einem Minimum an Krankheiten durchs Leben zu kommen. Ist er hingegen überarbeitet, sein Gehirn also müde, und kommt irgendein unangenehmer Umstand, so erscheint die Emotion, die seinen gesamten Organismus stört, während seine bereits geschwächte Gehirnrinde keinen Widerstand leisten kann. Der vom Thalamus ausgelöste Zorn bricht aus, wird von der Gehirnrinde nicht gebremst oder reguliert, der Mensch wird unbewusst blind vor Zorn und verhält sich impulsiv, gewaltsam, das heisst auf eine Art, die seiner Vernunft überhaupt nicht entspricht. Bei ihm funktionieren jedoch weder die Vernunft noch der Wille, die eben von der Gehirnrinde abhängig sind.

Bei einer einwandfrei funktionierenden Gehirnrinde kann dieser Umstand auftreten, ohne störende Emotionen auszulösen. Kommt die Emotion trotzdem, so wird sie sofort gesteuert, gedämpft, und der Mensch bleibt wahrnehmungsfähig und ist durchaus in der Lage, die Situation zu erfassen und zu meistern. Dieser Mensch beherrscht sich nicht, weil er sich «zusammennimmt», sondern einfach weil ihm seine Nervenmaschine automatisch die Selbstbeherrschung gibt.

Die kranken Gehirne

Ein krankes Gehirn stört das Gleichgewicht des von ihm abhängigen Organismus, und diese Störung wirkt sich wiederum auf das Gehirn aus. Dieses gerät immer mehr aus dem Gleichgewicht und verliert jede Beherrschung, sei es infolge seiner eigenen oder einer organischen Ermüdung. Eine weitere, häufige Ursache der Gehirnermüdung ist die bereits besprochene Verdrängung, die einen beträchtlichen Anteil der bewussten Aktivität zugunsten der unbewussten ablehnt.

In beiden Fällen kann das Gehirn die Anpassung an die vorkommenden Situationen nicht bewerkstelligen, die Regulierung bleibt aus, die elektrischen

Impulse im Nervensystem werden unkontrolliert, und es kommt zur allgemeinen Gleichgewichtsstörung des Organismus mit all seinen Folgen.

Dem guten Funktionieren des Gehirns und der daraus resultierenden Gelassenheit sollte immer grössere Bedeutung beigemessen werden. Wenn es gelingen könnte, das organische Gleichgewicht (inklusive Gehirn) zu entwickeln, hätte unsere Zeit keine derart vergiftenden Folgen mehr ...

Das moderne Leben

Die zahlreichen organischen Störungen werden nicht so sehr vom modernen Leben selbst, sondern vor allem durch Angst ausgelöst. Die Angst steht am Anfang der meisten psychosomatischen Krankheiten, gleichgültig, ob es sich dabei um Zwangsvorstellungen, fixe Ideen oder Geschwüre handelt.

Die Emotionen und Angstgefühle liefern eine ganze Reihe moderner Krankheiten. Was aber vor allem wichtig ist, ist nicht die emotive Ursache, sondern die Beherrschungsfähigkeit der Gehirnrinde.

Das moderne Leben kann dem Gleichgewicht eines Gehirns und eines Körpers nichts antun, deshalb muss alles unternommen werden, um das Gehirn von allen ermüdenden und störenden Elementen zu befreien. Ich habe die grosse Gefahr tieferer, unbewusster Emotionen bereits aufgezeigt, aber auch die emotions- und verdrängungsgeladenen Komplexe gehören zu den gefährlichsten Feinden des Gehirns.

Die Verdrängung

Erneut stellen wir fest, wie gut die genialen Anschauungen Freuds in die moderne Neurologie hineinpassen. Die Verdrängung verhindert, dass eine schmerzhafte Emotion ins Bewusstsein, das heisst in die Gehirnrinde gelangt. Verdrängungen gibt es oft bei Feindseligkeiten, Aggressivität, Wut, Hass usw. Jede Verdrängung bleibt unbewusst, das heisst, wir wissen nie, ob wir gerade ein Gefühl verdrängen oder nicht, oder es kommt bloss zu einer Blitzerscheinung im Feld des Bewusstseins. Alle verdrängten Gefühle sind von peinlichen Emotionen geladen; gerade deshalb werden sie verdrängt! Der menschliche Organismus ist stets auf der Suche nach dem Angenehmen und möchte das Unangenehme am liebsten überhaupt nicht zur Kenntnis nehmen. Ein Jüngling zum Beispiel hat einen unbewussten Impuls gegen einen geliebten Elternteil. Diese innere Verwünschung ist blitzartig vorüber, doch mit einer gewaltigen Emotion verbunden, womit sie alle Chancen hat, sofort verdrängt zu werden. Was geschieht dann?

Normalerweise sollten auch schmerzhafte Impulse in die übergeordneten Zentren des Gehirns gelangen, um dort festgestellt, akzeptiert oder willentlich abgelehnt zu werden.

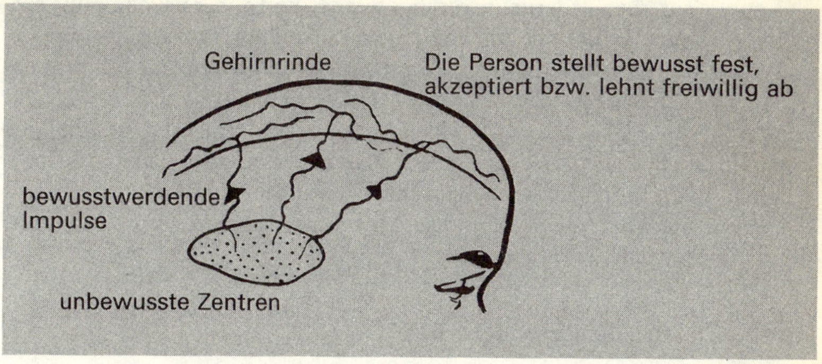

Ein perfekt ausgeglichener Jüngling würde feststellen: «Ich hatte einen negativen Impuls, zum Beispiel einen Todeswunsch gegen eine Person, die ich liebe. Weshalb und infolge welcher Umstände?» Er würde dann merken, dass dieser ungewollte Impuls als Folge der Verbitterung oder von Rachegefühlen entstand.

Abnormalerweise jedoch geschieht folgendes:

1. In den unteren Gehirnzentren entsteht ein peinlicher Impuls, der elektrisch in die Gehirnrinde gelangen sollte.
2. Dieser Impuls stösst auf eine moralische Schranke, und unbewusste, konditionierte Reflexe weisen ihn ab.
3. Da der Impuls nicht in die Gehirnrinde kommt, wird er vom Menschen nicht bewusst wahrgenommen.

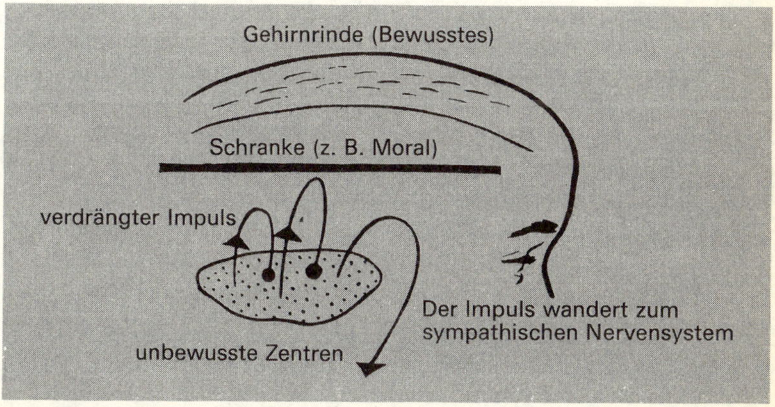

4. Dagegen kommt er ins sympathische Nervensystem, das somit einer erhöhten Erregung ausgesetzt wird.
5. Der nervöse Impuls dreht sich weiterhin im unbewussten Gehirn, löst neue Impulse aus, die wiederum verdrängt werden und selber neue Impulse entstehen lassen. Es kommt zu einer inneren Spannung und zur Störung des sympathischen Nervensystems. Angstgefühle und Komplexe können nun Neurosen und organischen Störungen den Weg ebnen.

Was macht in diesem Fall die Psychoanalyse? Sie öffnet den verdrängten Impulsen den Weg in die Gehirnrinde und ins Bewusstsein und macht es ihnen möglich, ihren normalen Platz innerhalb der Rindenfunktion einzunehmen. Die Psychoanalyse ermöglicht es dem verlorenen Satelliten, seine natürliche Umlaufbahn wiederzufinden.

Für einen menschlicheren Menschen

Wichtig sind also vor allem das Gleichgewicht und das gute Funktionieren des Gehirns sowie die Eliminierung von Komplexen, die ständig unbewusste und schädliche Emotionen verursachen. Eine wichtige Rolle spielt auch die Kenntnis seiner selbst und der menschlichen Mechanismen. Viele Leute sind in sich zurückgezogen und leben in einer Welt, von der sie sich nicht befreien können, in ihren Komplexen, Angstgefühlen und Aggressivitäten. Ein gut funktionierendes Gehirn ermöglicht es dem Organismus, höhere Ziele anzustreben, als sich bloss zu beherrschen oder zurückzuziehen. Viele Leute verschwenden einen grossen Teil ihrer Gehirntätigkeiten zugunsten der Emotionen und Krankheiten.

Unsere Zeit ist eine Zeit der Angst; diese Angst wurde zum konditionierten Reflex. Die Grundlage mancher Erziehung bilden der Angriff und die Abwehr. Zu sehr lernt man die Verdrängung der Freuden, der Triebe usw. aufgrund von Prinzipien, die oft auf dem Treibsand vorübergehender Anstandsregeln beruhen. Der Mensch leidet, weil er sich nach etwas anderem sehnt, nach einem echten, freien Selbst. Warum lehrt man nicht das innere Lächeln der Ausgeglichenheit? Warum zeigt man nicht in jeder Schule oder Universität, dass jede Ausgeglichenheit das natürliche Produkt der guten Gehirnfunktion ist? Man sollte die Schädlichkeit unbewusster Emotionen kennen und wissen, dass eine perfekte Maschine eine ideale Ausgangslage für ein vollkommenes Leben bietet. Man sollte aufhören zu glauben, der «Wille» sei das Ergebnis gespannter Sturheit. Wollen wir nicht endlich lernen, dass der echte menschliche Wille dem allgemeinen Gleichgewicht von Körper und Gehirn entspricht?

Selbstverständlich sichert der Besitz einer einwandfreien Maschine nicht automatisch die Entfaltung menschlicher Werte, hingegen spielt die Veranlagung im Entstehen der Krankheit eine entscheidende Rolle. Warum sollte sie diese nicht auch in der Wahrnehmungsfähigkeit spielen? Übrigens: Es lohnt sich, nicht zu leiden und geistig so frei zu sein, dass kleine Probleme ihre Bedeutung verlieren und sich die Seele für grössere, tiefere Aussichten öffnet. Statt dessen sehen wir Millionen gespannter Gesichter, Millionen emotiver Verdrängungen und Leiden, Krankheiten, Zwangsvorstellungen, fixer Ideen, Neurosen, Magen- und Herzbeschwerden und Menschen, die sich ständig um die eigene Achse drehen, ohne zu wissen, dass sich eine ganze Welt in Griffnähe befindet.

So betrachtet, wird die menschliche Bedeutung der Psychosomatik klar. Körper und Seele sind eine Einheit, die das anstrebt, was Ziel jedes Menschen sein sollte: Ausgeglichenheit und Friede.

Die schmerzlose Geburt

Ein so natürliches Phänomen wie die Geburt sollte logischerweise ohne Schmerzen vor sich gehen. Wie entsteht denn der Schmerz? Dieser ist vorhanden, sobald wir ihn bewusst empfinden, wobei die Menschen recht unterschiedlich darauf reagieren. Die Schmerzempfindung kommt von der Gehirnrinde, dem Sitz des Bewusstseins. Unter diesen Umständen kann man sich vorstellen, dass diese Gehirnrinde auch noch imstande ist, die Schmerzempfindung zu beeinflussen. Gerade dies ist in der Praxis der Fall.

Wie wir wissen, ist der Thalamus das Zentrum des instinktiven, emotionellen Lebens, und jede Schmerzempfindung wird von Emotion begleitet. Wir wissen auch (wer hat es beim Zahnarzt nicht am eigenen Leibe erfahren), dass die Angst den Schmerz erhöht, während dieser in der Entspannung und Ruhe vermindert wird.

Wie lässt sich der Schmerz eliminieren? Einerseits durch Einschläfern der Gehirnrinde, zum Beispiel durch Betäubung oder Anästhesie. In diesem Falle besteht der Schmerz zwar weiter, doch seine Empfindung erreicht das obere Gehirn nicht. Aus diesem Grunde reagieren Hysteriker kaum auf sonst furchtbare Schmerzen, weil ihre Gehirnrinde natürlich inhibiert ist und bestimmte unempfindliche Zonen aufweist. Eine Art natürlicher Anästhesie also, infolge schlechten Funktionierens der Gehirnrinde.

Genau das Gegenteil ist bei der schmerzlosen Geburt der Fall. Das Bewusstsein wird nicht eingeschläfert, sondern erhöht. Bekanntlich hat die Gehirnrinde die Aufgabe, emotionelle Reaktionen zu bremsen, und die gute Gehirnfunktion eliminiert oder reduziert die Emotion. In diesem Fall kann sie also auch den Schmerz «bremsen», indem sie die Emotion bremst.

Schmerzlose Geburtsmethoden zielen auf eine Erhöhung des Bewusstseins und der Gelassenheit hin. Zunächst wird die die Emotion verstärkende Angst vermieden, denn die Angst vor dem Schmerz ist ein konditionierter Reflex, und man muss den umgekehrten Reflex auslösen... Die Patientin wird vom natürlichen, schmerzlosen Charakter der Geburt überzeugt. Durch spezielles Training wird der Reflex eingeübt, während besondere Atmungstechniken dafür sorgen, dass die Geburt gut verläuft.

Die Geburt wird dann von der Frau nicht mehr passiv und unter starken Emotionen erlitten, sondern bewusst gesteuert. Dies zeigt uns, dass die Geburtsschmerzen sehr oft von einem Mangel an Ausgeglichenheit des Gehirns herrühren, was den wunderbaren Einfluss dieser Ausgeglichenheit auf den gesamten Körper einmal mehr beweist.

Psychosomatik und Hysterie

Diese Krankheit ist ein Schulbeispiel für die Beziehungen zwischen Seele und Körper. Die Hysterie weist die verschiedensten organischen, geistigen und Muskelsymptome auf, während der Kranke maximal suggestionierbar ist. All dies infolge einer schlechten Gehirnfunktion.

Es gibt nicht einen hysterischen Zustand, sondern eine ganze Reihe verschiedener Zustände, von der leichten bis zur schlimmsten Hysterie. Wie bereits erwähnt, löst nicht jedes hysterische Temperament Krisen aus. Es handelt sich in erster Linie um ein zerbrechliches Temperament, wobei die Gehirnfunktion unzulänglich, das Bewusstsein und der Wille praktisch gleich Null sind. Aus diesem Grunde sind Hysteriker so leicht suggestionierbar und hypnotisierbar.

Sobald das Funktionieren des Gehirns schlechter wird, zeigt der normalste Mensch Zustände, die mit der Hysterie einige Ähnlichkeit aufweisen: Er wird suggestionierbar, während die unbewussten Nervenzentren an Einfluss gewinnen, weil die Bremswirkung der Gehirnrinde nachlässt. Dies kommt bei Emotionen wie Angst, Phobien, Prüfungsangst, Schüchternheitskrise, Wutanfall häufig vor, die das Gehirn stören und dem Unbewussten den Weg ebnen. Deshalb ist die Untersuchung solch übertriebener Zustände in der Hysterie interessant.

Da wir bereits wissen, dass das Gehirn dank dem wundervollen Zusammenspiel der Neuronen arbeitet und dass diese Neuronen durch konditionierte Reflexe assoziiert werden, können wir nun die Rolle der Suggestion besser verstehen. Bleiben wir also bei der Hysterie, bei der die Suggestionierbarkeit maximal ist.

Suggestion und Hypnose

Wir erinnern uns, dass das bewusste Gehirn mit den unteren unbewussten Zentren (Thalamus) in ständiger Verbindung steht, die wiederum mit den Eingeweiden, Organen, der Haut usw. verbunden sind. Deshalb kann die Suggestion jeden Körperteil berühren. Suggestionieren heisst, einen neuen konditionierten Reflex kreieren, das heisst eine neue Assoziation von Neuronen, ohne dass ein schon vorhandener Reflex es verhindern kann. Redet man einem Hypnotisierten ein: «Sie haben schreckliche Angst», so erhöht sich der Herzrhythmus, weil diese Suggestion Angstreflexe herbeiführt und die Emotion die Beschleunigung des Herzens verursacht.

Warum wird denn diese Suggestion sofort akzeptiert? Damit keine Opposition stattfindet, muss das Bewusstseinsfeld eingeengt sein. Deshalb sind geschwächte, müde Gehirne besonders leicht suggestionierbar. Das sind übrigens auch die Gehirne von Neurotikern! Sagt man zu einem schüchternen Mann in einer Lampenfieberkrise: «Sie sind ganz bleich», so lässt dessen Gehirnrinde die Suggestion widerstandslos durch, und die Emotion wird durch diese Suggestion verstärkt. Über den Thalamus und das sympathische Nervensystem löst sie Symptome wie Erröten oder Erblassen, Zittern, Flucht, Angriff, Stottern, Sprachlosigkeit usw. aus.

Die Emotion ist also ein wichtiger Suggestionsfaktor, das heisst ein Faktor gestörter Gehirnfunktion, was allzuoft in patriotischen, religiösen, magischen und ähnlichen Bewegungen festgestellt wird. Die Suggestion eines Führers kann ein ganzes Volk mitreissen...

Das folgende Schema zeigt eine unter Hypnose gemachte Suggestion bei einer hysterisch veranlagten Person.

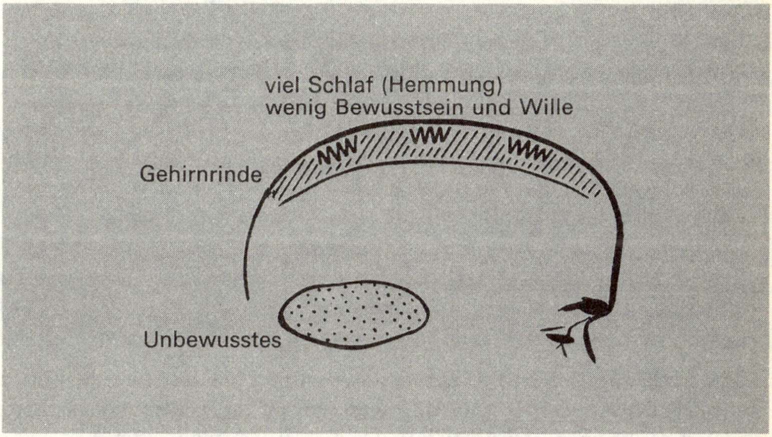

Dieses Schema stellt das hysterische Gehirn im natürlichen Zustand dar: viel Inhibition, wenig Bewusstsein, schlechtes Funktionieren, viel Spielraum für das Unbewusste.

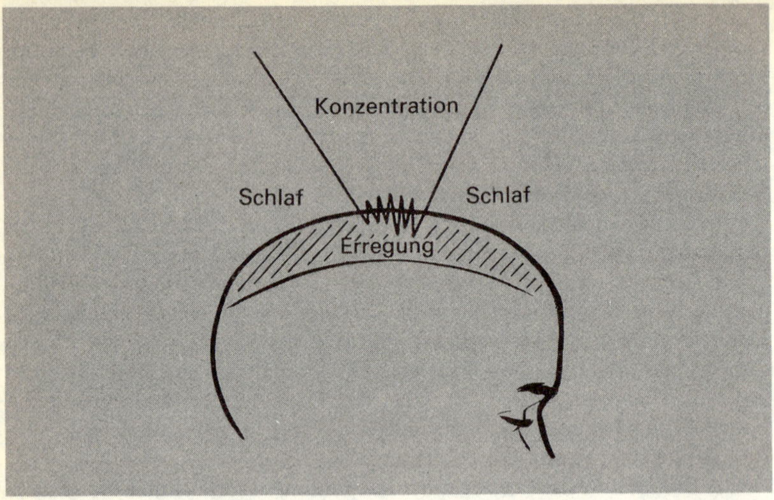

Der Hypnotiseur führt durch spezielle Techniken eine Konzentration herbei, die bestimmte Gehirnzonen stark erregt, während die anderen blockiert werden. Dadurch schläft ein grosser Teil des Gehirns ein. Die erregten Zentren ermüden sich, was die Hemmung weiter verstärkt. Das Bewusstseinsfeld wird immer enger.

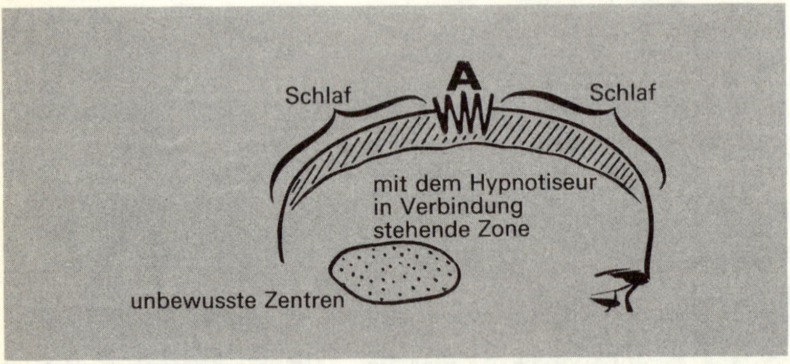

Der wachsame Teil des Bewusstseins konzentriert sich in A, wie bei einem Studenten, der sich trotz Erschöpfung weiterhin auf ein Problem konzentriert, während das übrige Gehirn schläft und keinen Widerstand leistet. Der Konzentrationspunkt A bleibt also als einziger in Verbindung mit dem Hypnotiseur, und kein anderer Punkt des Gehirns ist imstande, seiner Suggestion zu widersprechen.

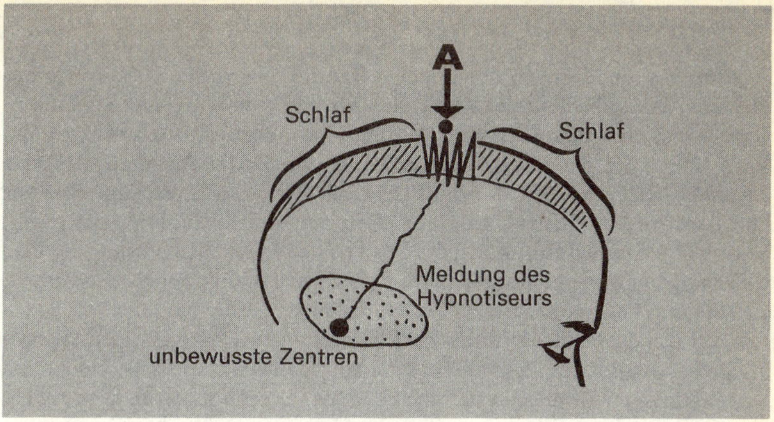

Der Hypnotiseur sagt oder befiehlt etwas, zum Beispiel: «Ihre Lähmung wird verschwinden» oder «Ihre Haut wird rot». Diese Behauptung ist eine Meldung, die in A deponiert wird und sofort über die Nerven in die unbewussten Nervenzentren gelangt. Für den Hypnotisierten wird diese Meldung persönlich und affektiv, weil sie sich nun in seinen eigenen Nervenzentren befindet. Eine Art «Nerventransfusion» also. Das vom Hypnotiseur Gesagte wird zur unbewussten Überzeugung des Hypnotisierten.

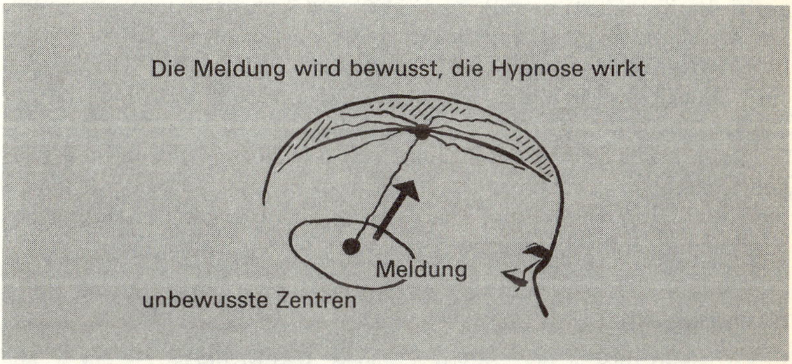

Nach dem Erwachen steigt die Meldung aus dem Unbewussten «an die Oberfläche», und der Hypnotisierte führt die befohlene Handlung aus. Selbstverständlich weiss er nicht, dass diese Handlung befohlen wurde: Er betrachtet sie als von ihm kommend, denn die Meldung hat Neuronenassoziationen, also konditionierte Reflexe geschaffen. Leute, die «voller Komplexe» sind, folgen der gleichen Regel. Sie glauben, willentlich zu handeln, während sie nur den von diesen Komplexen ausgelösten Impulsen folgen.

Die psychosomatische Behandlung

Grundlage jeder psychosomatischen Behandlung ist die Betrachtung der gesamten Persönlichkeit des Kranken, um so gewisse Umwandlungsfälle zu vermeiden. Zum Beispiel wird ein Patient von einem Hautausschlag geheilt, leidet aber kurz darauf an Asthma. Verschwindet das Asthma, folgt eine Zwangsvorstellung. Nach Eliminierung der Zwangsneurose kommt es zur Dickdarmentzündung usw. Alle diese Symptome sind lokalisierte Auswirkungen einer generellen Krankheit, das heisst einer allgemeinen Störung der Persönlichkeit. «Eine» psychosomatische Behandlung ist unmöglich, denn es gilt, das gesamte Gleichgewicht einer Persönlichkeit wiederherzustellen.

Die Psychosomatik behandelt das Symptom natürlich sofort, und die erste Pflege hängt also von diesem Symptom ab, ob dieses nun ein Geschwür, ein Bruch oder eine Zwangsvorstellung ist. Anschliessend muss die Behandlung jedoch alle Punkte zugleich angreifen. Zur Heilung eines kranken Organs müssen alle schlechten nervlichen Einflüsse eingedämmt werden, die das Gleichgewicht stören. In der Psychosomatik spielen das Gehirn und das sympathische Gleichgewicht die ausschlaggebende Rolle. Das Gehirn beeinflusst das kranke Organ indirekt, doch der Patient reagiert stets mit der Gesamtheit seines Organismus.

Ich werde nun einige Methoden, die in die psychosomatische Behandlung gehören, aufzeigen. Selbstverständlich gibt es noch viele, je nach Ausgangspunkt der Krankheit, nach Persönlichkeit und Temperament des Patienten. Der Kranke muss eingehend ausgefragt werden, damit festgestellt werden kann, wo die echte Ursache liegt. Dann werden Medizin und Psychologie zu einer Einheit verschmolzen. Die nun folgenden Techniken sind also nur Zusatzmethoden.

Für die ersten Schritte zur Heilung fehlt es nicht an Medikamenten, Stärkungsmitteln für den Körper und die Nerven, Aufputsch- und Beruhigungsmitteln. Es handelt sich um eine Übergangslösung vor der allgemeinen Anwendung der Psychosomatik.

Beruhigungsmittel

Das sympathische Nervensystem steuert die organische Harmonie und ermöglicht die Anpassung an die unzähligen Umstände des Lebens. In gewissen Fällen, wie zum Beispiel Emotionen oder Gehirnstörungen usw., geht es jedoch über sein Ziel hinaus, das heisst, es stört, statt zu harmonisieren, und kann dadurch zahlreiche Krankheiten verursachen, wie organische Störungen, anatomische Krankheiten, Geschwüre oder hochgefährliche Nieren-, Leber- oder Darmverletzungen. Damit wird der beste Freund des Menschen zu seinem schlimmsten, oft tödlichen Feind.

In solchen Fällen muss seine Tätigkeit eingedämmt werden. Die Beruhigungsmittel eliminieren vegetative Störungen und setzen die Gehirnrinde zur Ruhe, was die Angst zum Verschwinden bringt.

Viele Beruhigungsmittel haben sich im sympathischen und daher auch psychologischen Bereich bewährt. In der Psychosomatik ist ihre Anwendung nur vorübergehend, da alles von der Eliminierung der Ursache abhängt. Es darf nicht vergessen werden, dass diese Mittel die Persönlichkeit verstümmeln, indem sie sie von ihrem Nervensystem trennen. Sie müssen daher unter strengster ärztlicher Kontrolle angewandt werden.

Schlafmittel

Schlaflosigkeit ist fast so verbreitet wie Müdigkeit. Bestimmte Chemikalien haben entspannende Wirkung und ermöglichen den natürlichen Schlaf. Auch diese Mittel sind in sehr grosser Zahl verfügbar. Bei kleiner Dosis und auf ärztliche Verordnung können sie manchmal wertvolle Hilfe leisten. Solange ihre Anwendung nur provisorisch ist, ist alles in Ordnung: Die psychosomatische Behandlung wird dadurch unterstützt, dass der Körper im Schlaf wieder Kräfte sammelt. Leider kann sich auch ein Gewöhnungsprozess einstellen. Dabei handelt es sich um gefährliche Giftstoffe, die dem Nervensystem schaden und zu einer eigentlichen Sucht führen können. Auch hier ist die grösste Vorsicht am Platz und die ärztliche Kontrolle unerlässlich.

Die Schlafkur

Sie wird in bestimmten Anstalten praktiziert und kann bemerkenswerte Ergebnisse erzielen, vorausgesetzt, der psychologische Faktor wird nie aus den Augen verloren. Die Kur bezweckt die Heilung sympathisch-zerebraler Störungen sowie deren Folgestörungen und wird bei Geschwüren, Asthma, bestimmten Formen von Rheuma, Migränen mit Erfolg angewandt. Die Methode ist von einer Anstalt zur anderen verschieden. Manchmal dauert der Schlaf bis zu zwanzig Stunden pro Tag, die Kur insgesamt etwa zwanzig Tage.

Wie bereits erwähnt, ist der psychologische Faktor massgebend, und es ist oft unerlässlich, den Vorschlafzustand auszunützen, um psychische Arbeit zu leisten, mit dem Zweck, die unbewussten Zentren des unteren Gehirns zu behandeln. Die Ähnlichkeit mit der Tiefensuggestion ist unverkennbar: Die Gehirnrinde wird praktisch «ausser Betrieb gesetzt», die Suggestionen erreichen die unbewussten Nervenzentren sofort, und alles sieht wiederum ähnlich aus wie in der Narkoanalyse mit ihren erzielbaren guten Ergebnissen.

Der elektrische Schock

Es handelt sich um eine empirische, brutale Methode, die oft missbraucht worden ist, in bestimmten Fällen aber gute Resultate ergibt, wie zum Beispiel bei Melancholie. Man lässt einen starken elektrischen Strom kurze Zeit durch das Gehirn fliessen. Meistens dauert der Schock eine Zehntelsekunde bis eine Sekunde, die Spannung beträgt 80 bis 150 Volt. Der Elektroschock verursacht eine Art Koma: Die Gehirnrinde schläft, während andere periphere Zentren erregt werden. Der Elektroschock führt zu Zuckungen und einer Erregung des sympathischen Systems. Der Patient wird augenblicklich bewusstlos, und eine epileptische Krise bricht aus. Es ist, als würde der Schock die Auflösung und dann den Wiederaufbau des Psychismus verursachen. Der Patient wacht langsam auf, befindet sich meist in einem Zustand geistiger Konfusion und Gedächtnisschwäche. Diese Störungen verschwinden jedoch spurlos. Der Elektroschock wirkt nicht nur auf die unteren Gehirnzentren, sondern auch auf die Regulierung der Affektivität und des Bewusstseins ein, und eine bestimmte Ähnlichkeit mit dem emotionellen Schock wurde festgestellt. Eine gewaltige Emotion kann schwere Störungen nicht nur verursachen, sondern auch heilen!

Es steht ausser Zweifel, dass der Elektroschock manchmal gute Resultate ermöglicht. Die psychologische Seite ist äusserst wichtig, besonders in der Vorbereitung des Patienten, dessen Angst meist gross ist. Der Schock selbst hinterlässt zwar keine Spuren, doch trifft das auf diese Angst nicht zu. Deshalb ist vor anonymen Elektroschocks ohne psychologische Vorbereitung des Patienten dringendst zu warnen, was grosse Psychiater übrigens oft vehement unterstrichen haben.

Zum bereits erwähnten psychischen Wiederaufbau kann die Psychologie massgebend beitragen. Der Patient erwacht in einem halbbewussten Zustand, der für die Analyse des Unbewussten und die Suggestion bestens geeignet ist. Es wurde ebenfalls versucht, durch bestimmte schwächere Dauerströme eine wesentlich weniger epileptische Narkose herbeizuführen. Andererseits kann durch vorheriges Einschläfern des Patienten die Angst vor dem Schock eliminiert werden.

Insulin

Der Wiener Arzt Manfred Sackel untersuchte als erster die Anwendbarkeit von Insulin in der Behandlung von Geisteskrankheiten und besonders der Schizophrenie. Trotz ihrem empirischen Charakter hatte diese Technik rasche Verbreitung.

Durch Injektion grosser Mengen Insulin wird der Zuckergehalt des Blutes reduziert. Dies wird in der Regel morgens bei nüchternem Magen vorgenommen. Zwei bis drei Stunden später zeigt der Patient verschiedene Symptome, wie starkes Schwitzen, Schwindelanfälle, Herzklopfen, dann fällt er in eine Art Koma, in dem man ihn ein bis zwei Stunden lang lässt. Dann wird er durch Injektion oder Einnahme von Zucker rasch aufgeweckt. Angesichts der möglichen Unfälle (Herz, Atmung, Temperatur usw.) darf eine solche Behandlung nur unter klinischer Beobachtung vorgenommen werden. Beste Resultate werden bei Schizophrenie, manisch-depressiver Psychose und geistiger Konfusion erzielt.

Die erwähnten Therapien sind bloss als Anhaltspunkte zu betrachten, denn der Weg von der Gesundheit über Krankheiten und Neurosen bis hin zu den Psychosen und organischen Schäden ist lang, und die Methoden sind zahlreich.

Diesen Behandlungsweisen stehen wiederum Tausende von möglichen Ursachen gegenüber: Giftstoffe, psychologisch oder organisch bedingte Geistesstörungen, Verdrängungen, organische Schäden usw.

Schlussfolgerung

Kaum jemand wird behaupten, die psychosomatische Medizin sei eine Lösung des geringeren Widerstandes! Hauptkummer des Therapeuten: den Menschen in seiner Gesamtheit zu erfassen und den Wirrwarr seiner geistigen Einflüsse auf seinen Körper und umgekehrt zu verstehen. Die ganze Persönlichkeit ist bei Gesundheit und Krankheit zu betrachten, und die Psychosomatik tut dies. Sie durchscheint den Menschen mit all seinen grossen Problemen von Infektionen, Vergiftungen, Emotionen, Verdrängungen, sozialen Konflikten usw.

Eine immense, schöne und edle Aufgabe!

Die nervliche Erschöpfung

Eine Krankheit wirkt, unabhängig von ihrer Ursache, häufig durch die nervliche Erschöpfung, die die psychologische Spannung reduziert. Der Mensch ist nicht mehr in der Lage, die Ereignisse zu erfassen, er «erwischt» oft peinliche, Unruhe stiftende, geistige Satelliten. Ein ausgeglichener Wille hängt eben von dieser psychologischen Spannung ab, sonst macht er der Willensunfähigkeit oder einem verkrampften Willen Platz. Das ist nicht mehr der Wille, und dieses Problem ist so wichtig, dass ich später darauf zurückkommen werde. Verschwindet die psychologische Spannung, so ist es für die unbewussten Kräfte ein leichtes, die bewussten zu überrumpeln. Die instinktiv-affektive Automatik wird freigegeben, und der Mensch verliert jede «Selbstkontrolle». Der Weg ist für alle psychologischen oder physischen Erreger frei.

Das Bewusstsein erweitern

Nein, es ist dies kein moralisierender Slogan, sondern eine sich jedem bietende biologische Möglichkeit oder, noch besser, eine Pflicht, sobald man es versteht! Von vielen Menschen könnte man fast sagen: «Schade ...» Schade, dass sie von vielen Umständen unterdrückt werden, die ihre Möglichkeiten einengen. Schade, dass so viele Leute von den Kräften ihres Unbewussten, von ihren Komplexen, Verdrängungen, Aggressivitäten und Kompensationsversuchen gesteuert werden. Solche Leute leben nicht, sondern sie werden von den Ereignissen mitgerissen.

Bei vielen arbeitet das Bewusstsein im Vergleich mit der unermüdlichen Tätigkeit des Unbewusstseins recht wenig. Es wäre nur halb so schlimm, stünden die beiden Zonen in gutem Einverständnis bei ständigem Austausch banaler Meldungen. Leider sieht es in der Wirklichkeit ganz anders aus. Einerseits haben wir das Unbewusste, das sich mit seiner ganzen Macht versteckt, andererseits das Bewusste, das tief, breit und frei sein könnte. Warum sind denn so viele Leute verkrampft und einfach Kräften ausgeliefert? Die Ursache davon muss stark sein, um solche Schäden anzurichten! Tatsächlich: Unsere ganze gesellschaftliche Struktur ist betroffen. Alle «Neurosen und krankheitserregenden Probleme» sind zu untersuchen: Familie, Religion, Sexualität sollten mit der nötigen Aufgeschlossenheit verstanden werden, statt auf eine starre Moral eingeengt zu werden, die zu Angstgefühlen, Verkrampfungen, Zwangsvorstellungen, Nervenstörungen usw. führt.

Ohne Harmonie zwischen Affektivität, Trieb und Bewusstsein gibt es weder Selbstkontrolle noch Gesundheit! Bei einem «Verdrängten» kann das Bewusstsein kaum eine Tragweite haben, solange es, eben wegen der Verdrängung nichts erhält! Alle Impulse stossen auf eine Schranke, alles wird verformt, weil alles auf die Verdrängung, die Angst und die Komplexe bezogen wird.

Ich fange ein neues Leben an

Diese Worte habe ich schon oft gehört. Ich habe mich gefreut darüber. Sie sind die Zusammenfassung der psychosomatischen Philosophie. Doch ich glaube nicht, dass das allgemeine Erlernen der Nichtverdrängung und des echten Willens und der Ausgeglichenheit in absehbarer Zeit gang und gäbe sein wird. Deshalb müssen einzelne Menschen oder Menschengruppen an sich selbst arbeiten, um die Früchte ihrer Untersuchung weitergeben zu können. Der Mensch soll angeblich voller Widersprüche sein. Falsch! Der echte Mensch ist Harmonie und Ausgeglichenheit. Erscheinen schädliche Widersprüche, so sind diese vom Zusammenspiel konditionierter Reflexe aufgezwungen worden.

Ein Mensch mit starkem Unterbewusstsein kann dessen automatische Wirkung nie verhindern. Doch er glaubt in einem bewussten Zustand zu leben, lacht, weint, arbeitet, spricht, reist... Beobachtet man seine innere Welt, fällt einem auf, dass er in einem ähnlichen Zustand wie während des nächtlichen Schlafes ist, mit dem Unterschied, dass er im letzteren nicht handeln kann, während die im «Tagesschlaf» ausgeführten Handlungen weitreichende Auswirkungen haben. Dieser Zustand dauert an, bis er daran arbeitet, «bewusst zu werden», und eine Welt voller Licht und Ausgeglichenheit entdeckt, die er sich nie vorgestellt hatte, wie ein jahrelang gelähmter Mensch, der plötzlich aufsteht und geht.

Die menschlichen Möglichkeiten sind fast unbegrenzt, und der Humanismus der Psychosomatik sieht sich Problemen individueller und sozialer Gesundheit gegenübergestellt. Es liegt ihr fern, unsere heutige Gesellschaft zu erniedrigen, in der uns alles gegeben wird, doch wir müssen mit einem Gehirn und einem Körper, die in ihrer Gesamtheit zusammenarbeiten, versuchen, unversehrt davonzukommen, um das riesige Kulturland des Bewusstseins und der Gesundheit, das uns zur Verfügung steht, nicht brach liegen zu lassen.

VII. Charakterkunde

Ein Mensch steht vor mir. Wer ist dieser Mensch? Wie ist seine innere Wirklichkeit? Ist er wirklich das, was er zu sein scheint? Aus was für Leuten besteht seine Umwelt? Wie reagiert er auf diese? Wie ist sein Temperament? Ist er ausgeglichen, «verdrängt», impulsiv, aggressiv, herrschsüchtig? Welches Rätsel stellt er dar? Es gilt, seinen Charakter sowie dessen «Missbildungen» zu studieren. Dazu gibt es zwei Wege, je nach dem erstrebten Ziel. Einerseits stellt eine Tiefenpsychologie, wie zum Beispiel die Psychoanalyse, eine ideale Methode dar, deren Anwendung jedoch einige Zeit erfordert. Andererseits kommt es vor, dass man einen Charakter sofort in seinen groben Zügen kennenlernen will. Zum Beispiel wünscht ein Betriebsleiter zu wissen, ob ein Bewerber für einen bestimmten Posten geeignet sei, oder Eltern möchten erfahren, welches Studium für ihr Kind in Frage kommt. In solchen Fällen müssen die wichtigsten Eigenschaften des Charakters festgestellt und dessen zukünftige Entwicklung vorausgesagt werden.

Wir haben damit zwei getrennte Gebiete der Psychologie:

a) Die Psychotechnik oder Eignungskunde mit der Testmethode.
b) Die auf der Psychotechnik basierende Berufsberatung.

Als drittes Gebiet findet die Graphologie, die den Charakter aufgrund der Handschrift untersucht, immer mehr Anwendung. Doch zuerst etwas Grundlegendes: Der menschliche Charakter beruht auf einem «Fundament», das ist unser Temperament, das die Grundlage aller unserer körperlichen und geistigen Handlungen bildet.

Die Klassifizierung der Temperamente

Bereits im 5. Jahrhundert vor Christi Geburt stellte Hippokrates folgende Klassifizierung, welche die Medizin bis in die heutige Zeit beeinflusste, auf. Darin werden von ihr Haupttypen berücksichtigt, denen wir täglich auf der Strasse begegnen.

1. Der Blutreiche oder Sanguiniker

Er ist ein geselliger «Lebenskünstler», etwas oberflächlich, und stellt sich keine grossen Fragen. Er ist wohlbeleibt und wird oft wegen seiner Korpulenz

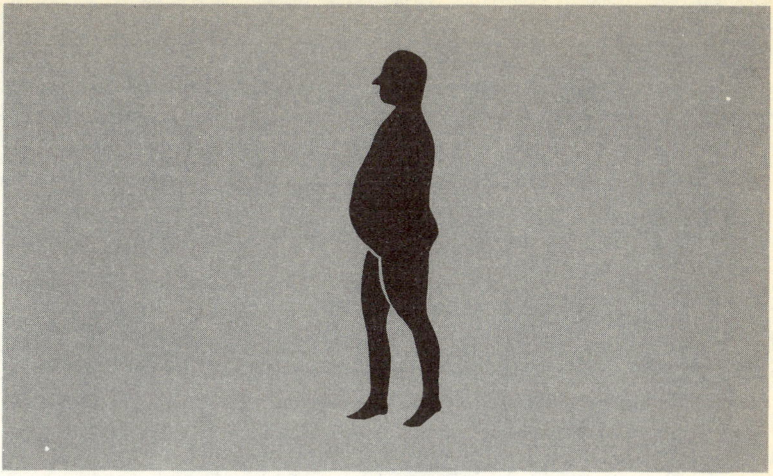

bestaunt. Er isst, trinkt und arbeitet oft zuviel, braucht Bewegung und Emotionen, ist voller Tatendrang. Er prahlt gern damit, nie einen Arzt zu brauchen. Wird er einmal krank, so braucht er vor allem beruhigt zu werden. Er lässt sich behandeln, solange er leidet, gibt aber alles auf, sobald eine leichte Besserung eintritt. Und los geht's wieder mit den Exzessen! Der Blutreiche ist Infektionen sowie einem frühzeitigen Tode gegen das fünfzigste Altersjahr ausgesetzt. Leichtere «Unfälle»: Leberkoliken, Migränen, Lungenentzündungen, Rheuma usw. Solche Krankheiten sind ihm oft nützlich, indem sie seinen Organismus vor schlimmeren Unfällen schützen. Für Geisteskrankheiten ist der Blutreiche kaum veranlagt.

2. Der Griesgrämige oder Melancholiker

Er ist eindeutig ungesellig, nervös und leicht erregbar. Ein stolzer Pessimist, der sich in sich zurückzieht. Der Körper ist mager, der Schädel gut entwickelt. Dieser Mensch stellt sich grundlegende, tiefgreifende Fragen und leidet an zahlreichen Nervenstörungen. Angstzustände und das «geistige Brüten» sind an der Tagesordnung! Er neigt zu Verdrängungen und Komplexen, und sein Wachstum wird oft beeinträchtigt, so dass er in der Regel etwas schwächlich aussieht. Oft lebt er aber lange ein von Manie und Gewohnheiten eingeengtes Leben. Die Abwehr des Organismus ist gut, doch Neuralgien, Krämpfe, Schlaflosigkeit und Neurosen sind häufig. Er sucht alle Ärzte auf, meistens mit einer ganzen Reihe kleiner Zettel, auf die er seine unzähligen Wehwehchen aufgeschrieben hat.

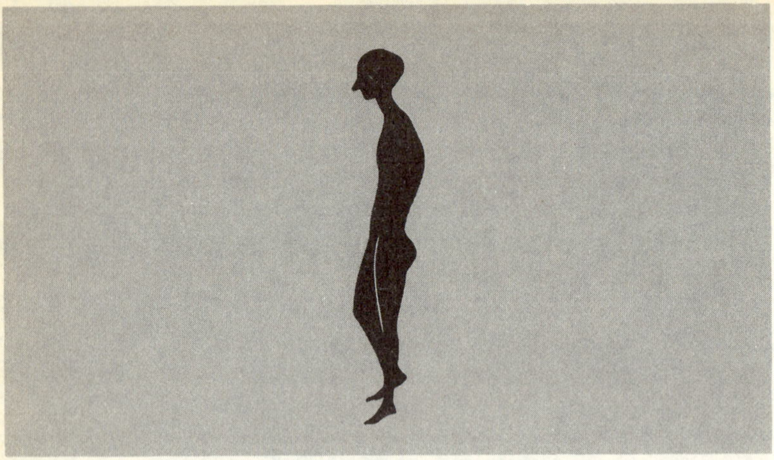

So sieht sein Leben aus, aber einen schweren Schlag übersteht er oft besser als ein anderer. Vor dem Tod hat er kaum Angst.

3. Der Choleriker

Er ist jähzornig, äusserst empfindlich, aggressiv und kühn. Sein Körper ist gross und mager, sein Teint gelblich. Der Choleriker ist überhaupt nicht wehleidig. Dieser «Voluntarist» geht zum Arzt – wenn's nicht anders geht! Es hat

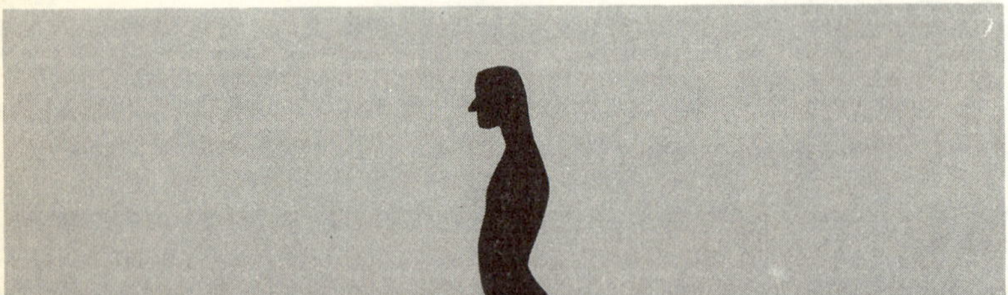

keinen Sinn, ihn beruhigen zu wollen: Er braucht Fakten, Mathematik und Logik! Deshalb befolgt er die angeordnete Behandlung mit absoluter Genauigkeit.

Der Choleriker geniesst in der Regel eine sehr gute Gesundheit, abgesehen von einer Veranlagung zu Verdauungsstörungen. Er lebt meistens viel länger als der Blutreiche.

4. Der Kaltblütige oder Phlegmatiker

Er sieht ruhig aus, ist dick und gar fettsüchtig, handelt langsam und ist meistens äusserst wehleidig. Beim geringsten Wehwechen glaubt er schon einen Fuss im Grab zu haben. Er ist auf Suggestion und Hypnose äusserst empfindlich.

In der Regel erreicht der Phlegmatiker kein hohes Alter. Postoperative Unfälle sind nach Eingriffen in lymphartige Organe nicht selten.

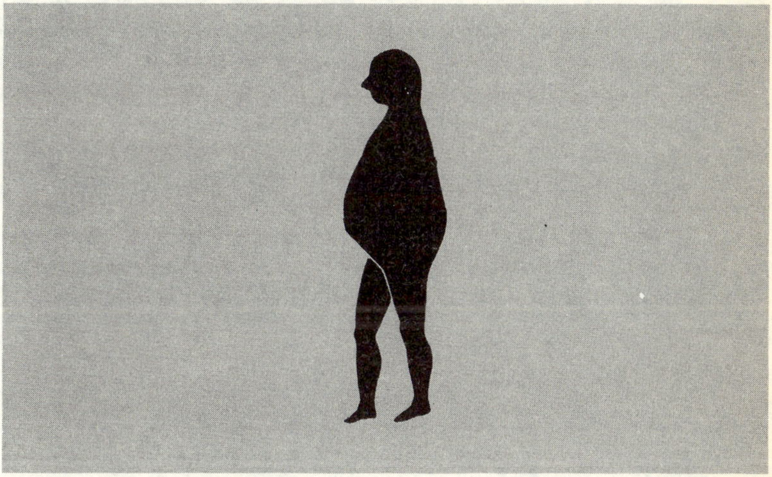

Das wären also die vier grossen Menschengruppen, wobei ein «reiner» Typ nur sehr selten anzutreffen ist. Es gilt daher die Mischtypen zu unterscheiden und eine Hierarchie der Temperamente aufzustellen.

Die französische Klassifizierung

Die französische Schule von Sigaud und Mac Auliffe schlug eine andere Gruppierung vor: Die Muskel-, Atmungs-, Verdauungs- und Verstandestypen.

Zweifellos sind die heutigen Temperamentstheorien eine Fortsetzung der alten, doch sie sind unvergleichlich genauer und stützen sich auf Beobachtungen sowie auf die zahlreichen technischen Fortschritte und Erkenntnisse aller verwandten Wissenschaftsgebiete.

Hier die Beschreibung dieser vier Typen, die sich auf unzählige Messungen stützen.

1. Der Muskeltyp

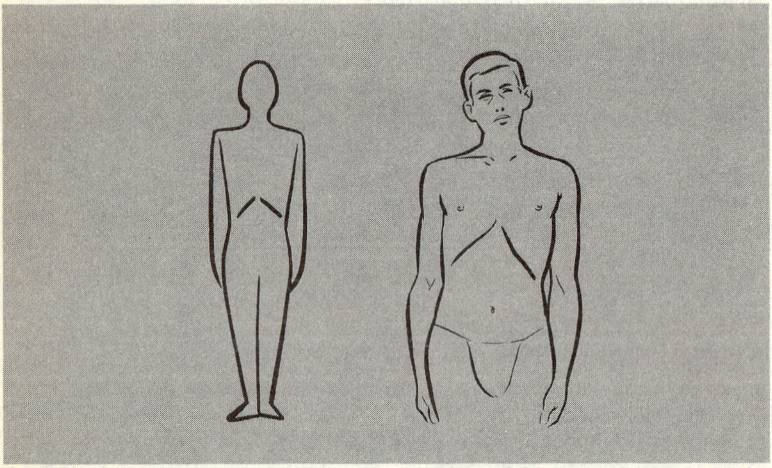

Die Glieder und Muskeln sind sehr entwickelt, der Brustkasten gut geformt. Beim Stehen befinden sich die Handgelenke unterhalb der Pubisebene. Das Gesicht ist eckig, das Kinn wohlgeformt, die Augenbrauen tief und gerade, der Körper behaart.

2. Der Atmungstyp

Der Oberkörper ist kurz und trapezförmig, die Schultern breit, der Brustkasten gut entwickelt, das Gesicht rhombisch, die Stirnhöhlen entwickelt, die Nase lang und breit.

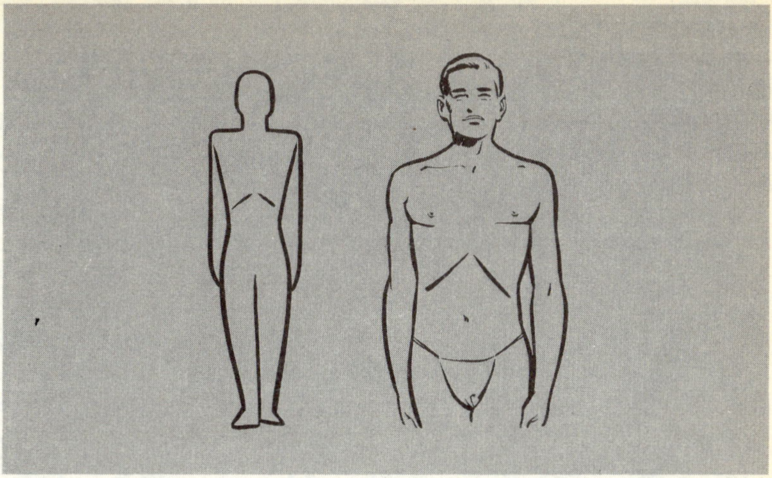

3. Der Verdauungstyp

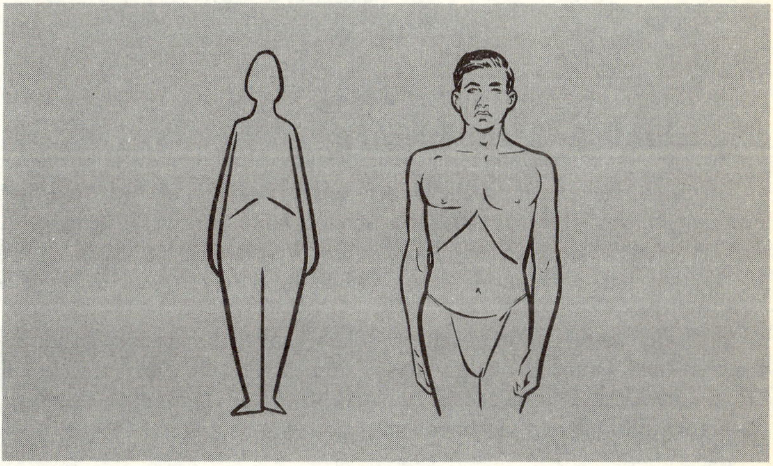

Bei ihm, könnte man sagen, ist alles Bauch und Kiefer! Der untere Teil des Gesichtes ist besser entwickelt als der obere. Der Brustkasten kurz und breit, der Hals fett, die Schultern schmal, die Stirn sowie die Backenknochen klein. Das Ganze weist eine wohlproportionierte Harmonie auf.

4. Der Verstandestyp

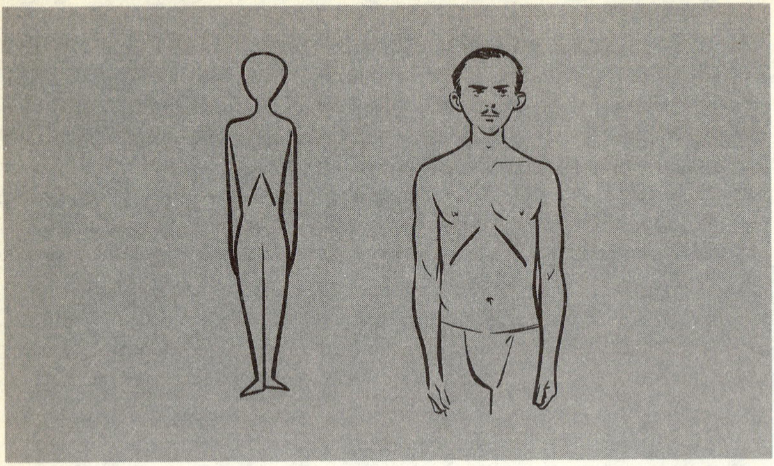

Das Gesicht ist betont dreieckig, der Schädel entwickelt, die Stirn gewölbt, die Augen scharf und breit, der Mund klein und schmal, der Körper kurz und hager. Oberkörper und Glieder sind gut aufeinander abgestimmt.

Die italienische Klassifizierung

Die Klassifizierung der italienischen Schule von Viola wurde statistisch ermittelt. Nach Viola stützt sich die menschliche Natur auf zwei Systeme.

a) Das vegetative Lebenssystem, das vom Oberkörper dargestellt wird.

b) Das Beziehungssystem (Nerven und Muskeln) wird von den Gliedern dargestellt.

Sind beide Systeme etwa gleich entwickelt, handelt es sich um einen normalen Menschen. Dominiert a, so gehört er zum kurzlinigen Typ, der sich in die Breite entwickelt. Ist b vorherrschend, so gehört er hingegen zum langlinigen, das heisst in die Höhe entwickelten Typ.

1. Der kurzlinige Typ

a) Körperliche Züge

Der Oberkörper ist besser entwickelt als die Glieder, der Bauch breit, das

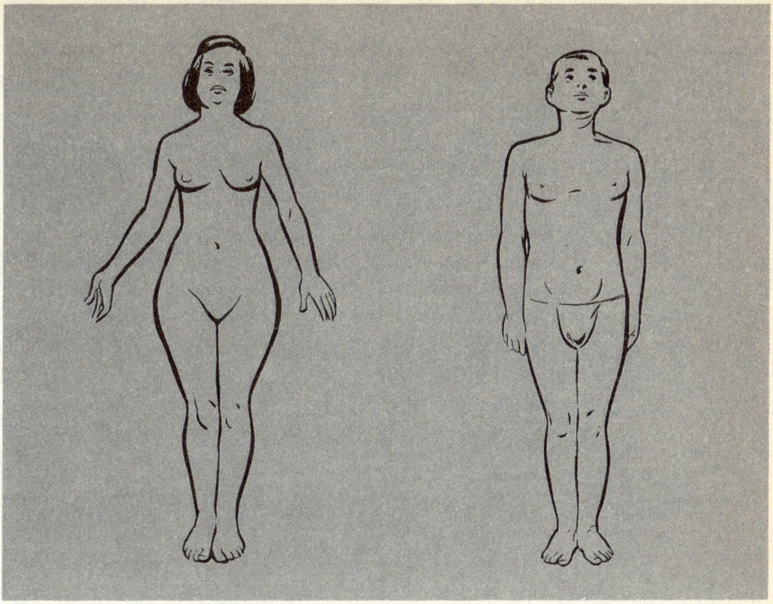

Gewicht in der Regel etwas hoch, die Fettreserven sind übermässig. Kraft und Ausdauer sind beträchtlich, während die Verdauungsfunktionen sehr gut arbeiten.

b) Krankhafte Neigungen

Der Kurzlinige ist zu Krankheiten veranlagt, die von einer Verlangsamung der Ernährung herrühren, sowie zu Gicht, Blutüberdruck, Blutandrang.

c) Psychologische Neigungen

Der Kurzlinige ist energisch, fröhlich, sehr lebendig, neigt jedoch oft zu Zyklothymie, in schlimmeren Fällen zur manisch-depressiven Psychose.

2. Der langlinige Typ

a) Körperliche Züge

Der Oberkörper ist lang, der Bauch flach, die Eingeweide eingeengt, die Glieder lang im Vergleich zum Oberkörper, der Hals lang und dünn, die Ernährung mittelmässig. Der Langlinige ist im Laufen schnell, hat aber keine Ausdauer.

b) Krankhafte Neigungen

Schlechte Abwehr gegen Krankheitserreger, Tuberkulose, zahlreiche funk-

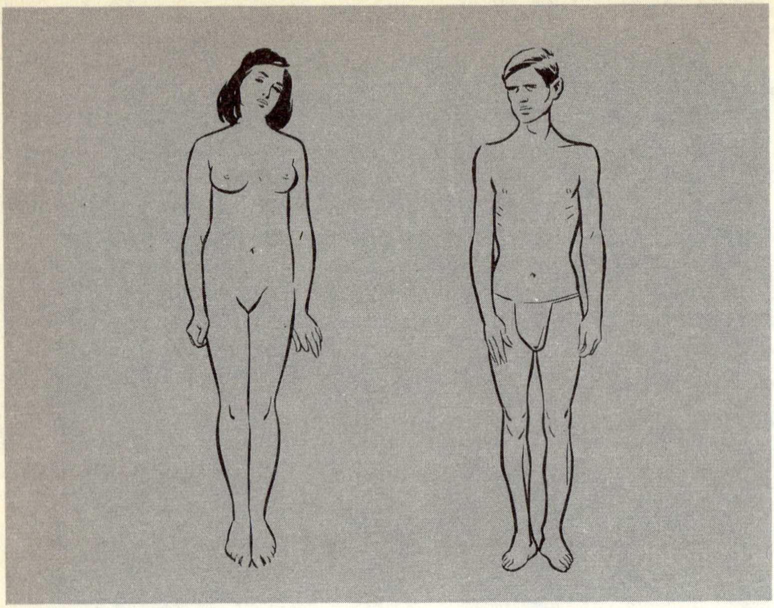

tionelle Insuffizienzen, schnelle Ermüdung, zu geringer Blutdruck, zu schneller Puls, kalte Gliedmassen, schwache sexuelle Leistung.

c) Psychologische Züge

«Willensschwäche»! Leicht deprimiert, intelligent, jedoch bald müde. Tendenz zu Träumereien, Einsamkeit und zurückgezogenem Leben. Die intellektuelle Seite überwiegt. Bei Geisteskrankheit kommt es eher zu Schizophrenie.

Die Kretschmersche Klassifizierung

In dieser einflussreichen Klassifizierung unterscheidet man drei Hauptgruppen.

1. Der Athletiker

Diese Menschen sind oft überdurchschnittlich gross. Der Oberkörper ist muskulös und breit, das Gesicht hat eine ovale Form, der Hals ist lang und kräftig, die Muskeln sind gut entwickelt und von wenig Fett umgeben, der Kno-

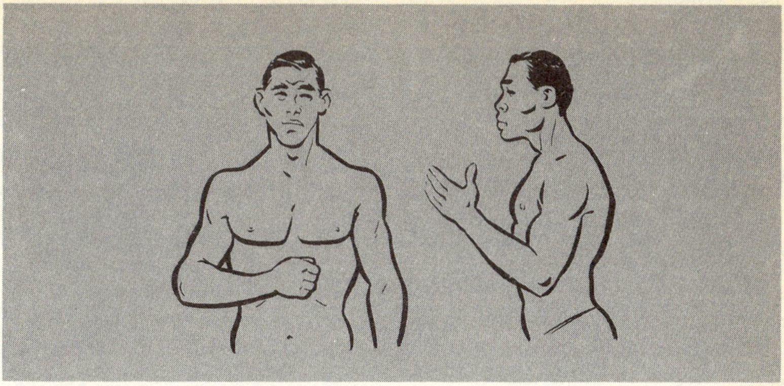

chenbau ist kompakt und stark, die unteren Körperteile sind meist schlank. Der typische «stämmige Bursche».

2. Der Astheniker

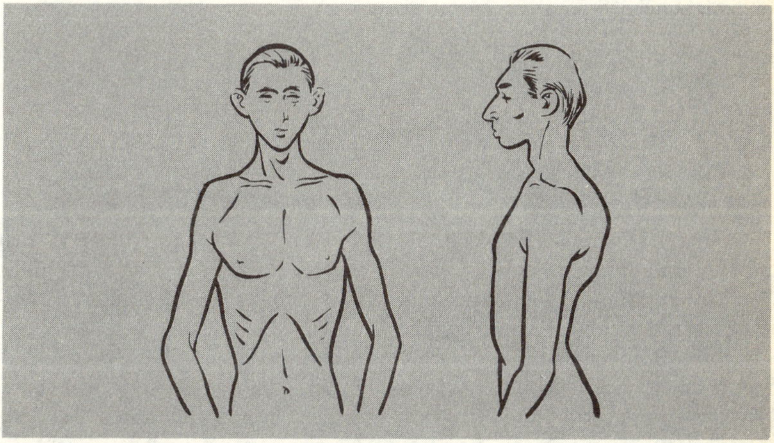

Das ist der Mensch, der trotz Überernährung mager bleibt. Seine Glieder sind dünn, die Hände knochig, die Finger spitzig, der Bauch flach, der Knochenbau schwach, das Gesicht dreieckig, bleich und mager, das Profil eckig, die Nase lang und spitzig, der Haarwuchs dick, die Gesichtshaut dünn und gespannt.

Der Astheniker ist jedoch nicht immer schwächlich! Oft ist seine sportliche Leistungsfähigkeit erstaunlich, wie auch seine Widerstandsfähigkeit.

3. Der breit-rundliche Typ (Pykniker)

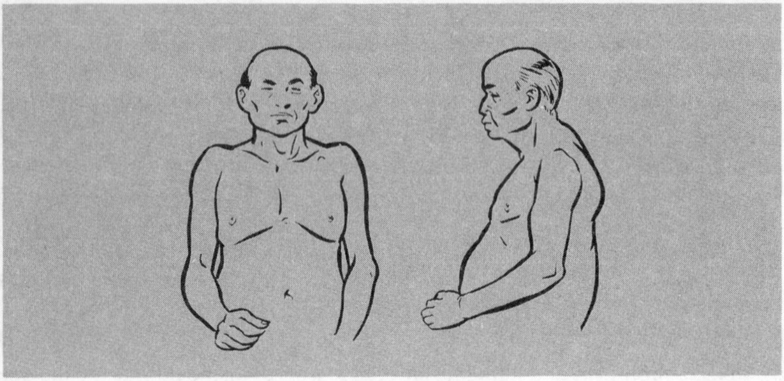

Von durchschnittlicher Körpergrösse, ist dieser Typ eher in der Breite entwickelt. Er wirkt etwas schwerfällig, sein Gesicht ist rundlich, sein Knochenbau jedoch etwas schwach. Gesicht, Hals und Oberkörper sind von einer guten Fettschicht überdeckt. Die allgemeine Körperform erinnert an ein Fass. Es sind meist fröhliche, freundliche Menschen.

Die geistigen Züge der beiden Haupttypen

Der Breit-Rundliche

Umweltbezogen, sehr sozial, natürlich und spontan, Lebensfreude, Realismus, Humor, Freundlichkeit, Zornausbrüche ohne Rachsucht, liebt das Essen, Trinken und hübsche Frauen, erstaunlicher Optimismus, hohe Arbeitsleistung, konkrete Tätigkeit, Bescheidenheit, kaum zu Verdrängungen geneigt.

Der Astheniker

Wendet sich seiner inneren Welt zu, unsozial, bremst seine Gefühle, stellt sich Fragen, Idealismus, Sarkasmus und Hohn, kühl, rachsüchtig und nachtragend, an äusseren Freuden des Lebens kaum interessiert, manchmal frauenscheu, Pessimismus, zu hohe Konzentrationsfähigkeit, schnelle Ermüdung, doch grosses Durchhaltevermögen. Abstrakte Tätigkeit, Hochmut, Neigung zu Verdrängungen und Komplexen.

Klassifizierung nach C. G. Jung

Nach Jung gibt es zwei Haupttypen:

a) den *Introvertierten,* der in sich zurückgezogen lebt und den Einfluss der äusseren Welt (wie der Astheniker) ablehnt,

b) den *Extravertierten,* der sich der äusseren Welt, die er braucht, zuwendet (wie der Breit-Rundliche).

Diese beiden Verhaltensweisen sind bei jedem Individuum gemeinsam vorhanden, wobei die eine infolge einer Veranlagung oder verschiedener Umstände überwiegen kann. Aus diesen zwei grossen Kombinationen entwickelte Jung je vier Kategorien von intro- und extravertierten Menschen.

Der introvertierte Denker

Dieser schaut in sich selbst und lässt sich von abstrakten Ideen stark beeinflussen. Er folgt diesen Ideen innerlich, ist jedoch fähig, sich dem Konkreten zuzuwenden. Unter diese Gruppe fallen auch gewisse Fanatiker, die sich einer Idee verschrieben haben und ihre Theorien durchzusetzen versuchen, ohne den manchmal erschreckenden Folgen Beachtung zu schenken. Nietzsche gehörte dieser Gruppe an.

Der gefühlsbetont Introvertierte

Es ist äusserst schwierig, seine Gefühle zu erfassen. Er ist eine Sphinx und genau so schweigsam und unzugänglich wie diese! Alles entwickelt sich in die Tiefe. Er versteckt sich hinter einer Gleichgültigkeitsmaske. Seine Handlungen entspringen oft sorgfältig versteckten Emotionen. Im allgemeinen scheint er ruhig, wenig misstrauisch und sympathisch. Keine Emotion kommt an die Oberfläche, während das Innere vor Leidenschaften kocht. Viele Frauen gehören dieser Gruppe an.

Der extravertierte Denker

Er wendet sich der äusseren konkreten Welt zu, bleibt aber fähig, abstrakte Dinge zu betrachten. Fakten sind ihm bedeutend lieber als Theorien. Es ist dies der Typ des Ingenieurs oder Chirurgen. Er kann «gefährlich» werden, wenn eine gewisse Flexibilität und Toleranz notwendig wären. In solchen Fällen ist er unerbittlich. Dieser Gruppe gehören strenge Moralisten und Richter an, denen es an Toleranz und Verständnis fehlt.

Der gefühlsbetont Extravertierte

Er ist sehr sozial und umgebungsbezogen, doch das Gefühl bleibt massgebend. Er «fühlt sich wohl», wenn das Wetter schön ist, wird mürrisch, sobald es regnet, im Gegensatz zum Introvertierten, bei welchem alles vom inneren «Klima» abhängt. Dieser Mensch ist leicht beeinflussbar und wägt gern nach seinen Gefühlen ab. Kurz: «Ich finde das sehr angenehm, also ist es sehr angenehm!»

Der sensitiv Introvertierte

Seine Reaktionen passen sich nicht den Umständen, sondern nur seinem Ich an. Er ist furchtbar subjektiv und interpretiert alles durch die Prismen dieser Subjektivität. Man kann unmöglich voraussagen, was ihm irgendwelchen Eindruck machen wird, denn seine Reaktion scheint nicht mit der äusseren Wirklichkeit zusammenzuhängen. Viele Künstler gehören dieser Gruppe an.

Der sensitiv Extravertierte

Er ist absolut realistisch und objektiv, sieht nur, was konkret ist: Fakten, guten Wein, hübsche Frauen... Er stellt sich nie grossen Problemen, sammelt konkrete Erfahrungen und sucht ständig neue Empfindungen. Zu leicht geht er von einer Erfahrung zur anderen, wobei seine allgemeine Erfahrung sehr beschränkt ist. Der «Mann auf der Strasse» gehört oft dieser Gruppe an.

Der intuitiv Introvertierte

Der Inbegriff der Träumerei! Ein Prophet. Ein Mystiker, ein Dichter, Unsterblichkeit... Seine Phantasie kennt keine Grenzen. Jung betrachtete ihn als unbekanntes Genie, als eine Art gescheiten Dummkopf. Eine Figur für psychologische Romane.

Sein Wissen basiert nur auf der Intuition. Wie könnte er also die anderen von der Schönheit seiner Ideen überzeugen?...

Der intuitiv Extravertierte

Der Mensch mit dem speziellen Spürsinn... Viele Frauen gehören dieser Gruppe an. Dieser Typ macht alles, was es braucht, um Erfolg zu haben, natürlich unbewusst. Vor einer Frau dieser Art kann sich der Mann in acht nehmen. Beim ersten Blick wird er eingestuft, abgewogen, beurteilt...

Dieser Typ «spürt» die soziale Umgebung, die ihm passt, die Kleider, die er tragen muss, die Art, wie er sich ausdrücken soll, usw. Ein Mann dieses Typs hat Erfolg in Geschäft, Handel, Spekulation, Politik usw.

Die Körperbautheorie von Sheldon

Sheldon veröffentlichte 1942 eine Studienreihe über die Beziehungen des Temperaments zum Charakter. Er unternahm eine beachtliche Arbeit, indem er beschloss, viertausend Studenten von allen Seiten zu fotografieren. Dazu wurde der Körper jeweils in fünf Zonen eingeteilt:

1. Kopf, Gesicht und Hals; 2. Oberkörper (Brustkasten); 3. Oberkörper (Bauch); 4. Schultern, Arme und Hände; 5. untere Glieder.

Die Auswertung dieser Tausenden von Untersuchungen führte zu einer Unterteilung in drei Hauptgruppen:

1. Die Viscerotonie, wo das Wohlbefinden und die Verdauung Hauptziele des Lebens sind.
2. Die Somatotonie mit überwiegender Muskeltätigkeit, wobei die mächtige Handlung Ziel des Lebens ist.
3. Die Cerebrotonie mit grosser geistiger Tätigkeit.

Viscerotonie

Entspannte Verhaltensweise und Bewegung

Liebe zur Bequemlichkeit

Langsame Reaktionen

Vorliebe für gutes Essen, vorzugsweise in Gesellschaft

Vergnügen beim Verdauen

Freundlichkeit

Nächstenliebe

Bedürfnis nach Liebe und Zustimmung der Mitmenschen

Toleranz

Suche nach dem Genuss

Tiefer Schlaf

Mangelnde Mässigung

Alkohol macht entspannt und sozial

Bei Schwierigkeiten sucht er Gesellschaft, liebt Kinder und die Familie

Somatotonie

Sicherheit im Verhalten und der Bewegung

Abenteuerlich

Energisch

Herrschsüchtig

Liebt das Risiko und das Spiel

Mutig, liebt den Kampf

Sucht den aggressiven Wettbewerb

Liebt anstrengende Tätigkeiten

Klaustrophobie

Taktlosigkeit

Hält Schmerzen leicht und bereitwillig aus

Zu reifes Aussehen

Alkohol macht aggressiv-selbstsicher

Bei Schwierigkeiten Handlungsbedürfnis

Liebt die Tätigkeiten der Jugend

Cerebrotonie

Wirkt verhalten

Übertriebene, zu schnelle Reaktionen

Suche nach Einsamkeit

Übertriebene geistige Tätigkeit

Versteckte, verdrängte Gefühle

Gesellschaftshass

Schüchternheit

Nicht abenteuerlich

Platzangst

Unberechenbar

Hasst den Lärm

Hält Schmerz nicht leicht aus

Schlaflosigkeit

Chronische Müdigkeit

Jugendliche Manieren

Alkohol deprimiert

Sucht bei Schwierigkeiten Einsamkeit

Zieht reifere Menschen vor

Temperament und Beruf

Täglich fangen Millionen von Männern und Frauen einen Beruf an, manchmal aufs Geratewohl, auf eine Zeitungsanzeige hin oder entsprechend der Ausbildung und den Beziehungen. Die Ausbildung selbst wurde oft nach den «Begabungen» des Kindes, dem Wunsch der Eltern, dem Rat eines Freundes, «der sich auskennt», usw. gewählt.

Intelligente, arbeitsame, begabte Leute können ihr Leben lang einen untergeordneten Posten bekleiden, weil sie ihre Fähigkeiten nicht kennen, weil sie schüchtern, verdrängt, voller Komplexe sind. Weitere sind in ihrer Arbeit verkrampft und vermögen sich nie anzupassen. Soll man wirklich so viel dem Zufall überlassen? Lohnt es sich nicht, jeden nach seinen Fähigkeiten und Verdiensten an den richtigen Platz zu setzen, um den inneren Frieden des Arbeitenden und eine bessere Leistung für den Arbeitgeber zu erzielen?

Es gibt enge Zusammenhänge zwischen dem Temperament und der Tätigkeit, also sollte die Wahl eines Berufes weitgehend vom Temperament und vom Charakter abhängen. Viele Leute finden in ihrer Arbeit oder ihrem Studium keine Befriedigung, und man kann sich fragen, ob diese Tätigkeit ihrer wahren Persönlichkeit entspricht. Die Anpassung des Menschen ist eines der grossen Probleme des Lebens, und nur wenige wählen ihre Aufgabe mit Sachkenntnis! Verständlicherweise sind die meisten Eltern unsicher. Soll man dem Kind eine praktische Tätigkeit nahelegen oder ihm eine akademische Ausbildung geben? Soll man seine Wünsche berücksichtigen oder abschlagen? Folgende Frage drängt sich auf: Lassen sich die körperlichen und geistigen Fähigkeiten eines Menschen diagnostizieren, auswerten und messen?

Das Beispiel von Herrn Jean P.

Als Direktionssekretär hat er einen verantwortungsvollen Posten. Sein direkter Vorgesetzter ist ein rechthaberischer, unbeugsamer Mensch, der mit Kritik nicht gerade sparsam umgeht! Tag für Tag geht Jean P. mit Angst an seine Arbeit, die er durch sein Studium, durch seine Beziehung bekommen hat. Er wirkt ängstlich, blass, mager, macht immer mehr Überstunden, damit «sein Direktor seine Fähigkeiten und seinen Eifer sieht».

Nach einem psychologischen Gespräch und einer psychotechnischen Untersuchung steht fest, dass P. von einem herrschsüchtigen Vater erzogen wurde, der seine Persönlichkeit buchstäblich unterdrückte. Er ist schüchtern, hat Angst vor der Kritik und leidet unter Schuldgefühlen. Mit einem Wort: Er wird von einem Ödipuskomplex geplagt. Er hat stark weibliche Neigungen, versucht unbewusst den anderen zu gefallen und zu dienen, um der Kritik, die er nicht leiden kann, aus dem Wege zu gehen. Er ist äusserst liebenswürdig und aufmerksam, hat jedoch Anst vor der Männlichkeit und der Brutalität, die ihn erstens an die väterliche Erziehung, zweitens an seine zerstörte Männlichkeit erinnern. Er sucht die Gesellschaft von Frauen, solange er sich ihnen gegenüber nicht männlich verhalten muss.

Im heutigen Berufsleben des J. P. erinnert der Direktor durch seine Herrschsucht und seine Strenge ständig an den Vater. P. fühlt sich unterdrückt und minderwertig, er spürt in seinem Innersten eine ständige Feindseligkeit gegenüber seinem Chef, wie seinerzeit gegen seinen Vater. Er verdrängt jedoch seine Feindseligkeit und seine Emotionen, fühlt sich immer schuldig, weil ihn sein Vater fünfzehn Jahre lang daran gewöhnt hat. Als Folge dieser Tausenden von verdrängten Feindseligkeiten ist das Nervensystem völlig aus dem Gleichgewicht geraten, und P. fühlt sich immer minderwertiger und unfähiger. Er trägt sich sogar mit der Absicht, ins Kloster zu gehen, als Flucht vor einer Situation, die er nicht mehr bewältigen kann. Also Selbstverachtung und Neurasthenie über kurz oder lang...

Dabei hätte eine psychologische Untersuchung die Verdrängungen und Komplexe noch ans Tageslicht bringen können, und P. hätte entweder einen anderen Beruf gewählt oder er hätte doch seine jetzige Tätigkeit, aber bei besserer Kenntnis seiner selbst, ausgeübt. Er hätte seine inneren Vorgänge klar erkannt und ihnen entgegenwirken können, statt den ständigen Emotionen und einem starken Gefühl des Scheiterns ausgesetzt zu sein.

Was P. nicht sein sollte

Zum Beispiel Chirurg, Offizier, Betriebsleiter, Turnlehrer, Masseur, Psychologe, Seemann, Anwalt, Beamter mit hoher Verantwortung.

Was P. sein könnte

Zum Beispiel Philosophie- oder Mathematiklehrer, Damenfriseur, Modezeichner, Künstler, Schriftsteller, Angestellter ohne grosse Verantwortung usw.

Achtung! Selbstverständlich sind solche Beispiele nicht allzugenau zu nehmen, denn die hier erwähnten Berufe könnten auch aufgrund eines ganz anderen Charakters gewählt werden.

Ein weiterer Fall

Der Charakter:

Eine «männliche Frau», die das Bedürfnis hat, sich aggressiv zu behaupten, die Männer ablehnt und sie zu erniedrigen sucht. Kurz: Sie lehnt ihre Rolle als Frau ab.

Was sie nicht sein darf

Angestellte, Stenotypistin, Näherin, Mannequin usw.

Was sie sein darf

Direktionssekretärin, Zahnärztin, Sozialarbeiterin, Krankenschwester, Abteilungsleiterin usw. Oft auf Kosten der anderen! Zudem würden ihre Kompensationen ohne psychologische Behandlung sie nicht daran hindern, innerlich unglücklich zu sein ...

Ein weiterer Fall

Der Charakter:

Ein Choleriker, wie im Kapitel über die Temperamente bereits beschrieben: sozial, aber aggressiv, herrschsüchtig. Nehmen wir an, er leide unter Verdrängungen, die er durch seinen Beruf exteriorisiert.

Was er nicht sein darf

Damenfriseur, Antiquar, Lehrer, Kunstkritiker, Priester, Hotelier, Arzt, Politiker usw.

Was er sein darf

Boxer, Förster, Reisevertreter, Dompteur, Zahnarzt, Chirurg, Chauffeur, Masseur, Turnlehrer, Bildhauer, Ingenieur.

Ein weiterer Fall

Der Charakter:

Ein Cerebrotoniker, melancholisch und nervös, in sich zurückgezogen. Leichte Tendenz, sich selbst zu bewundern. Sucht Einsamkeit oder die Bewunderung seiner Mitmenschen. Geistiges Brüten, schnelle Ermüdung.

Was er nicht sein darf

Matrose, Flieger, Sänger, Fabrikarbeiter, Tierarzt, Zahnarzt, Chirurg, Geschäftsmann, Politiker, Masseur.

Was er sein darf

Volksschullehrer, Philosophielehrer, Buchhalter, Graphiker, Schriftsteller, Laborforscher, Nachtwächter, Antiquar usw.

Ein weiterer Fall

Der Charakter:

Ein Paranoider voller Geltungsdrang, schöpferisch veranlagt, sogenannt «grössenwahnsinnig».

Was er nicht sein darf

Alle Berufe, die ein bestimmtes Mass an Gehorsam und Unterwürfigkeit erfordern.

Was er sein darf

Alle freien, «höheren» Berufe: Organisator, Archäologe, Astrologe, Apotheker, Chemiker, Richter, Detektiv, Anwalt usw.

Psychotechnik

Die Psychotechnik ist die Untersuchung des Charakters und der sozialen Reaktionen der Testperson mit dem Zweck, ihre geistigen, physischen und handwerklichen Fähigkeiten zu ermitteln. Eine vollständige psychotechnische Untersuchung wird durchgeführt:

a) durch den Arzt, der die körperlichen Fähigkeiten feststellt,
b) durch den Psychotechniker, der den Charakter und die geistigen Fähigkeiten untersucht.

Es gilt, die Person, deren Gleichgewicht, Emotivität, Nervosität, Temperament, Komplexe usw. kennenzulernen. Aufgrund dieser Ermittlungen wird ihr dann eine entsprechende Tätigkeit empfohlen, oder man entscheidet, ob der gewählte Beruf der Persönlichkeit entspricht.

Die Tests

sind die eigentlichen psychotechnischen Prüfungen. Diese bestehen aus einer bestimmten, für alle Testpersonen gleichen Aufgabe, mit einer klar umrissenen Technik zur Einschätzung des Erfolgs oder Misserfolgs oder zum numerischen Ausdruck des Ergebnisses. Bei den verschiedensten Tests muss die Testperson

a) bestimmte Fragen schriftlich beantworten,
b) eine bestimmte Arbeit ausführen,
c) mündliche Fragen zur Ermittlung ihrer Intelligenz beantworten, oder
d) sie wird bestimmten Proben unterzogen, die ihre Persönlichkeit, die tieferen Interessen, den Charakter und die Komplexe usw. zeigen.

Die breiteste Anwendung haben die Tests in der angewandten Psychologie, das heisst im pädagogischen, im industriellen und im Kriminalbereich usw. gefunden. In der Psychologie ist der Test nicht Hauptsache, sondern bloss eine Zusatztechnik. Leider ist die breite Öffentlichkeit darüber schlecht informiert. Viele Leute sind der Auffassung, ein Test sei bloss eines dieser Gesellschaftsspiele, die gewisse Zeitschriften wöchentlich bringen, wie zum Beispiel: «Beantworten Sie die folgenden Fragen. Haben Sie mehr als zehn Punkte, haben Sie diesen, bei weniger als zehn Punkten jenen Charakter... Haben Sie nur drei Punkte, ist es höchste Zeit für eine Behandlung (!) usw., usw.»

Diese kindlichen Spiele sind nicht nur lächerlich, sondern geben dem Publikum eine falsche Vorstellung von der Psychotechnik.

Ungeachtet des Wertes eines Tests, darf dieser nie als absolutes Ergebnis, sondern nur als Hinweis gewertet werden. Die Persönlichkeit eines Menschen ist so unendlich weit, dass kein Test auf dieser Welt sie ganz erfassen kann. Deshalb sollte jeder Psychotechniker die Techniken der Tiefenpsychologie gründlich kennen.

Lieber ein Psychologe ohne Test als ein Test ohne Psychologen! Doch ideal wären gute Psychologen mit guten Tests.

Berufsberatung

Die Berufsberatung gewinnt immer mehr an Bedeutung. Ihr Ziel ist es, dem Kind oder Jugendlichen einen Beruf zu empfehlen, der seinen Fähigkeiten und seinem Geschmack entspricht. Die Berufsberatung basiert grösstenteils auf den Ergebnissen psychotechnischer Tests, die den Entwicklungsgrad, die psychologischen Fähigkeiten und sogar die zukünftige Charakterentwicklung des Kindes zeigen können. In den meisten Städten gibt es amtliche Berufsberatungsstellen, deren Leistungen in der Regel kostenlos sind. Manchmal werden die Ergebnisse schriftlich mitgeteilt, oder die Eltern werden eingeladen, bei den Tests dabeizusein. Solche Berufsberatungsstellen sind neutral, und ihr Besuch kann allen Eltern empfohlen werden.

Graphologie

Die Graphologie untersucht den Charakter eines Individuums aufgrund seiner Handschrift und hat sich im Laufe der letzten Jahrzehnte beachtlich entwikkelt. Sie wird in der Psychotechnik, in der Industrie und im Geschäftsleben häufig angewandt. Es steht ausser Zweifel, dass der Mensch allem, was er tut, den Stempel seiner Persönlichkeit aufprägt. Dabei ist die Handschrift ein wichtiger Aspekt der Gehirntätigkeit, ein «Markenzeichen», wie die Gangart, die Redensweise usw. Es ist eindeutig erwiesen, dass eine seriöse Graphologie viele Charakterzüge aufdecken kann, womit sie zu einem wertvollen Hilfsmittel der angewandten Psychologie wird und viele Fehlbeurteilungen verhindern kann. Heute kann die Graphologie folgendes feststellen helfen:

Auf dem geistigen Gebiet: Organisation – Ordnung – Kultur – Urteilsfähigkeit – kritischer Sinn – Originalität – Flexibilität – Phantasie – Aufmerksamkeits- und Konzentrationsfähigkeit – Geistesstörungen.

Auf dem sozialen Gebiet: Beziehungen zu den anderen – Verantwortungsgefühl – berufliches Wissen – Zuverlässigkeit – Abhängigkeit oder Unabhängigkeit.

Charakter: Intro- oder Extravertiertheit, Emotivität, Affektivität, Willenskraft, Mut, Temperament, Dynamik.

Der sich für Graphologie interessierende Leser findet leicht entsprechende Literatur. Zudem gibt es gute Schulen, die sie lehren. Dieses Gebiet ist sicher faszinierend, doch es hat seine Grenzen – wie jede menschliche Wissenschaft. Man kann behaupten, dass alles, was ein Mensch in seiner Handschrift projiziert, seine entsprechenden Charakterzüge zeigt. Theoretisch wäre es also möglich, sie daran zu erkennen, praktisch hängt jedoch alles von den Grenzen der Graphologie ab, wenngleich eine zukünftige rasche Entwicklung dieser noch verhältnismässig jungen Wissenschaft ausser Zweifel steht.

VIII. Die Erziehung

Das Thema «Erziehung» ist ebenso komplex wie die Welt. Unser Leben hängt davon ab, wie auch die gemeinsamen Freuden und Leiden. Auch Kriege sind nichts als die Verallgemeinerung persönlicher Gefühle.

Die Erziehung führt zur Freude, zum Frieden und zur intelligenten Ausgeglichenheit, aber auch zur Einschränkung der Fähigkeiten, zur Krankheit und zum Misserfolg. In diesem Werk habe ich bereits oft von Erziehung gesprochen; nun werde ich versuchen, ihr eine erweiterte Bedeutung zu geben.

Fehler schiebt man nur zu gerne in die Schuhe der direkten Erzieher, was das Problem nur einengt; denn jeder Erzieher ist selbst das Ergebnis der Erziehung, die er genoss und die wiederum die Fortsetzung vorangegangener Erziehung war, usw. Die Erziehung ist also eine endlose Kette, mit manchmal tragischen Folgen. Deshalb muss das Problem in einer erweiterten Optik gesehen werden, statt durch das Schlüsselloch unseres «Ichs». Es muss von einer allgemeinen menschlichen Betrachtung ausgegangen werden; denn von sich aus verallgemeinern zu wollen ist schlicht und einfach absurd.

Die Erziehung der anderen beginnt mit der Erziehung seiner selbst

Es ist dies eine Regel ohne Ausnahme, ein hartes Gesetz, an dem nichts zu rütteln ist. Was würde man von einem Arzt denken, der Körper behandelt, die er gar nicht kennt? Oder von einem Priester, der aus einem Herzen voller Feindseligkeit predigen würde? Diese wären bestimmt am falschen Platz. Der junge Mensch muss oft viele Prüfungen ablegen, um einen Platz an der Sonne des Berufslebens zu erhalten, aber jeder kann von heute auf morgen Erzieher werden!

Aufgabe des Erziehers ist es, die Selbstkenntnis, die Wahrheit und das Gleichgewicht zu schenken und die geistigen Fähigkeiten zu erweitern. Um diese Aufgabe zu erfüllen, muss er aber selbst diese Weisheit, diese Ausgeglichenheit sein. Wer die Sonne nicht kennt, kann nicht darauf hinweisen, und der Erzieher, der diese Ausgeglichenheit nicht besitzt, muss dies nun einsehen und sich nicht für das halten, was er nicht ist: So beginnt für ihn der Weg zu Selbsterziehung und Selbsterkenntnis.

Viele Erzieher stellen sich bange Fragen über ein Kind oder einen Jugendlichen, der auf die schiefe Bahn gerät, lügt, stiehlt oder falsch, schüchtern und aggressiv ist. Aber nur wenige von ihnen fragen zuerst sich selbst. In den meisten Fällen ist ein Kind nicht nur verdorben, sondern verdorben worden, und wenn es lügt oder stiehlt, genügt es nicht, ihm ein Wahrheits- und Ehrlichkeitsideal vorzugaukeln. Man muss zu verstehen suchen, warum es lügt oder stiehlt, denn alles hat seine Ursache.

Man kann nur die Erziehung weitergeben, die man selbst erhalten hat, und zwar ganz automatisch. Unerlässlich ist es, dass man in sich selbst den Sinn des Lebens sucht, um sich kennenzulernen und von einer respektablen Anzahl schädlicher Konditionierungen zu befreien. Man neigt immer dazu, alles durch sich selbst zu sehen, aber dieses Selbst muss eine klare, durchsichtige, keine verdunkelte Scheibe sein, sonst verlangt man vom Kind, dass es nicht das wird, was es ist, sondern das, was man will.

Unsere eigene Erziehung geht vor

Viele Leute sind in ihrer Lebens- und Denkart «erstarrt», und darin liegt die Ursache mancher versäumter, unvollständiger Erziehung. Für viele Leute ist ein Tag bloss die automatische Wiederholung des vorangegangenen Tages. Erstens, weil sie in diesem Sinne erzogen wurden, zweitens, weil Tausende von Kristallisierungen auf ihren Verdrängungen und Komplexen gewachsen sind. Sie leben dann von geistigen «Tricks» und abgedroschenen «Slogans», die ihnen wohl eine Art Scheinsicherheit geben, die sie aber leider auch ihren Kindern übertragen. Viele Väter geben ihren Kindern «Weisungen», die an alte Dokumente aus der Schublade erinnern, und daraus besteht ihre «Erfahrung», ihre «Weisheit». Taucht eine bestimmte Situation auf, wird die Schublade geöffnet, und einige klare «Prinzipien» werden ihr entnommen. Dabei könnten diese Männer intelligent und weitsichtig handeln. Leider haben sie irgendwann einmal die Tür verschlossen, wahrscheinlich in der Annahme, ihr Leben sei bereits gemacht und ihr Charakter voll entwickelt. Zu allem Übel wurden sie von der Hektik des Lebens mitgerissen: «Keine Zeit!» wurde zum Hauptslogan. Sie verwendeten dann keine zehn Minuten täglich, um sich selbst zu untersuchen und zu entwickeln, oder sie haben es versucht und sich plötzlich über einem schwarzen Abgrund befunden, dann haben sie aus Angst schnellstens das Guckloch wieder verschlossen.

Aber eben: Nun steht das Kind da, mit seiner Neugierde, mit seinem Wunsch, alles zu untersuchen und zu verstehen. Es will erzogen werden, das heisst, man muss ihm diese möglichst grosse geistige Offenheit erhalten. So sieht es nun ungefähr aus: einerseits das Kind, das bereit ist, alles zu verstehen, zu erfassen und zu schätzen, andererseits der «erstarrte» Erzieher, der nichts mehr versteht und erfasst als ein paar Kristallisierungen aus seinem beschränkten Horizont...

Die Entwicklung dieses Erziehers ist stillgestanden, und ihm steht ein junges Wesen gegenüber, das sich entwickeln will.

Warum haben Sie ein Kind?

Vor der Erziehung steht natürlich die Zeugung, das heisst die Schaffung eines Lebens, das zum Denken, Fühlen, Leiden, Lachen und Bewusstsein bestimmt ist. Es ist dies eine der folgenschwersten Handlungen der Welt, und ich kann nicht umhin, einige Antworten, die ich auf die Frage «Warum wollen Sie ein Kind?» erhielt, wiederzugeben.

- So ist das Leben, nicht wahr?
- Weil ich Kinder gerne habe.
- Mein Mann wollte keins, aber ich schon.
- Fünf will ich, nicht mehr und nicht weniger.
- Drei Mädchen habe ich schon, aber ich will einen Jungen.
- Ich weiss nicht...
- Damit mein Beruf weitergeführt wird. Schade, dass dieser Beruf am Aussterben ist.
- Ich hätte lieber noch ein bisschen gewartet, aber eben, es ist halt da.
- Ich will einen Stammhalter.
- Um meine nicht allzugut gehende Ehe zu kitten.
- Um mich nicht mehr so einsam zu fühlen.
- Oh! Wissen Sie, es war ein Unfall!
- Meine Frau wollte ein Mädchen, ich einen Jungen. Es ist halt ein Mädchen, janu, ich habe es trotzdem gern.
- Mein Mann will eins.
- Meine Frau will eins.
- Eine Frau ohne Kind ist keine Frau.
- Das Problem stellt sich nicht, wenn die Liebe wahr ist.
- Ein in der Liebe geborenes Kind muss glücklich sein.
- Weil ich nach bestem Wissen und Gewissen das Gefühl hatte, gesund und ziemlich ausgeglichen zu sein, und so hoffe ich, dass mein Kind auch glücklich wird.

So – die letzten drei Antworten sind an sich gut, aber die anderen...! Kein Egoismus, doch schlicht und einfach Verantwortungslosigkeit. Diese Leute werden also offiziell zu «Erziehern». Aber was wollen sie denn erziehen und mit welchen Kenntnissen, mit welcher Intelligenz? Und vor allem: mit welcher Liebe? Dem Herzen wird bange, dem gesunden Menschenverstand auch...

Allzuoft ist Erziehung nur Einengung

Ganz einfach, weil zu viele Erzieher (Eltern, Lehrer, Moralisten, Philosophen) selbst geistig eingeengt sind, sobald sie endgültige Meinungen haben, die andere mögliche Meinungen automatisch eliminieren. Die blosse Zugehörigkeit zu einer Nationalität, Rasse, Sozialklasse usw. ergibt bereits eine gewisse Einengung und bestimmte Vorurteile, von denen man sich nur sehr schwer befreien kann. Man muss sich aber von all diesen Vorurteilen befreien, will man seine Fähigkeiten voll ausnützen und einen brauchbaren Erziehungsbegriff erlangen können. Zudem drehen sich Millionen und Abermillionen von Leuten um ihre Komplexe, Verdrängungen, Ängste, Meinungen usw., was unweigerlich zu vorgefassten Ideen und unbewussten Gewohnheiten führt. Die Menschheit ist unterteilt, in jedem Abteil gibt es Tausende von Feinunterteilungen, und von diesen unbeschreiblichen Einengungen aus wird erzogen!

Stellen wir uns beispielsweise einen Aristokraten vor, der nur Aristokrat ist, das heisst unfähig, seinen Geist anderen Anschauungen als seinen aristokratischen Vorurteilen, Meinungen, Feindseligkeiten, Toleranzen und Intoleranzen zu öffnen. Dieser geistig «spezialisierte» Mensch gibt natürlich eine rein aristokratische Erziehung, schickt sein Kind in eine aristokratische Schule, und so entstehen neue, geistige Kanalisierungen. Das Kind wird wie die vielen Jünglinge, die die Schule bereits vor ihm absolviert haben, es hat die gleiche Redeweise, die gleiche Gangart, die gleiche Bekleidung usw. Mit einem Wort: Es hat eine geistige Uniform gekriegt, die seine allgemeinen spontanen Möglichkeiten stark eingeschränkt hat. Das Kind ist wohl «gut erzogen» wie eine gut laufende Maschine – weiter nichts.

Was passiert bei einem bürgerlichen Menschen, der auch nur bürgerlich ist? Wieder dasselbe Spiel, und so teilt sich die Menschheit in zahllose Abteile voller Firlefanz, der mit dem Firlefanz des Herrn Nachbarn nichts zu tun hat. Viele Menschen lassen sich von ihren persönlichen, begrenzten Erfahrungen fesseln und wissen nichts von den Erfahrungen anderer, die sie übrigens gar nicht mehr verstehen würden.

Ganz anders ist die echte Erziehung, die den Geist befreit, statt ihn einzuengen, die die Fähigkeiten erweitert, Vorurteile verhindert, Kristallisierungen und Ängste eliminiert. Statt dem Kind ein phantastisches Wissen zu vermitteln, sollte man etwas mehr Zeit dafür verwenden, ihm beizubringen, wie es sich selbst kennenlernen kann. Dabei ist es gleichgültig, ob das Kind Müllfuhrmann oder Premierminister wird.

Allzuoft ergibt die Erziehung bloss eine durch Dressur eingestellte Maschine. Zudem zwängen viele Neurotiker gerade wegen ihrer Neurose eine falsche Erziehung auf. Manche Erziehung vermittelt nur die Angst vor dem Leben, die Suche nach Kompensationen in Neurosen, die Aggressivität usw. Und dieselben Erzieher sind dann überrascht, wenn ein Krieg unseren Planeten verwüstet. Statt zu zerstören und einzuengen, muss die Erziehung aufbauend wirken. Was nützt die grösste und schönste Orgel, wenn man nur ein paar Töne spielt?

Wenn die Erwachsenen wieder zur Schule gehen

Wer wieder die Schulbank drückt, sieht ein, dass er nichts weiss, dass er falsche oder unvollständige Begriffe besitzt. Die Erziehung basiert in erster Linie auf einer inneren Kenntnis. Stimmt am inneren Zustand etwas nicht, so sind die daraus entwickelten Begriffe zwangsläufig falsch. Es ist dies eine Grundwahrheit, die viele Leute nicht sehen wollen, weil sie Angst davor haben. Eine psychologische «Verwachsung» schlägt sich auf alle Handlungen nieder: Alle Komplexe, Minderwertigkeitsgefühle, Verdrängungen usw. beeinflussen unser ganzes Leben. Wiedererziehung bedeutet, dass man sich nach und nach von seinen Schlacken reinigt und vor allem die eigene Unwissenheit akzeptiert.

«Ich werde wohl wissen, wie ich mein Kind zu erziehen habe, und niemand hat mir da dreinzureden!» Das hören wir fast täglich. Wenn es aber um die Wartung seines Wagens geht, rennt der gleiche Herr zum Mechaniker, bittet um Ratschläge über Bereifung usw. Er würde sich auch beim Bau eines Eigenheimes beraten lassen. Doch bei der Erziehung kommt es nicht in Frage! Diese Einstellung ist aggressiv und kindisch. Sie zeugt also von Angst. Wieder einmal begegnen wir hier einer falschen Überlegenheit, die einem Minderwertigkeitsgefühl entspringt.

Zurück zur Schule heisst, «sich selbst kennenlernen». Ohne diese Einsicht und dieses Bestreben ist aber keine voll gültige Erziehung möglich, sondern nur eine starre, vorgefasste Erziehung aus dem Ich. Keine Spur von dieser vielfältigen Flexibilität und dem unbeschränkten Verständnis, die Voraussetzung für die Erziehung sind.

Man sollte sich vom Bedürfnis innerer Sicherheit befreien

Hier liegt das Problem. Die meisten Menschenleben werden von der Angst gesteuert, sei es die Angst auf dem Gebiet der Sexualität, der Religion, der Moral oder die Angst aus Minderwertigkeitsgefühlen, die Angst vor der Meinung anderer Leute, vor der Wahrheit usw. All diese Ängste rufen wiederum Verdrängungen, Komplexe und Aggressivitäten hervor. Dabei wissen die meisten Menschen nichts von ihren unbewusst bleibenden Ängsten, auf welche ihr ganzes Leben basiert! Jede Suche nach Überlegenheit, Autorität, Macht usw. entspringt nur der Angst. Der Mensch «erstarrt» in zahllosen Ticks, Gewohnheiten und Kompromissen, die ihm eine Illusion von Kraft und Macht geben. Er hat viele Kompensationen und ist mit einem Schutzpanzer versehen, dank dem er die Angst eliminiert zu haben glaubt, und leidet trotzdem unter seinen inneren Konflikten, die deshalb so gefährlich werden, weil sie unsichtbar sind. Der Mensch zieht sich in sich zurück und erstarrt, dreht sich um die eigene Achse, ob er will oder nicht, das heisst, er wird automatisch unfähig, den gelösten, gesunden Verstand walten zu lassen.

Wenn wir starke Kopfschmerzen haben, sind wir auch kaum mehr in der Lage, den Problemen anderer viel Verständnis entgegenzubringen, und bei psychologischen Schmerzen ist es genau dasselbe. Solange der innere Konflikt andauert, ist das allgemeine Verständnis unmöglich, denn man «versteht» durch den eigenen Hauptzustand des Leidens. Verursacht der psychologische Schmerz Angst, wird alles durch diese Angst gesehen. Und alles trägt dazu bei, diese noch zu verstärken. Was kann schon ein Mensch, der alles verdrängt, verstehen? Überhaupt nichts, sondern er kann nur durch seine Verdrängungen schauen. Dies gilt für sämtliche psychologischen Leiden. Hauptziel ist es also, sich von der eigenen Angst zu befreien, um diese nicht zu übertragen und um die Verständnisfähigkeit zu erlangen.

Der Weg zur Lösung ist also ein Befreiungsprozess, was natürlich voraussetzt, dass man weiss, wovon man sich zu befreien hat: Gerade das ist die Aufgabe der Psychologie, will man dem Mitmenschen nicht Richtlinien geben, die ihm überhaupt nichts nützen. Der Mangel an Verständnis verhindert, dass man sich in die Lage des anderen versetzt, was bei vielen Neurosen und bei der von Herrschsüchtigen gegebenen Erziehung besonders stark zum Ausdruck kommt.

Erziehung und Krieg

Erziehung in der uns bekannten Form ist auf einer Grundlage der Diskriminierung aufgebaut. Sie trennt die Menschen nach Ideologien, Klassen, politischen und religiösen Richtungen usw., was das Tätigkeitsfeld des Einzelnen einengt und seine freie Entfaltung beeinträchtigt. Solange man einem Menschen immer wieder sagt, er gehöre jenem Land, jener Religion oder jenem Sprachgebiet an, macht man seine Entfaltung zunichte. Zudem entwickelt man bei ihm die Feindseligkeit gegenüber den anderen. Die Erziehung von heute treibt den Menschen in Gewalt, Hass, Verachtung und brutalen Wettbewerb. Denken wir nur an die Gefühle «armer» Kinder ihren kleinen, reichen «Kameraden» gegenüber – und umgekehrt! Keine Spur von Liebe, doch das Kind ist nicht von sich aus so, es wird es, weil es ihm beigebracht wird, und dies wiederholt sich millionenfach in allen Ländern. Menschlich gesehen wahrhaftig entsetzlich. Diese Art Erziehung führt unweigerlich zum Krieg. Solange der Mensch nicht lernen will, sein inneres Wesen wiederzufinden und sich selbst zu kennen, wird es Kriege geben. Statt einzusehen, dass die menschliche Natur auf jedem Punkte der Erde genau gleich ist und dass alles andere ein oberflächlicher Zierlack ist, sagt man sich immer wieder, man sei Franzose, Belgier, Engländer, Papuaneger, reformiert, katholisch, Mohammedaner, reich, arm usw. – bis die so erzogenen Menschen im Namen ihres Landes, ihrer Religion, ihrer politischen Ideologien töten! Dieser Zustand wird so lange andauern, wie die Erziehung die Menschheit in getrennte feindliche Gruppen teilen wird. Das Problem liegt hier nicht beim Kind, sondern beim Erzieher und beweist, wie die Menschen noch ängstlich und ungewappnet sind.

Erziehung und Liebe

Ohne Liebe ist keine Erziehung möglich. Ohne Liebe gibt es nur Dressur und das Beibringen von Kenntnissen und guten Manieren! Liebe ist innere Fülle, und alles, was diese Fülle verhindert, verhindert auch die Liebe. Die Voraussetzungen der Liebe sind äusserst zahlreich und schwierig. Zu lieben glauben und wirklich lieben ist zweierlei; denn Liebe setzt Ausgeglichenheit und innere Kraft voraus. Alles, was schädigt und die Entfaltung beeinträchtigt, beweist Mangel an Liebe.

Jeder Psychologe weiss, wie wenige Erzieher die, die sie zu erziehen haben, wirklich lieben. Solche Erzieher haben eine falsche «Liebesanschauung»; denn Liebe ist Geben und nicht Nehmen.

Leider wird auch der Begriff dieses Gebens oft falsch verstanden, und zwar bei allen Herrschsüchtigen, gleichgültig welcher Art, ob diese Herrschsucht sich nun durch Gewalt oder in einem Gütigkeitsmantel versteckt durchsetzt. Viele «Erzieher» würden für ihr Kind alles geben, doch das ist nicht Liebe, denn ihr unbewusstes Ziel ist es, das Kind besser zu dominieren, indem man zeigt, wie «gut» man mit ihm ist, und um jede offene Rebellion zu verhindern. Und die innere Rebellion? Diese haben sie geflissentlich übersehen, denn ihr unbewusstes Ziel ist es wieder, die eigene innere Sicherheit zu wahren, indem sie sich mächtig und respektiert glauben. In dieser Situation wird jede spontane Handlung des Kindes als Rebellion oder gar als Ohrfeige empfunden.

Eine Mutter, die ihr Kind «verhätschelt», liebt es nicht wirklich, weil sie seine eigene Entwicklung und Entfaltung verhindert, und viele Eltern übertragen ihre eigenen Ambitionen auf das Kind:

- Ich will, dass er der Schönste ist.
- Ich möchte, dass er der Gescheiteste ist.
- Er soll die schöne Stellung bekommen, die ich nie hatte.
- Er muss mein Werk fortsetzen.
- Ich möchte, dass er sich gut verheiratet.
- Er soll das verwirklichen, was ich nicht verwirklichen konnte.
- Diese Art Erziehung war bei mir erfolgreich und wird auch bei meinem Sohn Erfolg haben.
- Meine Mutter hat mich mit vierzig Jahren noch geohrfeigt. Das werde ich mit meinem Sohn auch tun, das ist die Voraussetzung des Erfolgs, usw., usw.

Wo bleibt denn da die Liebe? Welcher dieser «Erzieher» versetzt sich in die Lage seines Kindes? Und doch glauben diese Eltern zu lieben und «für das Wohl des Kindes» alles zu tun. Ein folgenschwerer Fehler.

Sie tun alles für sich selbst und wünschen, dass das Kind nach ihrem Willen und ihren Ambitionen aufwächst, wobei für sie kaum eine Rolle spielt, was das Kind wirklich ist. Solche Erziehung führt stets zu inneren Konflikten, das heisst auch zu Leiden, Neurosen, Feindseligkeiten, Minderwertigkeitsgefühlen.

Ein Vater sagte einmal zu mir: «Minderwertigkeitskomplexe? Kenne ich nicht! Sehen Sie mich mal an, hab' ich so was? Mein Sohn muss in die gleiche Schule wie ich. Das will ich. Und er kann es, wenn er will. Das ist für sein Wohl, und ich kenne nichts anderes!» Später wurde dieses Kind bestimmt zu einem Jüngling voller Minderwertigkeitsgefühle und mit gebrochenem Willen.

Jede Erziehung, die innere Konflikte hervorruft oder die Persönlichkeit einengt, zeugt von mangelnder Liebe und fehlendem Verständnis und ist schliesslich nur versteckter Egoismus.

Gewisse Erzieher handeln unter dem Vorwand der Charakterfestigkeit und prahlen mit ihren unerschütterlichen Prinzipien, das heisst, sie verwechseln Sturheit mit Willenskraft, und in den meisten Fällen verfehlen sie ihr Ziel, weil ihre Verkrampfung das Ergebnis versteckt hat. Eine Katastrophe entsteht, wenn solche Menschen Familienväter sind und bereit, ihre Umgebung, ihre Angehörigen und Kinder «für ihr Wohl zu quälen»! Der innere Vorgang? Wiederum die Angst und die Kompensation. Eine «Revision» ihrer Meinungen wäre für sie ein Beweis von Schwäche und Charakterlosigkeit. Ein solcher Vater sagte zu mir: «Meine Prinzipien bleiben immer gleich, so wie ich, und ich gebe sie meinen Söhnen weiter. Später werden sie einsehen, dass das gut ist, und sie werden mir dafür danken.» Aber nein: Seine Söhne werden sich nicht bedanken, und das Ergebnis wird ganz anders ausfallen. Sie werden feststellen, dass ihr Vater sie nicht liebte, sondern dressierte, und das ist nicht genau dasselbe! Für ihre Angst, ihre Schüchternheit und ihre Misserfolge werden sich diese Söhne kaum bedanken.

Die Suche nach innerer Sicherheit oder Verherrlichung der eigenen Prinzipien hat mit Liebe nichts zu tun. Erziehung, die die Menschen trennt, auch nicht. Das alles führt zu Feindseligkeit, Konflikten und Leiden, das alles zerstört die Gesellschaft. Liebe trennt nicht, zerstört nicht.

Wie soll man erziehen, wenn man selbst einer Gesellschaftsklasse, einer Religion, einer Partei oder gar dem eigenen Nachbarn feindlich gestimmt ist? Eine solche Erziehung kann die Intelligenz und den Verstand der Kinder nicht erweitern, sondern sie lehrt Überheblichkeit, bitteren Wettbewerb und Trennung oder auch Misserfolg, Angst und Machtlosigkeit vor dem Leben. Sind die Fähigkeiten des Erziehers durch Neurose, falsche Lebensanschauung oder Kristallisationen beschränkt, so kann er das Leben nicht in dessen Gesamtheit betrachten. Dabei sollte die Erziehung eine Erweiterung der Intelligenz innerhalb der allgemeinen Lebensanschauung sein. Erziehen heisst nicht, zu glänzenden Examenerfolgen führen, ist nicht blosse Übertragung trockenen Wissens, sonst ist die Erziehung ohne Liebe, ohne Menschlichkeit.

Erziehung = Zusammenarbeit

Echte Erziehung kennt keinen Vorgesetzten und keine Untergebenen, sondern ist eine Zusammenarbeit. Wenn wir ein Kind erziehen, lernen wir von ihm ebensoviel wie es von uns. Viele Erzieher haben das falsche Gefühl, ihren Zöglingen überlegen zu sein. Diese Vorstellung ist absolut falsch, manchmal ist es gerade umgekehrt. Denn das Kind oder der Jugendliche will lernen und sein Bewusstseinsfeld erweitern, während viele Erzieher zu lernen aufgehört haben! Sobald ein Gefühl der Überlegenheit aufkommt, besteht die Gefahr, durch Herrschsucht das zu übertragen, was man für die Wahrheit hält. Dabei wird eine Wahrheit nicht übertragen, sondern jeder muss sie in sich selbst finden. Hält sich der Erzieher für überlegen, so konzentriert er sich auf eine Rolle, die er zu retten versucht: Seine Autorität wird zum unbewussten Wunsch, recht zu haben. Er will, dass der Erzogene seine Weisheiten und Richtlinien diskussionslos akzeptiert, und ist verletzt, wenn dies nicht der Fall ist.

Dadurch werden die Intelligenz und die Spontaneität des Kindes stark strapaziert. Man zwingt das Kind, seinen eigenen Verstand und seine Denkweite einzuengen, und hindert es daran, menschliche Werte wahrzunehmen, die ihm selbst entsprechen. Die falsche Überlegenheit heisst «dominieren» und ein durch ein deformiertes Ich erfundenes Verhalten aufzwängen. Der Erzieher erhält dadurch das Machtgefühl, das ihn vor der Machtlosigkeit rettet: Dies ist bei neurotischen Eltern, Lehrern, ja sogar Regierungschefs der Fall.

Der Erzieher sollte im Gegenteil in grosser Demut leben und handeln, denn auch er muss täglich dazulernen. Nur so kann sein Geist offen und zugänglich bleiben. Ein Kind erziehen heisst, sich an seine Stelle zu versetzen, was voraussetzt, dass der eigene Geist zuerst von allen bremsenden Einflüssen befreit wird. Der echte Erzieher ist innerlich reich, er gibt, ohne nehmen zu wollen, er hat kein Überlegenheitsgefühl, will nichts aufzwingen und betrachtet seine Erzieherrolle lediglich als sein momentanes Schicksal, während das Erzogenwerden Schicksal des anderen ist.

Dazu muss der Erzieher selbst auch mit allen verfügbaren psychologischen Mitteln an sich selbst arbeiten. Solange eine Angst, ein Überlegenheitsgefühl in ihm wohnt, ist er kein Erzieher. Dies ist ein äusserst hartes, aber auch schönes Gesetz.

IX. Die Jugendzeit

Erinnerungen an das Kindesalter sind oft angenehm, doch wer sich mit Freude an das «undankbare Alter» erinnert, beweist, dass er ein schlechtes Gedächtnis hat, denn die Jugendzeit ist eine schwierige, unangenehme, von vielen Eltern gefürchtete Zeit. Sie ist der Lebensabschnitt zwischen Kindheit und Erwachsenenalter, das heisst beim Knaben die Zeit etwa zwischen 14 und 20, beim Mädchen zwischen 12 und 18 Jahren. Diese Angaben sind selbstverständlich vom Klima, von der Rasse und dem gesellschaftlichen Rahmen abhängig.

Die Pubertät

Sie ist das Tor zur Jugend, eine Art Wiedergeburt. Die kindlichen Spiele werden aufgegeben, das Gleichgewicht wird gestört, der Charakter ist äusserst labil. Der junge Lehrling des Lebens ist mal begeistert, mal verträumt, er entdeckt sein Ich, vergleicht sich mit den anderen, entdeckt den Begriff der Zeit und fängt damit an, Pläne zu schmieden. Diese Entdeckung der Zukunft und der Vergangenheit führt zu inneren «Situationsberichten»: Es ist dies die Zeit der privaten Tagebücher. Die Entdeckung des Ichs ist für den Jüngling natürlich erschütternd: Er untersucht und überprüft sich, er zieht sich in die Einsamkeit zurück und versucht zu verstehen, wie ihm geschieht, er versucht zu analysieren. Im Wirrwarr seiner inneren Widersprüche sucht er einen Leitfaden, seine Phantasie läuft auf vollen Touren, er weiss aber nicht, wo anfangen, und ist vor der riesigen Welt ratlos. Die Standarten der Revolte werden gehisst, und so kommt es zu organisierten Attacken gegen die «Alten», gegen die Etablierten, die traditionelle Moral und die sozialen Regeln, gegen die Familie usw. Die Exzentrizitäten gehen weiter, es kommt zu Krawallen, Skandalen, es werden Banden und Klubs gegründet…

Eine weitere wichtige Entdeckung: die geistigen Werte! Philosophisch-moralische Krisen brechen aus. Das Gute, das Schöne und das Wahre beschäftigen den Jüngling, den der Durst nach dem Absoluten quält. Der junge Logiker behauptet, was er nicht weiss, und pfeift auf Anstandsregeln. Wenn sein Ich verworren ist, will er sich davon natürlich loslösen, er sucht Sympathien, Unterstützung und wendet sich langsam der Freundschaft und der Liebe zu. Der Vulkan bricht aus. Es ist die Zeit der grossen Leidenschaften, aber auch der Aversionen. Oft sucht der Junge Selbstbestätigung durch die Freundschaft eines Jüngeren, oder er unterwirft sich einem bewunderten Erwachsenen, zum Beispiel einem Lehrer, Wissenschaftler, Künstler... Viele Studentinnen vernarren sich übermässig in ihren Lehrer, küssen seinen Stuhl oder essen seine Kreide. Es handelt sich dabei wiederum um eine Fixierung.

In dieser Zeit entstehen viele exklusive Freundschaften. Der Junge bewundert seinen Freund, schenkt ihm sein Vertrauen, imitiert ihn. Vielen Eltern sind diese leidenschaftlichen Freundschaften ein Dorn im Auge, weil sie sexuelle Perversionen befürchten, doch diese sind eher selten der Fall.

Vor der körperlichen Veränderung der Jugendzeit entsteht beim jungen Menschen oft eine gewisse Angst. Nicht selten hat er das Gefühl, unansehnlich geworden zu sein, schaut oft und verzweifelt in den Spiegel. Dem Gefühl, ein Mann geworden zu sein, folgt manchmal die Überzeugung, der langsam wachsende Bart sei wirklich keine Augenweide, ganz zu schweigen von der allgemeinen Haltung und von dem Ausschlag im Gesicht. Doch damit nicht genug: Bald kommt es zum Stimmbruch. Verzweifelt betrachtet der Jüngling seinen Adamsapfel, der auf und ab geht, während die Stimme an die von Donald Duck erinnert! Hier kann der Vater eine entscheidende Rolle spielen: Er sollte sein Kind rechtzeitig von der bevorstehenden Änderung in Kenntnis setzen.

Beim Mädchen erscheinen die ersten Regeln durchschnittlich im Alter zwischen zwölf und vierzehn Jahren, in extremen Fällen mit elf beziehungsweise achtzehn Jahren. Auf jeden Fall ist auch hier eine rechtzeitige Aufklärung am Platz, will man Komplexe, Ängste usw. vermeiden.

Die Krankheiten der Jugend

Obwohl die Jugend ein kritisches Alter ist, dürfen ihre Gefahren nicht überbewertet werden. Die meisten Menschen überstehen sie ohne ernsthafte Zwischenfälle. Diese Zeit ist durch Störungen des Wachstums gekennzeichnet. Endokrine Störungen können das Wachstum bremsen oder überdurchschnittlich beschleunigen oder die Entfaltung der Sexualität beeinträchtigen. Bei vorzeitiger Pubertät werden die Knaben oft zu Kraftarbeitern, während die Mädchen zu Fettsucht neigen.

Es besteht kein Anlass zur Beunruhigung. Die moderne Medizin bekämpft ernsthafte Störungen des Wachstums mittels Hormonen erfolgreich. Diese abnormalen Fälle sind jedoch eher selten. Bekanntlich haben Jugendliche grossen Appetit. Sie müssen genügend essen: Die Nahrung soll reich an Wachstumsvitaminen sein. Der Organismus weiss übrigens instinktiv, was er braucht, und der heranwachsende Mensch isst meist gerne Rohkost und Obst, die reich an Vitamin A (allgemeines Wachstum), E (genitale Aktivität) und D (Knochenentwicklung) sind.

Turnen und Sport treiben ist für den Jugendlichen wichtig, muss jedoch einer strengen medizinischen Kontrolle unterworfen werden, will man Anstrengungen vermeiden, die die Fähigkeit des jungen Menschen übersteigen.

Die hauptsächlichsten psychischen Störungen

Das Jugendalter stellt einen psychologischen Reifungsprozess, der zur sozialen Anpassung führen soll, dar. In dieser Zeit sind psychologische Zwischenfälle häufig; diese können von unterschiedlicher Bedeutung sein.

Harmlose Störungen

Krisen, Tränen, Einsamkeit und Isolierung sind in dieser Zeit häufig. Viele junge Leute verlieren sich in unendliche Träumereien, philosophische oder mystische Überlegungen, sentimentale Ausbrüche ohne sichtbaren Grund. Oft erröten sie wegen einer Lappalie. Das Revoltieren der Jugendlichen ist allen Eltern zur Genüge bekannt. Es schlägt sich in Zynismus, Frechheit und Aggressivität nieder. Der junge Mensch will unabhängig sein, spontan und zwangslos leben.

Bestimmte Jugendliche neigen zur Lüge und Mythomanie. Sie entstellen die Wahrheit, erfinden Geschichten und können sogar abnormale organische Zustände simulieren. Dabei spielt ihre Phantasie eine ebenso wichtige Rolle wie die von aussen erhaltenen Suggestionen. Sie leben an der Grenze einer phantasievollen Welt, und besonders Mädchen können aus einer Lappalie ganze Romane erfinden. Der Mensch muss sich «befreien», er dichtet, wird für künstlerische Werte sehr empfänglich, schreibt literarische oder musikalische Aufsätze. Seine Phantasie galoppiert in alle Richtungen und zeigt deshalb selten irgendwelche Konsequenz.

Die Mythomanie entspringt ebenfalls der Eitelkeit und dem Geltungsdrang oder zeugt von in diesem Alter häufigen Minderwertigkeitsgefühlen. Simulierende Jünglinge versuchen nur die Aufmerksamkeit ihrer Umgebung auf sich zu ziehen und kommen in ein kindliches Stadium zurück, das es psychologisch zu behandeln gilt. Gewisse Simulierungen können eine hysterische, andauernde Form annehmen.

Die Pubertät überrascht viele wie eine unerwartete Flut. Niemand hat sie davor gewarnt... Ein gravierender Fehler! Es ist unerlässlich, den jungen Menschen die bevorstehenden Störungen rechtzeitig zu beschreiben, damit sie nicht beängstigt werden. Eine Mutter muss ihre Tochter ungefähr im elften Lebensjahr aufklären, damit sie von ihren bevorstehenden Regeln weiss, denn viele geraten bei der ersten Periode in Schrecken. Der dabei entstehende psychologische Schock könnte leicht verhindert werden. Auch der Vater muss seinen Sohn auf die völlig normalen nächtlichen Erektionen und Verunreinigungen im voraus aufmerksam machen.

Schwerere Störungen

Gewisse Jünglinge neigen zu Zwangsvorstellungen und Phobien besonders sexueller oder religiöser Art, die es gleichzeitig aufzuspüren gilt, um spätere schwere Neurosen zu verhindern.

Beim Vorhandensein geistiger Veranlagungen wirkt die Pubertät oft als Schalter, das heisst, die Veranlagungen kommen plötzlich zum Ausbruch, obwohl sie mit der eigentlichen Pubertät keineswegs in direktem Zusammenhang stehen.

Schliesslich muss erwähnt werden, dass die Pubertät eine geradezu ideale Zeit für den Anfang einer Schizophrenie ist. Anfänglich kommt diese nur sehr diskret in Erscheinung: übertriebene Neigung zur Isolierung, abnormale Träumereien und Verlust der Beziehung zur Wirklichkeit. Natürlich sind diese Erscheinungen nicht immer die Anzeichen einer beginnenden Schizophrenie, doch diese weitverbreitete Krankheit muss möglichst frühzeitig erkannt und bekämpft werden.

Pubertät und Sexualität

Bei der Pubertät kommt der Sexualtrieb plötzlich an die Oberfläche, und zwar nicht mehr der rudimentäre Trieb des Kleinkindes, sondern eine Neigung zu «irgendwas». Aber zu was? Das ist es, was viele Jünglinge beunruhigt. Die Sexualität kommt wie eine mächtige Welle und wirkt im Augenblick, da der junge Mensch von der Erziehung bereits tiefgreifend geprägt wurde. Denken wir an die Psychoanalyse zurück: Der Trieb und die Moral der Erziehung stehen sich als Freund oder Feind gegenüber! Deshalb ist dieser berühmte Sexualtrieb so vielen Abweichungen unterworfen. Der Jugendliche fühlt sich aus sich selbst getrieben, ohne zu wissen wohin, weshalb oder wie. Gleichzeitig mit dem Sexualtrieb kommt die Sexualität. Es ist dies die Zeit, da unser junger Mensch auf subtile Parfüms oder auf den Geruch von Harn, Haut oder gar einem liegengelassenen Handtuch empfindlich wird. Schönheit, Sexualität, Wonne, Warten, Unschlüssigkeit kennzeichnen seine Affektivität. Vor diesen unbekannten Mächten machen viele kehrt! Sie ziehen sich zurück und suchen die «Reinheit», als wäre der normale Sexualtrieb etwas Unreines. Gleichgültig ob sie angenommen oder abgelehnt wird, ist die ganze Affektivität des jungen Menschen sexueller Art.

Gleichzeitig erscheint eine grosse Emotivität: Schüchternheit, Erröten, unnatürliches Lachen (besonders bei Mädchen), und viele entsetzte Eltern wissen nichts mehr anzufangen: «Was hast du denn?» – Worauf das Kind antworten sollte: «Ich? – Das ist eben meine Jugend ...»

Dann kommt normalerweise die Zeit, da man sich zum anderen Geschlecht hinwendet, die Zeit der platonischen Liebe und der Bewunderung, die Zeit der endlosen Träumereien, die schwierigste Zeit übrigens in der jugendlichen Sexualität; denn es gilt, die platonische Zärtlichkeit und die sinnliche Neigung in Einklang zu bringen.

Manchmal wird dieser Einklang aber nicht realisiert, die platonische Liebe besteht weiter und verunmöglicht die wirkliche Liebe. Alles hängt von den Veranlagungen des jungen Menschen und von der Art, wie er erzogen wurde, ab. Diese Zeit der Unschlüssigkeit führt gewisse Jünglinge zur Homosexualität. Eine verständnisvolle Erziehung spielt hier eine äusserst wichtige Rolle.

Bei den Mädchen ist die Entwicklung ähnlich, doch deren Sexualität ist viel diffuser und nicht klar lokalisiert. Deshalb ist Onanie bei ihnen viel weniger häufig als bei ihren männlichen Altersgenossen. Sie bewundern sich im Spiegel, und die kleinsten Fehler stören sie! Eitelkeit und Geziertheit kennzeichnen diese Zeit. Und die Träumerei? Eine Bewegung, ein Lächeln, ein Blick, und schon bauen sie unendliche Romane auf.

Sollen Knaben und Mädchen zusammen erzogen werden?

Gemischte Erziehung scheint das richtige zu sein, um den Weg zum anderen Geschlecht zu ebnen. Diese Lösung erweist sich oft als ausgezeichnet. Das Ergebnis ist meistens die Unbefangenheit dem anderen Geschlecht gegenüber. Natürlich kann man einwenden, dass der Jüngling sich nur schwer in ein Mädchen verlieben kann, das er beim Lösen der gleichen Schulaufgaben schwitzen sieht, denn damit hört der Reiz des Geheimnisses abrupt auf. Deshalb gehen hier die Meinungen auseinander, und wie bei jedem menschlichen Problem gibt es keine generelle Lösung. Das Ideal ist die psychologische und physische Rettung der jungen Menschen, ein Erziehungs- und Vorbeugungsproblem also. Auf jeden Fall ist es notwendig, den beiden Geschlechtern oft Gelegenheit zu bieten, sich zu treffen, um sich zu beobachten, kennen- und schätzenlernen zu können.

Jugendzeit und Onanie

Selbstbefriedigung ist besonders bei Knaben die meistverbreitete sexuelle Tätigkeit. Onanie! Dieses Wort ist für viele Leute tabu, verpönt usw. Dieser sexuellen Praxis werden zahlreiche Leiden angelastet: Gedächtnisschwund, Lähmung, Wahnsinn, buckliger Rücken, Verlust der Genitalien, vorzeitige

Senilität, Zeugungsunfähigkeit, Verblödung, Zerrüttung in Ausschweifungen, Geschlechtskrankheiten und weiss ich noch was... Hat man die Beichten von Jünglingen gehört, so weiss man, wie sehr diese Frage falsch angegangen wird. Alles wäre ziemlich lächerlich, wenn nicht verschiedene, oft schlimme Neurosen entstünden. Zwar nicht wegen der Onanie selbst, sondern infolge des sie begleitenden psychologischen Klimas. Es gilt, falsche Anschauungen möglichst rasch abzubauen. Die Onanie selbst, natürlich in gewissen Grenzen, hat nie jemandem geschadet. Es geht nicht an, dem Jüngling ein Gefühl von Schande einzuflössen. Man muss ihm eine gewisse Selbstbeherrschung beibringen, das heisst etwas Selbstachtung, statt die Angst vor den verschiedensten und phantasievollsten Strafen.

Welches sind die Ursachen der Onanie?

In ihrer einfachsten Form bezweckt sie die Entspannung eines rein physischen Triebes, zum Beispiel bei Leuten, denen jeder sexuelle Kontakt verwehrt ist (Reisende, Gefangene usw.). Viele Jünglinge lernen die Grundbegriffe der Sexualität in der Schule und in Gesprächen mit ihren Kameraden. Oft sind sie von der groben Art, wie die Sache dargestellt wird, entsetzt. Einige lernen das Onanieren vom Hörensagen, oder sie wollen es nur den anderen nachmachen. Zur allgemeinen Beruhigung überstehen die meisten Jungen diese Erfahrung moralisch unversehrt.

In einer komplexeren Form kann die Onanie einer psychologischen Spannung, die mit Sexualität überhaupt nichts zu tun hat, entsprechen. Sie ist für viele Jünglinge ein Trost, zum Beispiel für das Gefühl, unglücklich zu sein, für die Einsamkeit oder ungerechte Vorwürfe usw. Andere onanieren nur, wenn sie glücklich sind, einige nur, wenn sie begeistert, traurig oder beängstigt usw. sind. Es handelt sich dabei also um die körperliche Lösung einer emotionellen Spannung.

Selbstbefriedigung und Phantasie

Es ist dies die gefährliche Form der Onanie, denn hier treten gewisse geistige «Fixierungen», die ein ganzes Leben lang andauern können, auf. Zum Beispiel bildet sich ein Jüngling ein, er sitze auf einem königlichen Thron, während Dutzende von Frauen ihm zu Füssen liegen, oder er denkt an einen älteren Kameraden, den er sehr bewundert. Oder er stellt sich vor, dass er Mädchen, vor denen er Angst hat, demütige, usw. Solche Praktiken zeigen die tieferen Tendenzen eines jeden Jünglings und daher auch die Gefahr, die sich in ihnen verbirgt.

Gewisse perverse Neigungen können sich damit verbinden und mit der Onanie ein unzertrennliches Ganzes bilden. In diesem Falle dauert der Zustand bis ins Erwachsenenalter an und wird später auf zwei verschiedene Arten praktiziert, das heisst entweder in der Einsamkeit oder sogar während des ehelichen Geschlechtsaktes! Dieser scheint völlig normal abzulaufen, während der Partner (oder die Partnerin) seiner Phantasie rund um die immer gleich bleibende Neigung freien Lauf lässt...

Besonders vor dieser phantasievollen Art der Onanie müssen Jünglinge gewarnt werden. Dazu müssen sie sich aber anvertrauen..., was viel leichter geht, als man gemeinhin annimmt. Sie müssen nur wissen, dass sie erstens nicht die einzigen auf der Welt sind, die dieses «Laster» haben. Zweitens müssen sie fest davon überzeugt sein, dass der Erzieher das Problem mit absoluter Aufgeschlossenheit betrachtet. Nur so wird die Onanie zu dem, was sie sein muss, einem normalen Zwischenfall der Jugendzeit, der bald vergessen wird.

Jugendkriminalität

Die Jugendkriminalität ist eine der peinlichsten und gefährlichsten Folgen der Fehlerziehung. Die Zeitungen sind voll solcher Fälle: Es werden absurde, manchmal auch grundlose Missetaten verübt. Deshalb interessiert das Problem alle Erzieher, die Gesellschaft, Psychologen und Ärzte, die übrigens bei jungen Delinquenten Charakterstörungen und erblich-geistige Belastung usw. feststellen, was angesichts der erschreckenden Dummheit vieler Verbrechen kaum mehr überrascht. Zweifellos tragen Kriege, die Verlassenheit vieler Kinder, der Zerfall menschlicher Werte und die Angst vor der Zukunft zur Jugendkriminalität bei. Ein wichtiger Faktor sind auch die Lebensverhältnisse. Armut, strenge Trennungen zwischen «Gesellschaftsklassen», Arbeitslosigkeit und Alkoholismus tun ein übriges. Zählt man noch die äusseren Versuchungen dazu, so stellt man tatsächlich fest, dass die Kriminalität in den Städten häufiger ist als auf dem Lande.

Die meisten Autoren schreiben dabei dem Zerfall des Familienkreises eine entscheidende Rolle zu: geschiedene Eltern oder Eltern, die sich nicht verstehen, Rebellion der Kinder, Konkubinat, Verwahrlosung usw., gar nicht zu reden von der oft vergiftenden Rolle des Kinos! Bei einem Spaziergang durch die Stadt sieht man auf Kinoplakaten lauter aggressive Taten, Verbrechen, Revolver... Wirklich erschreckend. Hier könnte man sagen, die Gesellschaft ernte, was sie gesät hat.

Die jungen Diebe

Sie stehlen in Banden oder einzeln. Ein Diebstahl wird entweder von einem perversen Kind oder auch von einem Jüngling mit gestörter Affektivität verübt. Gestohlen wird vor allem so um die Pubertätszeit herum; das Motiv ist dabei der Neid gegenüber einem Gleichaltrigen, ein Racheakt gegen die Eltern, Eitelkeit usw. Rührt die Tat aber von einer gestörten Affektivität her, ist die Psychotherapie notwendig, um die Gründe zu entdecken.

Die jungen Prostituierten

Die übrigens relativ häufige Prostitution ist meist das Ergebnis des Vagabundenlebens oder der Landstreicherei und wird durch Armut, Arbeitslosigkeit und schlechte Beispiele nur gefördert.

Die jungen Vagabunden

Es gibt in erster Linie «krankhafte» Vagabunden, schizophrene und epileptische. Das Kino und Abenteuerromane haben schon manche Landstreicherei ausgelöst, mit den bekannten, häufigen Folgen: Prostitution, Diebstahl, Bettelei... Es gibt aber auch eine weitere Form des Vagabundierens: den Fall der jungen Ausreisser.

Die jungen Ausreisser

Durch ihre Häufigkeit sind diese Fälle von besonderem Interesse. Der Grund kann eine bereits vorhandene Krankheit oder Perversität sein, doch meistens ist er psychologischer Art, und es gilt, das affektive Leben sowie den Schul- und Familienkreis des jungen Ausreissers zu untersuchen. Die Flucht vor einer angeblichen Ungerechtigkeit, die Angst vor der Strafe, das Frustrationsgefühl sind nur ein paar wenige, mögliche Gründe. Es kann sich aber auch um eine Art Erpessungsversuch handeln, um den Eltern zu zeigen, «wie unglücklich ihr Kind ist», um sie in Angst zu versetzen oder als Racheakt.

Die Hauptgründe der Jugendkriminalität

Die meisten jugendlichen Delinquenten sind in ihrem Gleichgewicht gestört. Es gibt Junge, die sich aus Eitelkeit oder Suggestionierbarkeit mitreissen lassen, es gibt solche, die zur Paranoia neigen, mit der ganzen Reihe der Rebellen, Krawallmacher usw., die paradoxe Prinzipien um jeden Preis durchsetzen wollen. Es gibt überempfindliche Jünglinge, die überhaupt keinen Zwang akzeptieren, und schliesslich die Perversen, die am gefährlichsten sind. Bei letzteren stellt man Mangel an Emotionen, fehlende Moral und ausgeprägte Anpassungsunfähigkeit fest. Wie man sieht, spielen bei der Jugendkriminalität viele Faktoren mit. Es gilt, das Familienklima, das Schulleben, den Gesellschaftskreis und die Veranlagungen des Kindes sorgfältig zu untersuchen.

Glücklicherweise hat sich auf diesem Gebiet ein Gesinnungswandel abgezeichnet, und die alten Strafmethoden machen dem Begriff der Behandlung und der sozialen Rettung langsam Platz.

Von der erfüllten Jugend

Es wird behauptet, die Jugend sei schnell vorbei: Sie führt zum Erwachsenenalter durch ihre Widersprüche, Fehler und Versuche. Sie hat ihre Krankheiten wie jeder Lebensabschnitt. Die Jugend ist die Zeit der Suche nach geistiger Schönheit und menschlichen Werten, sie ist das Alter, in dem sich die grossen menschlichen und übermenschlichen Fragen stellen, die Zeit der blitzartigen Entdeckung von Religion und Kunst. Die Jugend sehnt sich im Grunde nach dem Schönen und Ehrlichen, und wir müssen alles tun, um sie nicht zu enttäuschen. Schwarze Schafe der Jugendkriminalität dürfen die schöne Vorstellung, die man von der Jugend haben kann, nicht beeinträchtigen. Die Jugend hat eine grosse Aufgabe, von der sich die moderne Gesellschaft immer mehr Rechenschaft gibt. Sie ist schnell vorbei, doch nicht so schnell, dass man nicht feststellen könnte, was sie an Erweiterung und geistigem Reichtum bieten kann.

X. Die Sexualität

Die Sexualität mit ihren Leidenschaften und fleischlichen Gelüsten stellt ein oft äusserst komplexes Problem dar. Warum gibt es denn so viele deformierte, gefälschte Begriffe auf diesem Gebiet? Zwar stellt sich das sexuelle Problem kaum in der wahren Liebe oder bei einer ausgeglichenen Person. Soll das aber heissen, dass wahre Liebe und Ausgeglichenheit am Aussterben sind? Man könnte es fast annehmen, wenn man die ungeheure Anzahl Neurosen, Verdrängungen und Ängste, die unsere heutige Welt beherrschen, sieht.

Sexuelle Erziehung

Die sexuelle Erziehung ist an der Tagesordnung, weil man sich ihrer Dringlichkeit langsam bewusst wird. Jeder Psychologe sah sich schon jungen und alten Leuten gegenübergestellt, für die die Sexualität stets ein Rätsel, ein unerreichbares Geheimnis gewesen war, «weil sie nie eine normale Sexualität verwirklichen konnten» oder «weil man mit ihnen vor der Ehe nie über diese Dinge gesprochen hatte».

Manchmal hört man auch: «Mein Vater (oder meine Mutter) hat mich mit dem besten Willen der Welt aufgeklärt, doch er schien sich derart zu genieren, dass ich ihn am liebsten nicht gehört hätte», oder: «Man sagt, die Sexualität sei eine wunderbare körperliche und seelische Vereinigung, eine wahrhaftige Offenbarung der Liebe. Ich habe dies nie erlebt. Sicher, ich habe sexuelle Vergnügen, aber nie diese überwältigende, tiefe Freude.»

Viele Bemerkungen zeigen, wie der Begriff der Sexualität eingeengt wird. Sexuelle Erziehung ist eine gute Sache, vorausgesetzt, dass der Erzieher selbst etwas davon versteht und von allen Tabus befreit ist. Mit anderen Worten: Es nützt überhaupt nichts, dass ein Sexualerzieher die physischen Zusammenhänge und die Anatomie der Genitalien kennt, denn das Problem ist viel komplexer und vor allem «viel geistiger». Sexuelle Erziehung ist wie die Erziehung schlechthin: Solange man seine Verdrängungen, Ängste und Komplexe unterhält, kann man unmöglich eine aufgeschlossene Anschauung weitergeben. Der Sexualerzieher muss das Problem ebenso gelöst anpacken wie Diskussionen über das Wetter! Ein Psychologe, der bei der Beschreibung einer sexuellen Perversion innerlich kehrtmacht oder sich im Gespräch über Sexualität mit einem Mädchen oder einer alten Dame geniert, wäre kaum vorstellbar. Da liegt eben die Kernfrage ...

Sexualität = Persönlichkeit

Sexuelle Störungen werden stets durch Störungen der Persönlichkeit hervorgerufen. Was suchen viele Leute eigentlich in der Sexualität oder in dem, was sie so nennen? Millionen von Männern und Frauen leben in erdrückenden inneren Gewohnheiten eingeengt, während ihre Möglichkeiten schlummern. Das heisst, sie suchen nur Zuflucht in «starken Sensationen» und natürlich in der Sexualität. Keine Spur von Liebe, nur der Wunsch, sich selbst zu vergessen. Man darf fast sagen, dass sie sexuelle Beziehungen haben, wie andere Alkohol oder Rauschgift zu sich nehmen. Mehr als irgendein anderes Gebiet setzt die Sexualität die Befreiung von der Angst und von allen psychologischen «Geschwüren» voraus. Für viele ist Liebe nur Befriedigung eines Bedürfnisses. Wer gern Orgelmusik hört, ist deswegen noch lange nicht fromm ... Liebe ist ein Akt der Intelligenz und der Kenntnis, die das Wesen des anderen erfasst. Wir werden nun einige Aspekte dieses Problems und die häufigsten Abweichungen untersuchen.

Die Sexualität des Mannes

Allzu verbreitet ist die Ansicht, die Sexualität sei ein männlicher Akt, während die Frau nur eine passive Rolle spiele. Dies ist lächerlich, denn der Geschlechtsakt setzt eine perfekte «Zusammenarbeit» voraus, unter aktiver Beteiligung beider Partner.

Was ist sexuelle Potenz?

Sie ist die Fähigkeit, den Geschlechtsakt im Einklang mit der Partnerin auszuführen, und setzt sich zusammen aus:

a) dem eigentlichen Verlangen,
b) der Erektionsfähigkeit im richtigen Moment,
c) der unerlässlichen Spannkraft,
d) der Fähigkeit zu warten, bis die Partnerin selbst zum Höhepunkt kommt,
e) dem Orgasmus, mit anschliessender Entspannung und dem Gefühl tiefer Freude.

Das ist für den Mann ein unerbittliches Gesetz: Er ist entweder potent oder impotent. Da gibt es keinen Mittelweg. Viele Männer sind erektionsfähig, jedoch nicht in der Lage, diese Erektion aufrechtzuerhalten, das heisst, sie hört beim Eindringen sofort auf. Solche Schwierigkeiten sind fast immer psychologisch bedingt.

Wie lange sollte der normale Geschlechtsakt dauern?

Diese Frage wird von vielen Männern und Frauen gestellt! Grundsätzlich sollte der Akt so lange dauern, bis die Frau zum Höhepunkt kommt. Der Mann ist damit gezwungen, sein Verhalten auf das seiner Partnerin abzustimmen. Allzu viele Männer folgen hier dem Gesetz ihres eigenen Vergnügens und kümmern sich wenig um die Partnerin. Eine Entschuldigung gibt es allerdings oft: Viele Frauen täuschen den Höhepunkt vor oder lassen aus oft neurotischen Gründen nicht erkennen, ob sie ihn erreicht haben oder nicht. Diese Täuschungsmanöver können ein Leben lang andauern, ohne dass der Mann irgend etwas merkt. Die häufigsten Gründe: Frigidität, Angst, den Mann zu verlieren, Scham usw. Es darf aber nicht vergessen werden, dass die meisten Frauen nur langsam zum Höhepunkt kommen, so dass eine gewisse «Technik» des Mannes notwendig ist. Eine halbstündige, ununterbrochene Erektion ist eine normale, jedoch äusserst seltene Dauer! Das entsprechende «Training» der notwendigen Selbstbeherrschung ist körperlicher und geistiger Art zugleich.

Was ist Impotenz beim Mann?

Impotenz ist vorhanden, sobald ein Teil der sexuellen Handlung fehlt und so die normale, vollständige Sexualität verunmöglicht wird. Die häufigsten Störungen sind: kein Verlangen – verdrängtes Verlangen – keine Erektion – Ende der Erektion vor oder während des Aktes – kein Samenerguss – kein Vergnügen – keine Entspannung. Impotent ist auch, wer irgend etwas Nichtsexuelles braucht, um zur Erektion zu kommen. Solche Fälle sind ebenso häufig wie die Neurosen. Zum Beispiel bleibt jener Mann impotent, der nur zur Erektion gelangt, wenn seine Partnerin sich auf ihn legt. Diese Stellung kann normal sein, vorausgesetzt, dass die Potenz auch ohne sie erhalten bleibt. In diesem Falle ist sie aber abnormal, weil sie die einzige ist, die die Erektion ermöglicht. Dieser Mann hat wahrscheinlich homosexuelle Neigungen. Viele Männer sind nur dann erektionsfähig, wenn sie sich während des Aktes Situationen vorstellen, die mit dem Geschlechtsakt nichts zu tun haben, zum Beispiel:

X. hat nur dann eine Erektion, wenn er sich einbildet, ein grosser, behaarter Affe zu sein.

Y. ist nur erektionsfähig, wenn er sich vorstellt, dass man ihn foltert. Dazu legt er sich unter seine Partnerin (Masochismus).

Z. muss intensiv an Frauenhandschuhe denken (Fetischismus).

A. muss sich eine schöne Frau in einem Luxusauto vorstellen (Minderwertigkeitsgefühl).

Diese Beispiele, deren Aufzählung unendlich verlängert werden könnte, zeigen selbstverständlich Neurosen.

Ist ein Mann normalerweise aggressiv?

Jedenfalls handelt es sich um eine weitverbreitete Meinung, jeder Mann habe «sadistische» Neigungen! Zweifellos stossen gewisse Männer gerne auf einen gewissen Widerstand seitens der Partnerin, was wahrscheinlich nur den typisch männlichen «Eroberungsgeist» beweist. Dieser Zustand ist normal, solange der Mann seine Aggressivität nicht braucht, um überhaupt sexuell handeln zu können. Kommt es nur durch Aggressivität und Brutalität zur Erektion, sind sadistische Tendenzen tatsächlich vorhanden.

Es sieht aus, als gäbe es ein subtiles Zusammenspiel zwischen dem Normalen und dem Abnormalen. Dem ist aber nicht so: Ein normaler Mann erlangt seine Potenz sowohl mit als auch ohne Aggressivität. Es wird ferner behauptet, Frauen hätten Brutalität gern. Ich glaube, dies stimmt nicht, vorausgesetzt natürlich, dass sie normal sind. Frauen lieben die Sicherheit, die ihnen ein geistig und körperlich starker Mann gibt, wissen aber zwischen normaler und abnormaler Aggressivität genau zu unterscheiden.

Echte Sexualität rührt von der Einfachheit der menschlichen Persönlichkeit her und ist Ausdruck echter, einheitlicher, vollständiger Männlichkeit sowohl auf dem körperlichen als auch auf dem psychischen Gebiet. Es wimmelt von falschen Männlichkeiten, doch wir dürfen dieses Gesetz, das die Sexualität auf den richtigen Platz stellt, nie vergessen.

Welches sind die häufigsten Ursachen von sexuellen Störungen beim Mann?

Die meisten Neurosen führen zu Störungen der Sexualität, denn diese ist Ausdruck der Persönlichkeit. Die Sexualität ist stets ein untrügliches Zeichen der inneren Verhaltensweisen, sie ist das einzige Gebiet des Lebens, wo jedes «Mogeln» unmöglich ist. Ist eine Neurose vorhanden, so müssen selbstverständlich deren Ursachen gesucht werden. Die sexuellen Störungen werden durch emotionelle Inhibitionen, das heisst Hemmungen unterbewusster Art, verursacht. Diese inneren Bremsen widersetzen sich dem Willen. Eine Persönlichkeit ist «normal», wenn ihr Bewusstes und ihr Unbewusstes gute Beziehungen unterhalten und zwischen ihnen kein Konflikt besteht. In der Sexualität kann das Bewusste ein Verlangen haben, dem sich das Unterbewusste widersetzt. Letzteres gewinnt in den meisten Fällen Oberhand, und zwar gerade deshalb, weil es unbekannt, unsichtbar ist.

Ängste, Minderwertigkeitsgefühle, Verdrängungen, Komplexe sind häufige Störungsfaktoren, die zum Ausdruck kommen, sobald die «geistige Männlichkeit» gebrochen oder erniedrigt wird oder wenn der Mann auf frühere, in seinen Augen mit der Sexualität verbundene Situationen «fixiert» bleibt: So ergeht es vielen Homosexuellen. Zum Beispiel: Fixierung auf Situationen der Kinder- oder Jugendzeit, äusserst häufiges Anhängen an den Vater oder die Mutter, Angst vor dem anderen Geschlecht (aus verschiedenen Gründen), Minderwertigkeitsgefühl, mangelndes Selbstvertrauen, Schüchternheit usw.

Diese Männer befinden sich in einem Zustand «geistiger Einsamkeit», sind unfähig, aus sich herauszugehen. Diese geistige Einsamkeit ist bei Jünglingen recht häufig, und viele Männer mit gestörter Sexualität sind irgendwie in ihrem Innern grosse Jünglinge geblieben!

Nachstehend ein Fall sexueller Fixierung an eine Situation der Kindheit:

X. ist ein zweiundfünfzigjähriger Mann. Als er zwölfjährig war, spielte er «Indianer» mit seinen Kameraden. X. erreichte kriechend ein Gebüsch, wobei diese Bewegung zu einer Erektion mit starken Empfindungen führte, während sein Blick zufällig auf die Schuhe einer unweit von ihm stehenden jungen Frau stiess. Der Knabe empfand dies als angenehm, doch diese Empfindung war mit dem Anblick der Frauenschuhe verbunden. Eine Woche später versuchte er zu onanieren, um zum gleichen Vergnügen zu kommen, was aber erfolglos blieb. Er stellte sich dann die alte Szene wieder vor und kam so zum Höhepunkt. Jahrelang ging es so weiter. Mit fünfzehn Jahren fing er an, Frauenschuhe zu stehlen. Als er erwachsen wurde, interessierte er sich nur für eine, in seinen Augen sexuelle Sache, eben Frauenschuhe. Und alles, was normalerweise einem Mann an einer Frau gefällt, interessierte ihn nicht. Er heiratete nie und behauptete, einen Geschlechtsakt nur dann ausführen zu können, wenn er Schuhe beobachten könne. Doch nie hatte er sich gewagt, diese Abnormalität irgendeiner Partnerin zu gestehen, obwohl diese Art Perversion recht häufig ist und Fetischismus genannt wird. Mit seinen zweiundfünfzig Jahren, einer unermesslichen Scham und als lediger Besitzer einer riesigen Schuhsammlung kam X. zu mir. Ich musste die Geschichte etwas kürzen, da sie sich über so viele Jahre erstreckt. Kann man sich aber das Leiden des Herrn X. und die unheimliche Last seines Geheimnisses vorstellen?

Welche Rolle hat die Mutter?

Da der Einfluss des Familienkreises auf sexuelle Störungen so gross sein kann, schlage ich vor, ihn noch einmal genauer zu untersuchen.

Im ersten Buch Moses steht: «Dann verlässt der Mann Vater und Mutter und hängt seinem Weibe an, und sie werden ein Leib.»

Wir haben bereits gesehen, wie komplex die Beziehungen zwischen Mutter und Kind sind, besonders dann, wenn das Kind ein Knabe ist. Die Rolle der Mutter ist äusserst undankbar und kompliziert: Sie muss ihrem Sohn alles geben, bis er sie verlässt, um einer anderen alles zu geben! Verständlich, dass viele Mütter in dieser Rolle scheitern, die unvorstellbare Kräfte und psychische Gesundheit erfordert.

Eine Mutter muss sich um ihren Sohn kümmern, ohne ihn jedoch zu verhätscheln, sie muss ihn schützen, ohne sich an ihn zu hängen, sie muss ihm helfen, sich von ihr zu gegebener Zeit zu lösen. Wie man sieht, muss sie vieles! Doch die Unabhängigkeit des heranwachsenden Mannes ist ein äusserst wichtiger Faktor des sexuellen Erfolges. Wir haben bereits gesehen, dass mütterliche «Diktatur» zu Minderwertigkeitsgefühlen und vorwiegend unbewussten Neurosen führen kann. Ist diese Diktatur aggressiver Art, weiss das Kind in der Regel, woran es ist. Viel gefährlicher ist die maskierte Herrschsucht der manischen Aufopferung oder absoluten Güte.

Die meisten Leute wären entsetzt, wenn sie wüssten, wie viele Männer geistig am Rockzipfel ihrer Mütter hängen oder vor ihnen innerlich und auf Distanz Angst haben! Wie sollten diese Männer nicht erniedrigt, entmännlicht, ja impotent werden! Hören wir mal zu:

- Meine Mutter ist die einzige Frau, die ich bewundern kann.
- Ich kann nicht anders, als alle Frauen mit meiner Mutter zu vergleichen. Keine hält einem Vergleich stand! (Man kann sicher sein, dass dieser Mann irgendeine Frau heiraten wird, die seiner Mutter auf die eine oder andere Art gleicht.)
- Ich habe meine Frau geheiratet, weil sie die Augen meiner Mutter hat (gleicher Fall!).
- Die Autorität meiner Mutter hat mich so unterdrückt. Wenn ich mit meiner Frau spreche, habe ich das Gefühl, meine Mutter stehe vor mir.
- Jedesmal, wenn ein Mädchen zu mir kam, wurde es von meiner Mutter wie ein persönlicher Feind betrachtet. Sie warnte mich vor den Mädchen, «die die Jungen ihren Müttern wegnehmen». Ich war zu schwach, um zu protestieren, ich wagte es nicht.
- Meine Mutter sagte oft: «Nach allem, was ich für dich getan habe, wirst du hoffentlich so lange wie möglich bei mir bleiben. Der Platz eines Knaben ist bei seiner Mutter ...»
- Ich bin impotent, und wer ist schuld? Meine Mutter wäre entsetzt, wenn sie es wüsste! Ich konnte nie einen Schritt tun, ohne wie ein Baby geschützt zu werden, als würde ich mich an jeder Strassenecke erkälten, usw.

Es braucht nicht viel Phantasie, um zu verstehen, wie eine solche Erziehung die geistige Männlichkeit des Knaben buchstäblich tötet. Mütterlichkeit ist eine schöne Sache, vorausgesetzt, dass sie die Männlichkeit des Knaben nicht beeinträchtigt, was leider ziemlich selten der Fall ist. Gerade deshalb, weil sie so schön ist, soll die Rolle der Mutter etwas anderes sein, als ein sentimentaler Roman oder eine Kompensation. Viele Männer fühlen sich schuldig, wenn sie ihre Mütter verlassen, um zu heiraten, und zwar auch dann, wenn die Mütter gesund und keineswegs bedürftig sind. Herrschsucht hat immer katastrophale Konsequenzen.

Welche Rolle hat der Vater?

Der Vater ist das Symbol der Sonnenkraft, der Autorität, er ist ein Vorbild. Es ist dies wieder ein magischer Kreis, von dem sich das Kind eines Tages zu lösen hat! Der Vater muss die Fähigkeiten seines Sohnes anerkennen und ihm Selbstvertrauen geben. Ist er herrschsüchtig oder schwach, so wächst das Kind mit einem Minderwertigkeitsgefühl auf, es bleibt kindisch, ängstlich, fühlt sich bloss toleriert, aber klein und unnützlich. Wie soll es ohne geistige Männlichkeit die sexuelle Männlichkeit erlangen?

Die Sexualität der Frau

Die weibliche Sexualität ist allgemeiner, latenter Art, im Gegensatz zu der des Mannes. Sie erwacht in der Regel langsam. Die alte Geschichte des durch einen Kuss erweckten Dornröschens behält ihre Gültigkeit. Doch Millionen von verheirateten Frauen mit mehreren Kindern hatten noch nie eine tiefere, sexuelle Befriedigung! Wir dürfen nie vergessen, dass die Sexualität im edelsten Sinne des Wortes für die Frau einen recht grossen Teil ihrer selbst darstellt. Oft wird gefragt, ob die Frau mehr oder weniger sexuell sei als der Mann. Die Antwort lautet: Weder mehr noch weniger, sondern ganz einfach anders.

Bei einer Frau ist die Sexualität stets eng mit der Affektivität verbunden, während sie bei vielen Männern wesentlich oberflächlicher ist. Ein weiterer, wichtiger Unterschied: Während der allgemeinen Sexualität der Frau eine grosse Bedeutung zukommt, ist für sie der eigentliche Geschlechtsakt wesentlich weniger wichtig, was viele Männer überhaupt nicht verstehen! Eine normale Frau liebt Geborgenheit und Verständnis, hasst aber brutale «Angriffe», die nur Gleichgültigkeit, ja sogar Frigidität hervorrufen können. Obwohl viele etwas Aggressivität schätzen, muss diese sorgfältig dosiert sein. Sie verfügen über das unfehlbare Radar ihrer Intuition und haben eine Vorahnung der Sexualität, bevor sie deren praktische Erfahrung besitzen. Für sie gibt es «alles oder nichts» und keinen Mittelweg. Die Männer müssen das wissen und berücksichtigen.

Die frigiden Frauen

Frigidität ist eine häufige Form weiblicher Impotenz. Sie ist eine Verlangsamung oder ein Verlust des sexuellen Verlangens und kann verschiedene Ursachen haben: Erschöpfung, Zuckerkrankheit, Neurasthenie, Vergiftungen usw., doch die häufigsten Ursachen sind psychologischer Art. Selbstverständlich kann ich keinen allgemeinen Grund angeben. Jeder Fall ist individuell zu behandeln. Es gibt gewissermassen normale und abnormale Frigiditätsfälle.

1. Normale Frigidität

In neunzig Prozent der Fälle ist der Mann daran schuld. Viele Frauen fürchten sich vor dem Ins-Bett-Gehen! Sie behaupten, den körperlichen Akt zu hassen, doch was sie eigentlich hassen, ist die Art des Mannes. Und das ist zweierlei! Dabei braucht es nicht viel, um diese Situation schlagartig zu ändern. Hier spreche ich natürlich von einem normalen Mann und einer normalen Frau. Viele Männer glauben, durch sofortigen «Angriff» und rasche Befriedigung zu beweisen, dass sie stark und fähig sind. Sie vergessen, dass die Frauen Zärtlichkeit, langsame Vorbereitung und Liebe brauchen. Viele Männer nennen ihren Mangel an Zärtlichkeit sogar «Scham», während es in Wirklichkeit nur die Angst und ein Minderwertigkeitsgefühl ist, ein Zeichen mangelnden Selbstvertrauens. Ein Mann sagte einmal zu mir, Intuition sei etwas Weibliches, der Mann habe nur stark zu sein! Oder zu glauben, er sei stark, denn diese Männer sind die einzigen, die von ihrer Kraft beeindruckt sind; die Frau lässt sich nicht täuschen.

Die Frau braucht Geborgenheit und Zärtlichkeit sowie eine gewisse geistige Zuverlässigkeit beim Partner.

Sie bleibt oder wird oft frigid, weil der Mann aggressiv, verweichlicht oder neurotisch ist. Die Frigidität zeigt hier die Unmöglichkeit, sich einer nicht vorhandenen, männlichen Kraft hinzugeben.

2. Abnormale Frigidität

Die Gründe sind in diesen Fällen meist Minderwertigkeitsgefühle. Viele frigide Frauen sind abnormal kampflustig oder lehnen sich gegen ihre natürliche Rolle auf:

- Ich werde nie hinnehmen, einem Mann ausgeliefert zu werden.
- Meine Mutter hat mir so oft gesagt, die Männer seien böse, dass ich diesen Gedanken nicht loswerden kann.
- Ich traue den Männern allgemein zuwenig, um bei meinem eigenen Mann gelöst zu sein.
- Die Männer denken doch alle nur an das eine, das weiss jeder.
- Die Herren der Schöpfung haben's leicht, bei uns ist es halt anders.
- Zufällig bin ich eine Frau, aber diese untergeordnete Rolle habe ich nie hingenommen. Heiraten? Damit mein Mann mich ständig daran erinnert, dass ich eine Frau bin? Ohne mich!

Einige dieser vermännlichten Frauen kommen manchmal doch zur sexuellen Befriedigung, vorausgesetzt, dass sie den Mann erniedrigen können. Sie betrachten die Sexualität als eine Art «Wettbewerb».

Wie bei der männlichen Impotenz gibt es selbstverständlich auch hier eine ganze Reihe möglicher Ursachen: Fixierungen an Situationen der Kindheit usw. sowie alle Formen der Perversion, deren Befriedigung von der «umgekehrten» Perversion des Partners abhängt. So braucht zum Beispiel eine Masochistin einen sadistischen Partner und umgekehrt.

Die sexuellen Abweichungen

Wir kommen hier ins riesige Gebiet der sexuellen Pathologie, weshalb ich mich auf die Erwähnung der häufigsten Fälle beschränken muss. Solche Abweichungen sollen ebenso objektiv betrachtet werden wie Magenkrankheiten o. ä. Allzuoft gibt dieses Gebiet Anlass zu einer «tugendhaften Empörung», die bloss Angst oder Heuchelei ist! Schwere, physische Krankheiten werden in der Regel objektiv betrachtet. Geisteskrankheiten werden es heute auch. Es bleibt nur noch zu hoffen, dass Komplexe mit sexuellen Folgen auf ein viel natürlicheres Verständnis und Aufgeschlossenheit stossen. Wäre das früher geschehen, so hätten zahllose Krankheiten, Leiden und Verbrechen verhindert werden können.

Onanie

Wie früher bereits erwähnt, ist die Onanie eine völlig normale, vorübergehende Erscheinung, die meistens ohne Folgen bleibt. Sie ist eine Art Zwischenfall der Pubertät, wird jedoch eindeutig abnormal, wenn sie vom Erwachsenen oder gar in der Ehe weiter betrieben wird.

Die Onanie ist die Sexualität des einsamen Menschen. Abgesehen von Fällen echter Einsamkeit, wie lange Reisen, Haft usw., gibt es auch die «psychische Einsamkeit», zum Beispiel bei Komplexen. Auch diese Einsamkeit führt zur Selbstbefriedigung und Onanie. Sie besteht sogar in anscheinend normalen Beziehungen zwischen Eheleuten, ohne dass der Partner oder die Partnerin irgend etwas merkt. Diese «geistige Onanie» ist häufiger, als man gemeinhin denkt.

Wir sehen zum Beispiel ein Paar, das ein normales Sexualleben zu führen scheint, müssen aber erfahren, dass «gewisse spezielle Praktiken» für den Mann oder die Frau notwendig sind, um überhaupt zum Höhepunkt zu gelangen, oder dass einer der Partner auf seine Phantasie angewiesen ist, zum Beispiel:

- der Mann denkt an eine andere Frau;
- die Frau denkt an einen anderen Mann;
- der Mann muss das Gefühl haben, dominiert zu werden;
- der Mann malträtiert seine Frau «in Gedanken» und stellt sich vor, dass er sie schlägt, ohne dies jedoch durch sein äusseres Benehmen zu verraten;
- die Frau bildet sich ein, sie werde vergewaltigt;

- der Mann denkt an alles andere als an die Partnerin und stellt sich zum Beispiel vor, dass er andere Frauen schlägt (Sadismus);
- der Mann denkt an Frauenschuhe oder Handschuhe (Fetischismus);
- die Frau stellt sich vor, der Mann sei eine Frau (Lesbismus);

... und zahllose weitere Situationen, die manchmal so seltsam sind, dass sich die Ursache nur schwer finden lässt.

In solchen Situationen muss einer der Partner seiner eigenen einsamen Phantasie freien Lauf lassen und sich vom Geschlechtsakt geistig trennen, obwohl er ihn körperlich ausführt. Nicht das Zusammensein, sondern seine Einbildungskraft verhilft ihm zum Orgasmus.

Oft muss ein Mann bei seiner Partnerin manuelle Befriedigung praktizieren, denn viele Frauen kommen nur durch diese Techniken zum Höhepunkt. «Technisch» wäre das eine vom Mann ausgeführte Onanie, doch psychisch ist es überhaupt keine Onanie, es sei denn, die Frau wäre auch hier auf eine bestimmte Phantasie angewiesen. Damit sehen wir, dass in der Sexualität, wie auf vielen anderen Gebieten, die geistige Absicht die entscheidende Rolle spielt.

Homosexualität

Ein Homosexueller hat entweder nur mit anderen Männern oder Knaben Beziehungen, wobei die Frau ihn überhaupt nicht beschäftigt, oder es besteht bloss eine Tendenz, wodurch er sich zu anderen Männern hingezogen fühlt, obwohl er heiraten, Vater werden und ein anscheinend normales Geschlechtsleben führen kann. Eine homosexuelle Neigung schlägt sich immer auf das Verhalten nieder.

Es gibt zwei Hauptformen der Homosexualität:

1. Bei biologischer Homosexualität weist der Mann alle männlichen Züge auf, ist jedoch körperlich der Frau näher als dem Mann, reagiert und denkt wie eine Frau, hat einen weiblichen Geschmack usw. Die einzige Möglichkeit besteht in einem chirurgischen Eingriff, der diesem Mann das Geschlecht geben würde, dem er tatsächlich angehört.
2. Die am weitesten verbreitete, psychologische Sexualität entspricht oft einem Stillstand der psychologisch-sexuellen Entwicklung. Sie stellt eine Störung der gesamten Persönlichkeit dar und ist bloss eine Erscheinung dieser mangelhaften Erziehung. Die häufigsten Ursachen sind: Minderwertigkeitskomplexe, Frauenhass (als Folge bestimmter Umstände oder der Erziehung), «Entmännlichung» durch Autoritarismus, Frustrierung, Minderwertigkeitsgefühle usw.

Homosexualität ist eine Form der Impotenz, denn der männliche Partner stellt eine Frau dar, ohne jedoch eine Frau zu sein, das heisst ein Geschöpf, das er fürchten und hassen zu müssen glaubt. Während einige Homosexuelle ihre Abnormalität ohne sichtbares Leiden hinnehmen und weitere sogar dafür plädieren (wie zum Beispiel der französische Schriftsteller André Gide), sind viele andere Neurotiker: Sie leiden unter ihren Neigungen, gegen die ihre Moral und ihr Wille so gut wie machtlos sind.

Ferner gibt es Gelegenheitshomosexuelle, beispielsweise in Kasernen, Gefängnissen usw. Diese Form ist insofern gefährlich, als sie zur Gewohnheit werden kann, besonders bei jungen, neurotisch veranlagten Männern. Schliesslich gibt es die Homosexualität bestimmter Snobs, die «ausgefallene» Gefühle haben, sowie bei Epileptikern und Rauschgiftsüchtigen. Echte Homosexualität führt oft zu gefühlsmässigen Komplikationen, übermässiger Eifersucht und Gewalt.

Lesbismus

Gleichgeschlechtliche Beziehung bei Frauen kann ebenfalls biologischen Ursprungs sein. Männliche, harte Frauen handeln und denken wie Männer. Meistens handelt es sich aber um ein psychologisches Phänomen: Männerhass aus den verschiedensten Gründen und Ablehnung, sich dem «männlichen Gesetz» zu beugen. Die Lesbierin wird geistig zum Mann und spielt aktiv die männliche Rolle, oder sie bleibt passiv, während die Partnerin den Mann darstellt, ohne jedoch die Nachteile der verabscheuten Männer zu haben.

Gleichgeschlechtliche Beziehungen sind ein Symptom von Neurose, eine Kompensation und ein Notbehelf gegen die geistige Unfähigkeit, das andere Geschlecht zu lieben. Es gibt unzählige «weibliche Paare». Viel Leiden, Zwangsneurosen und furchtbare Eifersucht sind die Folgen.

Masochismus

Der deutsche Schriftsteller Sacher Masoch verherrlichte in seinen Werken diese Perversion, der er seinen Namen gab. Der Masochist kommt nur durch Leiden, Schläge, Folter usw. zum Höhepunkt oder aber durch «geistige Qual»: Verachtung, Demütigung, Beleidigung, Sklaverei usw.

Das verlangte Leiden kann körperlicher oder geistiger Art sein oder aber nur in der Phantasie des Masochisten bestehen. Zum Beispiel muss sich X. einbilden, seine Frau sei eine überhebliche, demütigende Erzherzogin, die ihn als ihren Diener peitscht. Es ist dies ein Fall von Masochismus durch Phantasie, gleichzeitig ist es aber auch geistige Onanie. Y. verlangt von seiner Frau, dass sie eine Peitsche in der Hand hält. Sie braucht ihn nicht zu schlagen, das blosse Symbol der Peitsche genügt, und die Phantasie tut ein übriges.

Masochismus besteht sowohl beim Mann als auch bei der Frau, und jeder Masochist findet leicht einen sadistischen Partner.

Sadismus

Der Sadist ist das «Gegenstück» zum Masochisten: Er kommt zur Befriedigung, wenn er das Leiden des anderen verursachen oder sehen kann. Sadismus ist oft mit Homosexualität oder Bestialismus verbunden, und diese Perversion ist manchmal so komplex, dass jeder einzelne Fall individuell behandelt werden muss. Auch der Sadismus kann physischer oder geistiger Art sein: Schläge, Verbrennungen, Stiche oder Beleidigungen, Demütigungen usw.

Fetischismus

Sexuelles Interesse erweckt nur ein bestimmter Körperteil oder bestimmte Kleider. Sonst ist der Fetischist nur wenig zum anderen Geschlecht hingezogen. Er kommt nur durch die Betrachtung oder Vorstellung des für ihn interessanten Teils oder Kleidungsstücks zur Befriedigung.

Fetischisten sind oft Schüchterne, Ängstliche, Verdrängte, Psychoastheniker. Fetischismus wird in vielen Fällen durch einen sexuellen Eindruck in der Kindheit hervorgerufen, wobei ein konditionierter Reflex entstand.

Bestialismus

Bestialismus (Sodomie) ist die Ausführung des Geschlechtsaktes mit Tieren, zum Beispiel mit Rindern, grossen Hunden usw., und kommt sowohl beim Mann wie auch bei der Frau vor. Er entsteht zum Beispiel durch geistige Störungen und Zufall bei frustrierten Menschen, denen er den normalen Geschlechtsverkehr «ersetzt». Er ist nicht selten bei primitiven Völkern Afrikas, einsamen Landleuten usw.

Diese Perversion kommt bei Geisteskranken, Schüchternen und blasierten Snobs ebenfalls vor, oder sie ist mit einer Zwangsneurose und weiteren Perversionen, wie Sadismus und Masochismus, verbunden.

Zum Schluss

Das bisher Gesehene stellt nur einen winzigen Teil aller möglichen abnormalen Zustände dar, die die Grundlage eines Verhaltens bilden und die meisten Handlungen eines Menschen steuern können. Ausgeglichene, normale Sexualität ist äusserst selten, weil sie von der Ausgeglichenheit der gesamten Persönlichkeit abhängt. Ferner kann das Schamklima, das die Sexualität umgibt, die Entwicklung abnormaler Zustände nur fördern. Wem soll sich denn der «Perverse» anvertrauen, wenn er nicht verachtet und zurückgewiesen werden will? Findet er in seiner näheren Umgebung einen brauchbaren Vertrauten? Blosse Homosexualität wird erst seit kurzer Zeit eher als Krankheit denn als Laster betrachtet. Aber auch alles Lasterhafte hat wie jede menschliche Handlung seine Gründe!

Die Sexualität ist das heikelste Gebiet des menschlichen Verhaltens. Sie erfordert viel Verstand, Ausgeglichenheit und Aufgeschlossenheit. Ein schwacher Mensch kann vielleicht grosse Leistungen vollbringen, kommt jedoch nie zur ausgeglichenen Sexualität. Ein Minderwertigkeitsgefühl kann aus einem Menschen einen grossen «Chef» machen, weil dieser Mensch gerade wegen seines Minderwertigkeitsgefühls Überlegenheit sucht, doch im Sexualleben sind die Ergebnisse erbärmlich. Wie bereits erwähnt, ist die Sexualität das einzige Gebiet, wo jedes Mogeln ausgeschlossen ist.

Richtig verstandene Sexualität ist einfach, weil sie zu einer einfachen, freien Persönlichkeit gehört. Sie besteht aus Altruismus, das heisst aus Respekt. Bei psychologischer Krankheit ist jedoch kein Altruismus möglich! Es müssen alle Komplexe, Verdrängungen und Ängste eliminiert werden, sonst gibt es nur die Suche nach Sicherheit, Geborgenheit oder Aggressivität, jedoch keine Liebe. Die Sexualität besteht aus der Fähigkeit zu geben, bevor man nimmt, das heisst, sie ist keine Kompensation für Schwächen und Ängste. Die Sexualmoral führt zur Reinheit und Tugend. Zwei reine Persönlichkeiten, die sich wirklich lieben, können nie obszön handeln, gleichgültig, was sie auch tun mögen. Doch echte Reinheit verlangt psychologische Qualitäten, Ausgeglichenheit und Ehrlichkeit. Diese Moral wird nicht von den anderen aufgezwungen, sie besteht nicht aus der Angst vor der Strafe oder der Hoffnung auf eine Belohnung, sie besteht aus innerer Einheit und Freude. Ein ausgeglichener Mensch macht nichts Böses, ganz einfach, weil er in seinem geistigen Zustand dazu unfähig ist. Seine Intuition, sein Instinkt stimmen mit seiner Vernunft überein, und dieser Mensch, der seinen tieferen Rhythmen nachlebt, findet leicht die grossen Wahrheiten der Welt...

XI. Der Wille

Auf den ersten Blick lässt sich dieser Begriff leicht definieren. Erhalte ich zum Beispiel eine Einladung, frage ich mich: «Gehe ich oder gehe ich nicht?» Ich überlege mir das Für und Wider, um schliesslich «ja» oder «nein» zu entscheiden. Diese Entscheidung ist ein Akt des Willens. Diese freiwillige Entscheidung wurde durch zwei Hauptfaktoren ausgelöst:

a) die äusseren Umstände (hier die Einladung),
b) die inneren Umstände (Gemütsverfassung, Müdigkeitsgrad, körperliche Verfassung, persönliche Anschauung, Unterhaltungsbedürfnis, Angst usw.).

Ein weiteres Beispiel: Muss ich zum Zahnarzt gehen, so ist meine Art zu wollen anders, je nachdem, ob ich Schmerzen habe oder nicht, ob ich Angst habe, nervös bin usw.

Somit sehen wir bereits, dass ein Akt des Willens von unseren Neigungen, Launen, Leidenschaften usw. abhängig ist. Einverstanden: Wir «wollen», doch es ist immer irgend etwas in uns, das unsere Entscheidung beeinflusst, was übrigens menschliche Eitelkeit in einen vernünftigen Rahmen stellen dürfte...

Ferner gibt es für viele «freiwillige» Handlungen eine ganze Reihe Gründe, die man nie zugeben würde: Wettbewerbsgeist, Herrschsucht, Rechthaberei, Selbstbestätigung... Gibt es also einen echten und einen falschen Willen? Gibt es ein Original und Karikaturen davon? Jawohl. Das werden wir nun sehen.

Was versteht man allgemein unter «Wille»?

Willensstark sein heisst für viele, die Zähne zusammenbeissen und Kopf voran in die Hindernisse hineinrennen. Das stimmt überhaupt nicht.

Der «Wille» wird auch oft durch eine ganze Reihe verschiedener Sprüche, die endgültig und unanfechtbar sein sollen, ausgedrückt, zum Beispiel:

- Wollen, das heisst auf jeden Fall, nein sagen können!
- Was ich will, das will ich.
- Was man will, das kann man (das ist der Hauptspruch, der den psychisch Kranken oft eingeredet wird und vielen schon sehr viel geschadet hat).
- Wenn ich entschlossen bin, bin ich halt entschlossen, und nichts kann mich davon abbringen.
- Man muss einfach wollen.
- Einen starken Willen haben heisst, Hindernisse überwinden.
- Wenn ich nein sage, dann ist es halt Nein.

Usw., usw.

Alle diese Verhaltensweisen sind nur untergeordnete Willenserscheinungen. Sie haben mit dem echten Willen etwa so viel Ähnlichkeit wie eine Zinkplatte mit einem Goldbarren …

Wann handelt man freiwillig oder unfreiwillig?

1. *Freiwillig handeln heisst, handeln aus bewussten Gründen*

Wer «ich will» sagt, sollte zumindest wissen weshalb, und zwar den Grund kennen, aus welchem er dieses oder jenes wählt oder entscheidet. Sagt man «ich will», so muss man wenigstens die verschiedenen Gründe bewusst aufzählen können. Wie sieht es in Wirklichkeit oft aus? Etwa so:

- Ich will es!
- Warum?
- Weil ich es will, fertig, Schluss.

Solche Leute behaupten, freiwillig zu handeln, dabei handeln sie bloss aus einem unbewussten Automatismus heraus.

Handelt ein Mensch, der instinktiv durch Herrschsucht oder Rechthaberei zu einem Entschluss kommt, freiwillig? Keineswegs: Er handelt unbewusst, genauso, wie ein Wutanfall oder Lampenfieber freiwillig ist …

2. *Unfreiwillig handeln heisst, von unbewussten Ungetümen getrieben werden*

So sagen zahllose Leute «ich will», während ihr Handeln unfreiwillig ist, wenn sie auch das Gegenteil glauben! Ganz einfach, weil ihr Unbewusstes stärker ist als ihr Bewusstes. Diese Leute wollen eigentlich überhaupt nichts, sie werden nur von ihrem Unbewussten getrieben.

Zum Beispiel hat ein Mann vor einigen Jahren einen wichtigen Entschluss gefasst. Er sagte sich: «Ich will ein grosser Anwalt werden!» Er hat angefangen zu studieren, sich anzustrengen und bis zur Erschöpfung zu arbeiten, um dann diese Erschöpfung zu überwinden! Nehmen wir nun an, er habe starke Minderwertigkeitsgefühle. Da er sich minderwertig fühlt, hat er das unbewusste Bedürfnis, überlegen zu werden. Hat er freiwillig gehandelt, ich meine, bewusst freiwillig? Nur ganz wenig! Nicht er hat beschlossen, ein grosser Anwalt zu werden, sondern seine Minderwertigkeitsgefühle haben eine Suche nach Überlegenheit ausgelöst, was er höchstwahrscheinlich nicht weiss. Er ist überzeugt, tausend freiwillige Handlungen ausgeführt zu haben, während er sich nur von internen Kräften treiben liess. Das Ergebnis dieses falschen Willens mag individuell oder gesellschaftlich sehr schön sein, auf keinen Fall ist es aber das Produkt echten Willens.

Jede freiwillige Handlung besteht aus einer Mischung Bewusstem und Unbewusstem:

1. Der Wille nimmt zu, wenn die bewussten Gründe zunehmen, das heisst, der Mensch weiss, was er will und weshalb er will. Tiefe Selbsterkenntnis ist also unerlässlich.
2. Der Wille nimmt ab, wenn die unbewussten Gründe zunehmen. Viele Leute können auf diese Weise äussere Anzeichen eines starken Willens aufweisen, obwohl sie diesen nicht besitzen.

Der rationale Wille

Es ist eine menschliche Eigenschaft, die Folgen bestimmter Handlungen voraussehen zu können. Der Mensch weiss zum Beispiel, dass übermässiger Alkoholgenuss über kurz oder lang zu gesundheitlichen Schäden führt. Da er das weiss, ist er in der Lage, zwischen seiner heutigen Gesundheit und der zukünftigen Krankheit den Vergleich anzustellen. Der Mensch kann also die Bilanz aus seinen Handlungen ziehen und diese analysieren.

Wie bereits gesagt, sind unsere bewussten Gründe mit dunklen, inneren Kräften (Triebe, Instinkte, Temperament, Bedürfnis usw.) vermischt. Der Wille hängt wohl von bewussten Gründen ab, unterliegt jedoch unserer Selbstkenntnis sowie unserer Kenntnis der äusseren Dinge. Als Beispiel stellen wir einigen Leuten eine äusserst alltägliche Frage:

- Warum haben Sie sich entschlossen, das Rauchen aufzugeben?

Meist erhalten wir die folgenden, sehr oberflächlichen Antworten, die keineswegs von echtem Willen zeugen:

- Weil es ungesund ist (in Wirklichkeit weiss er wahrscheinlich nichts davon, er sagt nur, was er gehört hat).
- Weil es eine dumme Gewohnheit ist (warum eigentlich? Er ist wahrscheinlich nicht in der Lage, dies genauer zu ergründen).
- Weil es teuer ist.
- Weil ich meinen Willen auf die Probe stellen will (er ist also nicht sicher, einen zu besitzen).
- Nein, habe ich gesagt und dabei bleibt es (er weiss aber nicht warum, es handelt sich also um Sturheit, keineswegs um echten Willen, und zwar auch dann, wenn das Ergebnis seines Entschlusses interessant ist).
- Weil meine Frau nicht will, dass ich rauche (der macht sich wenigstens über den eigenen Willen nichts vor!).

Nun beschliesst aber ein Arzt, das Rauchen aufzugeben. Der Grund? Er ist besser informiert und in der Lage, die Auswirkungen des Tabakgenusses genau zu untersuchen. Er vergleicht seine heutige Gesundheit mit den Krankheitsrisiken und hat somit mehr bewusste Gründe als die anderen, das heisst mehr Willen.

Wenn nun ein Psychoanalytiker einen Entschluss fasst, so kennt er sich selbst am besten, und er hat sein Unbewusstes genau analysiert. Er ist also in der Lage, die Gründe seines Wollens unter die Lupe zu nehmen und hat viel mehr Kriterien in der Hand, mit denen er in bester Kenntnis der Sachlage entscheiden kann. Sein Wollen hat somit eine viel grössere Tragweite.

Der moralische Wille

Dies ist der Wille, der uns zum Guten führt. Jeder Mensch hat das Gefühl, der Vernunft zu folgen sei besser, als den instinktiven Neigungen freien Lauf zu lassen. Dabei hat der bewussteste Mensch der Welt Instinkte, Neigungen usw. Für einen perfekten moralischen Willen bedarf es also absoluter Geistesreinheit...

Die moderne Psychologie betrachtet nur die Suche nach dem Guten und dem Besseren als echten Willen, wobei das Streben nach Vergnügen oder Genuss mit Willen nichts zu tun hat.

Der Machtwille

Die Neigung, Macht über die anderen zu erlangen, wobei die angewandten Mittel keine Rolle spielen, ist schädlich und abnormal. Sie basiert auf Minderwertigkeits- und Machtlosigkeitsgefühlen, sie ist das Bedürfnis, der Grösste, Stärkste usw. zu sein.

Neurotische, herrschsüchtige Erzieher gehören in diese Kategorie. Sie zwingen «ihren Willen» auf mit der Überzeugung, «zum Wohle» des Kindes zu handeln. Sozial gesehen war Hitlers Deutschland ein Schulbeispiel dieses machtsuchenden Willens.

Eine höhere, ähnliche Form: Der Mensch strebt nach mehr Wert, nach mehr Selbstbeherrschung usw. Ist dieser Wille vollkommen und perfekt? Bestimmt nicht! Sondern er beruht auf Egoismus und der Suche nach dem eigenen Wohl, nach dem eigenen Wert. Zum Beispiel gibt sich ein Künstler voll seinem Werk hin, das er mit «eisernem» Willen ausführt. Auch wieder kein echter Wille, denn dieser Mann versucht sich selbst zu verwirklichen, er sucht eigene Macht usw. Besser ist es schon, wenn er überzeugt ist, den anderen eine Botschaft übergeben zu müssen. In diesem Falle sucht er auf eine Art das Wohl der anderen.

Der Machtwille ist leider sehr verbreitet, und besonders in unserer heutigen Gesellschaft sind die meisten Menschen davon besessen. Statt Willen gibt es nur Neurose, Schwäche und Machtlosigkeit.

Der klassische Begriff des freien Willens

Eine freiwillige Handlung unterteilt sich in vier Abschnitte:

1. Wahrnehmung: Die auszuführende Handlung entsteht im Gedanken, zum Beispiel nehme ich eine Einladung wahr.

2. Überlegung: Während dieser Periode wird das Dafür und Dawider ausgewogen (soll ich aus diesem Grunde der Einladung Folge leisten oder aus jenem nicht).
3. Entscheidung: Das Verdikt als Resultat der Überlegung. Man nimmt an oder lehnt ab.
4. Ausführung, die der Entscheidung folgt.

Von diesen vier Abschnitten wäre der dritte (Entscheidung) ein Akt des Willens.

In der Theorie sieht das sehr schön aus. In der Wirklichkeit des Alltags erfolgt manche Überlegung in einem inneren Durcheinander unbewusster Motive, durch Instinkte, Launen, Ängste, Komplexe, Nervosität usw. Die Schlussentscheidung hängt vor allem vom innerlichen Empfang des Gedankens ab. Erhält ein sehr schüchterner Mensch eine Einladung, so ist seine erste Reaktion ein Schock. Wie soll er dann «freiwillig» entscheiden? Gleichgültig, ob er ja oder nein sagt, er lässt sich von seiner Schüchternheit dazu treiben.

Ferner endet die freiwillige Handlung erst bei Punkt 4 (Ausführung). Beschlossen ist noch nicht ausgeführt! Zwischen der Entscheidung und der Ausführung kommen Zweifel, Zögern usw., die wiederum neue Überlegungen und neue Entscheidungen auslösen. Viele Entschlüsse werden gefasst, ohne dass es je zur Handlung kommt. Dies ist bei vielen Rauchern und Trinkern der Fall, die «entschlossen» sind, ihr Verhalten zu ändern, sowie bei zahlreichen psychisch Kranken, die sehr viel tun «wollen» und beschliessen, «morgen» dieses oder jenes zu tun. Die freiwillige Handlung bleibt irgendwo unterwegs hängen, das heisst, sie wird nicht ausgeführt.

Gibt es überhaupt so etwas wie Willen?

Wir stehen auf der Strasse und sehen einen alten Mann, der einen schwerbeladenen Karren schiebt. Bei diesem Anblick bleibt kein normaler Mensch gleichgültig. Beim Anblick dieses armen Greises werden viele Gefühle ausgelöst, zum Beispiel (obwohl die Wirklichkeit unendlich komplizierter ist!):

- Erstes Gefühl: Mitleid. Der Arme! In diesem Alter! Und niemand hilft ihm ... »
- Zweites Gefühl: «Ich möchte ihm helfen. Warum? Weil es meine Pflicht ist. Weil ich diesen Anblick nicht ertragen kann. Weil ich mich in seine Lage versetze ... »
- Drittes Gefühl: Schüchternheit, Angst vor einer Abfuhr usw.

Und wie geht's weiter?

oder

A)	B)
Der Fussgänger nimmt sich zusammen, überquert die Strasse, hilft dem	Der Fussgänger schaut weg und ergreift geistig die Flucht, er rührt sich

alten Mann. Er ist zufrieden oder stolz, hat eine gute Tat vollbracht und «sich überwunden».

nicht, ist unzufrieden, schämt sich über seine «Feigheit», die oft nur Angst, Schüchternheit oder – Dummheit ist.

Soll man daraus schliessen, dass A einen starken Willen hat, während B «feig» ist? Wie man sieht, wurden Zögern und Entscheidung durch innere Zustände ausgelöst (Minderwertigkeitsgefühle, Schüchternheit, Anschauung, Mitleid, Solidarität usw.).

Im Grunde genommen dürfte man sagen, echter Wille habe mit all dem nichts zu tun: Es handelt sich bloss um eine Reihe komplizierter, ineinandergreifender Reflexe. Solche Reflexe würden dann in uns wirken, und zwar völlig ohne unser Dazutun. Welcher würde dann die Oberhand gewinnen? Natürlich der stärkste. Das kommt also einer Verneinung des Willens gleich, zumindest dessen, was man gemeinhin unter Willen versteht.

Nun betrachtet noch ein dritter Mensch unseren alten Mann. Ohne inneren Konflikt, ohne Zögern, ohne Scham überquert er die Strasse, um den Karren zu schieben. Sein Entschluss hat ihn überhaupt keine Anstrengung gekostet, sondern wurde spontan gefasst, mit absoluter Natürlichkeit und Einfachheit. Bestimmt handelt dieser Mann gelöster als die anderen, doch er musste seine Willenskraft nicht anwenden, da er ja nichts überlegen musste. Soll das heissen, dass auch er Reflexen gehorchte? Was ist nun eigentlich freier Wille, diese Eigenschaft, die Philosophen und Psychologen jahrhundertelang beschäftigte, ohne dass der Begriff je zufriedenstellend definiert werden konnte? Gibt es ihn, oder ist er nur Illusion? Zugegeben, man sagt: «Ich will.» Doch ist das nicht bloss Wiedergabe bewusst gewordener Reflexe?

Welche Rolle spielen wir dabei? Man sollte die eigenen Reflexe klar und unvoreingenommen erkennen und sich sagen können: «Ich hab' dieses oder jenes gewollt und beschlossen. Aus welchen Reflexen? Woher kommen diese und weshalb? Welches unfreiwillige, innere Spiel löst die Handlung, die ich als freiwillig betrachte, aus?»

Damit wären wir wieder einmal beim «Kenne dich selbst» angelangt...

Ist der Wille Anstrengung, Spannung oder Verkrampfung?

Allgemein glaubt man gerne, der Wille müsse durch Anstrengung angespannt werden und es gebe keinen Willen ohne Anstrengung. Wir werden jedoch sehen, dass diese Art von Willen kein überlegener Wille ist. Nehmen wir zum Beispiel zwei Schüler:

Schüler A

Sehr begabt, geistig äusserst leistungsfähig, gute Vitalität, jongliert mit Problemen. Gute Konzentrationsfähigkeit, rasche Auffassungsgabe. Wird mit seinem Studium ohne übertriebene Ermüdung fertig.

Schüler B

Wenig begabt und wenig leistungsfähig, muss sich sehr anstrengen, kann sich schwer konzentrieren. Trotzdem «nimmt er sich zusammen» und arbeitet weiter. Allmählich wird er mit den Problemen auch fertig und hat Erfolg.

Wer besitzt da den echten Willen? Auf den ersten Blick wahrscheinlich B, weil er sich anstrengt und trotz allem weiterarbeitet. Warum arbeitet er eigentlich weiter? Das wäre zuerst abzuklären, vielleicht: Wettbewerbsfähigkeit, Angst vor der Verachtung, Bestreben, sein Studium mit Erfolg abzuschliessen, damit die von seinen Eltern aufgebrachten Opfer nicht umsonst sind, Angst vor den Eltern, usw. Da er sich sehr anstrengt, wird er auch bewundert. Das ist verständlich und natürlich, wenn er edle Gründe hat, beweist aber keineswegs, dass er echte Willenskraft besitzt. Es handelt sich um untergeordneten Willen aus Machtlosigkeit und Verkrampfung.

Hingegen erreicht Schüler A sein Ziel ohne grosse Anstrengung. Er besitzt die Kraft, die ihm seine natürliche Leichtigkeit gibt; seine Energie und seine Ausgeglichenheit bleiben jederzeit erhalten. Dass sein Handeln vollkommen ist, beweist die Tatsache, dass es dazu keiner Anstrengung bedarf. Er besitzt die echte Willenskraft, diese Perfektion und Macht, die perfekte Voraussetzungen verlangt.

Ein weiteres Beispiel: *ein Schriftsteller:*

Er schreibt ohne Anstrengung, ohne Verkrampfung, arbeitet schnell, regelmässig und ohne Übermüdung, erkennt klar sein Ziel und strebt es mit seiner ganzen Intelligenz und Vitalität an.

Nach einer Weile wird er allmählich müde. Er schreibt aber weiter und wird immer erschöpfter, verkrampft sich und beginnt «den Faden zu verlieren». Er spannt sich an, schreibt weiter und «überwindet» seine Müdigkeit. Er konzentriert sich und kämpft, um (aus irgendeinem Grunde) mit seiner Arbeit fertig zu werden.

Wann besitzt dieser Schriftsteller echte Willenskraft?

Selbstverständlich in der ersten Phase, denn überlegene Willenskraft ist vernünftig und bewusst. Sie gibt ihm Vitalität sowie die Fähigkeit, natürlich und freiwillig zu arbeiten.

Wann verliert er die echte Willenskraft?

In der zweiten Phase greift unser Schriftsteller zum untergeordneten Willen. Die Energie nimmt ab – und die Willenskraft auch! In diesem Moment muss er seine «ganze Willenskraft» anwenden, was nur beweist, dass er eben keine mehr hat und einer unterlegenen Form des Willens verfällt.

Allzuoft wird Willenskraft mit Anstrengung gleichgesetzt. Diese Meinung entbehrt jeder Grundlage, denn wer sich anstrengen muss, beweist nur seine Imperfektion. Wer alle Muskeln anspannen muss, um eine Last von fünfzig Kilo zu heben, ist kein Athlet. Der Athlet hingegen tut es leicht, weil er die dieser Aufgabe entsprechende Kraft besitzt.

Überlegene Willenskraft beruht auf Ausgeglichenheit, nicht auf Anstrengung. Sonst ist sie nicht mehr perfekt. Natürlich widerspricht das traditionellen Meinungen etwas. Ich kann aber nichts dafür ... Das ist ein biologisches und einfach ein logisches Gesetz! Zudem ist die Wirklichkeit unendlich viel schöner als die Illusion. Ein bewusst handelnder Mensch kann sich viel besser verwirklichen als einer, der seiner Erschöpfung und seinem Unbewussten fast vollständig ausgeliefert ist.

Wenn man mit der Gesamtheit seiner Persönlichkeit, seiner Vernunft und Intelligenz ein Ziel anstrebt, beweist man echte Willenskraft. Hat man aber widersprüchliche Tendenzen, die unseren Willen teilen, verfehlt man das Ziel.

Echter Wille ist ebenso unsichtbar wie echte Eleganz...

Woran denkt man beim Begriff «Wille»?

a) An Ausdauer. Doch Achtung, Ausdauer und Beharrlichkeit dürfen nicht mit Sturheit und Hartnäckigkeit verwechselt werden, denn letztere sind nur Schwächen.
b) An Selbstbeherrschung, das heisst die Fähigkeit, Herr über seine Gefühle, Instinkte usw. zu werden.
c) An Entscheidungsfähigkeit ohne langes Zögern, ohne übertriebene Impulsivität.
d) An Initiative oder die Fähigkeit, etwas Neues zu unternehmen.

All diese Fähigkeiten stellen Anforderungen. Um besser zu verstehen, um welche Anforderungen es sich handelt, schlage ich vor, das Problem umzukehren, um zu untersuchen, was den echten Willen verhindert. «Wer will, der kann!» ist ein altbekannter Spruch, wovon viele überzeugt sind, weil sie nie einen anderen zur Verfügung hatten! Sie haben ihn jedoch kaum in der Praxis erprobt. Es kommt aber vor, dass diese Leute von irgendeiner Krankheit befallen werden. Besonders bei psychologischen Krankheiten gibt es für sie viele

Schwierigkeiten: Die einfachsten, alltäglichen Situationen verlangen von ihnen fast übermenschliche Anstrengungen. Dann ist die Zeit gekommen, auf das «Wer will, der kann!» zurückzugreifen und es in die Tat umzusetzen. Nehmen wir zum Beispiel einen plötzlich neurasthenisch gewordenen Menschen. Diese Krankheit zwingt ihn zu zweifeln, zu zögern, er kann nicht handeln und ist voller Angstgefühle. Er denkt: «Wenn ich will, so kann ich auch; das hat man mir wenigstens gesagt.» Und man sagt es ihm auch immer wieder, dieses Sprichwort, das bald nichts mehr nützt. Der Neurastheniker strengt sich an, verkrampft sich und versucht verzweifelt, sich mittels seines «Willens» zu «beherrschen», ohne Ergebnis ausser einer immer grösseren Erschöpfung. Dann fragt sich der Kranke allmählich, ob dieser Spruch nicht bloss ein Witz für gesunde Leute sei – womit er der Wahrheit sehr nahe kommt! Als er gesund war, konnte er wie jeder andere wollen. Heute kann er es plötzlich nicht mehr. Gibt es denn bestimmte Voraussetzungen?

Die Voraussetzungen des Willens

Wie jede menschliche Fähigkeit unterliegt der Wille bestimmten Gesetzen, und wir werden sehen, was ihn bremst oder verunmöglicht. Es gibt eine ganze Menge falscher Willensformen, die jedoch gleich aussehen wie die echte. Ist die Sturheit des Maulesels Willenskraft, nur weil er hartnäckig «nein sagt»? Handeln nicht viele Menschen auch so, mit dem Gefühl, einen «eisernen Willen» zu haben?

Was den Willen verhindert

Übertriebene Impulsivität. Übermässige Hemmung. Energiemangel und alle falschen Formen der Energie, wie Nervosität, Aufregung usw. Gleichgültigkeit.

Was den Willen ermöglicht

Das Gleichgewicht zwischen Impulsivität und Hemmung. Vitalität, echte Energie, Ausgeglichenheit und Selbstbeherrschung. Interesse.

Übertriebene Impulsivität

Eine Impulsion führt zur unüberlegten, triebhaften Ausführung einer Handlung. Der impulsive Mensch ist nicht fähig, sich zu bremsen oder sein Leben auf ausgeglichene Art und Weise zu steuern. Er lässt sich nur durch seine elementarsten Triebe und unbewussten, automatischen Vorgänge sowie durch seine aus dem Gleichgewicht geratene Affektivität leiten. Er ist zum Beispiel ein barscher Chef, der die andern verachtet, der die eigenen Fehler nie zugibt, es sei denn, er wolle sich den Anschein der Perfektion geben. Der impulsive

Mensch scheint also zu «wollen». Dabei ist er nicht in der Lage, seine Handlung zu führen, und er hat ebensowenig Willenskraft wie ein schwacher Mensch. Er gleicht dem Unruhigen, der energisch aussieht, es aber keineswegs ist.

Der Impulsive stürzt sich in übertriebene Aktivität und scheint voller Willenskraft und geistiger Macht. In seinem Innersten weiss er aber genau, dass er echten Willens unfähig ist. Hinter seiner Scheinentschlusskraft verstecken sich Machtlosigkeit und Emotivität.

Bei anderen impulsiven Menschen tritt die Reaktion erst verzögert ein. Diese Menschen «brüten», und die Umstände häufen sich in ihnen wie gefährliche Munition, bis sie ihre ganze Aufmerksamkeit beanspruchen. Der «Innendruck» erreicht seinen Höhepunkt, und die Reaktion findet explosionsartig statt. Wie eine Art «Überdruckventil» der psychischen Spannung. Auch diese Menschen bieten äusserlich ein Bild der tatkräftigen Willenskraft, doch bei näherem Zusehen erkennt man leicht, dass sie weder sich selbst noch ihre Stimme noch ihre Bewegungen beherrschen.

Impulsivität oder Triebhaftigkeit ist also nicht Willenskraft, sondern bloss Gehorsam gegenüber unbewussten, instinktiven Kräften, wobei Minderwertigkeitsgefühle den Macht-«Willen» nur verstärken.

Übertriebene Inhibition

Die Inhibition oder Hemmung bremst einen Gedanken oder eine Bewegung, verzögert oder verlangsamt die beabsichtigte Handlung, um sie besser zu ergründen und zu rechtfertigen. Der normale Mensch überlegt, doch sein Zögern muss von kurzer Dauer sein. Nicht so beim Gehemmten! Die Überlegungspause dauert lange, der Mensch zögert, zweifelt, kommt ständig auf seine Entschlüsse zurück. Manchmal geht es so weit, dass die ganze Handlung verhindert wird. Der Gehemmte scheut sich vor seiner Handlung, weil er seine Bedenken nicht überwinden kann. Der Wille ist nicht abwesend, sondern gefangen! Ein Schüchterner «möchte gern» Entschlusskraft zeigen, doch er «kann es nicht», weil seine inneren Bremsen stärker sind als sein «Willenswunsch». Also wartet er, bis die Ereignisse an seiner Stelle entscheiden oder bis eine stärkere Persönlichkeit ihn von diesem Zustand befreit. Dies ist bei Schüchternheit, Depression, Minderwertigkeitsgefühlen, psychischer Schwächung, Neurosen, Komplexen usw. häufig der Fall.

Willenskraft hingegen ist die Fähigkeit, bewusst zu handeln. Natürlich braucht es dazu einen bestimmten Impulsivitätsanteil, doch ein rein impulsiver Mensch ist schliesslich ebenso wetterwendisch wie eine Wetterfahne! Die Handlung bedingt eine Bremsung dieser Triebhaftigkeit und Impulsivität, das heisst eine Hemmung. Zum normalen Handeln bedarf es eines Gleichgewichtes zwischen Trieb und Hemmung. Wird dieses Gleichgewicht aus irgendeinem

Grunde gestört, so überwiegt die eine oder andere Seite, und es kommt automatisch zum Willensmangel.

Der Mangel an Energie

Wir haben uns bereits über die Müdigkeit und ihre beiden Folgen, Erschöpfung und Unruhe, unterhalten. Dass Erschöpfung zu mangelnder Willenskraft führen kann, ist sehr gut vorstellbar, denn eine geschwächte Persönlichkeit kann nur einen schwachen Willen haben.

Und bei der Unruhe? Diese ähnelt der übertriebenen Impulsivität. Der Unruhige führt zahlreiche Handlungen aus, ohne aufzuhören, ja sogar ohne die eigene Erschöpfung zu verspüren. Man hat den Eindruck, er besitze viel Energie, während er fast keine mehr hat. Er zeigt falsche Energie, die durch falschen Willen verraten wird.

Der Mangel an Energie ruft ebenfalls Emotivität und Nervosität hervor. Nervöse, emotive Leute werden automatisch ihrer Mittel beraubt und sind zahlreichen nervösen Störungen ausgesetzt. Fassen sie einen Entschluss, so tun sie das nicht freiwillig, sondern nur unter dem Einfluss ihrer Emotivität.

Erschöpfung führt manchmal zu Scheinwundern der Willenskraft: Wir kennen diese erschöpften Leute, die trotz allem weiterarbeiten, ihre Müdigkeit überwinden und die Ruhe immer wieder hinausschieben. Oberflächlich betrachtet sieht es aus wie ein «Sieg der Willenskraft», und Literatur und Kino sind ebensoreich an solchen Beispielen wie der Alltag. Krampfhaftes Sich-Versteifen auf eine Aufgabe infolge einer Zwangsidee (Pflicht, Arbeit, Geldgewinn, Angst vor der Verachtung usw.) hat mit echter Willenskraft nichts zu tun.

Im Gegensatz dazu beruht der echte Wert eines Menschen in erster Linie auf seiner Vitalität und Ausgeglichenheit, das heisst auf seiner Selbstbeherrschung. Der willensstarke Mensch ist in der Lage, die auftauchenden Probleme klar und ruhig zu untersuchen.

Der Mangel an Interesse

Jede menschliche Entscheidung setzt ein bestimmtes Interesse voraus. Wenn wir zum Beispiel eine Handlung beschliessen, müssen wir uns auf irgendeine Art und Weise dafür interessieren. Leider können sich viele Leute überhaupt für nichts interessieren. Dieser Mangel an Interesse, dessen Ursachen sorgfältig gesucht werden müssen, führt zu Gleichgültigkeit, Arbeitsscheu, Unvollkommenheit der ausgeführten Handlungen usw. Häufige Ursachen sind zum Beispiel erbliche Veranlagung, endokrine Störungen, Neurosen usw.

Hingegen gebärt tiefes Interesse mit Ausgeglichenheit verbunden automatisch den Willen. Der Mangel an Interesse ist also eine echte «Willenskraft», die so zu betrachten und zu behandeln ist.

Was den Willen verhindert	*Was den Willen ermöglicht*
Geistige Erstarrung. Sturheit. Festverankerte Meinungen. Verkrampfung und Aggressivität. Dummheit. Wenn das Unbewusste zum Nachteil des Bewussten arbeitet. Alles, was die Persönlichkeit teilt. Alles, was die geistige Synthese verhindert.	Tragweite und Flexibilität des Geistes, Aufgeschlossenheit und geistige Entspannung. Harmonie zwischen dem Bewussten und dem Unbewussten. Alles, was die Persönlichkeit vereint. Alles, was die geistige Synthese erlaubt.

Die geistige Erstarrung

Dieser Kategorie gehören zum Beispiel gehemmte Leute an, das heisst schüchterne Menschen oder solche, die an Minderwertigkeitsgefühlen leiden. Sie zögern lange, bevor sie handeln. Ist die Handlung aber einmal ausgeführt, so klammern sie sich unerbittlich daran. In ihren Entschlüssen besteht also eine «Felsenfestigkeit», die in Wirklichkeit nur grosse Schwäche ist. Der Schwache ist Gefangener seiner Entscheidung, weil diese ihn zu viel Energie gekostet hat. Jede Wiedererwägung würde ihn erneut in ein ewiges Zögern stürzen. Ferner braucht er seinen unwiderruflichen Entschluss, der ihm dadurch Sicherheit gibt, dass er peinliche Zweifel aus der Welt schafft. Er beruft sich auf «Prinzipien», seine Unbeugsamkeit zu rechtfertigen.

In dieser Gruppe finden wir viele Herrschsüchtige, die schwere Erziehungsschäden anrichten, indem sie den Willen des Kindes brechen.

Sturheit, Verkrampfung und festverankerte Meinungen

Diese Zustände sind noch schlimmer als die geistige Erstarrung! Ein geistig Erstarrter kann wenigstens denken und sein Verhalten, wenn auch mit absurden Prinzipien, die ihm logisch erscheinen, erklären. Nichts dergleichen beim Sturen, Verkrampften, der überhaupt nichts denkt! Mit Willenskraft hat das nichts zu tun, und jede Überlegung ist unmöglich. Bei solchen Leuten kommt keine Rechtfertigung einer Entscheidung in Frage: Ich will, weil ich will, es ist so, und es wird nicht diskutiert!»

Fragt man ihn, warum er so stur sei, so gibt er keine Antwort, weil er nicht in der Lage ist, irgendeine Erklärung zu geben. Er kann sich dann nur weiter verkrampfen und versuchen, alle, die er als ihm überlegen empfindet, «mit seinem

Willen» zu dominieren. Und die anderen? Was sollen sie schon tun vor dieser Betonmauer? Sich auflehnen oder sich fügen – mit allen Konsequenzen!

Die Beweglichkeit des Geistes

Wir sehen also, dass sich die Beweglichkeit des Geistes allen Formen der geistigen Verkrampfung entgegensetzt und dass eine gewisse geistige Tragweite alle diese verkrampften Verhaltensweisen verhindert. Es gilt, die Gründe dieser Verkrampfung oder Sturheit herauszufinden. In gewissen Fällen kann der Hauptgrund einfach Dummheit sein. Doch meistens handelt es sich um Machtlosigkeits-, Minderwertigkeits- und Frustrationsgefühle. Es kann sich unter Umständen um Unkenntnis handeln, denn es ist ziemlich logisch, dass sich jemand auf bestimmte Empfindungen versteift, die er für die einzige Wahrheit hält. Aufgeschlossenheit ist für einen normalen Willen unerlässlich, einerseits weil sie ein Maximum an bewusster Überlegungsfähigkeit erlaubt, andererseits weil sie bewusst macht, dass alle Teilwahrheiten zum Ziel haben, die Schlusswahrheit zu finden. Wenn sich jeder bewusst würde, dass man recht haben kann, ohne dass der andere deswegen unbedingt unrecht haben muss, wäre vieles gerettet!

Wenn das Unbewusste auf Kosten des Bewussten arbeitet

Ein Mensch, der nur nach seinem Unbewussten handeln würde, wäre kein Mensch, sondern eine Maschine! Der Wille ist eine überlegene Fähigkeit, die auf einer überlegenen Persönlichkeit basieren muss. Echte Willenskraft ist im Laufe eines Tages – oder gar eines ganzen Lebens – äusserst selten. Viele Leute führen zeit ihres Lebens keinen einzigen echten Willensakt aus, obwohl sie das «Ich will» sattsam wiederholt haben. Hier muss man wieder an Neurosen, Komplexe, Ängste, Beklemmung und Kompensationen denken, die dazu führen, dass der Mensch durch eine total gefälschte Affektivität handelt. Dieser strebt sein Ziel nur noch mit einem kleinen Teil seiner Persönlichkeit an, und dieser kleine «ich will»-sagende Teil ist eben oft der Kranke!

Der Herrschsüchtige sagt «ich will» nur, um seine Mitmenschen zu beherrschen, doch nicht aus Dominationslust, sondern um sich an eine Illusion von Macht zu klammern, womit wir sehen, dass er von seinem kranken Teil, das heisst von seiner Schwäche gezwungen wird, zu wollen. Er lebt äusserst gespannt und fühlt, dass jede Lockerung seines verkrampften Willens für ihn Rückfall in seine Grundschwäche bedeuten würde.

Zudem verhindern innere Konflikte die Synthese als «geistige Verdauung» aller Umstände des Lebens. Wir haben mit Janet gesehen, dass gewisse Umstände vom Gehirn schlecht «verdaut» werden, genau so, wie ein Essen, das «schwer auf dem Magen liegt», Unwohlsein und Verdauungsstörungen verursacht.

Diese schlecht verdauten geistigen Mahlzeiten sind alles, was im Unbewussten den Menschen in einen Spannungszustand, das heisst die psychologischen Abweichungen und gefälschten Affektivitäten, versetzt. Das Erlangen dieser überlegenen Fähigkeit der Willenskraft erfordert die Eliminierung all dieser Störungen: Das ist Aufgabe der Psychologie. So sieht es schliesslich aus:

Was nicht stimmt:	*Was stimmt:*
Wenn man will, so kann man!	Wenn man kann, so will man!

Echte Willenskraft ist Eleganz

Willenskraft ist keine besondere Fähigkeit. Sie hängt von vielen physischen und psychischen Faktoren ab und kommt von einer ganzen Reihe verschiedener Gehirnzentren. Sie erscheint, verschwindet oder ändert sich gemäss den Schwankungen in unserer Persönlichkeit.

Wir haben nämlich gesehen, dass echte, ausgeglichene Energie auch echte, ruhige, unsichtbare und dauerhafte Willenskraft gibt. Falsche Energie oder Energiemangel, Verkrampfung, Nervosität, Müdigkeit, Unruhe und psychische Abweichungen rufen nur falschen Willen oder Willensschwäche hervor.

Ist also Willenskraft eine Frage der Gesundheit? Zunächst ja, doch der Gesundheit im weitesten Sinne, wobei unser ganzes Wesen ein Ziel mit einem Minimum an Anstrengung anstrebt. Müssen wir «freiwillige Anstrengungen» unternehmen, um alte Gewohnheiten zu brechen, so betrachten wir die Handlung nur mit einem Teil unserer selbst, und das ist noch kein echter Wille.

Handeln kann der, der ruhige Kraft besitzt. Er handelt automatisch, weil das Handeln eine Eigentümlichkeit des Menschen ist. Ist er darüber hinaus frei von inneren Spannungen, so besitzt er echten Willen, den er nicht mehr durch Auf-die-Zähne-Beissen suchen muss! Das ist kein «Wille» mehr im üblichen Sinne, sondern souveräne geistige Kraft. Scheinwille ist wie ein verkümmerter Baum, echter Wille wie eine junge, kräftige Eiche. Man sollte also nicht sagen: «Es braucht nur Willen», sondern eher: «Es braucht Kraft und Aufgeschlossenheit...»

Den Willen erziehen und kultivieren

Für den berühmten französischen Psychologen Charles Baudin ist der Wille «ein dichtes Bündel robuster Neigungen». Unsere gelösten Kräfte müssen ein gemeinsames Ziel anstreben. Der Wille ist eine ruhige Tätigkeit aus der Befreiung des Selbst. Er ist Selbstbeherrschung und Einflussnahme auf die Umwelt. Es gilt, alles zu eliminieren, was das «Ich» zersplittern kann.

Vitalitätsstörungen eliminieren

Eine normale Vitalität ist die Grundbedingung echten Willens. Es gibt keine Sonate von Mozart ohne ein gutgestimmtes Klavier, keinen überlegenen Willen ohne ausgeglichenen Körper! Der berühmte Doktor Gilbert Robin sagte: «Es gibt keine faulen, nur kranke Menschen. Faul sind nur die Eltern, Erzieher und Ärzte, die die Gründe der Fehler, die sie bedauern, nicht suchen.» Verständlich – man versucht, die Fehler des Willens (Faulheit, Impulse, Zögern usw.) auszumerzen, ohne deren Ursachen gesucht zu haben.

Psychische Störungen eliminieren

Diese Frage ist noch weitschweifiger. Wie bereits gesagt, geht es darum, die geistige Energie bis zu einem idealen Zustand zu entwickeln. Den rationellen, ruhigen Willen wiederfinden heisst, sich von den unbewussten Bremsen, die unsere Persönlichkeit teilen, befreien. Dies ist natürlich sehr schwierig und allein fast unmöglich. Praktisch muss die Tiefenpsychologie zu Hilfe gerufen werden.

Zum Beispiel verhindert eine Verdrängung oder ein Komplex den echten Willensakt. Die meisten Entscheidungen werden wegen dieser unbewussten Kristallisierungen getroffen. Der Mensch weiss nichts von deren Vorhandensein und stellt nur fest, dass ihm einfach nichts gelingen will. Ständig rennt er in die Wand neben der offenen Tür ... Versucht er, seine psychischen Abweichungen selbst zu sehen, so kann er das nur durch diese Störungen tun ... Eine Binsenwahrheit. Dieses Beispiel entspricht den meisten psychischen Störungen, die die Persönlichkeit teilen und fälschen. Neben der Tiefenpsychologie gibt es weitere Mittel direkter Art. Es kann angenommen werden, dass man nicht willensstark geboren wird, sondern dass man die Willenskraft durch Übung erlangt. Paradoxerweise verlangt der echte Wille, dass man ihn durch sukzessive, zielorientierte Anstrengungen erreicht. Diese Anstrengungen sind nicht der Wille, sondern nur Übungen, um ihn zu erlangen. Man muss seinen psychischen und physischen Zustand kennen und ständig berücksichtigen. Dann sind häufige, den Möglichkeiten angepasste Übungen notwendig.

Eine gut gemachte Autosuggestion kann eine wertvolle Hilfe sein. Sie besteht darin, dass wir in unser Unbewusstes eine von aussen kommende Idee stellen, die uns dann zur automatischen Ausführung bestimmter Handlungen führt. Auch die Erziehung stellt unbewusste Ideen in unseren Geist, und es gilt, diese aufzuspüren und auf ihre Brauchbarkeit zu prüfen. Darüber hinaus gibt uns die Autosuggestion aber auch Ideen, die von uns selbst kommen und zu einem persönlicheren, bewussteren Handeln veranlassen.

Ein Aufmerksamkeitstraining ist ebenfalls wichtig, das heisst, man muss lernen, sich geistig auf eine Aufgabe zu konzentrieren, statt den Gedanken freien

Lauf zu lassen. Diese geistige Zerstreutheit ist leider das Los vieler Menschen. Was hier notwendig ist, ist bewusste Konzentration. Doch Achtung! Wir haben die Konzentration bereits eingehend studiert und gesehen, dass diese Übungen nie zur Erschöpfung oder fixen Idee führen dürfen. Sie dürfen nicht übertrieben oder zu lange ausgeführt werden. Viele Konzentrationsübungen lassen sich nicht ohne Hilfe ausführen.

Eine tiefenpsychologische Analyse lässt die im Unbewussten schwebenden Umstände und Ereignisse wieder ins Bewusste aufsteigen, so dass innere Abweichungen, die die Persönlichkeit gefangen halten und den Willen verhindern, plötzlich sichtbar werden. Es gibt eine ganze Reihe geistiger Ticks, die das Bewusstsein beeinträchtigen. Auch hier können Übungen Wunder wirken, und zwar wiederum, indem sie sie bewusstwerden lassen.

Von grossem Interesse ist es zu lernen, seinen Körper in dessen gesamtem Handeln bewusst zu spüren. Es geht nicht darum, dass man sich beherrscht, sondern es gilt, bewusst zu handeln. Wie viele automatische Bewegungen führen wir doch im Laufe eines Tages aus! Eine Türe öffnen, eine Jacke zuknöpfen, eine Zigarette anzünden, den Kopf schütteln oder nicken, einen Bleistift fassen, ein Fenster aufmachen usw. Eine sehr gute Übung ist es, sich diese zahllosen automatischen Bewegungen bewusst zu machen. Man muss spüren, dass man zum Beispiel eine Türe öffnet oder einen Gegenstand in die Hand nimmt. Ich kann hier nur ganz allgemeine Richtlininen geben.

Zudem erfordert eingehendes Training fachkundige Führung. Auf jeden Fall ist das Ergebnis einen Versuch wert. Wenn Sie mit jemandem sprechen, versuchen Sie, bewusst zu merken, dass Sie zum Beispiel den Kopf schütteln, die Achseln zucken oder die Stirn runzeln, die Beine übereinanderschlagen usw. Bemühen Sie sich, diese Bewegungen bis in die letzte Faser Ihrer Glieder wahrzunehmen.

Es geht nicht darum, jede Bewegung «freiwillig» zu kontrollieren, sondern sie möglichst bewusst auszuführen. Wird dies konsequent gemacht, so stellt man fest, dass sich die Selbstbeherrschung automatisch einstellt. Gegen Schüchternheit ist dieses Training sehr wirksam: Die Person führt den Körper, statt sich von ihm dirigieren zu lassen.

Auch dem impulsiven Menschen ist diese «Bewusstwerdung» sehr nützlich, lernt er doch, seine Bewegungen und seine sich im Laufe von Diskussionen einstellende «Erziehung» unter Kontrolle zu bringen und festzustellen, dass es sich oft nur um den Wunsch handelt, recht zu haben und den anderen zu beherrschen. Er stellt fest, dass diese Verhaltensweise zum Beispiel auf ein Minderwertigkeitsgefühl zurückzuführen ist. Durch dieses Training soll man nicht versuchen, sich zu beherrschen und die Zähne zusammenzubeissen, um «sich nicht aus der Fassung bringen zu lassen» oder um gleichgültig zu erscheinen. Im Gegenteil. Überlegtes Handeln und Reden soll zur automatischen Reaktion werden.

Das wäre nur eine kurze Übersicht über die Möglichkeiten, das eigene Verhalten zu beeinflussen. Es gibt weitere Techniken, wie zum Beispiel Yoga, worauf ich bald zu sprechen kommen werde. Jeder Mensch stellt einen Sonderfall dar, und wenn er wünscht, die Willenskraft ohne die nötige physische und psychische Unterstützung zu erlangen, muss er in erster Linie diese Unterstützung finden. Mit anderen Worten: Ein Neurotiker muss zunächst seine Neurose loswerden, was er ohne die Psychologie kaum fertigbringen wird.

Der echte Wille

Der Wille ist eine überlegene Fähigkeit, die leider allzuoft karikiert wird. Alles ist zu unternehmen, um diese Überlegenheit, die übrigens keineswegs einer «geistigen Elite» vorbehalten ist, zu fördern und zu entwickeln. Sie steht nämlich allen offen, die die inneren Mechanismen verstanden haben und gewillt sind, an der entsprechenden «inneren Reinigung» zu arbeiten.

Echter Wille lässt sich erst erreichen, wenn alles, was den falschen Willen hervorruft, eliminiert wurde. Die geistige Einigung des innerlich Geteilten ist unerlässlich, damit der Wille wieder zu einem natürlichen Akt wird, damit man so leicht will, wie man ein Glas Wasser trinkt. Erst dann kann man wollen und verwirklichen, wie ein Förster mit starken Muskeln und guter Axt, der einen Baum fällt...

Eine grosse menschliche Technik: das Yoga

Das seit Jahrhunderten in Indien praktizierte Yoga ist ein ausgezeichnetes Mittel umfassender menschlicher Kultur. Anfänglich bestand es bloss aus verschiedenen psychologischen und körperlichen Übungen. Im Laufe der Zeit wurde es in eine grosse Anzahl verschiedener Varianten unterteilt, wobei jede dieser Formen einem bestimmten Aspekt der menschlichen Natur entsprach. Wir wollen uns hier nur mit Yoga als einem äusserst interessanten Entwicklungsmittel für Körper und Seele befassen. Yoga ist nämlich für uns Westliche durchaus praktikabel. Seine Wirkung auf Gesundheit und Ausgeglichenheit ist den Resultaten unserer europäischen Turntechniken weit überlegen. Die Yogaübungen wirken mitten in die verschiedenen Organe und stellen daher ein körperliches Training als unbedingte Voraussetzung der Geistesreinheit dar. Ihr Einfluss auf die gute Funktion der endokrinen Drüsen, auf den Blutkreislauf und die Wirbelsäule ist enorm.

Hauptprinzip des Yoga ist das perfekte Zusammenspiel aller Teile des Körpers und die bedingungslose Einigung des Psychischen und des Physischen. Wird das Gleichgewicht eines einzigen Körperteiles gestört, gerät das Ganze ins Wanken. Ist aber dieses Gleichgewicht gegeben, so ist dem Organismus

Gesundheit im weitesten Sinne des Wortes beschieden: Ausgeglichenheit, Ruhe, Willenskraft – womit wir wieder bei den europäischen Lehrsätzen der psychosomatischen Medizin angelangt wären!

Gewisse Krankheiten sind nur der Ausdruck seelischer Störungen, die über das neurovegetative System auf die Organe übertragen werden. Ferner tragen unsere affektiven Beziehungen dazu bei, dass sie sich auch unseren Kindern und der Gesellschaft übertragen, womit letztere eine immense Auswirkung einzelner Zustände darstellt...

Wird die körperliche Gesundheit durch irgend etwas gestört, das sich durch keine organische Behandlung und kein organisches Mittel eliminieren lässt, gilt es, «etwas anderes» zu suchen: Das ist die Grundlage der psychosomatischen Medizin und des Yoga, die ein Fehlverhalten des Geistes korrigieren können.

Es gibt nicht nur schwere Krankheiten, sondern eine ganze Reihe körperlich-psychischer Gebrechen, die die normale Kraft eines Menschen brechen. Denken wir dabei an die Reizbaren, Nervösen usw. Oft lassen sich diese Teilkrankheiten ohne grosse Anstrengung durch Yogaübungen eliminieren. Konsequent ausgeführte Übungen führen zur Ausgeglichenheit der ganzen Person.

Die hier behandelte Form von Yoga basiert auf zwei Faktoren: Stellungen und Atmung. Doch vorerst möchte ich die verschiedenen Disziplinen des Yoga erwähnen:

1. *Enthaltsamkeit:* Das heisst Kontrolle über die Wünsche.
2. *Disziplin:* Durch sie sucht der Geist die Einheit aller Dinge.
3. *Stellungen:* Sie sind die Grundlage der Meditation.
4. *Atmung:* Diese wichtigste Disziplin wird seit einiger Zeit auch im Westen wissenschaftlich untersucht.
5. *Zurückziehung:* Die Sinne dürfen nicht gestört werden; der Mensch zieht sich von allen äusserlichen, illusorischen Empfindungen zurück.
6. *Konzentration:* Die Gedanken fixieren sich ohne jede Anstrengung auf einen Gegenstand, einen Körperteil oder auf das Absolute.
7. *Beschaulichkeit:* Diese folgt auf die Konzentration und «assimiliert» deren Gegenstand, um dessen Wesen zu erfassen.
8. *Identifikation:* Absolute Verschmelzung mit dem beschauten Gegenstand, Vereinigung der individuellen Seele mit dem Absoluten.

Die Stellungen

Oberste Gebote dieser Yogaform sind Langsamkeit und Harmonie. Keine Yogabewegung darf schnell oder ruckartig ausgeführt werden. Ein weiteres wichtiges Gesetz: Der Wettbewerbsgeist muss vollständig fehlen.

Wer Yoga praktiziert, darf sich nur mit dem, was er gerade tut, beschäftigen, das heisst, er muss sein Handeln bewusst wahrnehmen, sonst nichts. Man sieht bereits einen entscheidenden Unterschied gegenüber westlicher Gymnastik.

Bei uns spielt der Wettbewerbsgeist eine allzu grosse Rolle. Können Sie sich ein Tennisspiel ohne Sieger und Verlierer vorstellen, wo nur die Liebe zur perfekten Spielweise und schönen Bewegungen eine Rolle spielt?

Damit wäre Yoga an sich bereits ein Ergebnis; denn es braucht schon einiges, um den Wettbewerbsgeist von sich zu weisen: Bevor man überhaupt mit Yoga anfängt, müssen alle Kampfgefühle sowie Examenangst und sämtliche Begriffe wunderbaren Erfolges oder katastrophalen Misserfolges vergessen werden. Ob die Stellung gelingt oder nicht, ist ohne Belang. Der Praktizierende darf nie mit sich selbst konkurrieren oder nervös werden, wenn ihm eine Übung missglückt. Das Yogaklima besteht aus Ruhe und Frieden. Unsere westlichen Turnlehrer verhalten sich manchmal allzu militärisch, und der Unterricht wird zur Dressur, das heisst zum Verzicht der Schüler auf die eigene Persönlichkeit. Beim Yoga hingegen bleibt die Persönlichkeit in ihrer Gesamtheit erhalten, und sie entfaltet sich nach und nach. Ein Yogalehrer bewundert und tadelt nie, er stellt nur fest, ob die Übung gelungen ist oder nicht. Bei den Yogastellungen sind nicht nur äussere «Gegner» ausgeschlossen, sondern es gilt auch, die inneren Gegner auszuschalten. Ziel des Yoga ist die Selbstbeherrschung und nicht die Beherrschung der Umwelt.

Alle Lektionen werden bei völliger Entspannung erteilt. Der Schüler muss sich auf das eigene Tun konzentrieren und darf sich nicht ängstlich fragen, «was der Lehrer wohl davon hält»! Dieser gibt genaue Anweisungen, jedoch niemals Befehle. Somit hat der Schüler kein «Schuldgefühl», und keine Lektion endet mit einer Enttäuschung.

Die Kunst der Entspannung

Im Alltagsleben ist die Fähigkeit, sich beliebig zu entspannen, wichtig und angenehm. Beim Yoga ist die Entspannung unerlässlich. Leider fördert unsere heutige Lebensart eine ständige Anspannung der Muskeln. Auch während des Schlafes behalten viele Leute eine teilweise Spannung der Muskeln bei, womit sie grosse Energiemengen verschwenden. Sie schlafen, doch sie ruhen sich nicht genügend aus. Man braucht nur die meisten Leute im Alltag zu beobachten: Sie leben in einem ständigen Spannungs- und Abwehrzustand gegen imaginäre Angriffe, gegen mögliche Misserfolge, gegen «die anderen»... Diese ständige Spannung ist natürlich ein Zeichen von Schwäche und Angst.

Das Erlernen der Entspannung hat zum Ziel, den Muskeln eine der zu leistenden Arbeit angemessene Spannung zu geben und während des Schlafes eine vollständige Entspannung, die eine perfekte, erholsame Ruhe ermöglicht, zu gewährleisten. Das Erlernen der Entspannung beruhigt das Nervensystem und führt zum Selbstbewusstsein und zur Selbstbeherrschung. Die Entspannung soll die aus der Arbeit resultierende Ermüdung verschwinden lassen, und ihre Dauer ist dem angestrebten Ergebnis entsprechend.

Richtige Entspannung kann die Schmerzempfindsamkeit herabsetzen. Die Atmung wird regelmässiger, der Puls langsamer, während die willentlichen Muskelbewegungen aufhören und die Kniereflexe verschwinden. Gleichzeitig kommt die psychische Tätigkeit zum Stillstand. Ferner ist auch die präventive Entspannung oft von Interesse, um sich zum Beispiel vor bevorstehenden Emotionen in einen Gleichgültigkeitszustand zu versetzen.

Es gibt eine ganze Anzahl Entspannungstechniken. Yoga wird wie folgt praktiziert:

- Den Boden mit einem Teppich, einer Decke oder einer harten Matratze bedecken.
- Sich auf den Rücken legen, den Hinterkopf auf dem Boden, Körper und Beine strecken, während die Handflächen und Finger den Boden berühren.
- Muskeln nach und nach lösen und sich gehenlassen. Dieser schwierigste Punkt erfordert oft die Leitung eines Instruktors. Die Methode gleicht der Autosuggestion, bei immer grösserer bewusster Erfassung des Körpers. Nach und nach entspannt man konzentriert die Kopfhaut, die Stirn, die Augenlider, Nasenlöcher, Kiefer, Finger, Arme, Beine usw.

Das Erlernen der Entspannung ist nicht bei allen Leuten gleich schwer. Im allgemeinen entspannt sich ein Kind in kurzer Zeit vollständig. In schwierigen Fällen muss der Instruktor auf den Spannungszustand der Muskeln aufmerksam machen, bis dieser vom Schüler wahrgenommen wird. Die Entspannung erfolgt progressiv, und der Schüler muss das Gefühl haben, ein «Paket» zu sein, das in den Boden eindringen will. Der Geist schwebt, die Gedanken konzentrieren sich auf nichts, und kein Bild geht durch das Gehirn. Der entspannte Schüler hat in diesem Zustand des totalen Wohlseins nicht einmal mehr das Gefühl, sich selbst zu sein. Es ist ein Zustand der absoluten Ruhe, während der die Energiereserven die Verluste des Organismus wiedergutmachen.

Im allgemeinen wird die Entspannung am Anfang und am Schluss der Stellungsreihe praktiziert.

Was sind Yogastellungen?

Es handelt sich um besondere Körperstellungen, die sehr langsam eingenommen und einige Zeit eingehalten werden müssen. Jede plötzliche, ruckartige Bewegung ist ausgeschlossen, und die Stellung muss kontinuierlich und voller Harmonie eingenommen werden. Die Übung besteht aus drei Phasen:

a) Das Einnehmen der Stellung.
b) Das Erhalten der Stellung.
c) Die Rückkehr in die Ausgangslage.

Die Langsamkeit hat einen grossen Vorteil. In der westlichen Gymnastik erhält der Organismus eine Art Schock. Ganz anders beim Yoga: Die mass- und harmonievollen Bewegungen bewirken eine Art Massage der inneren Organe. Der genaue Rhythmus jeder Übung muss gefunden werden. Im Idealfall darf der Schüler nicht ausser Atem kommen, doch dies ist am Anfang unvermeidlich. In diesem Falle drängt sich sofortige Entspannung auf. Diese Form von Yoga, Hatha-Yoga genannt, hat die Kontrolle über den Körper und dessen vitale Energien zum Ziel. Die Übungen gewährleisten die Harmonie der organischen Funktionen und können zur freiwilligen Einflussnahme auf jeden Muskel führen. Ferner bereitet Hatha-Yoga auf weitere Formen von Yoga vor, die zu hohen, geistigen Offenbarungen führen. Zweck der «Asânas» (Stellungen) ist die vollständige Konditionierung des körperlich-geistigen Organismus. Sie wurden entwickelt, um ein Höchstmass an Ergebnissen bei einem Minimum an Energieausgabe zu erzielen. Die Anzahl der theoretisch möglichen Stellungen beträgt traditionsgemäss 85 × 100 000! 84 davon sind äusserst wichtig, 33 sind besonders wirksam und nur 2 sind durch jeden ausführbar. Viele Stellungen sind mit den Atmungstechniken kombiniert. Hier sind einige dieser Stellungen:

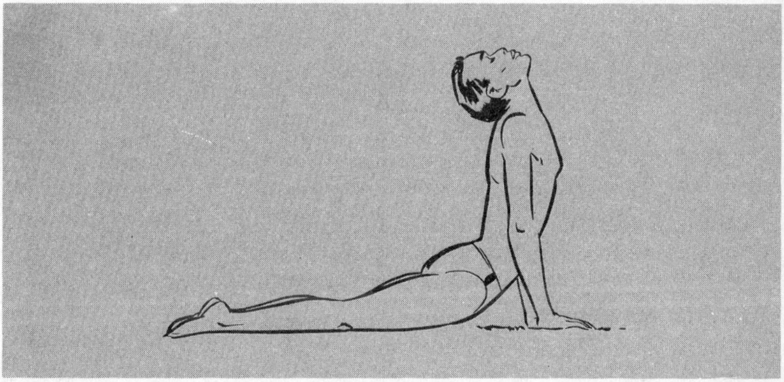

Die «Kobrastellung»: Der Schüler liegt bäuchlings, die Hände flach unter den Schultern, und der Körper erhebt sich sehr langsam, bis die Arme gestreckt sind. Diese Stellung wird einatmend eingenommen, bis der Kopf so weit wie möglich nach hinten hängt. Die Oberschenkel müssen den Boden berühren. Sehr langsam und ausatmend kommt der Schüler wieder zur Liegestellung. Diese Übung kann zwei- oder dreimal wiederholt werden.

Die Kobrastellung verstärkt die Rücken- und Bauchmuskeln und ist bei Eierstock- und Gebärmutterstörungen vorteilhaft.

Auch bei der nächsten Stellung, der «Heuschrecke», liegt der Schüler auf dem Bauch. Die Arme neben dem Körper gestreckt, die Handflächen nach oben, die Beine zusammen. Die Beine werden dann so hoch wie möglich geho-

ben, während der Schüler einatmet. Diese Stellung muss einige Augenblicke eingehalten und der Atem angehalten werden. Ausatmend kommt er langsam wieder zur normalen Stellung zurück. Ausgezeichnete Wirkung auf Gedärme, Leber, Nieren und Kreuz.

Dem «Pflug»

geht die «Stange» (nächste Seite, oben) voraus:

Diese Anfangsstellung wird langsam eingenommen und einige Zeit eingehalten. Die Zehen ruhen dann auf dem Boden, und die Knie werden gebogen, bis sie links und rechts der Ohren den Boden berühren. Dann kommt man langsam wieder in die Rückenstellung zurück, wobei bei der «Stangenstellung» eine kurze Pause eingeschaltet wird.

Dieses «Asâna» ist wirklich gesund und hat einen ausgezeichneten Einfluss auf die allgemeine Körperfunktion. Es kann Darmstörungen wirksam bekämpfen und eine jugendliche Wirbelsäule erhalten. Allerdings bestehen gewisse Kontraindikationen.

Auch die «Baumstellung» (unten) muss extrem langsam eingenommen werden. Der Fuss gleitet entlang dem entgegengesetzten Bein, die Arme hängen. Sobald der Fuss die Höhe des anderen Knies erreicht hat, nimmt der Schü-

ler die Fessel in die Hand und zieht sie bis in die Leistengegend hoch. Er steht wieder auf und legt die Hände langsam zusammen.

Es handelt sich in erster Linie um eine Gleichgewichts- und Meditationsübung, die grosse Entspannung erfordert.

Die «Geheimstellung» eignet sich vorzüglich zur Ausführung von Atmungsmeditationsübungen.

Die «Löwenstellung» dient ebenfalls den Atmungsübungen.

Die «perfekte Stellung» verlangt eine Leitung und ein ziemlich langes Training.

Der «Lotossitz» gilt als schwierig. Die Bewegungen erfordern besonders gelenkige Hüften und Knie. Diese Übung darf erst nach anderen Stellungen gestuften Schwierigkeitsgrades eingeübt werden.

Die «Kamelstellung» ist gegen Hüften- und Oberschenkel-Zellulitis wirksam.

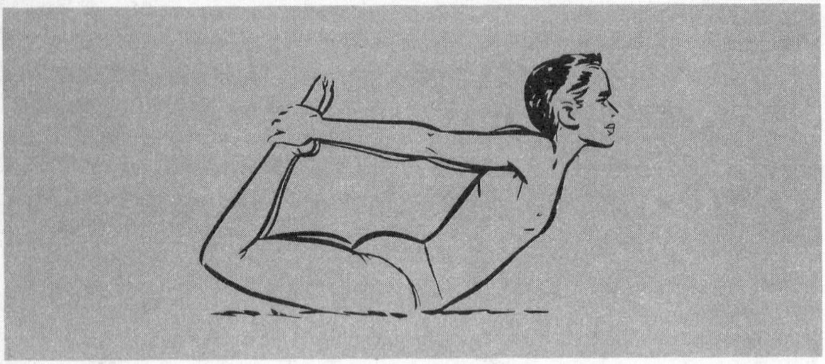

Die Atmungstechnik

Seit Menschengedenken ist in Indien der Zusammenhang zwischen Atmung und geistigem Zustand erkannt worden. Die Atmung wird ständig durch den nervlichen Zustand beeinflusst, was im Alltagsleben zur Genüge festgestellt wird. Leider kann man beobachten, dass zahllose Kinder schlechte Atmungsgewohnheiten haben: Ihre Lungen werden schlecht gelüftet, gebrauchte Luft stagniert dauernd in ihnen. Der Atmungsrhythmus ist im allgemeinen zu langsam, zu schnell oder zu unvollständig. Es darf nicht vergessen werden, dass viele unserer Muskeln beim Atmen unwillkürlich arbeiten. Das heisst, wenn wir unsere Aufmerksamkeit auf unser Atmen lenken, sollten wir theoretisch in die Lage versetzt werden, die Funktion dieser Muskeln zu beherrschen. Natürlich verlangt das einige Übung.

Atmungstraining führt zu den meisten Menschen bisher unbekannten Bewusstseinsmöglichkeiten und ist ein idealer Weg zur Vereinheitlichung der Person.

Bemerkenswert ist, dass sich westliche Medizin und orientalische Wahrheit hier treffen und über verschiedene Wege zum gleichen Schluss kommen. Erst seit einigen Jahren untersucht unsere Medizin die Auswirkungen einer bestimmten Atmungstechnik.

Jeder von uns atmet falsch, ganz einfach weil er unbewusst atmet, das heisst einigermassen automatisch... Dabei ist das Atmen eine Wissenschaft, die wahrscheinlich zu den wichtigsten des Lebens gehört. Die Beherrschung des Atmungsrhythmus durch gezieltes Training ist eines der besten Mittel zur Beherrrschung unserer Affektivität. Die eingeatmete Luftmenge beeinflusst die Qualität und die Dauer des Lebens, und die durch die Nase eingeholte Energie kann dosiert und kontrolliert werden. In erster Linie müssen wir unserer Atmung bewusst werden. Machen wir doch gleich eine Probe aufs Exempel.

Sitzen Sie ganz ruhig, atmen Sie langsam und tief ein. Die Bewegung muss voller Harmonie sein und darf nicht ruckartig erfolgen. Halten Sie die Luft 2 bis 3 Sekunden an. Schliesslich atmen Sie durch die Nase langsam und vollständig aus. Wiederholen Sie diese Übung einige Male und konzentrieren Sie Ihre Gedanken auf die durch die Luft zurückgelegte Strecke: Nasenlöcher, Nase, Rachen, Lungen, Senken des Zwerchfelles, Erweiterung des Brustkastens, dann umgekehrt.

Diese elementare Technik vermittelt einen Eindruck ihrer Bedeutung.

I.

Setzen Sie sich bequem auf den Boden. Die Wirbelsäule und den Nacken in einer Linie, konzentrieren Sie sich auf Ihre Übung und vertreiben Sie jeden anderen Gedanken, atmen Sie langsam und vollständig ein und zählen Sie in Gedanken die Sekunden. 2 Sekunden einatmen – 8 Sekunden anhalten – 4 Sekunden vollständiges Ausatmen. Nach zwei, drei Malen verlängern Sie die Dauer der Übung. Allgemein dient die Dauer des Einatmens als Zeiteinheit: Die Anhaltzeit beträgt ein Vierfaches, die Ausatmung das Zweifache der Einatmungszeit, etwa so:

Einatmen	*Anhalten*	*Ausatmen*
2 Sekunden	8 Sekunden	4 Sekunden
3 Sekunden	12 Sekunden	6 Sekunden
4 Sekunden	16 Sekunden	8 Sekunden

Auf jeden Fall ist
a) ein Maximum an Langsamkeit,
b) ein Maximum an Konzentration
zu erreichen.

II.

Ein- und ausgeatmet wird durch ein einziges Nasenloch. Stellen Sie den Mittel- und Zeigefinger zwischen die Augenbrauen und drücken Sie mit Daumen und Ringfinger das andere Nasenloch zu. Konzentrieren Sie sich. In der Regel verlangt der Übungsleiter, dass die Augen geschlossen werden. Dann wählen Sie einen Atmungsrhythmus, zum Beispiel:

3 Sekunden einatmen, 12 Sekunden anhalten, 6 Sekunden ausatmen. Drükken Sie das rechte Nasenloch mit dem Daumen zu und atmen Sie 3 Sekunden

lang durch das linke ein, sich auf die Luftstrecke konzentrierend. Dann drücken Sie das linke Nasenloch mit dem Ringfinger zu und halten Sie die Luft 12 Sekunden lang an. Nach Öffnen des rechten Nasenloches atmen Sie 6 Sekunden lang aus.

Das Spiel wiederholen, indem diesmal rechts ein- und links ausgeatmet wird. Diese Grundtechnik beim 3-12-6-Sekunden-Rhythmus fördert die vollständige Atmung. 3 Sekunden stellt die Minimaldauer des vollständigen Einatmens dar und ein 12-Sekunden-Anhalten ist bestimmt nicht übertrieben. Die Dauer der Übungen wird allmählich verlängert. Die sogenannte «durchschnittliche» Atmung sieht wie folgt aus:

Einatmen	16 Sekunden
Anhalten	64 Sekunden
Ausatmen	32 Sekunden

– bitte nicht ohne Training!

Atmungsübungen haben aussergewöhnlich wohltuende Wirkungen auf den Organismus und führen rasch zu bemerkenswerten Verbesserungen. Sie fördern die intellektuelle Tätigkeit unwahrscheinlich, sollten jedoch unter ärztlicher Kontrolle ausgeführt werden.

Die Atmung steht mit den meisten unserer Körperfunktionen in mehr oder weniger enger Verbindung. Sie gibt unserem Organismus den nötigen Sauerstoff und die nötige Energie, regelt unser Gleichgewicht, bekämpft nervliche und organische Störungen. Kontrollierte Atmung wirkt auf den Psychismus und gibt Kraft, Ausgeglichenheit und Freude. Sie beeinflusst den Blutkreislauf, den Herzrhythmus und die Verdauung, eliminiert Schlaflosigkeit, Depressionen und Reizbarkeit. Natürlich ist konsequentes Training unter fachkundiger Leitung notwendig. Die Orientalen haben bestimmt nicht übertrieben, als sie der bewussten Atmung wunderbare Fähigkeiten zuschrieben.

Yoga erzieht zum überlegenen Verstand und ist eine machtvolle Lebenshilfe. Körperlich kann es einen Menschen innert einiger Monate vollständig ändern. Ich betone noch einmal, dass alle Übungen mit einem Höchstmass an Konzentration und ohne jeden Wettbewerbsgeist auszuführen sind. Yoga führt zur Selbsterkenntnis und zur Entdeckung aller Dinge, die sich ausserhalb unseres kleinen Ichs befinden ...

XII. Die Kunst zu leben

Wir alle haben an der Schöpfung teil,
wir alle sind Könige, Dichter, Musiker...
Man braucht uns nur wie Lotosblumen zu öffnen,
um zu entdecken, was in uns liegt. *Henry Miller*

Nun kommen wir zum Schluss eines Psychologiebuches, während die menschliche Materie unendlich ist... Möge dieser Schluss ein Anfang sein! Wenn Herr X. Yoga praktiziert oder wenn Frau Y. eine Psychoanalyse unternimmt, so können sie Gesundheit und Ausgeglichenheit anstreben. Sie können aber auch weiterplanen und die Psychologie als den Anfang eines Aufstiegs zu den meisten Menschen unbekannten Gipfeln betrachten.

Möge das vorliegende Werk einer breiteren Betrachtung unserer menschlichen Rolle dienen. Ich habe eine Art «maschinelle» Psychologie betrieben, das heisst, ich habe menschliche Mechanismen, Getriebe, Ventile und Kolben beschrieben, und ich hoffe auch, die häufigen Ursachen für deren Störungen aufgezeigt zu haben.

Angeblich wünschen die Menschen Frieden, Glück, Ausgeglichenheit und Schönheit. Wahrhaftig ein schönes Programm. Aber warum tut man so oft genau das Gegenteil? Ist man sich bewusst, dass die meisten Leute ängstlich, aggressiv, nervös, neurotisch oder erschöpft sind, so kommt man zur Einsicht, dass bestimmte Anschauungen einer Überprüfung bedürfen. Viele Ideen werden aus lauter Gewohnheit angewandt. Bringen diese Ideen das Glück oder nicht?

Sie haben festgestellt, dass der Psychologe nicht moralisiert. Er sagt nicht: «Dieses ist gut, jenes ist schlecht», sondern bloss: «Das ist normal oder abnormal.» Dabei ist der Begriff «abnormal» im weitesten Sinne zu verstehen. Sind Ihre geistigen Fähigkeiten gross, während Sie nur einen Teil davon ausnützen, so ist das abnormal. Haben Sie grosse Selbstbewusstseinsmöglichkeiten und bleiben sie grösstenteils unbewusst, so ist das abnormal. Wenn Sie sich im Leben vorwiegend durch Ihre Verdrängungen und Komplexe führen lassen, so ist das abnormal – und unsagbar schade! Denn wer unterhalb seiner Möglichkeiten verharrt, verzichtet auf die ihm auf dieser Welt zukommende Rolle.

Die Menschen wollen die heutigen Verhältnisse ändern

Wer macht sie aber, diese heutigen Verhältnisse? Doch wir alle, nicht wahr? Wenn wir unruhig sind, vollbringen wir nur unruhige Leistungen. Wenn wir geistig träge sind, können wir nur träge handeln. Viele Leute leben automatisch und unbewusst. Sie wissen nicht, oder nur ganz wenig, was sie tun. Wer kann am Ende eines Tages sagen: «Ich war fünf Minuten lang bis in mein Innerstes bewusst»? Statt dessen wird mechanisch gearbeitet, mechanisch gedacht, routine- und gewohnheitsmässig gelebt.

Viele Leute leben nicht, sie existieren nur. Sie lassen sich von ihrem Unbewussten, das sie nicht einmal zu finden versuchen, durchs Leben führen. Wie wenige bewusste Handlungen im Vergleich zu den Millionen von unbewussten Handlungen! Wie viele Papageiensprüche, die man in der Schule oder später gelernt und nie überprüft hat! Das alles ist nichts persönlich Bewusstes.

Die Verhältnisse ändern heisst, dass wir uns selbst ändern müssen. Alles, was wir tun, ist von höchster Bedeutung, und jede Handlung hinterlässt in uns und den anderen Spuren. Soll man wirklich eine derartige Verantwortung übernehmen, ohne zu wissen, was man tut und was uns zum Handeln veranlasst?

Bewusstwerden ist eine Perfektion, doch das Bewusstsein verlangt wie der Wille innere Reinigung und Lernbereitschaft. Das Bewusstsein ist eine perfekte Sache mit perfekten Voraussetzungen. Es verlangt Konsequenz und Ausgeglichenheit.

Der Mensch ist der Gefahr ausgesetzt, eine Maschine zu werden. Ist er einmal so weit, kann man von ihm nur maschinelle Leistungen erwarten, und zwar auch dann, wenn er sich mit Wissenschaft, Poesie oder Musik befasst. Er kann aber aufhören, eine Maschine zu sein, dazu muss er sich selbst kennenlernen – eine ziemlich lange Arbeit, doch eine wunderbare Entdeckung.

Um die Verhältnisse zu ändern, müssen wir sie verstehen. Viele glauben, sich «auszukennen», während sie alles nur durch ihr deformiertes Ich betrachten. Müssen wir zum Beispiel die Verkettung A – B – C – D – E – F begreifen, so kann es sein, dass wir nur von A bis C oder von A bis D verstehen. Es kann auch vorkommen, dass wir die Verkettung von A bis E erfasst haben, jedoch ohne den Zusammenhang von E und F zu begreifen. Viele glauben dann, «grösstenteils» verstanden zu haben. Dabei haben sie gar nichts verstanden, denn F gilt es zu erfassen, und alles andere ist nur dazu da, dass man so weit kommt.

Noch einmal: Durch ein deformiertes Ich versteht man nur deformiert. Um richtig zu verstehen, müssen wir uns unserer falschen Anschauungen entledigen, um zu verhindern, dass neue Erkenntnisse auf falschen Grundlagen aufgebaut werden. Die Verhältnisse ändern? Alles hängt zusammen, alles hängt von allem ab. Die Grundlage sind wir, und alles geschieht immer gemäss dem, was wir sind.

Den Charakter läutern

Was ist eigentlich der Charakter? Er ist die Art und Weise, wie wir auf die Umstände reagieren. Er ist unser Verhalten in den gesellschaftlichen Beziehungen, unseren Launen und gefühlsmässigen Veranlagungen. Er hängt von unserem Temperament, unserem Nervensystem und unseren geistigen Veranlagungen ab.

Was sagen viele Menschen? «Ich habe eben meinen Charakter und ich kann nichts dafür, ich bin nervös, ich bin nachtragend, ich bin impulsiv, ich bin dieses und ich bin jenes... Schliesslich kann man nicht aus der eigenen Haut heraus!»

Und dieser Mensch wird seinem Kind befehlen, sein Verhalten zu ändern, doch sich selbst befiehlt er überhaupt nichts. Das ist wirklich zu einfach.

Wer erklärt, seinen Charakter nicht ändern zu können, legt ein Trägheitsgeständnis ab. Er ist ein Schwacher oder ein Aggressiver (was schliesslich auf das gleiche herauskommt). Er hat sich eine Schutzfassade gebaut, um von den Problemen des Lebens nicht berührt zu werden, und fürchtet sich vor neuen Umständen, denen er in seiner Schwäche nicht gewachsen wäre. Er hat nur diese einzige starre Verhaltensweise zur Verfügung.

Die meisten Ängste und inneren Konflikte bringen die menschliche Entwicklung zum Stillstand. Der Psychologe sieht sehr oft Menschen, die sich mit wunderbarer Verstandesklarheit hätten entwickeln können, die jedoch irgendwo blockiert sind. Es sind träge Leute, die ohne ihren Charakter jemals zu ändern, ihr Dasein fristen, und zwar gerade deshalb, weil sie träge sind! Sind Sie aber nicht auch der Meinung, der Mensch verdiene eine besseres Schicksal? Er hat doch immense Möglichkeiten des Verstandes und der Urteilsfähigkeit, der Energie und des Handelns in sich. Ist er geistig blockiert, so kann man von ihm nicht erwarten, dass er irgend etwas echt Menschliches erreiche.

Im Gegensatz dazu ist der ausgeglichene Mensch stets wachsam. Auf jede Frage, die das Leben stellt, gibt er die richtige Antwort. Er geht immer vorwärts und entwickelt sich im perfekten Einklang mit den Umständen. Dieser Mensch ist ein Aristokrat des Lebens. Er besitzt die Verstandesklarheit, die Bewusstseinsfähigkeit und die Selbstbeherrschung. Natürlich taucht er in viele Abgründe hinab, doch er kommt rasch wieder herauf, ohne sich von seiner Emotivität auf irgendeine Art und Weise stören zu lassen.

Der Trägheit, welcher Form sie auch sein mag, ist stets ein entschiedenes Nein entgegenzusetzen. Dass wir uns richtig verstehen: Hier ist ein Mann, der eine riesige Arbeitsleistung vollbringt. Er rennt ständig, arbeitet, befiehlt und handelt unaufhörlich. Bei näherer Betrachtung stellen wir fest, dass es sich um einen impulsiven oder aggressiven Menschen handelt. Ist nun dieser Mann trotz all seinen körperlichen Tätigkeiten auch geistig aktiv? Überhaupt nicht: Er ist träge, tut nichts bewusst und lässt seine Triebe oder seine Aggressivität für ihn handeln. Er setzt sehr viel Luft in Bewegung, doch eben nur Luft.

Jede innere Abweichung, jeder Komplex, jede Verdrängung führt zur Blokkierung und Trägheit. Ein blockierter Mensch oder einer mit einem «schlechten Charakter» duldet eben diesen schlechten Charakter bei seinem Kind nicht. Offen gestanden: Das begreife ich nicht... Wenn ein Erwachsener unfähig ist, alles zu unternehmen, um sich selbst zu kennen und zu verbessern, wie soll er es von einem schwächeren Wesen erwarten? Dabei ist natürlich fraglich, wer der Schwächere ist – der Erwachsene oder das Kind?

Sich selbst befreien

Ein «Nervöser» denkt und handelt anders als ein «Ruhiger», ein «Trotteliger» anders als ein «Aggressiver». Das ist banal, doch diese Banalitäten verbergen eine grosse Wahrheit.

Jeder Mensch sollte sich zehnmal täglich fragen, in welchem physischen und geistigen Zustand er sich gerade befinde. Zum Beispiel: «Ich bin müde und kann deshalb nur Leistungen eines müden Menschen vollbringen», oder: «Ich bin nervös und ängstlich und kann daher nur durch meinen Nervositäts- und Angstzustand denken.» Logisch. Sind wir in einem geschwächten Zustand, können wir unsere Rolle nicht voll übernehmen. Wir sind weder willens- noch bewusstseinsfähig. Wenn man sagt: «Ich habe Komplexe» (obwohl man sie nie selbst sehen kann), dann handelt und denkt man nur durch diese Komplexe, durch das innere Prisma und durch die Teilung der Persönlichkeit. Mal handelt dieser Teil, mal jener, nie ist die gesamte Persönlichkeit frei. Man lässt sich durch innere Kräfte führen, deren Macht, ja sogar Existenz uns nicht einmal bekannt ist.

Fast alle Menschen glauben etwas zu tun. Sie glauben, «freiwillig» zu handeln. Freiwillig handeln heisst aber, dass man frei ist und sich von seinen inneren Prismen entledigt hat. Solange innere Zwangsfaktoren bestehen, gibt es keine Freiheit. Ein beispielsweise sexuell Verdrängter ist innerlich nicht frei, er überträgt seine Verdrängungen auf seine Nachkommen, und die ewige Geschichte der versäumten Erziehung geht weiter ...

Der Mensch «tut», doch es tut sich in ihm, ohne dass er weiss warum und wieso. Irgend etwas in ihm zwingt ihn zu denken und zu handeln. Er ist nicht bewusst, er schläft, und gerade deshalb kann er eben nicht wissen, dass er schläft.

Wollen wir unser Handeln und Leben verändern, müssen wir unseren physischen und geistigen Zustand durch einen eigentlichen Wiederaufbau ebenfalls verändern.

Die geteilten Persönlichkeiten

Wir alle sagen «ich». Ich tue dieses, ich denke jenes, ich entscheide, ich wähle, ich will, ich zögere, ich bin schüchtern usw. Und wenn ein Mensch grossen, unbewussten Trieben folgend handelt, sagt er sogar noch «ich will»! Was bedeutet das? Ganz einfach, dass er nicht weiss, was er sagt.

Ein aggressiver Mensch sagt zum Beispiel: «Ich lasse mir das nicht gefallen!» Warum diese ständige Drohung? Weil er sich angegriffen fühlt. Und warum glaubt er sich angegriffen? Weil er Angst hat. Er sollte sagen: «Irgend etwas in mir veranlasst mich, aggressiv zu sein, und dieses Etwas ist meine Angst.»

Statt zu sagen:	*sollte man sagen:*
Ich bin schüchtern.	Irgend etwas in mir veranlasst mich, schüchtern zu sein.
Ich bin traurig.	Irgend etwas in mir veranlasst mich, traurig zu sein.
Ich zögere.	Irgend etwas in mir zwingt mich zu zögern
Ich entscheide, ich zweifle.	Irgend etwas in mir zwingt mich zu entscheiden oder zu zweifeln.

Und so geht es ein Leben lang weiter. Zahlreiche Schubladen öffnen und schliessen sich in einer einzigen Persönlichkeit. In neunzig Prozent der Fälle kann man nichts dafür, doch man sagt trotzdem «ich». Aus Gewohnheit und weil es doch weniger anstrengend ist als der Versuch, sich selbst kennenzulernen. Der Mensch besteht im allgemeinen aus einer ganzen Reihe geistiger Schubladen. Die eine enthält Schwäche, die andere Angst, und weitere sind voller Verdrängungen, Triebe, Aggressivitäten usw. Wie viele Persönlichkeiten gibt es doch in einer einzigen Persönlichkeit!

Angenommen, ein Mensch hätte nur zwei Persönlichkeiten, so wäre es trotzdem noch in seinem eigenen Interesse, diese fusionieren zu können. Meistens sind es aber nicht nur zwei, sondern Dutzende. Jede dieser «Schubladen» arbeitet selbständig und glaubt, recht zu haben. Was der Mensch tut, ist *das* Gute, was er sagt ist *die* Vernunft, und zehn Minuten später überlegt er es sich anders, weil eine andere Schublade aufgegangen ist. Was sagt er dann? Ich habe meine Meinung geändert. Und er lebt in einem Wirrwarr innerer Widersprüche, sich naiv fragend, wie ihm geschehe, und so ergeht es ein ganzes Leben lang vielen.

«Ich» sagen soll nicht ein Tick sein, sondern dem Gefühl und der Empfindung entsprechen, mit der Gesamtheit seines Wesens zu handeln. Das setzt Bewusstsein, Verstandesklarheit und echten Willen voraus. Und jede psychologische Arbeit ist die Suche nach eben dieser menschlichen Aristokratie.

Der Mensch und das Leben

Während das Leben weitergeht und die Mühlen der Entwicklung langsam mahlen, muss der Mensch durch seine Ausgeglichenheit imstande sein, ungünstige Umstände ohne Schaden über sich ergehen zu lassen und günstige auszunutzen. Ob diese Ausnutzung nun positiv oder negativ ist, hängt von unserer Verstandesklarheit ab. Leute, die unfähig sind, einen Umstand auszunutzen, sind geistig gefangen; es sind Leute, die innerliche Abweichungen haben. Das Leben ist weder gerecht noch ungerecht, weder gut noch blind: Das sind nämlich menschliche Prädikate. Das Leben ist einfach das Leben, es ist logisch und fliesst wie ein grosser Fluss, der die Kähne der Menschen trägt. Wichtig ist vor allem zu wissen, ob unser Kahn das Wasser durchlässt oder nicht: Das ist Aufgabe der Erzieher, Ärzte und Psychologen.

Dem Deprimierten, Schwachen und Kranken scheint die Entwicklung des Lebens erbarmungslos. Statt zu versuchen, aus dem Nebel herauszukommen, lassen sie ihre Misserfolge schwer auf sich lasten. Sie wiederholen dieselbe Handlung, ohne sich zu fragen, warum sie eigentlich gescheitert sind und durch welche Mittel sich ein neuerliches Scheitern vermeiden lässt. Sie kämpfen wieder mit den gleichen Waffen und scheitern natürlich noch einmal. Sie versuchen nicht nachzusehen, ob ihnen die Handlung passt, ob sie sie vom richtigen Standpunkt aus betrachtet haben oder ob ihre Waffen nicht vielleicht verrostet sind. Neue Versuche bringen neue Misserfolge. Die menschliche Maschine setzt sich in Gang, gibt Vollgas und gerät aus dem Takt. Der Mensch verwickelt sich immer mehr in seine Schwierigkeiten und glaubt sich vom Pech verfolgt, ohne sich zu fragen, ob sein ständiges Scheitern nicht irgendwie von einem innerlichen Blockiertsein herrührt.

Wie bereits gesagt, sieht der Mensch die Verhältnisse durch seinen Zustand, wie ein Radioempfänger nur die Wellen empfängt, auf die er abgestimmt ist.

Das Leben verdammen nützt nichts. Es zum besten ausnutzen, nützt am meisten. Das Leben hat weder Augen, um zu sehen, noch Ohren, um zu hören. Ist aber ein Mensch durch Einengung seiner Verstandesklarheit mehr oder weniger blind, kann er die Umstände weder überwinden noch ausnutzen.

Um zu kämpfen, muss ich meinen Gegner sehen, sonst bin ich zum vornherein geschlagen. Wenn ich stark und ausgeglichen bin, kann ich mich spielend den Umständen anpassen: Das nennt man inneren Erfolg. Und selbst bei einem Misserfolg stehe ich so wenigstens vor einem sichtbaren, bekannten Gegner, den ich sogar versuchen kann, noch stärker zu machen, wobei ich dann feststelle, dass dieser Gegner oft niemand anders ist als ich selbst...

Psychologie, Ausstrahlung und Humanismus

Der Mensch nimmt in der Schöpfung eine Elitestellung ein. Wer glaubt, nicht zu dieser Elite zu gehören, hat sie eben nicht oder nur schlecht gesucht. Grosse Dinge sind immer einfach. Man kann sich nur schwer vorstellen, Gott sei kompliziert. Grosse Dinge müssen jedem zugänglich sein, sonst sind sie eben keine grossen Dinge. Um sie zu finden, muss man sich selbst verstehen. Der Lauf der Gestirne ist einfach. Johann Sebastian Bach ist einfach. Das Leben ist einfach. Man muss alle Dinge nur in einem klaren Zusammenhang sehen, denn kompliziert ist nur, was nicht in die universelle Ordnung und den universellen Rhythmus passt. Komplizierte Leute passen nicht in diese Ordnung, weil ihre innere Unordnung sie daran hindert zu sehen und teilzunehmen. Innere Abweichungen, Verkrampfung und Aggressivität passen nicht in diese Ordnung.

Wenn die grossen Dinge stets einfach sind, so stellt die innere Vereinfachung die Grösse des Menschen dar.

Man geht ins Kino, um einen Abenteuerfilm zu sehen, um Sensationen zu erleben. Die Handlung fesselt uns, doch selten interessieren wir uns für den Menschen, der diese Handlung ausführte oder dieses Abenteuer erlebte. Man sieht die Gründe nicht, nur die äussere Erscheinung. Auch die Lösung ist einfach: Wenn sich die Leute von ihren inneren Bremsen und Ängsten befreien könnten, würden sie sich ändern. Und wenn sich die Leute ändern könnten, würde sich alles ändern. Um sich zu ändern, muss man aber seine eigenen Probleme sehen. Viele Leute sind einfach so, wie sie sind, und werden in zehn Jahren immer noch so sein. Nichts mehr und nichts weniger. Verdienen sie eigentlich nichts Besseres?

Aus allem kann eine Lehre gezogen werden, doch von der menschlichen Trägheit lässt sich nichts gewinnen.

Angeblich besteht das Glück darin, am richtigen Ort zu sein. Das trifft durchaus zu; doch wir sollten uns fragen, ob wir in unserer Rolle als Menschen, die denken, die andere erziehen und auf die Welt einen Einfluss ausüben müssen, auch am richtigen Ort sind.

Die Kunst, ein Mensch zu sein, sei ausgestorben. Weshalb soll es eigentlich so sein? Die menschlichen Möglichkeiten sind ebenso vorhanden wie vor zehntausend Jahren. Der Mensch besitzt immer noch die gleiche Klaviatur, doch selten bringt man ihm das schöne Spiel bei.

Jemand sagte einmal zu mir: «Jeder kann doch nicht Wissenschaftler werden.» Aber wozu eigentlich Wissenschaftler? Wenn wir uns soweit ausbilden, dass wir auf einem einzigen Gebiet spezialisiert sind, tragen wir zur Misere und Trennung der Welt bei. Ein Wissenschaftler sein und sonst nichts, ist bedeutungslos. Wichtig ist nur der klare Verstand in allen Richtungen und ohne Vorurteile, ohne Voreingenommenheit. Bildung an sich spielt keine Rolle. Und so lange die Erziehung nicht diese gewisse Lebenssynthese lehrt, ist sie wertlos. Alle Erziehungsmethoden der Welt hindern den Menschen nicht daran, voller Widersprüche und Ängste zu leben. Statt die Unterschiede zwischen den einzelnen aufzuzeigen, muss die Erziehung die Gemeinsamkeit hervorheben, sonst besteht das Leben weiterhin aus einer Reihe Konflikte und Schmerzen.

Nicht die Bildung, sondern die Lebensfülle ist erstrebenswert. Der Mensch muss versuchen, seine eigenen Möglichkeiten zu erkennen, sie zu verwirklichen und mit sich selbst in Einklang zu bringen.

Wir erfassen alles durch unser Gehirn, unsere Sinne und inneren Prismen. Vor jedem Umstand sollten wir uns fragen, ob wir ihn richtig und ganz gesehen haben und ob wir ihn morgen auch so sehen werden wie heute. Viel Leute urteilen. Sie beurteilen die anderen, die Moral, die Religion und das Bild, das im Wohnzimmer hängt. Es entspinnt sich eine Diskussion, die oft durch absolute Verständnislosigkeit gekennzeichnet ist, ganz einfach, weil die Leute alles subjektiv betrachten, durch ein Ich voll unnötigen Krams. Dabei sind sie überzeugt, richtig beobachtet zu haben.

Objektivität ist eines der erstrebenswertesten Ziele. Ohne sie glaubt man zu verstehen, während man nur durch ein blockiertes Ich sieht. Objektivität ist nur durch Selbstbefreiung und Gelöstheit gegenüber unbewussten Problemen möglich. Sie kommt von der Zersplitterung der inneren Prismen.

In der Objektivität und Verstandesklarheit erlangt der Mensch seine Ausstrahlung, seine ruhige, gebende Kraft, die er in der Angst und Schwäche nie finden kann, sondern nur in der geistigen Freiheit und Gelöstheit, in der sich der Mensch seinen Problemen nicht mehr zu entziehen braucht; denn diese sind bewusst geworden und haben dadurch ihre Zerstörungsmacht verloren.

Es geht nicht an, die Grösse der einen zu bewundern, die nur das Ergebnis freigesetzter Fähigkeiten ist, sondern es gilt, die anderen zu bedauern, die nichts sind im Vergleich zu dem, was sie sein könnten.

Durch die Psychologie kann sich der Mensch in die Reihen der aktiven Humanisten eingliedern. Seine Ausgeglichenheit ist sein Sprungbrett, seine Angst verschwindet, sein Glück kehrt wieder. Er besteigt einen hohen Berg und geniesst seine neuen Kräfte und seinen grosszügigen, toleranten Verstand. Er ist höflich und zuvorkommend. Seine Grosszügigkeit, Toleranz und Güte kommen nicht von einem inneren Bedürfnis, sondern von einer ruhigen Macht. Er besitzt den klaren Verstand, weil jeder Kampf in seinem Geiste aufgehört hat. Seine Liebenswürdigkeit ist Kraft und nicht Schwäche.

Gerade dieses gnadenreiche Glück wünsche ich Ihnen, lieber Leser. Auf Wiedersehen.

Lexikon einiger kuranter Begriffe der Psychologie

Abulie

Die Abulie ist eine Insuffizienz oder Verlangsamung der Willenskraft. Sie wurde im Kapitel über die Müdigkeit eingehend erklärt.

Bei leichter Abulie wird jeder Willensakt schwierig, langsam oder unkonzentriert. Der Patient unternimmt viele Handlungen, führt jedoch keine vollständig aus.

In schlimmeren Fällen muss der Kranke das Bett hüten und jede gesellschaftliche oder sonstige Tätigkeit aufgeben. Die Abulie kommt bei Depressionen, Neurasthenie, Psychoasthenie usw. vor. Bei der Melancholie ist der Willensruin manchmal vollständig: Der Kranke verharrt oft monatelang in absoluter Trägheit und leidet schwer unter seiner Machtlosigkeit, die er nicht zu überwinden vermag. Schwere Abuliefälle sind auch auf Alkoholismus zurückzuführen. Ferner zeugen Phobien und Zwangsvorstellungen von einer Willensschwäche, die den Kranken unfähig macht, seine schmerzhaften Symptome zu überwinden.

Abwehrmechanismus

Die Abwehrmechanismen des Ichs dienen dem Ausgleich verdrängter Konflikte, Minderwertigkeitsgefühlen usw. Diese Mechanismen wurden im Kapitel über die Psychoanalyse eingehend erläutert.

Affektive Psychosen

Hauptmerkmal vieler psychotischer Störungen ist extreme Verstimmung. Eine tiefe Depression wird von einer allgemeinen Verlangsamung der geistigen und körperlichen Aktivität und von Gefühlen der Wertlosigkeit begleitet. Der Patient spricht langsam und lakonisch, wenn überhaupt, und dann meist nur über sein Leiden und Selbstmordgedanken. Der depressiven Phase folgt meist die manische Phase oder Manie, die durch Erregtheit, gehobene Stimmung und Tatendrang gekennzeichnet ist. Zwischen den Phasen gibt es oft lange Zeitabstände, in denen der Patient normal erscheint.

Affektive Zurückgebliebenheit

Ein affektiv Zurückgebliebener kann über eine normale oder gar überdurchschnittliche Intelligenz verfügen. Doch seine Affektivität hat sich nicht normal entwickelt, was seinen geistigen Reifungsprozess beeinträchtigte. Es ist bei vielen Komplexen und besonders beim Ödipuskomplex der Fall: Die Person bleibt auf bestimmte Situationen und Umstände ihrer Vergangenheit fixiert und kann sich neuen Situationen nicht anpassen. Die Folgen sind Angst, Neurose usw. Die affektive Zurückgebliebenheit kann verschiedene Formen annehmen: Sexualität, Minderwertigkeitskomplexe, Schüchternheit, Verdrängungen usw. Die Tiefenpsychologie entzieht den Kranken geistig seiner Vergangenheit und gibt ihm dadurch eine normale Affektivität.

Selbstverständlich haben affektiv Zurückgebliebene mit den an Geistesschwäche Leidenden, geistig Zurückgebliebenen nichts zu tun.

Affektivität

Unter Affektivität versteht man die ganze Reihe unserer psychischen Reaktionen vor dem Leben. Die Affektivität stellt also einen wesentlichen Aspekt der menschlichen Psychologie dar. Sie umfasst unsere Triebe, die Tendenzen unseres Unbewussten, unsere Gedanken ... und führt unsere Handlungen. Sie bestimmt unsere Emotionen, Launen und Leidenschaften. Die Affektivität ist also ein äusserst weites Gebiet der Psychologie, das zahlreichen Störungen ausgesetzt ist. Innere Konflikte, Komplexe, Neurosen, Psychosen und Verdrängungen sind affektive Reaktionen. Affektive Schocks rühren von dem plötzlichen Erscheinen eines ungewöhnlichen Umstandes her, der den Menschen anpassungsunfähig macht. Dadurch wird der affektive Schock zum emotionellen Schock. Beispiele: Todesfälle, Liebesenttäuschungen, plötzliche finanzielle Verluste, höchste Überraschungen, grosse Freuden usw. Gewisse affektive Schocks können zu Neurosen und Psychosen führen, das heisst, alle Reaktionen der Emotionen kommen zum Vorschein.

Alkoholabhängigkeit

Der Alkoholismus ist eine gefährliche, gesellschaftlich-psychische Seuche. Er führt zum psychischen und geistigen Zerfall, häufig auch zur Psychose und zu kriminellen Kurzschlusshandlungen. Der Alkohol ist der «Hauptlieferant» psychiatrischer Heilanstalten. Die gefährlichste Form ist der chronische Alkoholismus. Der Trinker ist zwar nie richtig betrunken, doch er bereitet sich langsam auf die schlimmsten Symptome vor. Welches sind die Hauptursachen des chronischen Alkoholismus? Geerbte Veranlagung, Psychasthenie, geistige Schwäche usw. führen oft zur Alkoholabhängigkeit, die jedoch auch aus Gewohnheit entstehen kann (gesellschaftliche Verhältnisse, Armut, falsch verstandene Selbstachtung, Nachahmung schlechter Beispiele, Arbeitslosigkeit, Missstimmung usw.).

Die Auswirkungen des chronischen Alkoholismus sind zunächst körperlicher Art: Schädigungen der Nieren, Leber, Speiseröhre, Nerven, Mangel an Vitamin B, Stoffwechselstörungen, Gehirnschäden usw. Nach einigen Jahren stellen sich schwere Beschwerden ein: Zittern, Alpträume, Wadenkrämpfe, Appetitlosigkeit, Erschöpfung, Hetze, Unruhe, Neurasthenie usw. bis zum totalen Zerfall der Persönlichkeit: keine Energie, keine Willenskraft, grosse Gleichgültigkeit, Zornausbrüche, Eifersucht, Gewalt, Vernachlässigung der Kinder usw. Bei Frauen auch gewisse Formen der Hysterie.

Chronischer Alkoholismus löst oft schwere Psychosen und Halluzinationen aus.

Das Delirium tremens ist eine erschreckende Reaktion des Alkoholismus. Jemand, der daran leidet, ist das Opfer schrecklicher Halluzinationen, «sieht» Brände, Verbrechen, Schlangen, Ratten, riesige Spinnen ... Das Delirium tremens besteht aus einer intensiven Angst, die zu Fluchtversuchen, Mord und Selbstmord führen kann. Es ist dies die häufigste Ursache psychiatrischer Notfälle.

Altruismus

Dies ist die Tendenz, für die anderen zu leben und nur an die anderen zu denken, aus natürlicher Güte ... oder psychologischer Unausgeglichenheit. Es gibt nämlich krankhafte Formen des Altruismus, hinter welchen alles andere als echter Altruismus steckt. Im Alltag stellt Herrschsucht einen Scheinaltruismus dar, wobei Güte, Grosszügigkeit und scheinbares Wohlwollen aus tiefem Egoismus herrühren. Minderwertigkeitsgefühle sind oft Anlass «altruistischer» Handlungen: Der Mensch braucht dann die Bewunderung und Anerkennung der anderen, um sich selbst stark zu glauben ... Es gibt eigentliche Manien der Selbstlosigkeit, die wir bei Janet und den «Energiefressern» untersucht haben.

Anpassung

Anpassung nennt man die Reaktion, durch welche ein Mensch seine Verhaltensweise ändert, um den Verhältnissen zu entsprechen.

Das menschliche Leben erfordert eine Unmenge verschiedenster Anpassungen, sowohl auf dem physischen wie auch auf dem psychologischen Gebiet: Anpassungen an Temperaturunterschiede, an eine neue Situation, an einen emotionellen Schock usw. Die meisten Komplexe sind auf eine Fehlanpassung zurückzuführen. Fehlanpassungen sind in den ersten Lebensjahren häufig: Die Kinder haben Mühe, sich den Eltern, dem Schulleben, der Geburt eines kleinen Bruders bzw. einer Schwester anzupassen usw. Im Erwachsenenleben kommen sie ebensooft vor: Sexualität, Religion, Militärdienst, Stellung, Ehe usw. Fehlanpassungen führen oft zu Neurosen und inneren Konflikten. Die Untersuchung der menschlichen Anpassung verlangt das eingehende Studium des vorliegenden Buches ... Auf jeden Fall ist die Fähigkeit, sich allen Verhältnissen anzupassen, für einen Menschen unsagbar wertvoll: Sie ist integrierender, wesentlicher Bestandteil der Ausgeglichenheit.

Apathie

Die Apathie ist eine Herabsetzung der Affektivität. Die Folgen sind Gleichgültigkeit, Gefühllosigkeit und mangelhafte Reaktionen vor den normalen Verhältnissen des Lebens, bei gleichzeitiger grosser körperlicher Trägheit. Die Hauptformen der Apathie sind:

1. Veranlagungsbedingte Apathie: Die Gleichgültigkeit und Faulheit sind auf eine physische oder psychische Insuffizienz zurückzuführen.
2. Die Apathie als Symptom einer Insuffizienz der Drüsenfunktionen (Schilddrüse, Hypophyse, Nebennieren usw.).
3. Intellektuelle Verlangsamung am Anfang der geistigen Verwirrung, bis hin zur totalen Betäubung.
4. Der Anfang der Schizophrenie wird durch Apathie und totale Gleichgültigkeit gekennzeichnet. Der Schizophrene kehrt der äusseren Wirklichkeit den Rücken, um sich ganz in seine inneren Träume zurückzuziehen.

Die Behandlung der Apathie richtet sich nach der Ursache (Psychotherapie, konventionelle oder psychosomatische Medizin, Elektroschocks usw.).

Approbativität

Es ist dies die veranlagungsbedingte Tendenz, dem Gesprächspartner durch Bewegungen und immer wiederholte Worte stets recht zu geben. Manchmal werden die gehörten Worte im Echo wiederholt... Die Approbativität kommt bei Neurosen und Komplexen vor. In diesem Falle entsteht die zustimmende Haltung nur aus der Angst, zu widersprechen oder zu missfallen (Schüchternheit, Minderwertigkeitsgefühle, Ödipuskomplex usw.). In gewissen Fällen kann es sich um mangelnde Urteilsfähigkeit handeln, wie zum Beispiel bei Manien, Geistesstörungen usw.

Arbeitstherapie

Die Arbeitstherapie wird bei gewissen Geisteskrankheiten erfolgreich angewandt. Sie ist die Grundlage eines geistigen Wiederaufbaus, fördert die soziale Anpassung und den Sinn für gut ausgeführte Arbeit. Gartenarbeit ist besonders zu empfehlen, da sie von Kranken verschiedener Sozialklassen akzeptiert wird.

Atonie

Diese Erschlaffung der Muskeln (der Gebärmutter, des Magens und der Gedärme) ist bei der Asthenie und in gewissen Fällen von Erschöpfung häufig. Die Spannkraft der Muskeln wird manchmal derart vermindert, dass der Kranke nicht mehr fähig ist, aufrecht zu stehen.

Aufrichtigkeit

Der aufrichtige Mensch drückt seine Gefühle, Wünsche und Gedanken offen aus. Sein äusseres Verhalten entspricht genau seinem inneren Wesen. Jederzeit zeigt er die Wege seines inneren Lebens... Aufrichtigkeit hat drei Feinde: die Angst, die Verdrängung und die Komplexe. Sie ist nicht zu verwechseln mit dem «Ich sage halt, was ich denke...», einem Symbol der Aggressivität.

Baylesche Krankheit

Diese von der Syphilis verursachte Geisteskrankheit kommt in der Regel erst zehn bis fünfzehn Jahre nach der eigentlichen Syphilis vor. Sie ist charakterisiert durch zahlreiche geistige Störungen, die sich langsam verschlimmern: Zittern der Zunge, Grössenwahn, manische Euphorie, Wahnvorstellungen, Melancholie usw. Die Baylesche Krankheit, die früher als unheilbar galt, lässt sich heute in vielen Fällen heilen.

Beherrschtheit

Beherrschtheit ist die Schwester des gesunden Menschenverstandes... Sie ist Ausdruck gelöster Intelligenz oder blosser körperlicher Ausgeglichenheit. Der beherrschte, gesetzte Mensch wägt das Dafür und Dawider ab, überlegt... Es kann sich auch um eine Neigung oder besondere Veranlagung der Intelligenz oder des Temperamentes handeln.

Gewisse Neurotiker erscheinen auch beherrscht, während sie nur verängstigt, verdrängt oder Perfektionisten sind. Es sei denn, sie «spielen» Beherrschtheit, um selbst an eine Ruhe und Urteilssicherheit zu glauben, die sie keineswegs besitzen. Falsche Beherrschtheit ist oft ein Dummheitssymbol. Der «weise» Mensch behauptet mit erhobenem Finger und in gelehrtem Ton die banalsten Binsenwahrheiten ...

Bescheidenheit

Treffend schreibt der französische Schriftsteller und Historiker Renan: «Bescheidenheit lässt sich nur sehr schwer nachweisen: Wer nämlich behauptet, bescheiden zu sein, ist es eben gerade wegen dieser Behauptung nicht mehr ...»! Bescheidenheit ist oft maskierte Überheblichkeit: Der scheinbar bescheidene Mensch wünscht sich die Bewunderung der anderen, indem er sie «durch seine Bescheidenheit verblüfft»! Echte Bescheidenheit zeugt von hoher Intelligenz des Menschen, der die Unbedeutsamkeit aller Dinge und auch seiner selbst einsieht. Mangelnde Bescheidenheit kommt bei gewissen Neurotikern vor, weil diese das Bedürfnis haben, sich gross und mächtig zu glauben, und zwar gerade wegen ihrer Minderwertigkeits- und Machtlosigkeitsgefühle. Es handelt sich in diesem Falle um ein Symptom, das mit der Neurose verschwindet.

Besessenheit

Der Kranke bildet sich ein, von einem übernatürlichen Wesen, Dämon, Tier oder einer Person besessen zu sein und dass diese Wesen seine Bewegungen steuern und seinen Willen ersetzt haben.

Betäubung

Sie ist die Einstellung der psychischen und physischen Tätigkeit. Das Gesicht erstarrt, der Blick ist ohne Ausdruck, der Kranke zeigt keine Reaktionen, Affektivität und Intelligenz. Die Regungslosigkeit ist vollständig. Der Kranke verharrt in absolutem Schweigen und lehnt oft jegliche Nahrung ab. Eine andere Form der Betäubung gibt es in der Melancholie. Trotz seinem Zustand nimmt der Kranke alles, was um ihn vorgeht, wahr. Der Zustand hört manchmal plötzlich auf, worauf eine gefährlich aggressive Reaktion oder ein Selbstmordversuch folgen kann.

Bettnässen

Ausser dem nächtlichen, ungewollten Urinieren ist das Kind bzw. der Jüngling völlig normal. Gewisse körperliche Ursachen sind möglich, doch dieser Fehler rührt häufig von einer Störung der Affektivität her. In der Psychoanalyse wird oft festgestellt, dass gewisse Kinder infolge eines affektiven Schocks (Geburt eines anderen Kindes, Trennung der Eltern, Streit usw.) unrein geworden sind. Verdrängungen und affektive Zurückgebliebenheit sind weitere häufige Ursachen.

Diese Gewohnheit erscheint wie ein eigentlicher, jedoch unbewusster «Protest» und ist manchmal von Onanie begleitet. Körperliche und geistige Faktoren spielen oft eine Rolle, doch nicht selten wird eine rein psychologische Ursache gefunden.

Die Behandlung muss auf einer eingehenden Untersuchung jedes einzelnen Falles beruhen (Kind, Familienkreis, Situation, moralische Konflikte usw.). Bettnässen an sich ist keine schwerwiegende Abnormalität, doch die Folgen sind weniger harmlos:

Unvorstellbar sind die Minderwertigkeits- und Schamgefühle eines Jünglings, der «immer noch nicht rein» ist. Hier können Medizin und Psychologie relativ leicht Abhilfe schaffen.

Bewusstseinstrübung (Absenzen)

Das Bewusstsein wird plötzlich, jedoch vorübergehend «eingestellt». Der Mensch arbeitet und spricht; plötzlich ist er «abwesend», wird bleich und starrt vor sich hin. Er hört buchstäblich auf zu denken. Später nimmt er seine Arbeit dort wieder auf, wo er sie unterbrochen hatte. Dieser Bewusstseinstrübung folgt oft Gedächtnisschwund. Es werden weder Krämpfe noch Zuckungen beobachtet. Dauert die Störung an, kann es vorkommen, dass der Kranke stottert, umherirrt oder die vor der Krise angefangenen Handlungen «maschinell» weiterführt. In der Regel dauert die Störung jedoch nur ein paar Sekunden. Sie kann mit einem leichten Fall von Epilepsie zusammenhängen.

Brandstifter

Bei gewissen Geisteskrankheiten kann ein Brand zufällig als Folge unüberlegter Handlungen entstehen. Hingegen ist böswillige Brandstiftung die Folge gewisser Geistesstörungen und Psychosen (Verfolgungswahn). Eifersucht, Hass, Perversion usw. können ebenfalls brandstifterische Handlungen auslösen.

Bei der Pyromanie handelt es sich um eine Zwangsneurose: Der Zwangsneurotiker kämpft gegen seine Triebe, die im Widerspruch zu seiner Moral stehen. Wird ein Brand gelegt, so ist das meistens die Folge einer organischen Krankheit oder Depression.

Choleriker

Zorn oder Wut ist eine gewaltige aggressive Emotion, oft infolge eines Ärgernisses oder einer Unannehmlichkeit. Es entsteht eine motorisch-verbale Erregung. In gewissen Fällen kann der Zornausbruch das Bewusstsein vernichten. Der Kranke verliert jede Selbstbeherrschung, ist «ausser sich» und «weiss nicht mehr, was er tut», usw. Dieser Zustand wird von einer ganzen Reihe von Erscheinungen begleitet: Erbleichen oder Erröten, Zittern, Herz- und Atembeschwerden. Manchmal treten auch Konversionserscheinungen auf: Stummheit, Lähmung usw. Die Wut ist manchmal eine Reaktion, die in keinem Verhältnis zu ihrer Ursache steht, es sei denn, es handle sich um eine plötzliche «Entladung» verdrängter Feindseligkeiten, Aggressivitäten, andauerndes geistiges Grübeln, Eifersucht usw. Wie jede gewaltige Emotion führt der Zorn des Cholerikers zu mangelnder Selbstbeherrschung infolge schlechter psychischer Harmonie (Erschöpfung, Überarbeitung, Emotivität, Verdrängungen usw.). Diesen Mechanismus haben wir in der psychosomatischen Medizin erläutert. Es gibt aber auch rein pathologische Formen der Wut: Epilepsie, Alkoholvergiftung, gewisse Manien, Paranoia usw.

Delirium tremens

Siehe Alkoholismus.

Depressionen

Im Volksmund heisst Depression Missstimmung oder einfach Nostalgie. In diesem Sinne ist die Depression stets ein Symptom physischer oder psychischer Insuffizienz (vorübergehend oder dauernd).

Egoismus

Im wesentlichen handelt es sich beim Egoismus um eine natürliche Form des Selbsterhaltungstriebes. Das menschliche Unbewusste fordert nur eines: die sofortige Befriedigung seiner organischen und psychologischen Bedürfnisse. Besonders frappant ist dies beim Kleinkind, und diese Frage wurde im Kapitel über die Psychoanalyse eingehend studiert. Die Erziehung bremst diesen natürlichen Egoismus, indem sie dem Kind die Achtung der anderen und die Regeln des Soziallebens beibringt.

Der Egoismus oder die Selbstsucht beim Erwachsenen ist oft die Folge einer Störung des physischen oder geistigen Gleichgewichtes. Er kommt bei Neurosen vor, wenn sich der Kranke in sich zurückzieht und in seinen Komplexen und Verdrängungen verkrampft, usw.

Selbstsucht kann sich aber auch in Selbstlosigkeit und Altruismus verkleiden. Viele Erzieher sind Egoisten, ohne es zu wissen und mit den besten Absichten der Welt. Zahlreiche Eltern wünschen ihre Kinder nach ihrem eigenen Ebenbild zu «formen». Manche Mutter wünscht unbewusst, dass ihr Sohn so lange wie möglich «ein kleiner Bub» bleibt. Mancher Vater will einen Sohn als Stammhalter oder zur Übernahme seines Berufes usw. Viele Autoritaristen (Herrschsüchtige) «geben alles für ihr Kind»..., um es besser zu dominieren.

All diese Formen des Egoismus sind aus Neurosen entstanden. Sie in sich selbst objektiv zu sehen ist eine schwierige, aber edle Aufgabe.

Ehrgeiz

Es handelt sich um eine übertriebene, oft zwangshafte Suche nach Reichtum, Ruhm und Ehre. Bei guten, schönen, edlen Zwecken ist Ehrgeiz eine annehmbare Verhaltensweise. Krankhafte Formen des Ehrgeizes sind Eitelkeit, Überheblichkeit und Hochmut. Solche Formen sind bei Geistesgestörten und Paranoiden häufig.

Ehrlichkeit

Der ehrliche Mensch ist loyal, ausgeglichen, tolerant, grosszügig, intelligent und lässt sich von der Achtung der anderen und seiner selbst leiten. Ehrlichkeit hat jedoch viele Gesichter. Sie kann zum Beispiel eine unterdurchschnittliche Intelligenz tarnen und dadurch zur Steifheit oder falschen Beherrschtheit werden. Es kann sich auch um das Ergebnis eines Ödipuskomplexes handeln: Der Mensch zeigt sich loyal, weil er die Bewunderung der anderen braucht. Da er keinen Tadel erträgt, kann er es sich nicht leisten, unehrlich zu sein. Die schönsten Eigenschaften haben eben meist ihre Kehrseiten, wodurch sie noch besser zur Geltung kommen.

Ekstase

Der Kranke versetzt sich in eine unerreichbare psychische Welt, in einen Zustand der Glückseligkeit und bricht jede Beziehung zu seinem üblichen Lebenskreis ab. Die echte mystische Einstellung ist eine Ursache, doch viele Formen der Ekstase sind rein pathologischer Art.

Die mystische Ekstase

Das Reden hört auf, die Atmung wird schwach, die Person verspürt eine Abkühlung des Körpers, während ihre Empfindungen eingeschränkt werden oder gar gänzlich verschwinden. Sie bietet ein Bild völliger Entzückung, erreicht dabei jedoch ein sehr hohes moralisches Niveau, und der Körper bleibt völlig gesund. Solche Erscheinungen sind selbstverständlich mit grosser Objektivität zu untersuchen. Auch die Kirche zeigt sich in dieser Beziehung äusserst vorsichtig.

Die pathologische Ekstase

Kommt bei der Hysterie oder Halluzinationen vor, wobei Religion und Erotik oft verwechselt werden... Es handelt sich um falsche Ekstase. Der Kranke drückt Freude aus, bleibt jedoch völlig regungslos und reagiert überhaupt nicht auf seine Umwelt. Er spürt weder Stiche noch Verbrennungen. Dieser Verlust des Schmerzempfindens kommt auch bei Hysterikern vor.

Empfindlichkeit

Empfindlichkeit ist immer ein abnormaler Zustand und ein Symptom von Schwäche. Sie kommt unter anderem bei allen Minderwertigkeitsgefühlen vor. Der Neurotiker ist wegen jeder Kleinigkeit eingeschnappt und empfindet auch wegen dieser Kleinigkeit Rachegefühle oder gar Hass. Es sieht aus, als wäre die Empfindlichkeit ein Ausdruck menschlicher Eitelkeit, doch sie zeigt in erster Linie, dass der schwache Mensch Angst hat, sich so zu sehen, wie er ist. Er ist schnell verletzt, weil er unsicher und ängstlich ist. Logischerweise versucht er, vollkommen und selbstsicher zu erscheinen. Empfindlichkeit gibt es in allen Formen von Herrschsucht, die ebenfalls von Schwäche und Machtlosigkeit herrührt, sowie bei Eitelkeit und Verdrängungen, aus Angst, entdeckt zu werden, das heisst, dass man feststellen könnte, dass man keineswegs so ist, wie man zu sein scheint. Der Beweis dafür: Sobald sich ein Mensch von all seinen Schwächen befreit, um zu Ausgeglichenheit und klarem Verstand zu gelangen, verschwindet jede Spur von Empfindlichkeit.

Energie

Echte, natürliche Energie erlaubt es, sofort ohne Verkrampfung und Anstrengung zu handeln. Echte Energie ist ebenso unsichtbar wie echte Eleganz. Wer «die Zähne zusammenbeissen» und «seine ganze Energie» gebrauchen muss..., hat eben keine! Die Energie verhält sich ähnlich wie echte Willenskraft: Sie ist das Gegenteil der Verkrampfung, denn Energie ist auch die Fähigkeit, sich den Verhältnissen leicht anzupassen.

Gewisse Leute gelten als energisch, während ihre Scheinenergie nur Ausgleich für eine Schwäche ist.

Epilepsie

Die Epilepsie ist durch neuropsychische Krisen charakterisiert, die verschiedene Formen haben können. Die bekannteste ist die allgemein krampfartige Krise: Der Kranke stösst einen Schrei aus und fällt plötzlich bewusstlos zusammen. Während einiger Sekunden verharrt er in einem Zustand der Erstarrung (tonische Phase). Anschliessend treten rhythmische Verkrampfungen aller Muskeln ein (klonische Phase). Nach etwa fünfzig Sekunden bleibt der Kranke bewusstlos und regungslos. Seine Atmung wird schnarchend. Der eigentlichen Krise geht manchmal die sogenannte Aura voraus: Der Kranke ist wie entfremdet und stark beängstigt. Nach dem Anfall kehrt das Bewusstsein nach und nach zurück.

Die anderen Formen sind sehr zahlreich und verschieden. Sie können einzeln vorkommen oder mit den konvulsiven Krisen alternieren: Bewusstlosigkeit, einseitige Verkrampfung, plötzlicher, vorübergehender Schlaf usw. Oder der Kranke fällt plötzlich zusammen, weshalb die Epilepsie auch Fallsucht genannt wird. Epileptische Erscheinungen sind auch Absenzen, Zornausbrüche usw. Den Anfällen und Krisen folgen oft Gedächtnisstörungen. In gewissen Fällen (besonders bei Geistesschwachen) bricht epileptische Wut aus, die zu einem Mord ohne Motiv führen kann.

Die Epilepsie ist eine verbreitete Krankheit mit verschiedenen Erscheinungsformen, von den einfachen Absenzen bis hin zu den grossen Anfällen. Viele Epileptiker sind durchaus arbeitsfähig, wobei die Arbeit natürlich entsprechend den möglichen Zwischenfällen zu wählen ist.

Ursachen der Epilepsie: Schädelverletzungen, akute Gehirnentzündung, Lähmung, Tumore, Abszesse usw.

Erfolglosigkeit

Die Sicherheit, scheitern zu müssen, kann das Resultat wiederholter Misserfolge sein, wobei diese wiederum verschiedene Ursachen haben können: Gebrechen, Kultur- oder Bildungsmangel, mangelhafte Erziehung usw. Auf die Dauer kommt es zu einem totalen Mangel an Selbstvertrauen.

Es gibt aber eigentliche Rückschlagneurosen, wobei der Misserfolg die automatische Folge der Neurose ist. So ergeht es vielen Menschen, die sich im voraus zum Scheitern verurteilt fühlen, während dieses Gefühl jeder Grundlage entbehrt. Dies kommt vor allem bei Minderwertigkeitsgefühlen, Ödipuskomplex und Kastrationskomplexen vor. Die Person unternimmt alles, um nicht kritisiert oder getadelt zu werden, denn die Gleichgültigkeit oder gar Feindseligkeit der anderen fürchtet sie über alles. Sie glaubt sich überall «bloss toleriert», sei es vor einem Kellner oder vor einem Generaldirektor. Manchmal lässt sie sich strafen, um sich selbst von einem tiefen Schuldgefühl zu befreien. Der Misserfolg stellt sich auf allen Gebieten ein: sozial, sexuell, beruflich ... Um es besser zu verstehen, empfehle ich, das Kapitel über den Ödipuskomplex nochmals aufmerksam durchzulesen.

«Es»

Dieser Begriff wurde im Kapitel über die Psychoanalyse eingehend erläutert.

Euphorie

Bei der Euphorie handelt es sich um eine Gemütsverfassung des Optimismus und der Freude. Normale Euphorie kommt aus geistiger Ausgeglichenheit und guten organischen Funktionen. In diesem Fall ist die Euphorie eine Zwillingsschwester der Ausgeglichenheit.

Es gibt jedoch abnormale Euphorieformen, zum Beispiel bei der Zyklothymie oder manischen Anfällen wie auch als Folge von Vergiftungen durch Opium, Haschisch, Alkohol usw. Viele geistig Zurückgebliebene leben in einem Zustand einfältiger Euphorie.

Faulheit

Faulheit muss vom Arzt oder Psychologen behandelt werden. Jedes menschliche Wesen, ob es sich nun um ein Kind oder um einen Erwachsenen handelt, ist von Natur aus aktiv. Ein faules Kind ist unzufrieden oder krank, und die Faulheit kann auch von einer Charakterstörung herrühren: Interesselosigkeit, Perversität usw. oder Überreizbarkeit, Depression, Labilität. Zahlreiche geistige oder körperliche Störungen können sie begleiten: Müdigkeit, neurovegetative Gleichgewichtsstörungen, schlechte Funktion der endokrinen Drüsen, Fehlanpassung an den Familienkreis oder an das Schulleben, Verkrampfungen, Verdrängungen usw. Wer faul ist, beweist nur, dass er sich für seine Aufgabe nicht interessiert. Festzustellen, wo diese Interesselosigkeit herkommt, ist Sache des Therapeuten und des Erziehers!

Feigheit

Wie Faulheit ist auch Feigheit oft eine Krankheit und kann von einer körperlichen Insuffizienz herrühren. Oft wird sie jedoch von einer Störung des moralischen Gleichgewichtes verursacht (Erziehung, Geistesschwäche, Komplexe, Psychoasthenie usw.). Feig wird man nicht auf Befehl! Feigheit ist in vielen Fällen nur ein Wort, hinter welchem die verschiedensten psychischen Störungen stecken können.

Fixe Idee

Die fixe Idee ist eine Form der Zwangsneurose, die im entsprechenden Kapitel erläutert wurde.

Frustration

Frustriertsein heisst, die Befriedigung vitaler, lebenswichtiger Bedürfnisse vergessen. Die Frustrationen der Affektivität sind zahlreich: Ein Kind fühlt sich manchmal von der Liebe seiner Eltern frustriert, wenn ein weiteres Kind zur Welt kommt oder weil es das Gefühl hat, der Vater sei der Mutter wichtiger als es selbst, usw. Affektive Frustrationen führen zu vielen Störungen: Hass, Verdrängungen, Komplexe, Neurosen usw.

Gedächtnisschwund

Es gibt verschiedene Störungen des Gedächtnisses:

1. Der Patient wird unfähig, sich an Ereignisse in deren richtigen Reihenfolge zu erinnern.
2. Der Patient vergisst, was sich vor seiner Krankheit ereignete.
3. Nur gewisse Ereignisse scheinen vergessen worden zu sein. In Wirklichkeit ist deren Spur noch vorhanden und man könnte glauben, es gäbe kein vollständiges Vergessen. Die angeblich vergessenen Umstände kommen manchmal unter bestimmten Voraussetzungen wieder zur Oberfläche des Bewusstseins.
4. Die Gedächtnisschwäche kann affektive Ursachen haben: Man «vergisst» Sachen, deren Erinnerung zu schmerzhaft wäre. Diese Art von Gedächtnisschwäche ist bei Verdrängungen häufig. In der Psychiatrie sind Gedächtnisstörungen äusserst häufig und verschieden: emotionelle Schocks, Hysterie, Spaltung der Persönlichkeit, Epilepsie usw.

Gefühlslosigkeit

Ursache der Gefühlslosigkeit ist entweder ein Temperament oder eine auf irgendwelche Insuffizienz zurückzuführende Verhaltensweise. Gewisse schüchterne Menschen können so kalt und gefühlslos sein, dass sich das Verhalten auf ihre ganze Umgebung überträgt, während sie innerlich buchstäblich sprudeln! Es kann sich um ein Zeichen geistiger oder physischer Störungen handeln: Drüsenstörungen, Neurosen, Komplexe, Verdrängungen usw.

Gehirnentzündung

Entzündungen des Gehirns können chronischer oder akuter Art, diffus oder lokalisiert sein. Sie können die verschiedensten Ursachen haben: Infektionen, Erreger, Syphilis, Tuberkulose, Malaria, Sonnenstiche, Warzenfortsatzentzündung, Stirnhöhlenentzündung, Schädelwunden, chronischer Alkoholismus. Gehirnentzündungen beim Kind haben oft Lähmung, Schielen, epileptische Veranlagungen, zerebrale Lähmung oder geistige Zurückgebliebenheit zur Folge.

Gehirnverkalkung

Anfänglich ist diese Krankheit durch verschiedene Anzeichen, wie Gleichgewichtsstörungen, Schwindel, Kopfschmerzen, Gedächtnisverlust usw., gekennzeichnet. Diese Zustände können einige Stunden oder Tage andauern. Anschliessend kehrt der normale Zustand wieder. Plötzliche Charakteränderungen stellen sich ein sowie unbegründete Zornausbrüche, Schamlosigkeit und ein allgemeines «Gehenlassen». Häufig bemerkt der Kranke seine zerebrale Machtlosigkeit, die er als entwürdigend empfindet. Seine Depression kann ihn zur Melancholie und inneren Unruhe führen. Er wird übertrieben empfindlich und weint wegen einer Kleinigkeit.

Die grossen Zwischenfälle dieser Krankheit sind Lähmungen, Sprachfehler, Epilepsie usw. Eine allgemeine Verlangsamung der Gehirntätigkeit stellt sich ebenfalls ein.

Begreiflicherweise entstehen oft gewisse schwierige Situationen als Folge der ungeordneten Verhaltensweisen und der geistigen Insuffizienz. Diese Krankheit stellt somit ein schwerwiegendes medizinisches und juristisches Problem dar.

Geisteskrankheiten

Dieser allgemeine Begriff umfasst alle geistigen Störungen, die den Kranken daran hindern, an einem normalen Sozialleben bewusst teilzuhaben.

Geistiges Alter

Das geistige Alter ist das Mass der intellektuellen Entwicklung und wird anhand psychotechnischer Tests ermittelt. Bei vielen Leuten entspricht das geistige Alter keineswegs dem psychischen Alter! Ein geistiges Alter von etwa zwölf Jahren ist notwendig, um den eigenen Lebensunterhalt zu verdienen. Das geistige Alter von Schwachsinnigen zum Beispiel beträgt weniger als zwölf Jahre.

Geiz

Geiz oder Habsucht ist eine Perversion des Selbsterhaltungstriebes. Der Sparsinn ist ziemlich natürlich, so lange er die Sicherung der Zukunft bezweckt. Ganz anders beim Geizhals... Sein «Sparen» geht über das Ziel hinaus, wie zum Beispiel bei gewissen verlumpten Bettlern, deren Matratze mit Banknoten gestopft ist...

Die Habsucht ist eine Störung des psychischen Gleichgewichts und hängt oft mit Komplexen zusammen. Sie kommt bei gewissen pathologischen Zuständen, wie Melancholie und Paranoia, vor.

Gelassenheit

Gelassenheit und Sanftmut ist ruhige, gleichbleibende Stimmung. Sie wird oft grosszügig alten Leuten zuerkannt, als guter Vorwand, die eigenen Fehlverhalten zu rechtfertigen... Dabei ist Gelassenheit an kein Alter gebunden. Kein Mensch lebt gelassen, solange er sich selbst irgendeine Bedeutung beimisst... Gelassenheit ist innere Kraft und das Fehlen innerlicher Spannungen. Sie hängt vom harmonischen Funktionieren des Gehirns, das von allen Komplexen und Verdrängungen befreit wurde, ab.

Geltungsdrang

Der eitle Mensch will «auftreten», brillieren und braucht die Bewunderung seiner Mitmenschen. Während der Überhebliche die anderen verachtet und sich zurückzieht, ist der eitle Mensch zu allem fähig, was ihn zur Geltung bringt. Er kauft Dekorationen, missbraucht Titel, trägt illegal Uniformen, prahlt mit Leistungen und Beziehungen usw... Geltungsdrang ist Grössenwahn im kleinen Rahmen. Leichterer Geltungsdrang und Eitelkeit ist eine normale menschliche Tendenz. Krankhaft wird er bei Neurosen und Psychosen. Gewisse Kranke schmeicheln sich sogar mit Beschwerden, «die nicht so sind wie die anderen»! Ist dieser so verbreitete Fehler nicht der schönste Beweis für die menschlichen Minderwertigkeitsgefühle?

Gleichgewicht

Das ganze Wesen und Handeln des Menschen strebt das Gleichgewicht und das daraus entstehende Glück an. Selbst die Krankheit ist eine Reaktion des Organismus, der versucht, sein bedrohtes Gleichgewicht zu erhalten oder wiederherzustellen. Die Herstellung des Gleichgewichtes ist stets innerstes Ziel jedes Menschen gewesen. Jeder Mensch sucht Ruhe und Harmonie. In der Ausgeglichenheit ist die Energie gross. Die Beziehungen zwischen dem Gehirn und dem Körper sind ausgeglichen, die Emotionen haben nur geringe Intensität und stören die Ordnung nicht. Ohne ein harmonisches Funktionieren der menschlichen Maschine gibt es kein Gleichgewicht. Voraussetzung ist, dass alle Formen geistiger Karies, wie Komplexe, Verdrängungen, Minderwertigkeitsgefühle, Angstgefühle, Aggressivität usw., eliminiert werden.

Die geistig-körperliche Ausgeglichenheit ist das Ziel jeder Therapie.

Gleichgültigkeit

Zustand der Affektivität, wobei der Mensch gegenüber äusseren Ereignissen keine Gefühle und keine Reaktionen zeigt. Die Gleichgültigkeit kommt vor allem in der Depression vor sowie auch bei Psychosen, besonders der Schizophrenie.

Grössenwahn

Diese Übertreibung der Paranoia wurde im Kapitel über Neurosen und Psychosen erläutert.

Habsucht

Habsucht ist eine perverse Leidenschaft, eine Abweichung des Selbsterhaltungstriebes. Reine Habsucht unterscheidet sich vom Geiz dadurch, dass der Habsüchtige im Gegensatz zum Geizigen sein Geld ausgibt, um zu einem moralisch-physischen Vergnügen zu kommen. Diese Leidenschaft führt zu Diebstahl, Erpressung usw. und ist ein Symptom unbewusster Konflikte.

Halluzinationen

Bei Halluzinationen benimmt sich der Kranke gemäss Wahrnehmungen, die in Wirklichkeit nicht existieren. Es gibt viele verschiedene Formen: optische, akustische Halluzinationen usw. Einige leichte Erscheinungen dieser Art sind normal und alltäglich: Ohrensausen usw. Nächtliche Träume und Phantasiebilder und -vorstellungen des Halbschlafes sind ebenfalls normale Halluzinationen.

In pathologischen Fällen hingegen wird die Wirklichkeit entstellt. Der Kranke sieht zum Beispiel einen Fleck an einer Tür und glaubt, es handle sich um eine riesige Spinne. Er reagiert durch Angst, Flucht oder Aggressivität. In diesem Falle wurde die Wirklichkeit, also der Fleck, deformiert. Es gibt aber Halluzinationen, die ohne jegliche äussere Wirklichkeit entstehen: Der Kranke hört Stimmen und steht nicht vorhandenen Leuten Rede und Antwort, hört Drohungen, wehrt sich oder verstopft sich die Ohren ... Frauen behaupten, von einem Verfolger vergewaltigt worden zu sein ...

Die Ursachen sind zahlreich: Störungen der Nervenzentren, Vergiftungen, Epilepsie und Delirium tremens. Natürlich reagieren die Kranken, als entspräche die Halluzination der Wirklichkeit: Sie ergreifen die Flucht oder holen zum Angriff aus, wodurch sie sehr gefährlich werden können. Halluzinationen gibt es auch bei der manisch-depressiven Psychose, der Melancholie und gewissen Neurosen (besonders bei der Zwangsneurose). Da es sich hier aber um Neurose handelt, glaubt der Kranke nicht an die Wirklichkeit seiner Wahnvorstellung.

Hass

Hass gegen die anderen, Hass gegen sich selbst, Aggressivität, Neid, Selbstmord, Verbrechen... Ist denn der so weit verbreitete Hass ein charakteristischer Zug des menschlichen Wesens? Das Problem des Hasses stellt sich in allen individuellen und sozialen Psychologien. Welchen Quellen entspringen denn Hassgefühle? Ursachen sind immer die Angst, Machtlosigkeit, Frustration und Demütigung... Gleichgültig, ob diese nun tatsächlich vorhanden sind oder nur in der Phantasie bestehen. Hass kann normal sein, wenn es sich bloss um einen vorübergehenden Zustand handelt, doch er ist pathologisch, wenn der Zustand andauert. Schwache Menschen suchen begreiflicherweise ihr Leiden zu eliminieren, das heisst, sie versuchen, die Ursache dieses Leidens zu vernichten. Aus Verbitterung kann ein schwacher Mensch Hass gegen andere Menschen, gegen ein Land, eine Religion oder gegen sich selbst empfinden. Dieser Hass nötigt ihn dazu, alles zu vernichten, was sich seinem Besitzwunsch entgegensetzt. Dies kommt beispielsweise beim Neid des Kindes, aber auch der Erwachsenen vor. Ganz einfach, weil schwache Menschen von einem Machtlosigkeitsgefühl beseelt sind und ihnen der absolute Besitz ein Gefühl von Kraft und Domination vermittelt. Es gibt unter anderem Erzieher, die Hass gegen Kinder empfinden, die sich nicht «kleinkriegen» lassen.

Hass ist auch bei sexuellem oder geistigem Sadismus vorhanden. Jede sadistische Erscheinung ist ein Beweis wütend-zerstörerischer Machtlosigkeit.

Hass gibt es ferner auch zwischen Leuten mit ähnlichen Machtlosigkeitsgefühlen, zum Beispiel unter Schüchternen.

Und gegen sich selbst? Der Mensch hasst diejenigen Teile seines Ichs, die ihn demütigen und erniedrigen, beispielsweise Komplexe. Viele dieser schwachen Menschen versuchen daher, die Ursache ihrer Minderwertigkeit zu eliminieren. Sie zerstören sich selbst, indem sie sich geistig quälen. Manchmal kommt es zur physischen Handlung, zum Selbstmord, der ihrem dauernden Angstgefühl ein Ende bereitet...

Während die Aggressivität unter Umständen normal sein kann, ist Dauerhass stets ein Neurosen- oder Psychosensymptom.

Heiterkeit

Heiterkeit ist eine Gemütsverfassung voller Spontaneität und zügellosem Optimismus. Sie ist Ausdruck physisch-geistiger Ausgeglichenheit und klaren Verstandes. Es gibt jedoch gewisse Formen einer scheinbaren Heiterkeit, die mit der Unruhe verwandt sind, wie zum Beispiel in der Übermüdung und Neurasthenie. Diese Scheinheiterkeit kommt vorwiegend abends, nachdem die Depression des Morgens der Unruhe Platz gemacht hat, zum Vorschein. Scheinheiterkeit gibt es auch bei der Zyklothymie und der manisch-depressiven Psychose.

Herablassung

Der herablassende Mensch «bequemt» sich zum «untergeordneten» Menschen. Es handelt sich immer um ein Symptom der Schwäche oder eines Minderwertigkeitsgefühls. Gewisse Leute bewundern die «Grossen», die die «Freundlichkeit» haben, ihnen entgegenzukommen... und halten sie für «bescheiden». Doch die Interpretation dieser Bescheidenheit durch den herablassenden Menschen verstärkt dessen sehr gute Meinung von sich selbst sowie dessen Gefühl der Kraft, deren er bedarf, um die eigenen Minderwertigkeitsgefühle zu vertuschen. Echte Grösse ist nie herablassend, denn der echte grosse Mensch weiss nichts von seiner Grösse...

Heuchelei

Allgemein ausgedrückt, setzt Heuchelei dem Laster eine tugendhafte Maske auf... Der Heuchler täuscht edle Gefühle vor, um besser und leichter zu seinem Ziel zu kommen. Dies kommt bei zahlreichen Neurosen vor: Der Neurotiker simuliert unbewusst altruistische Gefühle, um besser zur Geltung zu kommen und die Bewunderung der anderen zu ernten. Herrschsucht durch Heuchelei ist sehr häufig, und hinter der Heuchelei der Scheintugend stecken meist Verdrängungen der Sexualität. Der Heuchler ist oft ein kranker, immer aber ein schwacher Mensch.

Idiotie

Es handelt sich um den schlimmsten Grad der Geistesschwäche. Das geistige Alter des Idioten beträgt weniger als zwei Jahre. Er redet nicht und ist unaufmerksam. Sein Gesicht ist völlig ausdruckslos, und der ganze Körper lässt die Unterbrechung der Entwicklung erkennen. Der Idiot schlägt oft blindlings um sich und zerstört alles, was ihm in die Hände kommt. Manchmal richtet er seine Aggressivität gegen sich selbst. Er lernt erst spät gehen oder ist dazu unfähig. Selten wird er über zwanzig Jahre alt.

Impulsivität

Die Impulsivität löst plötzlich ein unwiderstehliches Bedürfnis aus. Der Kranke wird zu oft gefährlichen sexuellen oder verbrecherischen Handlungen genötigt. Sie wird durch Übererregung triebhafter Tendenzen von der Affektivität verursacht, wodurch die Reaktion in keinem Verhältnis zur Ursache steht..., was beweist, dass die «Bremswirkung» des Verstandes fehlt.

Veranlagungsbedingte Impulsivität besteht zum Beispiel bei erblichen Veranlagungen, wie Alkoholismus und Geistesschwäche, und ist auch charakteristisch bei der Epilepsie.

Hingegen kann die Impulsivität die Folge einer Gleichgewichtsstörung aus der Kindheit sowie von Schädelverletzungen sein. In geringeren Fällen kann sie eine blosse Folge der Überreizbarkeit sein. Neben Schizophrenie oder Epilepsie können auch gewisse Psychosen den Kranken durch Angstgefühle zu unberechenbaren, gefährlichen Impulshandlungen führen. Die Melancholie verursacht oft impulsive Selbstmordversuche, durch welche der Kranke seinem Leiden zu entfliehen versucht. Impulsive Handlungen gibt es ferner bei Leidenschaften, wie zum Beispiel Eifersucht, wo der Kranke tötet, «ohne zu wissen, was er tut», und bei Zwangsneurosen.

Infantilismus

Physisch gesehen, handelt es sich um ein Stehenbleiben der Entwicklung im Kindesalter, wobei psychische Folgen möglich sind. Es kann aber auch vorkommen, dass der Mensch bei kleiner Körperstatur wohlproportioniert und geistig ausgeglichen ist.

Psychologisch gesehen ist der Infantilismus affektive Zurückgebliebenheit (Schüchternheit, Komplexe, Neurosen). Der Kranke ist geistig normal oder gar hochintelligent, doch ein Teil seiner Affektivität bleibt an längst verschwundenen Ereignissen hängen. Falsch verstandene Erziehung ist häufig die Ursache für psychologischen Infantilismus.

Innere Unruhe

Die innere Unruhe ist ein undefinierbares inneres Unsicherheitsgefühl, das jeder objektiven Grundlage entbehrt. Man fürchtet sich ständig vor einem bevorstehenden Unglück, die Phantasie beschreibt oft erschreckende Situationen, die sich einfach nicht aus dem Gedanken vertreiben lassen. Der Mensch befindet sich in einem Zustand «ständiger Wachsamkeit» und fühlt sich den «unmittelbar bevorstehenden» Gefahren machtlos ausgeliefert.

Diese innere Unruhe ist ein Zustand komplexer Angstgefühle, der in der Depression, Psychasthenie und den meisten Neurosen häufig anzutreffen ist.

Intuition

Die Intuition ist eine plötzliche Offenbarung, eine unüberlegte Wahrnehmung, die Überzeugung vermittelt. Das Urteilsvermögen interveniert hier in keiner Weise. Gewisse Temperamente weisen hohe natürliche Intuitionsfähigkeit auf. Ferner fördern gewisse Störungen der Affektivität, wie Psychasthenie, Überreizbarkeit usw., die Intuition.

Es gibt aber auch pathologische Intuitionen: Der Kranke ist von der Wirklichkeit seiner Illusionen fest überzeugt. Dies ist beispielsweise bei Neid, Eifersucht, Hass oder Wutanfällen der Fall.

Kaltblütigkeit

Als kaltblütig gilt, wer unter allen Umständen Ruhe und Verstandesklarheit bewahrt. Keine Emotionen vermögen das organische und geistige Funktionieren zu stören. Echte Kaltblütigkeit ist spontan, erfordert keine grossen Bemühungen und resultiert aus ausgeglichener, intelligenter Kraft.

Falsche Kaltblütigkeit durch Verkrampfung, durch «sich zusammennehmen» ist oft die Folge einer allzu autoritären Erziehung und von Verdrängungen usw.

Katalepsie

Bekannt ist der «kataleptische Schlaf» oder die Starrsucht, die als Folge gewaltiger Emotionen eintreten kann. Der Zustand dauert manchmal einige Stunden, während gewisse Fälle sich über Jahre erstreckt haben. Es handelt sich nur um einen scheinbaren Schlaf, denn der Kranke bleibt dabei bei vollem Bewusstsein, hört alles um sich, ohne jedoch reagieren zu können.

Dieser Zustand kann durch Hypnose herbeigeführt werden. Der Kranke kann sich nicht freiwillig bewegen und hält die Stellungen ein, die man ihm auferlegt. Gewisse neurologische Störungen können dazu führen, wie übrigens auch Hysterie. Die durch Lähmungszustände gekennzeichnete hysterische Katalepsie kann einige Jahre andauern, bis sie durch Psychotherapie, Elektro- oder sonstigen Schock augenblicklich geheilt wird. Dies ist die Erklärung gewisser «Wunderheilungen», denen die Kirche stets äusserst vorsichtig gegenüberstand. Die Katalepsie bleibt infolge der zahlreichen möglichen psychischen Ursachen ein viel diskutiertes Symptom.

Kleptomanie

Es handelt sich bei der Kleptomanie um den zwanghaften Trieb, sich alles anzueignen, was man vor den Augen hat. Die Kleptomanie ist eine echte Zwangsneurose. Der Kranke kämpft verzweifelt gegen seinen Trieb, und der Diebstahl erlöst ihn oft von seiner Angst. Viele Kleptomanen sind Frauen, doch es lässt sich schwer feststellen, ob es sich tatsächlich um eine Krankheit handelt... Der Vorwand wäre ja oft nur zu willkommen! Echte Kleptomanie kommt bei gewissen Störungen des seelischen Gleichgewichtes, wie Wechseljahre, Schwangerschaft usw., vor.

Konflikt

Um diesen Begriff richtig zu verstehen, sollte das Kapitel über die Psychoanalyse gelesen werden. Konflikt heisst Kampf. Ein Konflikt besteht bei Widerspruch zwischen verschiedenen Tendenzen der Affektivität. Zum Beispiel kann eine sexuelle Tendenz zur Moral des betreffenden in Widerspruch stehen. Feindselige Impulse gegenüber einem Elternteil stehen im Widerspruch zum Respekt, der diesem gebührt, usw. Affektive Konflikte sind die Grundlage zahlreicher Neurosen, Verdrängungen und Komplexe.

Koprolalie

Es handelt sich um grobe Redensart. Schüchterne Menschen oder Jünglinge versuchen dadurch ihre Männlichkeit zu beweisen und tun so ihr Freiheitsbedürfnis kund. Kommt auch bei Psychosen (z.B. Manie) vor.

Kretinismus

Diese Geistesschwäche entsteht aus einer Insuffizienz der Schilddrüse und hat ebenfalls körperliche Folgen.

Labilität

Charakterlabilität ist oft nur ein Symptom und in diesem Falle mit wechselhafter Laune verwandt. Alles hängt von der Intensität und Ursache ab. Einige Leute scheinen stabil, während sie nur in sich zurückgezogen sind. Die Untersuchung der Labilität gehört also in die Charakterkunde. Das labile Kind ist wenig arbeitsam und diszipliniert, anspruchsvoll und neigt zur Schulschwänzerei. Der labile Erwachsene ist abenteuerlustig, wird zum Dienstverweigerer oder Vagabund. Diese Art von Labilität kommt bei Paranoia und Zyklothymie vor.

Launen

Ob man «gut gelaunt» oder «schlecht gelaunt» ist, hängt in erster Linie von den Umständen und unserer augenblicklichen physisch-geistigen Verfassung ab. Gewisse

Leute sind stets gleicher Laune, andere gelten als «launisch», das heisst, wechselhafter Stimmung unterworfen. Es gibt überschwengliche Leute, es gibt aber auch anscheinend teilnahmslose, die «ausserhalb» der anderen leben. Das beweist, dass die Laune oder Stimmung eine grundlegende Veranlagung des menschlichen Wesens ist. Im allgemeinen kann man nichts dafür, in welcher Stimmung und Gemütsverfassung man sich gerade befindet, denn unsere Stimmung besteht aus einer Reihe von Trieben und Emotionen, die unseren Reaktionen angenehmen oder unangenehmen Charakter einprägen. Unsere Stimmung hängt von unserem Temperament ab, ob dieses nun optimistisch, überschwenglich und fröhlich oder pessimistisch und introvertiert sei. Es handelt sich um den Ausdruck unserer Grundverfassung, und die gleichmässige Laune hängt vom harmonischen Funktionieren unserer menschlichen Maschine ab. Die automatische Regelung scheint in den unteren Gehirnzentren (Thalamus) stattzufinden, und jede Störung dieser Zentren führt zu den pathologischen Psychosen, zur manisch-depressiven Psychose, Melancholie usw. «Immer gleich gut gelaunt» ist, wer ein gutfunktionierendes Gehirn besitzt und sich von allen Störungsursachen befreit hat.

Leidenschaft

Hinter diesem Schlagwort stecken viele Tragödien. Leidenschaft heisst übermässige, exklusive Neigung, begleitet von Leiden, geistigem Grübeln, fixen Ideen und Zwangsvorstellungen. Die Leidenschaft wird oft als nahe Verwandte der Liebe betrachtet: Sie besteht dann aus Instinkten, Sinnlichkeit, Eifersucht, Egoismus, Hass... Gewisse Leidenschaften können durchaus positiv sein (z.B. Kunstleidenschaft). Andere sind eigentliche Qualen, die bis zum Verbrechen führen können: Leidenschaft des Spieles, des Alkohols, der Frauen, der sexuellen Perversionen, bis hin zur Drogensucht. Bei allen diesen Leidenschaften kommt es zu moralischem Fehlverhalten, und es gilt, die Gründe dafür ausfindig zu machen (Neurosen, Minderwertigkeitsgefühle, Komplexe usw.)

Die Leidenschaft wird zur Krankheit, sobald sie zu geistigem oder physischem Fehlverhalten führt, das dann die gesamte Persönlichkeit überwältigt. Die ganze Gehirntätigkeit wird zugunsten der bewussten Affektivität abgelenkt. Die geistige Ausgeglichenheit wird gestört, das Urteilsvermögen gelöscht, starke Angstgefühle werden von quälenden, fixen Ideen und furchtbarer Eifersucht begleitet, die manchmal zu impulsivem Verhalten zwingen. Häufige Folgen sind auch Schlaflosigkeit und Erschöpfung.

Die Psychosen zeigen auch oft leidenschaftliche Zustände.

Libido

Im engsten Sinne handelt es sich um das sexuelle Verlangen und das Streben nach sexueller Befriedigung. Im weitesten Sinne ist Libido die psychische Energie, gleich welcher Richtung und welchen Zwecks.

Linkshänder

Der Linkshänder führt die meisten Bewegungen mit der linken Körperseite aus. Wer sich dieser Neigung entgegensetzt, kann verschiedene Störungen verursachen: Ungenauigkeit der Bewegungen, Langsamkeit, Stottern, Ticks usw. Schwerwiegendere Folgen sind Bettnässen, Hyper-Emotivität und Charakterstörungen.

Es gilt in erster Linie festzustellen, ob es sich um einen echten Linkshänder mit vorherrschender Tätigkeit der linken Seite handelt. Der totale Linkshänder kommt äusserst selten vor. Vor nicht allzu langer Zeit wurde er landläufig und sogar in der Schule als abnormal betrachtet. Leider sind viele Maschinen und Werkzeuge für den Rechtshänder geschaffen. Dies stellt ein wichtiges psychologisches Problem dar, das gelöst werden muss, um dem Linskhänder eine harmonische Entwicklung zu ermöglichen.

Logorrhoe

Krankhafte Schwatzhaftigkeit, oft zusammenhangloser Wortschwall, kommt sowohl beim einfachen Plauderer, der Nichtssagendes erzählt (besonders über sich selbst), als auch in der absurden Seichtheit gewisser mondäner Versammlungen usw. vor.

Pathologisch gesehen kommt Logorrhoe bei vielen Geisteskrankheiten, wie Manien, Halluzinationen und Paranoia, vor.

Manie

Etymologisch heisst dieses Wort Wahnsinn oder Leidenschaft. Viele Ticks werden landläufig als Manien bezeichnet.

Psychologisch gesehen ist die Manie eine schwere Psychose, die im entsprechenden Kapitel untersucht wurde.

Mut

Echter Mut zeugt von grosser physisch-geistiger Kraft und ist ebenso natürlich wie das Atmen. Es handelt sich um einen Dauerzustand, den nichts schmälern kann. Es gibt jedoch Gelegenheitsmutige, zum Beispiel in besonderen Situationen. Mutige Handlungen kommen manchmal bei Unfällen, Kriegen usw. zustande, und es ist in solchen Fällen schwierig zu bestimmen, ob solche Handlungen als Folge einer Emotion, einer Versteifung oder als Zeichen echten Wertes entstanden.

Mutterinstinkt

Einer der schönsten und stärksten Instinkte, der leider häufig durch Neurosen und Ängste entstellt wird. Eine ängstliche Mutter bauscht ihre eigenen Ängste masslos auf und überträgt sie auf das Kind. Hustet das Kind, so hat es bestimmt Keuchhusten. Spielt es, so kann es jeden Augenblick tödlich verunglücken ... Die Entstellung dieses Instinktes nötigt viele Mütter zu übertriebenen Vorsichtsmassnahmen ... auf Kosten des Kindes, das ängstlich, schüchtern und schliesslich selbst neurotisch wird. Ein Zuviel an Schutz ist ebenso schädlich wie ein Zuwenig. Pingelige Fürsorge löst den inneren Aufstand des Kindes oder Jugendlichen, der sich nicht mehr spontan entwickeln kann, aus. (Es empfiehlt sich hier, das Kapitel über die «Energiefresser» nochmals zu lesen).

Der Mutterinstinkt kann bei gewissen geistigen Krankheiten, wie zum Beispiel der Melancholie, verschwinden oder sich «umkehren»: Die Liebe wird zu Hass und Abneigung. Es handelt sich um eine Perversion, die zum Kindesmord oder zumindest zur Vernachlässigung des Kindes führen kann. Der Alkoholismus ist eine häufige Ursache.

Mystik

In der Philosophie stellt die Mystik die Machtlosigkeit des Verstandes gegenüber den grossen göttlichen Problemen fest. Der Mystiker strebt eine spezielle Intuition an, die ihm die Vereinigung mit Gott ermöglicht. Durch diese Intuition verschmilzt sich der Mystiker mit der göttlichen Welt im Laufe der Ekstase.

Meditation, Askese, grösste Selbstbeherrschung, Studieren, klarer Verstand, Selbstbemeisterung usw. bereiten den mystischen Weg vor. Der Mystiker macht oft eine schlimme Zeit der Verzweiflung und der Skrupel durch... Er muss sich all seiner rationalen und emotionellen Kenntnisse entledigen, um nach und nach in einen unbeschreibbaren Zustand zu gelangen, der nur ganz grossen Geistern zugänglich ist.

Natürlich gibt es viele falsche Mystiker. Falsche Mystik ist durch die Auflösung des Ichs gekennzeichnet. Ruhige Ausstrahlung und Wärme der echten Berufung fehlen ihr ganz. Falsche Mystik kommt oft bei der Hysterie vor sowie bei gewissen Psychosen: Sie wird dann von Halluzinationen, «teuflischer Besessenheit», erotischen Ausschweifungen usw. begleitet.

Mythomanie

Sie ist der Drang, zu lügen und erfundene Geschichten zu erzählen. Das Simulieren gewisser Krankheiten gehört oft dazu. Beim Kind ist Mythomanie häufig. Die reiche schöpferische Phantasie erfindet wundervolle Geschichten, die mit Hilfe des wirklich Gelernten noch aufgebauscht werden. Es kommt auch vor, dass das Kind eine Krankheit vortäuscht, um die Fürsorge und Aufmerksamkeit seiner Umgebung auf sich zu ziehen. Gewisse Kinder erfinden ganze Romane und spielen dabei natürlich meistens die Hauptrolle. Solche Fälle sind überhaupt nicht abnormal, vorausgesetzt, dass die Mythomanie im Laufe der Jahre verschwindet. Leider ist es nicht immer so... Die Mythomanie des Erwachsenen zeugt von einer Störung des psychischen Gleichgewichts, und zwar unabhängig von der Intelligenz. Die einfachsten Formen sind Überheblichkeit, Minderwertigkeitsgefühle, Perfektionismus usw. Der Mythomane prahlt mit Beziehungen, Leistungen, und den ganzen erfundenen Geschichten liegt meist Geltungsdrang zugrunde. Tatsachen werden zu seinem Vorteil deformiert. Diese Mythomanie beim Erwachsenen ist die Folge geistiger Schwäche oder affektiver Zurückgebliebenheit. Bei Minderwertigkeitsgefühlen ist es begreiflich, dass der Mensch alles unternimmt, um sich das Gefühl der Kraft und Wichtigkeit zu geben: Es handelt sich um die bekannte Kompensationserscheinung.

Die Mythomanie kann pathologischer Art sein und so zu Verleumdungen, anonymen Briefen usw. aus Eifersucht, Hass und Rachsucht führen.

Neid

Der Neid ist eine Art innerer, unbewusster Hass infolge gewisser Vorteile anderer. Er ist oft das Resultat eines Minderwertigkeits- oder Erniedrigungsgefühls. Die schlimmsten Unterstellungen und Verleumdungen können die Folge sein.

Nonchalance

Die Nonchalance oder Unbekümmertheit hat zwei Gesichter. Einerseits kann sie der Ausdruck selbstsicherer, ruhiger Kraft und eines klaren Verstandes sein. Die Energie wird mit Gelassenheit und ohne Unruhe ausgegeben. Andererseits kann es sich um krankhafte Gleichgültigkeit und Interesselosigkeit handeln. Dieser Fehler wird von einem entsprechenden Temperament oder einer Krankheit verursacht.

Optimismus

Dieser euphorische Zustand zeugt von grosser Anpassungsfähigkeit an das Leben und die Umgebung. Echter Optimismus ist körperlich-geistige Ausgeglichenheit sowie Befreiung von allem, was den Seelenfrieden stören kann. Echter Optimismus ist ein Wohltäter der Menschheit!

Parkinsonsche Krankheit

Diese Nervenkrankheit verursacht allgemeines Zittern sowie übermässige Muskelspannungen. Der Geist bleibt dabei meist aufmerksam, das Gesicht ist jedoch verkrampft, der Blick starr. Anfänglich macht sich die Krankheit oft durch einen melancholischen Zustand, der Monate oder Jahre dauern kann, bemerkbar, bis die eigentlichen motorischen Symptome erscheinen. Während der Entwicklung der Krankheit bleibt der Patient meist voll verantwortungsbewusst und zurechnungsfähig. Im letzten Entwicklungsstadium wird die Zurechnungsfähigkeit jedoch in Frage gestellt.

Passivität

Bei dieser Gemütsverfassung bleibt der Mensch «völlig schlaff», ohne Schwung und Initiative, er ist leicht suggestionierbar. Die Passivität kommt bei Psychoasthenie, Abulie, Vergiftungen, Depressionen usw. vor.

Persönlichkeitsverlust

Besonders bei Psychoasthenie und Depression hat der Kranke das Gefühl, nicht mehr sich selbst zu sein. Die Umwelt kommt ihm seltsam und unecht vor. Sein Körper scheint ihm nicht mehr zu gehören, und diese Empfindungen erstrecken sich oft auf die gesamte Persönlichkeit. Dieser Zustand ist stets auf einen Mangel nervlicher oder psychologischer Spannung zurückzuführen. Seelische Unausgeglichenheit ist gekennzeichnet durch die Unfähigkeit, eine im Einklang mit den Anforderungen des Soziallebens stehende harmonische Existenz zu führen. Jeder Mensch mit gestörtem seelischem Gleichgewicht weist einen mehr oder weniger grossen Anpassungsfehler auf. Seelische Unausgeglichenheit ist das Gegenteil harmonischer Affektivität, und es liegt auf der Hand, dass die Ursachen unendlich verschieden sind. Die wichtigsten Formen seelischer Unausgeglichenheit wurden im Laufe des vorliegenden Werkes erläutert: Neurasthenie, Psychoasthenie, Zwangsvorstellungen, Zyklothymie, Paranoia usw.

Perversität

Die Perversität ist eine tiefe oder zufällige Charakterstörung, die den (oft kranken) Menschen zwingt, durch asoziale Verhaltensweisen seinen Mitmenschen absichtlich zu schaden. Der Zustand kann vorübergehender Natur sein, wie zum Beispiel bei gewissen Grausamkeiten körperlicher oder geistiger Art, die unter dem Einfluss einer Leidenschaft (Hass, Eifersucht, politische oder religiöse Leidenschaften usw.) ausgeführt werden. Vorübergehende Perversitätserscheinungen beim Kinde oder Jugendlichen sind oft auf einen inneren Konflikt gegenüber einem Familienmitglied zurückzuführen und sind in diesem Fall als Ausdruck einer tieferen moralischen Verletzung mit dem Hass verwandt.

Die pathologische Perversität kann die verschiedensten Formen annehmen. Sie kommt schon sehr früh zum Vorschein: Das Kleinkind ist grausam, undiszipliniert, lügt und ist gewalttätig. Die Erzieher sehen sich oft unüberwindbaren Schwierigkeiten gegenübergestellt. Der perverse Jugendliche ist asozial, sucht seine Bedürfnisse ohne jede Rücksicht zu befriedigen. Seine Tendenzen werden ohne jegliche moralische Bremse freigesetzt. In diesem Falle hat der Erzieher überhaupt keinen Einfluss mehr, und der Weg ist frei zu Gaunerei, Diebstahl, Vergewaltigungen, Brandstiftung, Rauschgiftsucht, Prostitution ... kurz, zur gesamten Jugendkriminalität.

Die Perversionen lassen sich ungefähr wie folgt klassifizieren:

a) Perversion des Selbsterhaltungstriebes: Geiz, Habsucht, Rauschgiftsucht.
b) Perversion des Fortpflanzungstriebes: Masochismus, Sadismus, Fetischismus usw.
c) Angeeignete Perversitäten: Einfluss des Familienkreises, Infektionen, Gehirnhautentzündungen.
d) Latente Perversität infolge einer Neurose oder Psychose.

Pessimismus

Pessimismus ist stets ein Symptom organischer oder psychologischer Insuffizienz. Der Pessimist «sieht alles schwarz». Für ihn ist alles vergeblich, und es gibt keine Hoffnung. Die recht häufigen Gründe sind Neurasthenie, Komplexe, verdrängte Feindseligkeit, Magenstörungen usw.

Psychotherapie

Zur Psychotherapie gehören alle Mittel und Methoden, mit welchen der Therapeut auf Geisteskrankheiten oder geistig bedingte körperliche Krankheiten einwirkt. Die grossen Psychotherapien wurden in diesem Werk eingehend behandelt.

Pyromanie

Sie ist die Zwangsneurose des Brandstifters. Brandstiftung wurde im vorliegenden Lexikon erläutert.

Rachsucht

Tiefe Verbitterung und Groll sind im Grunde genommen krankhafte Sturheit und ein Zeichen von Schwäche oder Angst. Der nachtragende Mensch grübelt über seine Rachegefühle nach und ergänzt sie oft mit Elementen, die der Wirklichkeit überhaupt nicht entsprechen. Ein gemütsstarker, verständnisvoller Mensch empfindet nie Rachegefühle.

Reizbarkeit

Der reizbare Mensch reagiert gewaltig und oft jähzornig auf banale Umstände und sucht wegen Kleinigkeiten Streit. Überreizbarkeit ist oft die Folge nervlicher oder geistiger Schwächung und kommt vor allem bei Ermüdung, Überarbeitung und Neurasthenie vor. Sie macht sich in erster Linie am Vormittag, einer sehr schwierigen Zeit für nervöse Leute, bemerkbar. Sie ist oft mit Überempfindlichkeit verwandt.

Schlaflosigkeit

Sprechen wir hier nicht von Schlaflosigkeit infolge körperlicher Schmerzen, denn diese Störung ist in diesem Fall normal. Viel mehr interessieren uns hier psychologisch bedingte Schlaflosigkeitsfälle. Neurosen, Komplexe, Verdrängungen, Angstgefühle, Zwangsneurosen, affektive Konflikte sind die häufigsten Ursachen. Viele Leute erklären: «Ich bin beim Aufwachen furchtbar müde; also habe ich nicht gut geschlafen»... In Wirklichkeit haben sie geschlafen, doch dieser Schlaf hat ihre Kräfte nicht wieder aufgebaut. Dies aus psychologischen Gründen oder infolge einer dauernden Muskelverkrampfung. Es gibt viele Fälle scheinbarer Schlaflosigkeit, das heisst, Leute, die behaupten, sämtliche Geräusche der Nacht wahrzunehmen und jede Viertelstunde schlagen zu hören. Trotzdem wird oft festgestellt, dass sie allgemein gesund sind und nicht abnehmen, während Gewichtsabnahme sonst die baldige Folge der Schlaflosigkeit ist. Es handelt sich also um Leute, die unbewusst doch schlafen, es sei denn, sie täuschen aus Geltungsdrang irgend etwas vor... Die Behandlung der Schlaflosigkeit hängt selbstverständlich von der Ursache ab. Es gilt, die physischen Hygienemängel, wie Kaffee, Tabak, Alkohol, Überarbeitung und Emotivität, festzustellen. Ist die Ursache psychischer Art, führt die Tiefenpsychologie zu baldigen Verbesserungen.

Schlafmittelsucht

Jedermann weiss, dass Beruhigungs- und Schlafmittel trotz «Rezeptpflicht» ebenso leicht erhältlich sind wie Kopfwehtabletten. Sie können bei Unruhe und Schlaflosigkeit wertvolle Dienste leisten, doch sie müssen stets unter strenger ärztlicher Kontrolle eingenommen werden. Leider sind schwere Vergiftungen recht häufig...

Die chronische Vergiftung zeigt sich durch Reizbarkeit, Depression, Angstgefühle, Launen, Nervenstörungen, Zittern, unregelmässigen Gang, Störungen des Gedächtnisses und der Aufmerksamkeit. Die massive Einnahme von Schlafmitteln und dergleichen führt zum Koma, mit gleichzeitigem Fieber und Lungenbeschwerden sowie manchmal täglich auftretenden Herzbeschwerden.

Der Süchtige muss sorgfältig behandelt werden. Es genügt nicht, ihn zu entgiften bzw. einer Entwöhnungskur zu unterziehen. Der Grund, warum er in starken Schlafmitteln Zuflucht gesucht hat, muss untersucht werden. Führt die Schlaflosigkeit zur Einnahme von solchen Mitteln und schliesslich zur Abhängigkeit, so muss deren Ursache ebenfalls abgeklärt werden.

Die erste Frage lautet: «Ist die Ursache physischer oder psychischer Art.» Es gilt, die Nervenstörungen, die Lebenshygiene und den Lebensrhythmus unter die Lupe zu nehmen. Durch die Psychotherapie und Psychoanalyse können die allfälligen Störungen, die den Ausschlag gaben, eruiert und die affektiven Konflikte, Komplexe und Ängste eliminiert werden.

Schmollen

Das Schmollen ist ein Ausdruck «umgekehrter Feindseligkeit» durch absolute Stummheit, Grimassen, scheuen Blick usw. Der Mensch schmollt, weil er sich beleidigt fühlt. Er ist überzeugt, recht zu haben. Er ist aber von der Sinnlosigkeit jeglichen Diskutierens ebenso überzeugt! Es handelt sich um ein häufiges Symptom von Minderwertigkeitsgefühlen und Sturheit. Einerseits fühlt sich der Mensch erniedrigt und lächerlich, andererseits schmollt er weiter, um nicht nachgeben zu müssen. Eine Kleinigkeit (z.B. Humor) genügt dann, um sein Gelächter auszulösen und der Krise ein Ende zu bereiten.

Es handelt sich bei gewissen Temperamenten um ein ziemlich normales Phänomen. In schlimmeren, scheinbar unbegründeten Fällen zieht sich der Mensch vollständig von der Aussenwelt zurück. Es kann sich um den Anfang einer Schizophrenie handeln.

Schwachsinn

Diese extreme Einengung der intellektuellen Fähigkeiten versetzt den Kranken in einen Zustand der Machtlosigkeit und sozialer Minderwertigkeit. Das geistige Alter des Schwachsinnigen liegt zwischen sieben und zehn Jahren, während ein geistiges Alter von zwölf Jahren notwendig ist, um den eigenen Lebensunterhalt zu verdienen. Der Schwachsinnige muss oft bevormundet werden. Es wird ihm ein Maximum an Volksschulbildung vermittelt, ohne jedoch seine Fähigkeiten zu übersteigen. Der Schwachsinnige kann leichte Arbeiten erlernen, aber jede noch so leichte geistige Tätigkeit ist für ihn ein unüberwindbares Hindernis. Auf gewissen Gebieten kann sein Gedächtnis ausgezeichnet sein, zum Beispiel bei historischen Daten, Kopfrechnen, Auswendiglernen von Theaterstücken usw. Die übergeordneten Funktionen, wie Urteilsvermögen, Initiative und Überlegung, sind so gut wie nicht vorhanden. Der Schwachsinnige ist leichtgläubig und suggestionierbar, muss daher vor schlechten Einflüssen geschützt werden. Schwachsinnige Mädchen zum Beispiel sind für die Prostitution eine leichte Beute, während Jugendkriminalität eine häufige Folge unüberwachter Schwachsinnigkeit ist. Diese Art von Schwachsinn darf nicht mit einem scheinbaren Mangel an Intelligenz verwechselt werden: spät entwickelte Kinder infolge Vernachlässigung oder schlechter Einflüsse in der Schule oder sogar unerkannter Störungen, wie Kurzsichtigkeit und Schwerhörigkeit. Echter Schwachsinn kommt auch infolge organischer Störungen im Zusammenhang mit dem Gehirn vor: Hirnhautentzündungen, Gehirnatrophien usw.

Selbstachtung

Selbstachtung ist das Gefühl der persönlichen Würde. Im positiven wie im negativen Sinne ist Selbstachtung meist ein Zeichen der Schwäche und Minderwertigkeitsgefühle. Ein wirklich starker Mensch hat sie nämlich nicht nötig. Selbstachtung heisst das Gefühl, bedroht zu werden; der wirklich starke Mensch fühlt sich nicht bedroht und braucht sich nicht ständig an seinen eigenen Wert zu erinnern. Selbstachtung heisst, dass man sich viel zu sehr um die Anerkennung der anderen kümmert...

Spöttelei

Spöttelei gegen die anderen kann schädlich sein. Gegen sich selbst ist sie von Vorteil. Selbsterkenntnis ist der erste Weg zur Besserung! Spötteln heisst, Gefühle, Manien und Gedanken lächerlich zu machen. Wohlgemeinte, bloss schelmisch-freundliche Spöttelei ist ein Schlag ohne Folgen. Bitterer Sarkasmus und reine Schadenfreude sind die Zeichen eines Schmerzes, den es zu heilen gilt.

Spontaneität

Sie ist beim Kind im höchsten Grade vorhanden und zeigt alle Formen der psychischen Tätigkeit (Gefühle, Neugierde, Initiative usw.). Ein spontaner Mensch ist auch höchst aufrichtig. Spontaneität bei Erwachsenen gilt in unserer verfälschten Welt oft als Naivität und Leichtgläubigkeit. Ist man nicht oft gezwungen, seine Gefühle und Reaktionen zu verheimlichen? Wird nicht oft behauptet, dass nur, wer seine Gefühle «unterdrückt», «Selbstbeherrschung» beweist? Spontaneität ist oft Seelenfrische und Vertrauen in sich selbst und die anderen. In gewissen Fällen ist sie aber auch ein Symptom von Infantilismus, was jedoch einem fachkundigen Beobachter nicht entgeht. Sie verschwindet bei gewissen Neurosen, wie Psychasthenie, Depression, Zwangsneurosen, Verdrängungen usw. Ihre Wiederkehr ist dann ein Heilungszeichen.

Sprachlosigkeit

Sprachlosigkeit besteht, wenn der Mensch schweigt, obwohl seine Sprachorgane keineswegs verletzt sind. In gewissen Fällen schweigt man natürlich freiwillig, zum Beispiel aus Angst, sich zu kompromittieren. Weiter kann es sich um eine Konversionserscheinung handeln, beispielsweise bei gewissen verdrängten Zornausbrüchen oder Emotionen. Bei der Hysterie kommt dies ebenfalls vor, wobei es sich natürlich um unfreiwilliges Schweigen handelt. Bei schüchternen Menschen wird die Sprachlosigkeit durch emotionale Inhibition verursacht. Weitere Ursachen: Gewisse Psychosen (Schizophrenie, Paranoia, Verfolgungswahn, Melancholie usw.).

Stottern

Das Stottern als peinlicher Sprachfehler ist mit Ticks, Emotionen, Phobien und Zwangsvorstellungen verwandt. Der Stotterer wiederholt die gleiche Silbe mehrmals, oder seine Sprachorgane blockieren sich, um dann explosionsartig eine ganze Reihe von überstürzten Wörtern loszulassen. Der Stotterer bleibt oft einige Zeit wie abwesend, bevor er zu sprechen anfängt.

Solche Sprachfehler sind immer von zahlreichen Erscheinungen begleitet: Atmungsfehler, Grimassen, Ticks, Verkrampfung, Stirnrunzeln sowie Fluchen und Schimpfen, das meistens durch die Zähne gemurmelt wird. Es handelt sich nie um einen Dauerzustand. Beim Singen zum Beispiel verschwindet der Sprachfehler, während er bei Lampenfieber, Emotivität, Reizbarkeit, Müdigkeit oder in der Aufmerksamkeit auf eigene Schwierigkeiten verstärkt wird.

Man hat lange geglaubt, das Stottern komme von der Überreizbarkeit. Selbstverständlich sind die meisten Stotterer überreizbar, doch oft nur als Folge eines Minderwertigkeitsgefühls, das wiederum durch diesen Fehler verursacht wird. Die Suche nach den Ursachen ist auch hier sehr wichtig: emotionelle Schocks, Linkshändigkeit, die die Erzieher zu korrigieren suchten, Nervenstörungen, affektive Konflikte, innere Konflikte infolge des Familien- oder Schulklimas, unbewusste Angst vor einem Elternteil, Verdrängungen, Komplexe usw. Es handelt sich also auch hier um affektive Zurückgebliebenheit.

Zur Behandlung gehört die Wiedererziehung des Atmungsrhythmus, die Überwachung der Aussprache und des Wortflusses sowie der Gedankenordnung. Entspannungsübungen für die Muskeln sind wichtig, und die Techniken des Yoga können hier wertvolle Dienste leisten. Bestehen innere Konflikte, Neurosen oder Komplexe, ist die Psychotherapie unerlässlich, um die Minderwertigkeitsgefühle, die die Sprechangst verstärken, zu eliminieren. Die Psychoanalyse ermöglicht auch hier sehr gute Ergebnisse.

Sturheit

Blinde, lächerliche Sturheit ist eine eigentliche geistige Blockierung, gegen die jede vernünftige Überlegung sinnlos ist. Der sture Mensch ist voller Vorurteile, vorgefassten Meinungen usw. Sturheit ist manchmal mit geistiger Zurückgebliebenheit, aber auch mit Minderwertigkeitsgefühlen verbunden. Die Höhe ist, dass diese Sturheit oft mit Willenskraft verwechselt wird!

Toleranz

Ein gefährliches Wort! Tolerant ist, wer toleriert, das heisst (oft herablassend) akzeptiert, was die anderen denken. Jene Toleranz ist Überwertigkeitsgefühl und deshalb wertlos.

Echte Toleranz besteht aus Weisheit und hoher Intelligenz und kommt von der Überzeugung, dass jeder recht hat, je nachdem, von welchem Standpunkt aus er die Welt beobachtet...

Traurigkeit

Affektiver Zustand infolge eines moralischen Schmerzes. Der Grund kann aber auch eine Depression, eine Neurasthenie oder ein Anfang von Schizophrenie sein.

Überheblichkeit

Der Überhebliche überschätzt seine Fähigkeiten, dies aus irgendeinem Überwertigkeitsempfinden. Echte Überheblichkeit ist mit Eitelkeit eng verwandt. Es handelt sich stets um ein Symptom von Schwäche, Neurosen, Verdrängungen, Erniedrigungen, Minderwertigkeitsgefühlen usw. Die äusseren Erscheinungen der Überheblichkeit sind Verkrampfung, Toleranzmangel, Feindseligkeit und Verachtung. Pathologisch gesprochen kommt sie bei der Paranoia, beim Grössenwahn und bei der Manie vor. Sie ist auch bei geistiger Zurückgebliebenheit häufig.

Unsicherheit

Bei dieser Gemütsverfassung fühlt sich der Mensch in der Gegenwart unsicher und in bezug auf die Zukunft beängstigt. Der Zustand ist normal, solange er auf wirklichen

Ursachen beruht (Krankheit, finanzielle Situation, Liebesleben usw.). Häufig dauert der Zustand ohne greifbaren Grund an und ist dann Symptom einer organischen oder psychischen Störung. Der Kranke wird labil und hat das Bedürfnis, sich zu «betäuben». Der Zustand kann zu Angstgefühlen führen.

Verleumdung

Der Verleumder erfindet Böses in seiner Phantasie und beschmutzt sein Opfer durch üble Nachrede auf hinterlistige, nachhaltige Weise. Jeder weiss, dass «immer etwas hängenbleibt»... Die Tendenz zur üblen Nachrede ist sehr oft krankhafter Art, während gewisse Witzbolde aus blossem Spass verleumden. Leider sind Witzbolde oft unbewusst deprimiert...

Verneinungswahn

Der Kranke weigert sich, auch das Offensichtliche anzuerkennen. Er behauptet, nicht mehr zu atmen, da sein Herz nicht schlägt, er habe keine Lungen, kein Blut, keine Gedärme usw. Manchmal glaubt er nicht mehr an die äussere Welt... Dieser Wahn kommt bei gewissen Psychosen, wie zum Beispiel der Melancholie, vor.

Verschwendungssucht

Sie ist eine Abweichung des Selbsterhaltungstriebes: Die Mittel werden ohne jede Notwendigkeit verschwendet. Der Verschwendungssüchtige kommt manchmal zu einer Art Zwangsneurose, kauft und schenkt mit manischer Freigiebigkeit. Verschwendungssucht kommt bei eitlen Menschen, Spielsüchtigen, Lebemännern usw. vor und ist oft ein Zeichen geistiger Schwäche oder affektiver Zurückgebliebenheit. Sie wird in gewissen Psychosen angetroffen, wobei der Kranke Unwahrscheinliches verspricht, das er natürlich unmöglich halten kann.

Vitalität

Die Vitalität hängt oft vom Temperament und dem Zustand des Organismus ab. Sie ist eine Quelle überbordender Aktivität und ermöglicht rasche Anpassung an die Umstände. Der Vitalitätsgrad hängt ebenfalls von der Umwelt und vom geographischen Klima ab. Gewisse Formen von falscher Vitalität lassen auf einen Zustand der Unruhe oder der psychischen bzw. physischen Insuffizienz schliessen: Neurasthenie, Manie usw. Gewisse Temperamente mit guter Vitalität können durch psychische Störungen, wie Angstgefühle, Verdrängungen, Komplexe usw., «gebremst» werden.

Wahnsinn

Dieser alte Ausdruck umfasst alle Geistesstörungen. Das Wort ist äusserst ungenau und deshalb aus der psychologischen Sprache praktisch verschwunden. Es wurde durch den Ausdruck «Psychose» ersetzt.

Wechseljahre

Das Ende der Menstruation, auch Klimakterium genannt, findet in der Regel zwischen dem fünfundvierzigsten und dem fünfundfünfzigsten Lebensjahr statt. Dem Klimakterium gehen oft gewisse Beschwerden voraus: Schwindel, Blutüberdruck, leichtere Depressionen, abnormale Nervosität.

Im weiteren Verlauf der Wechseljahre stellt der Eierstock seine Tätigkeit ein, und es kommt zu Drüsenstörungen mit Auswirkungen auf die Nervenzentren des unteren Gehirns sowie auf die Schilddrüse und die Nebennieren. Nebenerscheinungen: Wallungen, gewisse «Vermännlichung» usw.

Bei vielen Frauen vollzieht sich der Wechsel ohne besondere Beschwerden ... Dies, um alle diejenigen zu beruhigen, die überzeugt sind, dieser Lebensabschnitt führe unweigerlich zu «Nervenkrankheiten», «einem unmöglichen Charakter» oder gar Halluzinationen! Dies stimmt keineswegs. Es handelt sich meist um eine fixe Idee, die einen dauerhaften Angstzustand unterhält. Viele Frauen leiden kurz vor dem Wechsel an Schlaflosigkeit ..., gerade wegen dieser Angst! Dies kann zu Charakterstörungen führen: Reizbarkeit, Herrschsucht usw., wobei der Wechsel selbst keineswegs die Ursache ist ... In pathologischen Fällen kommt es zu Zwangsneurosen, Phobien, Kleptomanie oder gar Trunksucht. Meistens handelt es sich aber um ein latentes Klima, das der Wechsel nur auslöste.

Seien wir also vorsichtig und legen diesen berühmt-berüchtigten Wechseljahren nicht grösste Beschwerden, die verhältnismässig selten vorkommen, zur Last.

Widerspruchsgeist

Es handelt sich immer um ein Symptom psychischer Insuffizienz oder Fehlanpassung. Der Widerspruchsgeist ist ein Tick: Man behauptet oder tut automatisch das Gegenteil dessen, was der andere sagt. Dieser Geist ist meist unbewusst. Gewisse Kranke flüchten, wenn man sie ruft, ziehen die Hand zurück, wenn man sie verlangt, usw. Es kann sich um einen Komplex oder falsche Anpassung an die Umgebung handeln (z.B. Kinder gegenüber den Eltern).

Bei Erwachsenen ist der Widerspruchsgeist oft mit Eitelkeit und Minderwertigkeitsgefühlen verbunden. Man widerspricht nur, um sich das Gefühl zu geben, stärker und gescheiter zu sein (der Alltag ... und der Strassenverkehr zeigen uns dies zur Genüge).

In der geistigen Pathologie kommt er bei Geisteskranken und Paranoiden vor.

«Wundmale»

Seinerzeit wurde viel von Theresia Neumann von Konnersreuth gesprochen, die seit dreissig Jahren fastete, indem sie täglich nur eine Hostie und etwas Wasser zu sich nahm, jedoch ohne wesentlichen Gewichtsverlust. Vor allem sind es aber die Wundmale, die Schlagzeilen machten, obwohl diese Erscheinung keineswegs selten ist. Gewisse Frauen und Mädchen hatten Blutungen an den Händen und Füssen oder am Kopf, und zwar periodisch an Stellen, die an die Wundmale Christi erinnerten ... Es handelte sich meist um Mystikerinnen in einem Zustand der Ekstase oder Katalepsie, in deren Vergangenheit oft hysterische Erscheinungen, begleitet von Lähmung und vorübergehender Blindheit, gefunden werden konnten. Heutzutage sind solche Erscheinungen seltener geworden. Grösste Zurückhaltung ist hier am Platz, und die Kirche zeigt sich auch hier besonders vorsichtig. Viele halten diese Erscheinungen für echt, obwohl noch nicht erklärbar. Die Hysterie, Psychosomatik und Hypnose können ähnliche Formen hervorrufen.

Zerstreutheit

Zerstreutsein heisst, die eigene Aufmerksamkeit auf einen Gedanken zu konzentrieren, der mit der augenblicklichen Situation nichts zu tun hat. Der sogenannte «zerstreute Professor» konzentriert sich in Wirklichkeit auf ein Problem und wird dadurch zerstreut gegenüber allem, was mit diesem Problem nicht zusammenhängt (Inhibitionsmechanismus).

Zerstreutheit kann ebenfalls von einem Konzentrationsmangel herrühren, wie zum Beispiel bei Schülern, die sich durch jede Kleinigkeit ablenken lassen. Beim «zerstreuten Professor» herrscht zuviel Konzentration, während beim Schüler ein Mangel an Konzentration zu verzeichnen ist.

Zerstreutheit wird auch bei Neurosen und Psychosen angetroffen, beispielsweise beim Melancholiker, der sich nie von seinen Schuldgefühlen ablenken lässt. Auch die Psychoasthenie wird manchmal durch Konzentrationsmangel gekennzeichnet.

Zoophilie

Übermässige Tierliebe, sehr häufig bei Leuten, die an Zärtlichkeitsmangel zu leiden hatten und tiefe Rachegefühle gegen die Menschheit empfinden.

Zynismus

Die Sekte der Zyniker wurde seinerzeit von Antisthenes, einem Schüler des berühmten Sokrates, gegründet. Die Sekte existiert zwar nicht mehr, doch der moderne Zyniker spottet über die etablierte Ordnung und die Moral... Es kann sich um den Ausdruck eines klaren, die Verhältnisse objektiv beobachtenden Zustandes handeln. Andererseits ist der Zynismus (wie Humor und Spott) oft ein Symptom tiefer Entmutigung, wenngleich ein wohlverstandener Zynismus zur Aufrüttelung einer eingeschlafenen Welt beitragen kann.

Zweifel

Als Folge der systematischen Untersuchung ist der Zweifel normal: Aus Beweismangel schwanken wir vorübergehend zwischen «ja» und «nein». Es handelt sich dabei bloss um freiwillige, gesunde Unschlüssigkeit, die nur ein Minimum an Angstgefühlen hervorruft.

Hingegen ist der abnormale Zweifel oft recht peinlich. Er ist der Drang, ständig zu kontrollieren oder die einfachsten Handlungen erneut auszuführen, der zu einer eigentlichen Erschöpfung führt. Krankhaft ist zum Beispiel der Drang, hundertmal gespannt nachzuschauen, ob eine Tür richtig abgeschlossen ist. Krankhaft ist auch das Zweifeln eines Arztes, der Tag und Nacht überlegt, ob sich nicht irgendein Fehler in seine Rezepte eingeschlichen habe. Diese Art des Zweifelns findet man bei bestimmten Neurosen. Manchmal ist dem Kranken um die geringsten Handlungen bange: Es ist dies eine Art Zwangsneurose.

Notizen

Notizen

Notizen

Notizen

240 Seiten,
Taschenbuch
ISBN 3-478-08590-X

Vera F. Birkenbihl beantwortet in diesem Buch Fragen (zu den Themenkomplexen Selbstbewußtsein, Karriere, Kommunikation, Umgang mit sich selbst und anderen). Die Antworten basieren auf ihren **jahrzehntelangen Seminarerfahrungen** (in den USA und Europa). Das bedeutet: Die Tips dieses Buches sind **praxiserprobt** und haben bereits Abertausenden von Menschen den Umgang mit sich und anderen bedeutend erleichtert.

Die 115 Ideen „fallen" in zwei Kategorien: Die meisten Beiträge sind Antworten auf **Leserfragen** der Bild-am-Sonntag-Serie (Ideen für ein besseres Leben). Die anderen Denk-Ansätze waren ursprünglich Kolumnentexte, wobei auch diese Ideen häufig gestellte Fragen ihrer Seminarteilnehmer betreffen.

mvg-verlag im verlag moderne industrie AG,
86895 Landsberg am Lech